데이비드 하비의

맑스
『자본』
강의

데이비드 하비의

맑스 『자본』 강의

데이비드 하비 지음 | 강신준 옮김

창비

일러두기

1. 외국의 인명·지명은 현지 발음에 충실하게 우리말로 표기하고 괄호에 원어를 병기했다.

2. 저자가 괄호로 주를 달아놓은 경우 '── 하비'라고 표시했다.

3. 옮긴이가 독자의 이해를 돕기 위해 본문의 괄호로 주를 달아놓은 경우 '── 옮긴이'라고 표시했다.

4. 본문 중 대괄호 〔 〕는 독사의 이해를 돕고사 옮긴이가 적절히 끼워넣은 것이다. 단, 인용문의 대괄호는 옮긴이가 번역한 『자본』(도서출판 길 2010)의 표기를 따랐다.

5. 원서의 이탤릭체 강조를 이 책에서는 고딕체로 표시했다.

6. 원서는 상/하위 목차를 서로 구분없이 두개의 "CHAPTER"로 구성했는데 이 번역서에서는 상위 CHAPTER는 '편'으로 하위 CHAPTER는 '장'으로 표기했다. 'Section'은 '절'로 표기했다.

7. 하비는 *Capital: A Critique of Political Economy* Vol. I, Karl Marx(trans. Ben Fowkes, London: Penguin Classics 1990)를 저본으로 원전을 인용했으나, 이 책에서는 독자들이 한국어 번역본을 직접 대조할 수 있도록 MEW(Marx Engels Werke)판을 저본으로 삼았다. 이에 따라 원서와 번역서는 아래와 같은 차이가 있다.

   ① 약어는 MEW판에 따라 수정했다.

   예) 잉여가치 s(surplus value) → m(Mehrwert)

   ② 인용문의 면수는 MEW판 면수를 따랐다. MEW판 면수는 옮긴이가 번역한 『자본』에 표기되어 있다.

   ③ 장·절 체제는 MEW판을 따라 번호를 매겼고 이를 목차와 본문에 반영했다.

   ④ 『자본』을 제외한 맑스의 다른 저작들의 면수는 국내의 번역본 가운데 문헌적 텍스트(MEW 혹은 MEGA)의 면수를 표기한 번역본이 없기에 하비의 표기를 그대로 따랐다.

서문

내가 매년 하고 있는 『자본』 제1권 강의를 비디오 씨리즈로 온라
인에서 막 시작한 사실이 알려졌을 때 버쏘(Verso)출판사 측에서 그
것을 책으로 낼 생각이 없느냐고 물었다. 여러가지 이유로 나는 그
제안을 수락했다.

우선 경제가 파탄에 빠지고 (단순한 침체가 아니라) 세계적 규모
의 심각한 경제위기가 닥치면서 우리가 현재 당면한 곤경의 원인을
이해하기 위해 맑스의 분석에 대한 관심이 매우 높아졌다. 그러나
지난 수십년 동안(특히 베를린장벽의 붕괴와 냉전 종식 이후) 맑스
의 사상(특히 맑스의 혁명적 정치사상)에 대해서는 매우 비우호적
인 분위기가 지속되어왔다. 그 결과 젊은 세대들은 전반적으로 맑스
경제학에 대한 친밀감을 느끼지 못한 채(물론 교육을 받을 기회도

없었지만) 성장해왔다. 따라서 지금은 이 세대들이 그들 자신의 힘으로 맑스를 탐구해나갈 수 있도록 도와줄 『자본』 안내서를 만들기에 매우 적절한 시점인 것 같다.

지금이 맑스의 저작을 건설적으로 재평가하기에 적절한 시점인데에는 또하나의 측면이 있다. 1970년대를 혼란에 빠뜨렸던 맑스주의 운동 내부의 격렬한 대립과 무수한 분파들로의 분열은 이제 어느정도 잦아들었다. 또한 어려운 시기에 맑스에 대한 관심을 지켜내는데 도움을 주기는 했지만 다른 한편으로는 도리어 맑스를 극히 이해하기 어려운 영역으로 만들어버리고 고도로 추상적인 논의와 반성들로 가득 채웠던 순수한 학술적 열정들도 어느정도 수그러들었다. 내가 알고 있는 한 지금 맑스를 읽으려는 사람들은 실천적 참여에 훨씬 더 관심을 쏟고 있는 사람들이다. 이 말은 그들이 추상적 개념을 두려워한다는 의미가 아니라 학술적 경향을 따분하고 적절하지 않은 것으로 여긴다는 의미다. 많은 학생과 활동가 들은 자신들의 특정한 관심과 실천적 정치활동을 올바른 틀로 정립하기 위해 사물간의 상호관계를 보다 잘 포착할 수 있는 강력한 이론적 토대를 기대한다. 맑스 이론의 기초에 대한 이 강의가 그들에게 도움이 되기를 바란다.

이 책을 준비하면서 나는 보디르스키(K. Bodirsky, 그녀에게 깊이 감사드린다)가 작업한 2007년 봄학기 강의 녹취록을 토대로 했다. 비디오 강의(davidharvey.org 참고)는 2007년 가을학기 강의로 카루쏘(C. Caruso, 웹싸이트 디자인도 맡았다)가 그 체계를 잡았고 뉴욕의 빈민대학(The University of the Poor) 미디어학부와 필라델피아의

미디어 모빌라이징 프로젝트팀이 촬영한 것이다. 나는 카루쏘와 이 프로젝트에 참여한 많은 자원봉사자들에게 감사를 전하고 싶다.

그러나 녹취록과 비디오 강의 사이에는 중요한 차이점이 있다. 주로 내가 강의를 대개 **즉흥적인** 방식으로 하기 때문이다. 즉 강의를 할 때마다 나는 그때그때의 관심사(심지어 변덕스러운 내 기분)나 정치·경제적 사건에 따라 강의텍스트에서 각기 다른 측면에 집중한다. 종종 강의중의 토론도 예상하지 못한 방향으로 강의를 이끌어간다. 불행히도 지면의 제약 때문에 이 토론들은 이 책 속에 포함시킬 수 없었지만, 필요하다고 보일 경우 토론내용 가운데 일부는 몇군데 본문 속에 끼워넣었다. 작업은 주로 녹취록을 중심으로 이루어졌지만 비디오의 내용들도 상당부분 포함되었다. 녹취록은 매우 까다롭게 편집했는데 이는 부분적으로는 지면의 제약 탓이기도 하고, 구술한 것을 글로 옮겨 쓰는 과정에서 상당한 정도로(때로는 심할 정도로) 고쳐 써야 했기 때문이다. 또한 강의에서 미처 다루지 못한 몇가지 문제들을 정리하기도 하고 이곳저곳에 몇가지 새로운 생각들을 추가하기도 했다. 강의에서 사용한 『자본』 원전은 벤 포크스(B. Fowkes)가 정리하여 펠리칸북스 출판사에서 처음 출판했고, 1976년에 뉴레프트리뷰, 1977년 빈티지(Vintage)출판사, 그 다음에는 1992년 펭귄북스에서 펭귄 클래식판으로 출판한 것이다. 참고자료로 인용된 원문의 면수들은 이들 판에서 발췌해놓은 것이다(이 번역본에서는 옮긴이가 이미 한국어로 번역한 MEW의 원문 면수로 조정했다―옮긴이).

나는 이 '강독서'―나는 진정 이 책을 안내서나 해석서보다는 하나의 강독서로 여긴다──가 맑스경제학의 길을 찾아가려는 사람들이 그 길을 처음 들어서는 데 도움이 되기를 희망한다. 나는 강의를 입문서 수준으로(그러면서도 지나치게 단순화시키지 않는 형태로) 유지하려고 노력했다. 원전의 해석을 둘러싼 다양한 견해와 논쟁들에는 세세히 관심을 기울이지 않았다. 동시에 독자들께서는 여기에서 내가 하는 이야기들이 중립적 해석이 아니라는 점을 알아두었으면 한다. 이 책에는 다양한 사회적 배경을 가진 온갖 종류의 사람들(이들은 내게 많은 가르침을 주었다)을 상대로 맑스『자본』을 거의 40년간 가르치면서 얻은 것들과, 또한 대학에서 연구하면서 맑스의 사상을 정치적인 행동과 관련한 연구에 적극적으로 이용하는 과정에서 얻어진 것들이 모두 함께 녹아 있다. 나의 이런 독자적인 관점을 사람들에게 요구할 생각은 없다. 단지 사람들이 내 관점을 이용해 각자 자신의 삶을 둘러싸고 있는 특수한 여건에서 가장 의미있고 유용한 시각을 스스로 만들어나갔으면 한다. 조금이라도 그렇게 된다면 그것이야말로 나에게는 가장 큰 기쁨이 될 것이다.

차 례

서론

이 책의 목적은 독자 여러분이 『자본』 제1권[1]이라는 칼 맑스의 책을 맑스 자신의 방식대로 읽도록 하는 데에 있다. 이것은 약간 생뚱맞은 느낌을 줄 수 있는데, 여러분이 아직 그 책을 읽어본 적이 없다면 아마도 맑스 자신의 방식이란 것이 무엇인지 알지 못할 것이기 때문이다. 장담하건대 맑스 자신의 방식이란 말의 의미 중 하나는 그의 문장을 주의깊게 읽어야 한다는 뜻이다. 참된 공부에는 언제나 모르는 것을 이해하기 위한 노력이 필요하다. 만일 여러분이 해당 부분을 미리 읽었다면 『자본』에 대한 내 자신의 독서법(바로 이 책 속에 수록된 내용들)이 큰 도움을 줄 것이다. 내 의도는 여러분이 혼자 힘으로 이 책과 직접 마주하도록 하는 데 있으며, 여러분이 그처럼 맑스의 원전과 직접 씨름하게 되면 여러분은 그의 사상을 여러분 자신의 것으로 이해하기 시작할 수 있을 것이다.

그러나 당장 한가지 어려움과 만난다. 여러분은 누구나 맑스에 대해, 혹은 '맑스주의'나 '맑스주의자' 같은 용어에 대해 들은 적이 있을 것이며 이런 용어에는 으레 또다른 종류의 온갖 용어들이 딸려온다. 그래서 여러분은 처음부터 맑스에 대해 우호적이거나 적대적인 선입견 혹은 편견으로부터 자유롭지 못할 수 있다. 그래서 나는 무엇보다도 먼저 맑스에 대해 이미 알고 있는 것들을 가능한 한 모두 옆으로 밀쳐둘 것을 부탁드리고자 한다. 그렇게 해야만 여러분은 비로소 맑스가 진정 이야기하고자 했던 것에 다가갈 수 있을 것이다.

맑스와 직접 대면하는 방식을 어렵게 만드는 또다른 장애물들이 있다. 예를 들어 우리는 원전에 직접 다가갈 때 각자의 개인적인 지적 형성과정이나 경험세계의 영향으로부터 자유롭기 어렵다. 많은 학생들의 지적 형성과정에는 전공분야의 학문적 관심이나 관점이 (비록 지배적일 정도까지는 아니더라도) 꽤 영향을 미친다. 그래서 이런 학생들은 전공분야의 특수하고 배타적인 관점으로 맑스를 읽는 경향이 있다. 그러나 맑스 자신은 대학의 어느 학과의 교수였던 적이 전혀 없으며 지금도 대부분의 전공들에서는 맑스를 자신들의 전공이라고 특별하게 분류하는 경우가 없다. 따라서 여러분 가운데 지금 대학원생이면서 맑스를 읽고 싶은 사람은 자신의 전공영역에 대해서는 잊어버리는 것이 좋다. 물론 계속 그렇게 하라는 것은 아니고 적어도 맑스를 읽는 동안만은 그렇게 하라는 것이다. 요컨대 여러분이 자신의 특수한 전공지식이나 자신의 지적 형성과정, 그리고 (이것이 더 중요한 것인데) 자신의 경험(노동운동가나 지역활동가, 혹은 기업경영자로서의 경험)을 통해 쉽게 이해할 수 있는 부분들을 넘어 맑스 자신이 이야기하는 것들을 얻기 위해서는 꽤 노력해야만 한다는 것이다.

이와 같이 열린 자세를 취해야 하는 한가지 중요한 이유는 『자본』이 놀라우리만치 풍부한 내용을 담은 책이기 때문이다. 이 책에는 헤아릴 수 없이 많은 경제학자, 철학자, 인류학자, 언론인, 정치학자들과 함께 셰익스피어, 그리스의 고전, 『파우스트』, 발자끄(H. de Balzac), 셸리(M. W. Shelley, 소설 『프랑켄슈타인』의 저자), 동화들, 늑대인간, 뱀파이어, 시 등이 페이지를 들출 때마다 다채롭게 출현한다. 맑스는 막대한 양의 자료들에 기초하여 이 책을 집필했고 이 자료들은 모두 교훈적일 뿐만 아니라 재미도 함께 안겨준다. 인용된 자료 가운데 어떤 것들은 맑스가 직접 출처를 밝혀놓지 않아 출처가 불분명한 것들도 있다. 나는 해를 거듭해 『자본』을 가르치면서 뒤늦게 이들의 출처를 발견하기도 한다. 예를 들어 『자본』을 처음 읽을 때 나는 발자끄의 작품은 별로 접해보지 않은 상태였다. 그런데 나중에 발자끄의 작품들을 읽으면서 나는 자주 이런 말을 내뱉게 되었다. "아하, 이것이 바로 맑스가 이야기하던 그 부분이구나!" 맑스는 분명히 발자끄를 수차례 읽었고 그래서 그는 『자본』을 완성할 무렵 아예 발자끄의 『인간희극』(Comedie Humaine)을 본격적으로 연구해 집필할 계획도 세우고 있었다. 『자본』과 발자끄를 함께 읽어보면 그 이유를 알게 될 것이다.

이처럼 『자본』은 내용이 풍부하고 다차원적이다. 『자본』은 각기 다른 시간과 공간에 걸쳐 숱한 언어들로 집필된 문헌들 속의 폭넓은 경험세계에 기초하여 집필된 책이다. 그렇다고 해서 이 참고자료들을 모두 읽지 않으면 맑스를 제대로 이해할 수 없다는 뜻은 아니다. 단지『자본』속에는 우리가 살아가는 이유와 방식에 대해 힌트를 제공할 수 있는 엄청난 양의 자료들이 담겨 있다는 것이다. 맑스에게 이 모든 자료들이 인식의 재료가 되었던 것과 마찬가지로 우리도 이 자료들을 우리 자신의 인식 재료로 활용할 수 있을 것이다.

여러분은 또한『자본』이 한권의 책 그 자체로도 꽤 잘 만들어졌다는 점을 알게 될 것이다. 전체적으로 보면『자본』은 매우 만족스러운 문헌적 구조를 갖추고 있다. 그러나 이 사실을 이해하는 데도 장애물들이 존재하는데 이는 여러분 중 많은 사람들이 교육과정을 통해 약간씩은 맑스를 보고 읽은 경험이 있기 때문이다. 아마 여러분은 고등학생 시절 맑스의『공산주의자 선언』(*Communist Manifesto*)을 읽었을 것이다. 그리고 사회이론 교과 가운데 한 부분으로, 맑스에 대해 2주일, 베버(M. Weber)에 대해 2~3주일, 뒤르켐(E. Durkheim)이나 푸꼬(M. Foucault) 같은 주요 사상가들에 대해 각기 몇주일씩 공부했을 것이다. 또한 여러분은『자본』의 발췌문, 혹은 맑스의 정치적 견해에 대한 몇가지 해설들도 읽어보았을 것이다. 그러나 발췌문이나 요약된 해설문을 읽는 것과『자본』의 온전한 원문을 읽는 것은 전혀 다르다. 여러분은 처음부터 단어와 구절 하나하나를 전혀 새로운 모습으로, 즉 훨씬 거대한 화법의 맥락으로 만나게 된다. 여기에서 가장 중요한 것은 이 거대화법에 세심히 주의를 기울이고 여러분이 과거에 이미 읽은 단편적 구절들과 요약된 해설문을 통해 여러분이 얻었던 인식을 바꿀 준비를 하는 것이다. 맑스는 거의 틀림없이 독자들이 자신의 저작을 하나의 전체적인 체계로 읽어주기를 바랐을 것이다. 맑스는 아무리 전략적으로 선택된 것이라 할지라도 자신의 저작을 발췌문으로 읽는 방식으로 자신을 올바로 이해할 수 있다는 생각에는 단연코 반대할 것이다. 그는 자신이 애덤 스미스(A. Smith)를 읽는 데 겨우 2주일만 할애한다는 것을 전혀 받아들일 수 없는 것처럼 사회이론에 대한 입문과정에서 자신이 겨우 2주일 동안 소개되는 것을 납득할 수 없을 것이다. 『자본』을 전체적으로 읽어보면 여러분은 거의 확실히 맑스의 사상에 대해 전혀 다른 인식을 얻게 될 것이다. 그러나 그것은 여러분이 『자본』 전체를 한권의 책으로 읽어야 한다는 것을 의미한다. 내가 여러분에게 도움이 되기를 바라는 것이 바로 그 부분이다.

지적 형성과정과 전공분야에 얽매인 관점이 『자본』을 이해하는데 의미있고 도움도 되는 측면이 한가지 있긴 하다. 물론 나는 학생들의 생각을 천편일률적으로 만들어가는 배타적인 독서방식을 원칙적으로 반대하긴 하지만, 세월이 흐르면서 전공분야에 얽매인 관점이 나에게 가르침을 주는 부분도 있다는 것을 알게 되었다. 나는 1971년 이후 거의 매년(때로는 일년에 두번 혹은 세번씩이나) 온갖 유형의 학생들에게 『자본』을 가르쳐왔다. 어떤 해에는 볼티모어의 모건주립대학(Morgan State College)에서 철학과의 (다소 헤겔적 경향을 가진) 학생들 전체를 가르치기도 했고, 어떤 해에는 존스홉킨스대학의 영문과 대학원생들을 가르치기도 했고, 또 어떤 해에는 주로 경제학과 학생들을 가르치기도 했다. 이 과정에서 나는 이들 각기 다른 학생이 『자본』 속에서 제각기 서로 다른 것을 본다는 사실을 알았다. 전공이 서로 다른 이들과 함께 『자본』을 읽어나가면서 나 자신이 점점 더 많이 배운다는 사실을 알게 된 것이다.

그러나 이런 학습경험은 힘들기도 하고 때로는 고통스럽기까지 했다. 수강생들은 유형에 따라 내가 이야기하는 것에는 관심이 없고 내가 보기에 별로 중요하지 않은 사안에만 계속 머물러 있으려는 경우가 많았기 때문이다. 언젠가 존스홉킨스대학의 로망스어 (Romance languages)학과 학생들에게 『자본』을 가르친 적이 있다. 나는 극도의 절망감에 빠진 채 거의 한 학기 전부를 제1장을 읽는 데에만 소비했다. 나는 계속해서 "여러분, 우리는 진도를 나가야 합니다. 적어도 노동일 부분까지만이라도 나가야 합니다"라고 말했지만 학생들은 "아닙니다. 안됩니다. 우리는 이 부분을 올바로 이해해야만 합니다. 가치란 무엇입니까? 맑스가 화폐상품이라고 부르는 것이 무엇입니까? 물신적이라는 말의 의미는 무엇입니까?" 등등의 질문만 쏟아냈다. 심지어 학생들은 독일어판을 들고 와서 번역본과 일일이 대조하기도 했다. 나중에 밝혀진 일이지만 학생들은 당시 내가 전혀 알지 못했던 어떤 사람의 전통적인 작업방식에 따라 그렇게 한 것이었는데, 그 사람은 내가 보기에 이런 접근방식을 학생들에게 가르치는 데 있어 정치적으로(비록 지적으로는 그렇지 않았겠지만) 백치에 가까운 사람이었다. 그 사람은 자끄 데리다(J. Derrida) 였는데 그는 1960년대 말부터 70년대 초까지 존스홉킨스대학에서 강의했다. 나중에 이 경험을 돌이켜보면서 이 학생들이 맑스의 글을 (마치 결이 가는 빗으로 제1장을 곱게 빗어나가듯이) 주의깊게 읽는——그가 무엇을 말하고 있으며, 그것을 어떻게 말하고 있는지, 그리고 또한 그가 무엇을 당연한 것으로 전제하고 있는지——것이 얼마나 중요한 것인지를 내게 가르쳤다는 사실을 깨달았다.

그러나 걱정할 필요는 없다. 나는 이 책의 『자본』 강의를 그런 방식으로 할 의도는 없다. 왜냐하면 나는 이 강의의 범위를 노동일까지로 한정하지 않고 『자본』의 끝까지 여러분을 안내할 생각이기 때문이다. 단지 내가 하고 싶은 이야기는 각기 다른 전공의 관점이 맑스의 사상의 다양한 측면을 보여주는 데 유용할 수 있다는 점인데 이는 바로 맑스가 엄청나게 다양하고 풍부한 비판적 사유의 전통에 입각하여 이 책을 집필했기 때문이다. 나는 최근 수년간 이 책을 함께 읽었던 많은 개인과 그룹들에게 큰 빚을 졌다. 그들은 나 혼자만의 힘으로는 결코 알아낼 수 없었던 맑스 저작의 다양한 측면을 가르쳐주었다.

한편 『자본』의 분석에 영향을 미친 세가지 중요한 지적·정치적 전통이 있다. 이 전통들은 모두 비판이론과 비판적 분석에 맑스가 깊이 몰두하도록 도와주었다. 맑스가 아직 비교적 젊었던 시절 함께 편집작업을 하던 동료 한 사람에게 보낸 짤막한 글이 하나 있는데 거기에는 "존재하는 모든 것들에 대한 가차없는 비판을 위하여"라는 제목이 붙어 있다. 이 글에서 그는 분명 매우 겸손한 태도를 취하고 있다. 멋진 글이니 여러분도 한번 읽어보기 바란다. 그는 '모두가 멍청하고, 나 위대한 맑스는 이들 모두를 철저히 비판하여 아예 뿌리를 뽑고야 말겠다'고 말하고 있지 않다. 대신에 그는 세상에 대해 열심히 생각해온 사람들이 많고 이들이 세상에 대하여 무엇인가(비록 일방적이고 왜곡된 것이라 할지라도 마땅히 존경받아야 할 어떤 것)를 발견했다고 주장했다. 비판적 방법이란 다른 사람들이 말하고 본 것을 취한 다음 그것을 이용해 사유(그리고 그 사유를 반영하는 세상)를 새로운 것으로 바꾸는 것이다. 맑스에게 있어 새로운 지식이란 완전히 다른 개념덩어리들을 서로 비벼대어 혁명적 불씨를 만들어냄으로써 얻어지는 것이다. 그가『자본』에서 한 일이 바로 그것이다. 그는 다양한 지적 전통들을 서로 비벼대어 완전히 새롭고 혁명적인 지식체계를 만들어냈다.

『자본』속에 버무려진 세가지 개념틀(conceptual frameworks) 가운데 첫번째 것은 경제학, 특히 17세기에서 19세기 중반까지의 경제학이다. 여기에는 주로 영국 학자들(모두 영국인은 아니지만)로 이루어져 있는데 윌리엄 페티(W. Petty), 로크(J. Locke), 홉스(T. Hobbes), 흄(D. Hume)에서 시작하여 고전파의 트리오로 불리는 애덤 스미스, 리카도(D. Ricardo), 맬서스(T. R. Malthus)까지 포함되고 제임스 스튜어트(J. Steuart) 같은 사람들도 다수 포함된다. 프랑스 경제학자들(께네F. Quesnay와 뛰르고A-R-J. Turgot 같은 중농주의자들과 이후의 씨스몽디J. C. L. Sismondi와 쎄이J. B. Say)은 물론 맑스에게 비판적인 자료들을 공급해주었던 이딸리아나 미국 학자(캐리H. Carey 등)들도 있었다. 맑스는 이 모든 사람들에 대한 심층적인 비판을 오늘날『잉여가치학설사』(*Theories of Surplus Value*)라고 부르게 된 세권의 책으로 정리해냈다. 그는 복사기나 인터넷을 이용할 수 없었기 때문에 스미스의 긴 글을 직접 베낀 다음 거기에 자신의 논평을 덧붙였고 그다음에는 다시 스튜어트의 글을 베낀 다음 거기에 다시 논평을 가하는 방식으로, 즉 매우 시간이 많이 걸리고 힘든 방식으로 작업을 수행해야 했다. 사실 맑스의 작업은 오늘날 우리가 '해체'(deconstruction)라고 부르는 것으로, 나는 해체작업이 실제로 어떻게 이루어지는지를 맑스에게서 배웠다. 예를 들어 애덤 스미스를 다루면서 그는 먼저 스미스가 말한 것 가운데 많은 부분을 받아들인 다음 그 속에서 공백이나 모순점을 찾아낸 다음 그것을 교정하여 논의의 내용을 근본적으로 바꾸어버렸다. 이런 논의방식은 『자본』 전체에 걸쳐 나타나는데 이 책의 부제목이 '경제학 비판'이라고 되어 있는 까닭이 바로 그 때문이다.

맑스의 이론화 작업에서 사용된 두번째 개념틀은 철학적 사유와 연구인데 그것은 맑스의 그리스 철학에 대한 연구에서 비롯된 것이다. 맑스의 교수자격논문은 에피쿠로스(Epikouros)를 주제로 한 것이었고 그는 그리스 사상에 해박했다. 앞으로 보게 되겠지만 그의 논의에서는 아리스토텔레스가 단골처럼 자주 등장하곤 한다. 맑스는 또한 그리스 사상이 독일 비판철학의 주류적 전통──스피노자 (B. Spinoza), 라이프니츠(G. W. Leibniz), 헤겔(G. W. Hegel), 칸트(I. Kant) 등──에 수용되는 방식을 철저히 훈련받았다. 맑스는 독일의 이러한 비판철학 전통을 영국과 프랑스의 경제학적 흐름에 다시 연결시켰다(이를 단순히 각 나라별 전통으로 간주하는 것은 이 내용을 전혀 잘못 이해하는 것이다. 예를 들어 우선 흄은 경제학자이면서 동시에 철학자──비록 경험론자이긴 했지만──였으며 데까르트 R. Decartes와 루쏘J. Rousseau가 맑스에게 미친 영향도 상당히 컸다). 그러나 맑스는 독일 비판철학의 주류적 전통에서 영향을 많이 받았는데 이는 그가 맨 처음 교육받은 것이 바로 그것이었기 때문이다. 나중에 '청년헤겔파'라고 알려진 1830~40년대의 비판적 흐름도 맑스에게 매우 큰 영향을 미쳤다.

맑스에게 영향을 미친 세번째 개념틀은 공상적(유토피아) 사회주의다. 맑스가 살던 시기에 이것은 주로 프랑스에서 성행했다. 물론 토머스 모어(T. More)——일반적으로 근대적 유토피아 사상의 기원으로 손꼽힌다. 물론 그의 유토피아 사상도 다시 연원을 거슬러 올라가면 그리스까지 올라가긴 하지만——나 로버트 오언(R. Owen)——유토피아에 대한 소책자를 많이 저술했을 뿐만 아니라 자신의 생각 가운데 많은 것을 직접 실천에 옮기기도 했다——같은 영국인이 없었던 것은 아니다. 그러나 1830~40년대 프랑스에서는 유토피아 사상이 거의 폭발적으로 늘어났는데 이는 주로 쌩시몽(Saint-Simon), 푸리에(F. Fourier), 바뵈프(F. Babeuf)의 초기 저작들의 영향 때문이었다. 예를 들어 우선 이카리안(Icarian, 밀랍으로 만든 날개를 몸에 붙이고 날다가 너무 높이 날아 태양열에 밀랍이 녹아서 바다에 떨어져 죽었다는 그리스신화의 인물 이카루스Icarus를 추종하는 사람이란 뜻——옮긴이)이라는 모임을 결성한 에띠엔느 까베(E. Cabet) 같은 사람들이 있었고(이들은 1848년 혁명 실패 이후 미국으로 이주했다), 프루동(P. Proudhon)과 프루동주의자들이 있었으며, 오귀스뜨 블랑끼(A. Blanqui, '프롤레타리아 독재'라는 말을 처음 만들어낸 사람이다)처럼 자꼬뱅주의 전통을 추종하는 사람들(바뵈프주의자들이다)이 많았으며, 쌩시몽주의 운동이 있었으며, 빅또르 꽁씨데랑(V. Considerant)과 같은 푸리에주의자도 있었고, 플로라 트리스땅(F. Tristan) 같은 사회주의 여성해방론자도 있었다. 그리고 자신들을 공산주의자라고 부르는 많은 급진파들(공산주의에 대한 분명한 이념을 가지고 있진 않았다)이 최초로 등장한 것도 바로 1840년대의 프랑스였다. 맑스는 이들 사상과 친밀하게 교류했는데(비록 몰두하지는 않았지만) 특히 1844년 추방되기 전까지 머물던 빠리에서 더욱 그러했다. 맑스는 스스로 인정하는 것보다 더 많은 영향을 이들로부터 받았을 것이다. 그가 1830~40년대의 이런 공상적 흐름들과 거리를 두려고 했던 것은 당연해 보인다. 왜냐하면 그는 1844년 빠리혁명이 실패한 원인 가운데 상당부분이 이들에게 있다고 생각했기 때문이다. 그는 공상적 사회주의자들이 이상사회로 어떻게 옮겨갈 것인지에 대해서는 이야기하지 않은 채 이상사회만을 말하는 것을 좋아하지 않았고 『공산주의자 선언』에서 이에 대한 반대의 뜻을 분명히 밝혔다. 따라서 그는 이들의 사상을(특히 푸리에와 프루동의 사상과 관련하여) 주로 이행수단과 관련하여 다룬다.

이것들이 맑스의 『자본』 안에서 한데 버무려지고 있는 세가지 개념적 틀이다. 그의 목적은 급진적인 정치적 과제를 그가 천박하다고 생각했던 공상적 사회주의로부터 과학적 공산주의로 바꾸는 것이었다. 그러나 그러기 위해서는 단지 공상적 사회주의를 경제학자들과 단순히 대비시키는 것만으로는 불가능했다. 그는 사회과학적 방법 전체를 재구성해서 새롭게 만들어내야만 했다. 간단히 말해 이 새로운 과학적 방법은 독일 비판철학의 주류적 전통을 사용해 주로 영국에서 형성된 경제학의 전통을 깊이 검토한 다음, 그 결과를 모두 쏟아부어 프랑스의 공상적 사회주의가 제기했던 물음——즉 공산주의란 무엇인가? 공산주의자는 어떻게 생각해야 하는가?──에 대한 답을 구하는 것으로 요약될 수 있다. 우리는 자본주의를 어떻게 **과학적으로** 이해하고 비판함으로써 공산주의 혁명으로 향하는 길을 보다 효과적으로 설계할 수 있을까? 앞으로 보게 되겠지만『자본』은 자본주의를 과학적으로 이해하는 것에 대해서는 많은 이야기를 해주고 있지만 막상 공산주의 혁명을 어떻게 달성할 수 있는지에 대해 해주는 이야기는 별로 많지 않다. 공산주의 사회가 어떤지에 대해서도 들을 이야기는 많지 않을 것이다.

───────

앞에서 이미 맑스의 방식대로『자본』을 읽는 데에는 몇가지 장애요소들이 있다는 점을 밝혔다. 맑스 자신도 이런 어려움들을 모두 알고 있었고 흥미롭게도 그는 여러 서문들에서 이 점을 언급하고 있다. 예를 들어 프랑스어판 서문에서 그는 이 판을 연재물의 형태로 출판하자는 제안에 대해 1872년 다음과 같이 말한다.

『자본』의 번역본을 정기적인 분책으로 나누어 출판하겠다는 선생의 생각을 저는 크게 환영하는 바입니다. 그런 형태가 되면 노동자들은 이 저작을 좀더 쉽게 접할 수 있을 테고, 바로 그런 생각은 내가 보기에 어떤 다른 것보다 더 중요한 일로 보입니다.

그러나 이것은 선생의 아이디어가 갖는 동전의 밝은 앞면에 불과하고 거기에는 또다른 어두운 뒷면도 있다고 생각합니다. 즉 내가 사용한 연구방법 ─ 아직 경제적인 문제들에 적용된 적이 없는 ─ 은 처음 몇장을 읽어나가는 데서 상당한 어려움을 주고 있습니다. 이런 어려움으로 인해 이 책은 시원시원하게 곧장 읽어나가기 어렵게 되어 있는데, 바로 이 때문에 언제나 결론에 대해 조바심을 내고 일반적인 원리와 자신이 직접적으로 부딪치는 문제들 사이의 관련을 빨리 알아내고자 하는 성향을 지닌 프랑스 대중은 이 책의 앞부분만 읽고는 더이상 읽기를 중단해버리는 사태가 발생하지 않을까 우려가 들기도 합니다.

그러나 이런 불리한 점에 대하여 나로서는 진리를 탐구하려는 독자들에게 미리 이 점을 알리고 각오를 다지게끔 하는 것 말고는 다른 아무것도 할 수 없습니다. 학문을 하는 데에는 평탄한 길이 없으며, 가파른 험한 길을 힘들여 기어올라가는 노고를 두려워하지 않는 사람만이 빛나는 정상에 도달할 가망이 있습니다.(M31)

그래서 나도 맑스를 읽으려는 독자 여러분 모두에게, 비록 진리를 탐구하려는 열망이 아무리 높다 할지라도, 솔직히『자본』의 처음 몇 절은 매우 힘들 것이라는 점을 경고하면서 시작하지 않을 수 없다. 여기에는 두가지 이유가 있다. 하나는 맑스의 방법인데 여기에서 우리는 짤막하게나마 좀더 자세히 살펴보게 될 것이다. 다른 하나는 그가 자신의 과제를 설정한 특수한 방식과 관련된 것이다.

『자본』에서 맑스의 목표는 경제학 비판의 방식을 통해 자본주의가 어떻게 작동하는지를 이해하는 데 있다. 그는 이것이 엄청나게 큰일이라는 것을 알고 있다. 이 과제를 실행에 옮기기 위해 그는 자본주의의 복잡한 구조를 모두 파악하는 데 도움이 될 개념적 도구를 개발해야만 했고 그것을 위해 그가 어떤 계획을 세우고 있는지를 서론의 한 부분에서 설명하고 있다. 그는 제2판 후기에서 이렇게 말하고 있다. "서술방법은 형식적으로 연구방법과 구분되어야만 한다."

연구는 소재를 자세히 검토하고 그것의 갖가지 발전형태를 분석하여 그 내적 연관을 찾아내야만 한다. 이 작업을 마친 뒤에야 비로소 현실의 운동이 서술될 수 있다. 그런 모든 것이 다 이루어져서 이제 소재의 생생한 모습(즉 자본주의 생산양식——하비)에 관념이 반영된다면 그 생생한 모습은 하나의 선험적 구성과 관련된 것처럼 보일 수도 있다.(M27)

맑스의 연구방법은 존재하는 모든 것들——경험적으로 그 실재가 증명되었을 뿐만 아니라 경제학자, 철학자, 소설가 등에 의해 그런 경험이 표현된 것을 모두 포함하는——에서 시작한다. 그는 이 소재들을 엄격하게 비판적으로 분석하여 현실이 작동하는 방식을 해명해줄 몇개의 단순하면서도 강력한 개념들을 찾아낸다. 이것을 그는 아래로 내려가는 서술방법(method of descent)이라고 불렀는데, 그것은 우리 주변을 둘러싸고 있는 직접적인 현실에서 출발하여 그 현실의 토대를 이루고 있는 개념을 향해 점점 더 깊이 파헤쳐 들어가는 방법이다. 이런 기초가 되는 개념들을 갖추고 나면 우리는 다시 표면으로 되돌아가서 현상으로 드러난 세계가 감추고 있는 것들을 찾아내는 작업에 착수할 수 있다. 이같이 유리한 위치에 서면 우리는 세상을 전혀 다른 맥락에서 해석할 수 있다.

대개 맑스는 표면의 현상으로부터 출발하여 심층적인 개념들을 찾아내는 방식을 사용한다. 그러나 『자본』에서 그는 기본개념(즉 그가 이미 그의 연구방법을 사용해 도출한 결과물)을 서술하는 것으로부터 시작한다. 맑스는 제1장에서 자신의 개념들을 곧바로 그리고 빠른 속도로 계속해서 펼쳐 보이고 있다. 그래서 솔직히 이들 개념은 마치 선험적이고 심지어 자의적인 구성물인 것처럼 보일 정도다. 그렇기 때문에 처음 『자본』을 읽는 순간 다음과 같은 의문들이 떠오르는 것은 전혀 이상한 일이 아니다. 도대체 이 개념들은 모두 어디에서 온 것일까? 그는 왜 이 개념들을 이런 방식으로 사용하고 있을까? 여러분 가운데 절반쯤은 그가 지금 무슨 이야기를 하고 있는지도 알 수 없을 것이다. 그러나 책을 점차 읽어나가게 되면 이 개념들이 우리들이 사는 세계를 어떻게 설명해주고 있는지가 점차 명확하게 드러난다. 어느정도 시간이 지나고 나면 가치나 물신성 같은 개념들의 의미도 눈에 제대로 들어오게 될 것이다.

그러나 우리가 이 개념들이 어떻게 작동하는지를 완전히 이해하게 되는 것은 이 책의 끝부분에 가서야 비로소 가능하다. 그래서 이런 방식은 우리에게 별로 익숙하지 않다(심지어 매우 특수하기도 하다). 우리에게 훨씬 더 익숙한 방식은 벽돌을 쌓아가듯이 논의를 한단계 한단계 점진적으로 진행시키는 방식이다. 맑스의 논의방식은 마치 양파를 까는 것과 비슷하다. 아마 이런 은유는 별로 적절하지 않은 것 같은데 왜냐하면 언젠가 어떤 사람이 내게 지적했듯이 양파를 벗기면 그것은 우리의 눈물을 자아내기 때문이다. 맑스는 양파의 바깥에서 출발하여 외부의 현실이라는 껍질을 거쳐 그것의 중심부(즉 개념적 핵심)로 이동해간다. 그런 다음 그는 다시 논의의 방향을 바깥으로 돌려, 이론의 다양한 껍질을 거쳐 표면으로 되돌아간다. 논의의 진짜 위력은 표면의 경험세계로 되돌아간 다음 우리가 그 경험을 이해하고 해석할 수 있는 완전히 새로운 지식틀을 갖추었다는 것을 알게 되었을 때 뚜렷하게 드러난다. 그때가 되면 이제 맑스 또한 무엇이 자본주의를 현재의 방식으로 만들어냈는지에 대해 많은 것을 알려준다. 이런 방식으로 처음에는 추상적이고 선험적인 것처럼 보였던 개념들이 점차 보다 더 풍부하고 더 많은 의미를 지닌 것으로 변화해간다. 맑스는 논의를 진행하면서 자신의 개념들을 점차 확대해나간다.

이것은 벽돌을 쌓아나가듯 조금씩 논의를 발전해나가는 방법과는 전혀 다르고 적응하기에도 쉽지 않다. 이것이 실제로 지니는 의미는, 여러분이 읽고 있는 부분을 전혀 이해하지 못한 채로(특히 제1장~제3장을 읽는 동안은) 책의 다음 부분을 계속 읽어서 전체적으로 조금 더 이해할 수 있을 때까지 무조건 미친 듯이 계속 읽어나가야 한다는 것이다. 그런 다음에야 비로소 여러분은 이 개념들이 어떻게 작동하고 있는지를 알기 시작하게 될 것이다.

맑스는 상품 개념으로부터 출발하고 있다. 얼핏 보면 이러한 출발은 다소 자의적인(설사 이상한 것은 아닐지라도) 것처럼 보인다. 맑스를 생각할 때는 언제나 『공산주의자 선언』에 있는 구절 "모든 역사는 계급투쟁의 역사다" 같은 것이 제일 먼저 떠오른다. 그래서 왜

『자본』에서는 계급투쟁의 개념으로부터 출발하지 않는가 하는 의문이 떠오른다. 사실 계급투쟁에 대한 힌트를 『자본』에서는 300쪽 이상을 읽고 나야만 비로소 얻게 되는데 그 점 때문에 행동에 대한 직접적 지침을 찾는 사람은 어쩌면 좌절감을 느낄지도 모른다. 맑스는 왜 화폐로부터 출발하지는 않았을까? 실제로 맑스는 『자본』에 대한 예비적 연구에서 화폐로부터 출발할 생각을 품기도 했지만 연구를 더 진행하고 나서는 결국 화폐를 설명하기보다는 차라리 이를 전제로 삼는 것이 낫겠다는 결론을 얻었다. 한편 그가 깊이 연루되어 있던 또다른 하나의 개념인 노동으로부터는 왜 출발하지 않았을까? 도대체 왜 그는 상품으로부터 출발하고 있을까? 흥미롭게도 『자본』에 대한 맑스의 예비적 저작들에 따르면 그는 무엇을 『자본』의 출발점으로 삼을지를 두고 오랜 기간(아마도 20~30년) 동안 고심을 거듭했다. 아래로 내려가는 서술방법이 그를 상품 개념으로 이끌었는데, 그는 이 선택에 대해 어떤 설명도 하려고 하지 않았으며, 그런 설명이 필요하다는 점에 대해서도 전혀 개의치 않았다. 그는 그저 상품으로부터 시작하고 있을 뿐이다.

　그가 이미 완성된 결론에 기초하여 논의를 구성하고 있다는 점을 이해하는 것은 대단히 중요하다. 바로 그 때문에 그의 전체 논의가 다소 엉뚱한 출발점으로부터 전개되기 시작하고, 독자들은 당황하기도 하고 조바심에 쫓겨서 제3장까지를 아예 포기하고 싶은 유혹에 빠지기도 한다. 그런 점에서 맑스가 『자본』의 출발점이 특히 힘들다고 지적한 것은 정말 맞는 말이다. 따라서 나의 첫 목표는 여러분을 적어도 제3장까지는 안내해가는 일이다. 거기까지만 가고 나면 그 이후에는 항해가 순탄해질 것이다.

그렇지만 맑스가 여기에서 출발점으로 삼고 있는 개념틀은『자본』제1권만이 아니라 제1권부터 제3권 전체와 연관되었다는 점을 이야기해두고 싶다. 물론『자본』은 세권으로 이루어져 있고 따라서 만일 여러분이 자본주의 생산양식을 제대로 이해하고 싶다면 불행히도 여러분은 이 세권을 모두 읽어야만 한다. 제1권은 단지 그중 하나일 뿐이다. 게다가 더 기가 막힌 것은 이『자본』세권도 맑스가 생각했던 것의 8분의 1에 불과하다는(만일 원래 계획대로 집필이 되었다면) 사실이다. 그것은 그가 남긴 예비적 저작『경제학비판 요강』(Grundrisse, 하비는 불행히도 자신이 사용한 이『경제학비판 요강』의 문헌적 정보를 남겨두고 있지 않다. 그래서 이 번역에서도 별도의 문헌적 표기 없이 하비가 사용한 쪽수를 그대로 사용한다—옮긴이)에서 밝혀지고 있는데 그는 이 저작에서『자본』에 대한 다양한 구상을 계획하고 있다. 그는 거기에서 다음과 같은 주제들을 다룰 계획이 있다고 밝히고 있다.

(1) 모든 형태의 사회에 공통되는 일반적이고 추상적인 규정성 (2) 부르주아 사회의 내부구조를 이루고 핵심계급들의 토대가 되는 범주들. 자본. 임노동. 토지소유. 이들간의 상호관계. 도시와 농촌. 3대 사회계급. 이들 사이의 교환. 유통. 신용제도(민간) (3) 국가 형태를 통한 부르주아 사회의 집약적 모습. 자신과의 관계를 통한 고찰. '비생산적' 계급. 조세. 국채. 공적 신용. 인구. 식민지. 이민 (4) 생산의 국제적 관계. 국제분업. 국제무역. 수출과 수입. 환율 (5) 세계시장과 공

황.(『경제학비판 요강』, 104)

　맑스는 이 구상을 계획대로 끝내지 못했다. 사실 그는 이 주제들을 체계적인 방법이나 세부적인 형태로는 거의 착수하지 못했다. 이 주제들 가운데 일부──신용제도와 금융, 식민지 활동, 국가, 국제관계, 세계시장과 공황 등과 같은──는 우리가 오늘날의 자본주의를 이해하는 데 절대적으로 중요하다. 단지 이 여러가지 주제들을 어떻게 다루어야 할지, 어떻게 하면 국가, 시민사회, 이민, 환율 등을 가장 잘 이해할 수 있을지에 대한 몇가지 힌트들은 그가 남긴 많은 글 속에 남겨져 있다. 그리고 내가『자본의 한계』²⁾에서 보여주려고 했듯이 그가 이들 주제와 관련하여 남겨둔 몇몇 짧은 글들을 한데 모아 의미있게 재구성하는 것은 가능하다. 그러나『자본』의 앞부분에서 서술된 개념적 틀들이 그의 주요한(그러나 미완성으로 남은) 구상의 토대를 구축하기 위한 하나의 작업이었다는 점을 인식하는 것은 매우 중요하다.

　이제 곧 알게 되겠지만 제1권은 생산의 관점에서, 즉 시장이나 세계무역의 관점이 아니라 오로지 생산만의 관점에서 자본주의 생산양식을 다룬다. 제2권(전혀 완성되지 않았다)은 교환관계의 관점에서 다루며, 제3권(역시 미완성이다)은 처음부터 자본주의의 기본모순의 산물인 위기의 형성에 초점을 맞추고 있으며 그런 다음 잉여가치가 이자, 금융자본의 수익, 토지로부터의 지대, 상업이윤, 조세 등의 형태로 배분되는 내용들을 함께 다룬다. 그래서 제1권의 분석에서는 아직 빠진 부분이 많다. 그러나 자본주의 생산양식이 어떻게 작동하는지를 이해하는 데 필요한 기본 내용들은 분명 거기에도 충분히 담겨 있다.

여기에서 나는 다시 맑스의 방법으로 돌아가고자 한다. 제1권을 주의깊게 읽음으로써 얻을 수 있는 요긴한 내용 가운데 하나는 맑스의 방법이 작동하는 방식에 대한 것이다. 나는 개인적으로 이 방법이 맑스가 자본주의의 작동방식에 대해 추론하고 있는 명제들만큼이나 중요하다고 생각한다. 왜냐하면 여러분이 일단 이 방법을 배워 그것을 실제로 사용하는 데 숙달하고 그것의 힘에 대해 자신감이 생기기만 하면 여러분은 그것을 이용하여 거의 모든 사물을 이해할 수 있게 될 것이기 때문이다. 물론 이 방법은 변증법으로부터 도출된 것인데 이 변증법은 그가 이미 서문에서 지적하듯이 "경제적인 문제들에는 아직 적용된 적이 없는"(M31) 연구방법이다. 그는 이 변증법적 방법을 제2판 후기에서 자세히 다루고 있다. 맑스의 변증법적 방법은 헤겔에게서 도출된 것이긴 하지만 "근본적으로 헤겔의 변증법적 방법과는 다를 뿐만 아니라 오히려 그것과 정반대"(M27)의 것이다. 그래서 맑스가 헤겔의 변증법을 거꾸로 뒤집어 머리가 발끝으로 오도록 만들었다는 고약한 이야기가 나오게 된 것이다.

우리가 앞으로 보게 되겠지만 이것은 완전히 맞는 말은 아니다. 맑스는 변증법적 방법을 개혁하긴 했지만 그것을 그냥 거꾸로 뒤집은 것이 아니다. "헤겔 변증법의 신비적인 측면에 대해 나는 약 30년 전에 이미 비판한 적이 있다"라고 그는 자신의 『헤겔 법철학 비판』을 언급하면서 말한다. 그의 이 비판은 명백하게 그가 헤겔 변증법과의 관계를 재정리한 결정적인 계기였다. 그는 1830~40년대 독일에서 유행하던 헤겔 변증법의 신비적인 형태에 반대했다. 그는 그것을 개혁하여 "역사적으로 생성된 모든 형태를 유동적인 운동의 흐름으로" 파악할 수 있도록 만들었다. 그리하여 그는 이렇게 재구성된 변증법을 이용해 어떤 사회가 지니는 "과도적" 성격을 포착할 수 있도록 했다. 요컨대 변증법은 운동, 변화, 그리고 전환의 과정을 파악하고 나타낼 수 있어야 하는 것이다. 이런 변증법적 방법은 "어떤 것에 의해서도 감화를 받지 않고 본질적으로 비판적이며 혁명적"(M28)인 것이다. 왜냐하면 그것은 바로 현실적이든 잠재적이든 사회변화의 핵심을 지향하는 것이기 때문이다.

여기에서 맑스의 요지는 자본주의체제 내에 존재하는 요소들 사이에서 역동적으로 전개되는 관계를 설명할 수 있도록 변증법적 방법을 완전히 개조하겠다는 것이다. 그는 이것을 유동적 운동의 흐름으로 파악하는 방식을 통해 수행하려 했는데, 이는 우리가 앞으로 보게 되듯이 그가 자본주의의 변덕스러울 정도의 역동성에 대해 너무도 깊은 인상을 받았기 때문이다. 이것은 맑스를 고정관념에 사로잡힌 구조주의적 사상가로 묘사하는 기존의 평판과 반대되는 것이다. 『자본』은 맑스가 항상 운동과 유동성(예컨대 자본의 유통 같은 하나의 과정)에 대해 논하는 사람이라는 것을 잘 보여준다. 그래서 맑스를 그의 방식대로 읽는다는 것은 그가 변증법으로 파악한 것들이 무엇인지를 알기 위해 씨름해야 한다는 것을 의미한다.

그런데 여기에서 문제는 맑스가 변증법에 관한 글을 한번도 쓴 적이 없으며 자신의 변증법적 방법에 대해 한번도 제대로 된 설명을 한 적이 없다는 점이다(물론 앞으로 보게 되겠지만, 여기저기에 힌트는 많다). 그래서 우리는 명백한 하나의 모순과 만나게 된다. 맑스의 변증법적 방법을 이해하기 위해서는『자본』을 읽어야만 한다. 왜냐하면 그것이 변증법적 방법이 실제로 사용된 저작이기 때문이다. 반면『자본』을 이해하기 위해서는 맑스의 변증법적 방법을 이해해야만 한다. 이제『자본』을 주의깊게 읽어나가게 되면 점차 그의 방법이 어떻게 작동하고 있는지를 보다 잘 이해할 수 있게 될 것이고 많이 읽으면 읽을수록『자본』에 대한 이해의 폭도 그만큼 더 늘어날 것이다.

우리의 교육제도와 관련하여 한가지 흥미로운 사실은 여러분이 전공교과의 공부를 잘하면 잘할수록 변증법적 방법에 익숙해질 기회는 오히려 점점 더 줄어든다는 것이다. 사실 어린아이들은 매우 변증법적이다. 그들은 모든 것을 움직이는 것으로 그리고 모순적이며 변화하는 것으로 본다. 우리는 아이들을 이 변증법적인 태도로부터 벗어나게 하기 위해 엄청난 노력을 들여 가르쳐야만 한다. 맑스는 우리가 우리 속에 잠재되어 있는 이 변증법적 방법에 대한 본능을 회복시켜 그것을 유동적인 상태로 운동하고 있는 모든 사물을 이해하는 데 사용하기를 바란다. 노동을 이야기할 때 그가 말하는 노동은 그냥 노동이 아니다. 그것은 노동과정이다. 자본은 그냥 하나의 사물이 아니라 움직이는 형태로 존재하는 하나의 과정이다. 유통이 멈추면 가치는 사라지고 전체 체계는 붕괴되고 만다. 2001년 9월 11일 뉴욕에서 벌어진 사건 직후에 벌어진 일들을 한번 생각해보라. 모든 것이 정지되었다. 비행기는 운항을 멈추었고 교량과 도로는 폐쇄되었다. 약 3일이 지나고 나서 사람들은 모든 것이 다시 움직이지 않으면 자본주의가 붕괴될 것이라는 사실을 깨달았다. 그래서 갑자기 줄리아니(R. W. Giuliani) 시장과 부시(G. W. Bush) 대통령은 대중들에게 신용카드를 꺼내서 쇼핑을 하고, 브로드웨이로 그리고 단골식당으로 가달라고 호소했다. 부시는 심지어 TV에 출연해서 미국인들이 다시 비행기를 타기 시작하도록 부추기면서 항공산업을 위해 홍보하기까지 했다.

움직이지 않으면 자본주의는 존재하지 못한다. 맑스는 바로 그 본질을 직시하고 자본의 역동적인 변화를 그려냈다. 따라서 그가 왜 종종 자본주의를 하나의 구조물로 환원시킨 정태적 사상가로 묘사되는지 참으로 이상한 일이다. 맑스가 『자본』에서 찾아낸 것은 자본주의 생산양식 내에서 실제로 운동이 진행되고 있는 방식을 설명해주는 하나의 개념틀(심오한 구조)이다. 결국 그의 개념 가운데 많은 것들은 홀로 서 있는 원리가 아니라 관계를 중심으로 이루어진 것들이다. 그것들은 변화하는 활동에 대한 것들이다.

그러므로 『자본』의 변증법적 방법에 대해 점차 깊이 알아나가는 것은 맑스를 그의 방식대로 이해하는 데 있어 극히 중요한 일이다. 그러나 몇몇 맑스주의자들을 포함하여 많은 사람들은 여기에 동의하지 않을 것이다. 소위 분석적 맑스주의자(코헨G. A. Cohen, 뢰머J. Roemer, 브레너R. Brenner 등)들은 변증법을 완전히 무시한다. 그들은 자신들을 '허풍이 없는 맑스주의자'라 부르고 싶어한다. 그들은 맑스의 논의를 일련의 분석적 명제들로 바꾸어버리는 경향이 있다. 또다른 맑스주의자들은 맑스의 논의를 인과론적 모델로 바꾸어버린다. 맑스를 실증적 방식으로 나타내는 사람들도 있는데 이들은 맑스의 이론을 경험적 데이터에 근거하여 검증한다. 이들 모두에게서는 변증법이 배제되어 있다. 지금 나는 분석적 맑스주의자들이 근본적으로 틀렸다거나 맑스를 실증적으로 검증하려는 사람들의 방식이 잘못되었다고 주장하려는 것이 아니다. 그들이 옳을지도 모른다. 내가 주장하고 싶은 것은 단지 맑스 자신의 용어는 변증법적인 것이고, 따라서 우리가 『자본』을 읽을 때는 무엇보다도 그것을 변증법적으로 읽어야만 한다는 점이다.

  마지막으로 한가지만 더 이야기하겠다. 내 목적은 맑스의 『자본』을 그의 방식으로 직접 읽도록 하는 데 있다. 그러나 그 안내를 내가 하는 한, 그 방식이라는 것도 불가피하게 나의 관심과 경험에 영향을 받을 수밖에 없을 것이다. 나는 내 학문생활의 상당부분을 자본주의에서의 도시화, 지리적 불균등발전, 제국주의 등의 주제와 맑스 이론을 접목시키는 데 할애해왔으며 이런 경험은 내가 지금 『자본』을 읽는 방식에도 명백히 영향을 미칠 것이다. 먼저 나의 이런 경험은 철학적이거나 추상적인 이론적 관심보다는 실용적 관심들과 관련된 것이다. 즉 나의 관심은 언제나 자본주의가 만들어낸 대도시들에서의 일상생활에 대해 『자본』이 무엇을 설명해줄 수 있는지에 대한 것이었다. 30년이 넘도록 나는 이 책과 씨름해왔는데 그동안 온갖 종류의 지리적, 역사적, 사회적 변화가 있었다. 사실 내가 매년 『자본』을 가르치는 이유 가운데 하나는 매번 읽을 때마다 이번에는 어떻게 다르게 읽을 것인지, 그리고 지금까지 모르던 것을 새롭게

깨칠 것이 무엇인지를 끊임없이 자신에게 물어야만 했기 때문이다. 내가 맑스를 해마다 반복해서 읽는 것은 타인에게『자본』을 안내하기 위해서라기보다는 지리나 역사 그리고 사람들의 변화에 따른 나 자신의 이론적 관심 때문이다. 물론 그 과정에서 나는『자본』그 자체에 대한 나 자신의 인식도 끊임없이 수정해나간다. 우리에게 밀어닥친 역사적·지적 환경이 전대미문의 문제나 위험을 제기한다면 우리가『자본』을 읽는 방식도 새롭게 바뀌어야 할 것이다.

맑스는 이처럼 재해석과 재구성이 필요한 과정에 대해 언급하고 있다. 그는 부르주아 이론이 18세기의 방식을 통해 어느정도 세계를 이해했지만, 역사가 변화하면서 그 이론과 이론적 구성내용이 모두 불합리한 것으로 되어버렸다고 말했다(M19~22). 사상은 환경이 변화함에 따라 함께 변화하거나 재구성되어야 한다. 맑스는 1850~60년대에 자본주의 세계를 명료하게 이해하고 표현했지만 이후 세계는 변화했고 따라서 언제나 이런 물음이 제기되어야 한다. 즉 이 책은 어떤 방식으로 우리들의 시대에 적용될 수 있는 것일까? 불행히도 내가 보기에 지난 30년간 세계 자본주의를 지배해온 신자유주의적 반혁명은 맑스가 1850~60년대 영국에서 훌륭하게 와해해놓은 그런 조건을 세계적 규모에서 상당부분 부활해놓았다. 그래서 이 책에서 나는 오늘날의 세계에서『자본』이 갖는 중요성과 함께 지금이야말로 이 책을 읽기에 가장 적절한 시기라는 점을 곳곳에서 강조해두었다.

그렇지만 나의 주된 바람은 역시 여러분이 스스로『자본』을 읽도록 하는 데 있다. 즉 나는 여러분이 여러분 자신의 독특한 (지적, 사회적, 정치적) 경험을 토대로 이 책을 읽어나가고 여러분 각자의 방식에 따라 이 책으로부터 가르침을 얻기를 바란다. 여러분이 이 책과 대화하면서 의미있는 자기발전의 시간을 갖기를(즉 이 책이 여러분에게 다시 말하게 되기를) 바란다. 이 책과 그런 방식으로 대화할 수만 있다면, 그것은 거의 이해할 수 없다고 생각되던 것들을 이해하게 되는 놀라운 경험이 될 것이다. 『자본』을 각자의 삶에 의미있는 것으로 만드는 것은 독자 여러분의 몫이다. 이 책을 가장 잘 읽는 방법이나 묘수 같은 것은 없다. 왜냐하면 세계는 끊임없이 변화하고 있기 때문이다. 맑스가 "여기가 로도스 섬이다. 여기서 뛰어라!"라고 말했던 것은 바로 그런 의미일 것이다. 여기에 공이 있다, 이제 마음껏 몰아보아라!

제1편

상품과 교환

상품

1절 사용가치와 가치

먼저 『자본』 제1장 1절을 한줄 한줄 꼼꼼히 살펴보는 것으로부터 시작하고자 한다. 이렇게 하려고 하는 이유 중 하나는 맑스가 이 절에서 전체 논의의 기초가 되는 범주들을 미리 연역적인 형태로, 그리고 약간 비밀스러우면서도 단정적인 형태—조금 더 다듬었으면 좋았겠다 싶은 형태—로 그려두고 있기 때문이다. 그리고 또하나의 이유는 여러분이 맑스의 『자본』을 꼼꼼히 읽어나가는 방식에 가능한 한 빨리 익숙해졌으면 하는 바람 때문인데 이런 독서방법은 맑스를 이해하는 데 반드시 필요한 것이기도 하다. 그러나 이런 방식이 계속되진 않을 것이니 너무 겁낼 필요는 없다.

맑스가 연역적으로 시작하는 출발점은 상품이다. "자본주의 생산양식이 지배하는 사회에서 부는 하나의 '거대한 상품집적'으로 나타나고 하나하나의 상품은 이러한 부의 기본형태로 나타난다. 그래서 우리의 연구는 상품의 분석으로부터 시작한다"(M49). 그런데 여기에서 사용된 단어에 주의를 기울여보자. '나타난다'(appears)라는 단어가 이 문장에서 두번 사용되었는데 단순하게 말해 이 단어는 '이다'(is)와는 다른 말이다. 이 단어를 선택한 것은——여기에 주의를 기울일 필요가 있는데 왜냐하면 맑스는 『자본』 전체에 걸쳐 이 단어를 자주 사용하기 때문이다——표면에 드러난 것 아래에서 무엇인가가 진행되고 있다는 것을 암시한다. 이것은 곧바로 우리로 하여금 그것이 무엇일지에 대해 생각해보게 만든다. 또하나 주의해야 할 점은 맑스가 오로지 자본주의 생산양식에만 관심을 기울였다는 점이다. 맑스는 고대의 생산양식이나 사회주의 생산양식 혹은 여러 생산양식이 뒤섞인 형태 어디에도 관심을 쏟지 않았으며 단지 순수한 형태의 자본주의 생산양식에만 관심을 기울였다. 이 점을 기억하는 것은 앞으로의 강의에서 계속해서 중요하다.

상품을 출발점으로 삼은 것은 매우 유용한데 왜냐하면 모든 사람이 매일 상품과 접촉하고 그것을 경험하기 때문이다. 우리는 사방으로부터 상품에 둘러싸여 있으며 그것들을 쇼핑하고 살펴보고 갈구하기도 하고 배척하기도 하면서 시간을 보낸다. 상품형태는 자본주의 생산양식 내에서 어디에나 존재하는 형태다. 맑스는 계급, 인종, 성별, 종교, 국적, 성적인 선호 등에 상관없이 우리 모두에게 친숙하고 공통된 어떤 지배적인 공통분모를 선택한 것이다. 우리는 일상생활을 통해 상품에 대해 알고 있으며 더구나 상품은 우리의 생존에 필수불가결한 것이기도 하다. 우리는 살아가기 위해 그것들을 사야만 한다.

상품은 시장에서 교환되는데 이 점은 곧바로 다음과 같은 의문을 떠올리게 한다——이것은 도대체 어떤 종류의 경제적 거래인가. 상품은 인간의 욕망을 충족시키는 물적 존재다. 그것들은 우리들의 외부에 존재하는 것으로서 우리는 그것을 소유함으로써 우리 것으로 만든다. 그러나 맑스는 곧바로 자신은 "이 욕망의 성질이 무엇인지, 즉 이 욕망이 뱃속에서 나온 것인지 머릿속에서 나온 것인지"에 대해서는 관심이 없다고 선언한다. 그가 관심을 갖는 것은 단지 사람들이 상품을 구매한다는 사실, 그리고 이 구매행위가 사람들이 살아가는 데 기본적인 행위라는 사실에 있다. 물론 세상에는 수많은 상품이 존재하고, 이들 상품은 각각의 물적 성질에 있어 그리고 양적으로 표현되는 형태(몇파운드의 밀가루, 몇켤레의 양말, 몇킬로와트의 전기, 몇야드의 옷감 등등)에 있어 모두 서로 다르다. 그러나 맑스는 "물적 존재의 다양한 용도"를 발견하는 일과 "이 유용물들의 양을 측정하는 사회적 척도를 찾아내는 일"(M50)이 모두 역사의 업적에 해당한다고 말하면서 이런 모든 차이점들을 한쪽으로 밀쳐버린다. 그러면서 그는 상품 일반에 대해 이야기할 수 있는 방법을 찾아낼 필요를 느낀다. "물적 존재의 유용성"은 "사용가치"(use-value, M50)라는 개념을 통해 가장 잘 파악될 수 있다. 이 사용가치라는 개념은 앞으로 논의될 모든 내용에서 매우 중요하다.

맑스가 사용가치라는 단일화된 개념에 초점을 맞추기 위해 얼마나 다양한 인간의 욕망들과 상품들, 그리고 이들 상품의 무게와 측정단위들을 단숨에 압축시켜버렸는지에 대해 유의해주기 바란다. 이것은 맑스가 서문 가운데 한 곳에서 펼쳤던 주장을 설명해주는데, 즉 그는 사회과학의 문제는 자연과학의 경우와는 달리 실험실에서 하나씩 따로따로 통제된 형태의 실험을 수행할 수 없다는 점에 있으며 따라서 우리는 비슷한 과학적 형태의 인식에 도달하기 위해 실험 대신에 추상화라는 방식을 사용할 수밖에 없다고 주장했다(M12). 이 첫 페이지의 구절에서 우리는 바로 그 추상화가 이루어진 과정을 처음으로(그러나 분명 마지막은 아닌) 보고 있는 것이다.

그러나 "우리가 고찰하게 될 사회형태"(즉 자본주의)에서 상품은 "또한 교환가치의 소재적 담지자(bearer)"가 된다. 이 "담지자"라는 단어에 유의하기 바란다. 왜냐하면 무엇인가를 품고 있다는 것은 그것이 곧바로 무엇이라는 것과는 다른 말이기 때문이다. 즉 상품은 아직 정의되지 않은 어떤 다른 것의 담지자인 것이다. 그렇다면 상품이 품고 있는 그것을 어떻게 알아낼 수 있을까? 시장에서 이루어지는 현실의 교환과정을 보면 우리는 엄청나게 많은 교환비율, 예를 들어 셔츠와 신발, 사과와 오렌지 사이의 교환비율들을 보게 되는데 이 교환비율들은 동일한 생산물의 경우에도 때와 장소에 따라 크게 달라진다는 것을 알 수 있다. 그래서 얼핏 보면 교환비율은 마치 "우연적이고 순전히 상대적인"("상대적"이라는 말에 유의하라) 것처럼 보인다. 그래서 "상품 속에 들어 있는 내재적인 교환가치, 곧 내재적 가치라는 것은 일종의 형용모순"인 것처럼 "보인다"(M51). 한편 모든 것은 원칙적으로 다른 모든 것과 교환될 수 있다. 상품은 계속해서 소유주가 바뀔 수 있으며 교환체계를 통해 계속 옮겨다닐 수 있다. 무엇인가가 이처럼 모든 상품들을 일정한 교환비율로 환원하는 것이다. 그러므로 "첫째, 같은 상품에 적용되는 여러 교환가치는 모두 동일한 어떤 것을 나타낸다. 둘째, 교환가치는 일반적으로 교환가치 그 자체와는 구별되는 다른 어떤 내용물의 표현양식이자 '현상형태'일 수 있다". 그러나 상품을 해부해서 그 속에서 그것을 교환 가능하게 만드는 그것을 곧바로 찾아낼 수는 없다. 그것은 상품 그 자체와는 다른 어떤 것이 틀림없으며, 그것은 상품이 교환되고 있을 때에만 나타난다(그리고 여기에서는 운동과 과정이라는 개념이 결정적으로 중요한 것으로 나타나기 시작한다). 상품이 교환될 때 바로 이것은 자신의 질을 나타낼 뿐만 아니라 모든 상품의 질도 나타낸다. 즉 모든 상품은 서로간의 비율로 환산된다. 그런데 이 상품들은 왜 그렇게 환산되는 것일까? 이렇게 환산될 수 있는 근거는 무엇일까? 교환되는 두 상품은 "그것들이 교환가치인 한에서는 이 제3의 것으로 환원될 수 있어야 한다"(M51).

그런 다음 맑스는 이렇게 말한다. "이 공통물은 상품의 기하학적, 물리학적, 화학적 또는 그밖의 다른 어떤 자연적 속성일 수 없다" (M51). 여기에서 논의는 중대한 방향전환을 한다. 모든 것은, 현실적인 것으로 간주될 수 있으려면 물적 존재여야 한다. 그러나 맑스는 여기에서 상품의 물적 성격이 그것들을 교환 가능하게 만드는 어떤 것을 설명해주지는 못한다고 말한다. "사용가치라는 면에서 각 상품은 일단 질적인 차이를 통해 구별되지만 교환가치라는 측면에서는 오로지 양적인 차이를 통해서만 서로 구별되며 이 경우 거기에는 사용가치가 전혀 포함되지 않는다." 상품의 교환비율은 사용가치로 이루어지는 것이 아닌 것이다. "이제 상품체에서 사용가치를 제외시켜버리면 거기에 남는 것은 단 하나의 속성," ─여기에서 우리는 단언적인 방식으로 또하나의 선험적인 도약을 만나게 된다─"곧 노동생산물이라는 속성뿐이다"(M52). 즉 모든 상품은 인간노동의 산물이다. 모든 상품이 지닌 공통점은 그것이 자신의 생산에 들어간 인간노동을 품고 있다는 것이다.

그러나 그런 다음 그는 곧바로 이렇게 의문을 던진다. 상품이 품고 있는 것은 어떤 종류의 인간노동인가? 그것이 그것을 생산하는 데 실제로 소요된 노동시간─그는 이것을 구체적 노동이라고 부른다─일 수는 없다. 만일 그렇다면 생산하는 데 걸린 노동시간이 길수록 그 상품의 가치는 더 커질 것이기 때문이다. 그러나 내가 어떤 상품을 살 때, 절반의 노동시간에 그것을 생산한 어떤 사람에게는 절반의 가격만 지불해도 되는데 군이 더 오랜 시간을 걸려 그것을 생산한 사람에게 더 높은 가격을 지불할 이유가 무엇이겠는가? 그래서 그는 이렇게 결론을 맺는다. 모든 상품은 "동등한 인간노동인 추상적 인간노동으로 환원된다"(M52). 그러나 이 추상적 인간노동은 도대체 어떻게 생긴 것일까? 상품은

노동생산물이다. 이들 노동생산물에 남아 있는 것은 허깨비 같은 동일한 대상성(對象性), 곧 무차별한 인간노동의 응결물뿐이다. (…) 바로 이런 공통된 사회적 실체가 응결되어 있다는 의미에서 이들 응결물은 바로 가치, 즉 상품가치다.(M52)

얼마나 생뚱맞은, 그러면서 동시에 얼마나 압축된 의미를 담고 있는 문장인가? 만일 추상적 인간노동이 "허깨비 같은 대상성"이라면 우리는 어떻게 그것을 보고 측정할 수 있을까? 이것은 도대체 어떤 물체란 말인가?

우리가 주의를 기울여야 할 점은 맑스가 기본개념을 제시한 다음, 논의를 사용가치에서 교환가치로, 그런 다음 다시 추상적 인간노동으로, 그리고 마지막으로 무차별한 인간노동의 응결물인 가치로 옮겨가는 데 고작 네쪽의 분량──다소 신비스러운 느낌까지 주는 단언적인 형태로──이 할애되고 있을 뿐이라는 점이다. 모든 상품을 단순한 교환비율로 바꾸어주는 것은 그들의 가치이며, 이 가치는 "허깨비 같은 대상성"으로 감춰져 있지만 동시에 상품교환 과정에서 그대로 통용되고 있기도 하다. 그래서 다음과 같은 의문이 떠오른다. 가치는 정말 "허깨비 같은 대상성"인가, 혹은 그것은 단지 그런 방식으로만 나타나는가?

이제 우리는 교환가치를 "상품가치의 필연적인 표현양식 또는 현상형태"(M53)로 재해석할 수 있다. 여기에서 앞서 나왔던 "현상"(즉 나타난다)이라는 단어가 다시 한번 나온다는 점에 주의할 필요가 있다. 여기에서는 이 현상이라는 관계가 다른 방식으로 나타나는데, 즉 모든 상품을 교환 가능한 것으로 만드는 수수께끼가 이제는 가치라고 불리는 이 "허깨비 같은 대상성"의 현상세계로 이해되기 때문이다. 교환가치는 상품 속에 들어간 인간노동을 일차적으로 나타낸다. 슈퍼마켓에 가면 여러분은 교환가치를 발견할 수 있다. 그러나 여러분은 상품 속에 들어간 인간노동을 곧바로 보거나 측정할 수는 없다. 우리가 보는 것은 인간노동이 상품 속에 이미 들어가 있는 모습일 뿐이며 인간노동은 슈퍼마켓의 진열대 위에 허깨비 같은 모습으로만 존재한다. 우리가 슈퍼마켓에 들어갔을 때 거기에 이런 허깨비들이 가득 차 있다는 것을 한번 생각해보라.

그런 다음 맑스는 어떤 노동이 가치의 생산에 관계하는지에 대한 물음으로 돌아간다. 가치는 상품 속에 "대상화된 혹은 체화된 (…) 추상적 인간노동이다". 이 가치는 어떻게 측정할 수 있는가? 먼저 이것이 노동시간과 관련된 것이라는 점은 분명하다. 그러나 내가 이미 구체적 노동과 추상적 노동의 차이를 설명하면서 이야기했듯이 그것이 실제로 소비된 노동시간일 수는 없다. 만일 그렇다면 "게으르고 숙련이 낮은 노동자가 생산한 상품일수록 상품가치가 더욱 커질 것이기 때문"이다. 그래서 "가치의 실체를 이루는 노동은 동일한 인간노동이며 동일한 인간노동력의 지출이다". "동일한 인간노동력의 지출"이 무엇을 의미하는지를 설명하기 위해 맑스는 "상품세계의 가치로 나타나는 사회의 전체 노동력"(M53)을 이야기한다.

이 연역적인 명제는 엄청난 의미를 함축한다. 그러나 맑스는 여기에서 그것을 자세히 다루지 않는다. 그래서 나는 여러분이 가치론을 잘못 이해하지 않도록 여기에서 그것을 조금 상세히 다루고자 한다. "사회의 전체 노동력"이라는 말은 암묵적으로 자본주의 생산양식하에서 형성되어온 세계시장을 가리킨다. 이 "사회"—자본주의적 상품교환 세계—는 어디에서 시작되어 어디에서 끝나는 것인가? 그것은 바로 지금 중국과 멕시코, 일본, 러시아, 남아프리카 어디에나 있으며, 지구 전체를 뒤덮고 있는 관계다. 가치는 인간의 노동이 이루어지고 있는 이 세계 전체로부터 측정된다. 이것은, 비록 규모는 분명 좀더 작았겠지만, 맑스의 시대에도 마찬가지였다. 우리가 오늘날 세계화라고 부르는 현상이 『공산주의자 선언』에서는 이미 다음과 같이 잘 묘사되어 있다.

부르주아는 세계시장에 대한 자신의 착취를 통해 모든 나라의 생산과 소비에 국제주의적인 성격을 부여해왔다. (…) 부르주아는 산업의 토대를 국민적 단위로부터 분리시켜왔다. 모든 기존의 국민적 산업들은 계속 파괴되어왔으며 지금도 매일 파괴되고 있다. 이들 산업은 새로운 산업들에 의해 밀려나고 있는데 이런 새로운 산업의 도입은 모든 문명국가들에 사활이 걸린 절박한 문제가 되고 있다. 이들 새로운 산업은 이제 더이상 국내의 원료에 의존하여 운영되는 것이 아니라 해외 원격지의 원료에 의해 운영되고 있으며 그 생산물은 국내뿐만 아니라 세계 곳곳에서도 함께 소비되고 있다. 국내의 생산에 의해 충족되던 기존의 수요들 대신에 이제는 먼 나라들의 생산물들에 의해 충족되어야 하는 새로운 수요들이 나타나고 있다. 지금까지 각 지방이나 나라별로 고립되어 이루어지던 자급자족적 경제 대신에 이제는 사방으로 교역이 이루어지고 세계의 모든 나라가 서로에게 의존하는 경제가 모습을 드러내고 있다.

바로 이처럼 역동적이고 세계적인 교환관계의 영역에서 가치는 결정되고(또한 계속해서 다시 결정되고) 있다. 맑스는 세계가 증기선, 철도, 전신 등을 통해 세계적 규모의 무역을 향해 급속히 개방되어가는 역사적 배경 속에서 이 글을 썼다. 그리고 그는 가치가 우리 집 마당이나 한 나라의 국민경제 속에서 결정되는 것이 아니라 상품교환이 이루어지는 세계 전체로부터 비롯된 것이라는 점을 매우 잘 이해했다. 그러나 그는 여기에서 다시 한번 추상의 힘을 발휘하여 동일한 노동의 단위라는 생각, 즉 이들 노동 하나하나가 "모두 똑같은 것으로서, 모두가 사회적 평균노동력이라는 성격을 띠고, 또한 바로 그런 사회적 평균노동력으로 작용"(마치 이런 가치형태로의 환원이 세계무역을 통해 실제로 일어나고 있는 것처럼)한다는 생각에 도달한다.

이를 통해 그는 가치에 대한 결정적인 정의, 즉 "사회적으로 필요한 노동시간", 다시 말해 "주어진 정상적인 사회적 생산조건 아래에서, 그 사회에서의 평균적인 숙련과 노동강도로서 어떤 사용가치를 생산하는 데 요구되는 노동시간"이라는 정의를 만들어낸다. 그는 이렇게 끝맺고 있다. "어떤 사용가치의 가치크기를 결정하는 것은 오로지 사회적으로 필요한 노동량, 즉 그 사용가치의 생산에 사회적으로 필요한 노동시간뿐이다"(M54). 이것이 그의 정의다. 그러나 이것은 아직 불완전한 정의다. 왜냐하면 그것은 "사회"라는 개념 속에 포괄된 개념이지만 도대체 이 사회라는 것은 어디에서 시작해서 어디에서 끝나는 것인가? 그것은 폐쇄된 것인가, 개방된 것인가? 혹시 그 사회라는 것이 세계시장(마땅히 그래야겠지만)이라면 그런 다음에는……?

맑스가 사용가치, 교환가치, 그리고 가치에 대한 이 복잡한 설명을 잘 해낼 수 있었던 한가지 이유는, 리카도를 읽어본 사람이라면 누구나, '맞아! 이것은 리카도야!'라고 생각할 수 있는 것이었다. 그것은 단 하나의 예외적인 구절이 삽입된 것만 제외한다면 정말 리카도와 똑같다. 리카도는 가치의 개념을 노동시간이라고 주장했다. 맑스는 **사회적으로 필요한** 노동시간이라는 개념을 사용했다. 맑스가 여기에서 한 것은 리카도의 개념적 틀을 그대로 복제한 다음 (겉으로 보기에 매우 단순해 보이는) 단지 한 구절만 삽입하여 그것을 약간 변형시킨 것뿐이다. 그러나 이 삽입된 구절은, 앞으로 우리가 보게 되겠지만, 전혀 다른 세상을 만들어낸다. 우리는 곧바로 이런 물음을 던질 수밖에 없다. 사회적으로 필요하다는 것은 무엇인가? 사회는 어떻게 만들어졌으며 누구에 의해 만들어졌는가? 맑스가 이에 직접 답하지는 않지만 이 물음은 『자본』 전체를 관통하고 있는 하나의 주제다. 도대체 자본주의 생산양식 내부에 담겨 있는 사회적 필요란 무엇인가?

이 물음은 다시 우리에게 큰 문제를 제기한다. 마거릿 새처(M. H. Thatcher)가 했던 그 유명한 말처럼 사회적 필요란 "무조건 절대적인 것"(no alternative)인가? 즉 우리 주위를 둘러싸고 있는 이 사회적 필요란 너무도 절대적인 것이라서 우리는 거기에 순응하는 것 외에는 다른 선택을 할 수 없는 것인가? 이 물음은 근본적으로 '가치'가 누구에 의해 어떻게 결정되는지에 대한 물음으로 되돌아가게 만든다. 물론 우리는 모두 스스로의 '가치'를 지닌다고 생각하며 미국에서는 선거철마다 후보자들의 '가치'를 둘러싸고 끝없는 토론들이 벌어진다. 그러나 맑스는 우리가 이해하지 못하는 과정에 의해 결정되고 있는(그리고 우리의 의식적 선택을 반드시 필요로 하지 않는) 가치와 가치량이 존재하며 이 가치들이 우리에게 강제하고 있는 방식은 반드시 해명되어야 한다고 주장한다. 만일 여러분이 자신이 누구인지, 그리고 가치를 둘러싸고 들끓고 있는 이 소용돌이 가운데 자신이 어디에 서 있는지를 알고자 한다면, 여러분은 당장 상품가치가 어떻게 창출되고 생산되는지, 그리고 그것이 (사회적, 환경적, 정치적 등등의) 어떤 결과를 가져오는지를 이해해야만 한다. 여러분이 만일 우리 사회의 근본적 가치구조가 누구에 의해, 그리고 어떻게 결정되고 있는지의 문제를 사실상 밀쳐둔 채로 지구온난화 같은 심각한 환경문제를 해결할 수 있다고 생각한다면, 그것은 자신을 스스로 속이는 일이다. 바로 그래서 맑스는 우리가 상품의 가치가 무엇인지, 그리고 그것을 결정하는 사회적 필요가 무엇인지에 대한 것을 모두 이해해야만 한다고 주장하는 것이다.

상품의 가치는 고정된 양이 아니다. 예를 들어 그것들은 생산성의 변동에 매우 민감하다.

예를 들어 영국에서는 증기 직기가 도입됨으로써 일정한 양의 실로 베를 짜는 데 소요되는 노동이 예전에 비해 대략 절반으로 줄어들었다. 그리하여 영국의 수직공(증기 직기를 사용하지 않는 노동자 — 옮긴이)들은 베를 짜는 데 소요되는 시간이 이전에 비해 사실상 아무런 변화가 없음에도 이제 그들의 개별 노동시간의 생산물은 사회적 노동시간의 절반만을 나타내는 데 불과하게 되었으며, 따라서 그 가치도 이전 가치의 절반으로 떨어져버렸다.(M53)

이것은 우리에게 가치가 기술이나 생산성 부문의 혁신에 민감하다는 사실을 일깨워준다. 『자본』 제1권 가운데 상당부분은 생산성의 혁신과 그로 인한 가치관계의 혁신이 발생한 기원과 그 영향에 대한 논의들로 채워져 있다. 그러나 기술부문의 혁신만 중요한 것이 아니다. 가치는 그밖에도 다른 "여러가지 다양한 요인들에 따라 결정되는데, 그중에서도 특히 노동자들의 평균적인 숙련 수준, 과학과 그 기술적 응용 가능성의 발전 수준"— 맑스는 기술과 과학이 자본주의에 미친 중요성을 서술하는 데 많은 부분을 할애하고 있다— "생산과정의 사회적 결합 정도, 생산수단의 규모와 능률 그리고 갖가지 자연적 조건 등이 중요한 요인들이다"(M54). 엄청나게 다양한 요인들이 가치에 영향을 미친다. 자연환경의 변화, 자연조건이 보다 유리한(보다 저렴한 자원을 확보할 수 있는) 장소로의 이주 등은 가치를 변화시킨다. 요컨대 상품가치는 온갖 다양한 요인들의 영향을 받는다. 그는 여기에서 이 모든 요인들을 하나의 범주로 묶으려 하지 않는다. 단지 그는 우리가 '가치'라고 부르는 것이 불변의 것이 아니라 끊임없는 혁신적 변화에 의해 영향을 받는다는 사실을 일깨우려 할 뿐이다.

그런 다음 그는 논의의 방향을 살짝 바꾼다. 바로 이 절의 마지막 단락에서 그는 갑자기 사용가치의 문제를 제기한다. "어떤 물적 존재는 가치가 아니면서도 사용가치일 수가 있다." 우리는 공기를 마셔 숨을 쉰다. 그러나 그렇다고 해서 우리는 공기를 병에 담아 그것을 상품으로 팔지는 않는다. 물론 분명히 누군가는 그렇게 할 수 있는 방법을 생각해내려고 이미 노력하고 있겠지만 말이다. 또한 "어떤 물적 존재는 상품이 아니면서도 유용한 것일 수 있으며 또한 인간노동의 산물일 수도 있다". 나는 토마토를 마당 한구석에 가꾸어 그것을 먹는다. 자본주의하에서 사는 많은 사람들은 실제로 많은 것들을 스스로 생산해서(특히 DIY 상점의 도움을 조금만 받으면) 조달한다. 노동 가운데 많은 부분은(특히 국내경제에서는) 상품생산의 외부에서 이루어진다. 상품생산은 단순히 사용가치뿐만 아니라 "타인의 사용가치"의 생산을 필요로 한다. 이때 타인의 사용가치는 중세의 농노가 그러했듯이 곧바로 장원의 영주에게 이전되는 것이 아니라 시장을 거쳐 타인에게 이전되는 사용가치다. 그렇지만 이것이 의미하는 것은 "어떤 물적 존재도 사용대상이 되지 않고는 가치가 될 수 없다. 만일 어떤 물적 존재가 쓸모가 없다면 그것이 포함되어 있는 노동도 쓸모없는 것이고 또한 노동으로 인정되지도 않으며, 따라서 가치를 이루지도 못할 것이기 때문이다"(M55). 맑스는 앞에서 사용가치를 뛰어넘어 교환가치로 가기 위해 사용가치를 추상화했고 그 결과 그는 가치에 도달했다. 그러나 이제 그는 만일 상품이 (물질적인 것이든 정신적인 것이든) 인간의 욕망을 충족시키지 못하면 가치를 지니지 못한다고 말한다. 요컨대 상품은 어딘가의 누군가에게 판매될 수 있어야만 하는 것이다.

이 논의의 구조를 잠시 돌아보기로 하자. 우리는 상품이라는 단순한 개념에서 출발하여 그것의 이중적 성격을 확인했다. 즉 상품은 사용가치와 교환가치를 지닌다. 교환가치는 무엇인가를 나타내는 것이다. 그런데 그것은 무엇을 나타내는 것일까? 가치를 나타내는 것이라고 맑스는 말한다. 그리고 가치는 사회적으로 필요한 노동시간이다. 그러나 가치는 만일 사용가치와 연결되어 있지 못하면 아무런 의미를 지니지 못한다. 사용가치는 가치를 위해 사회적으로 필요한 것이다. 이 논의에는 하나의 패턴이 있으며 그것은 다음과 같다.

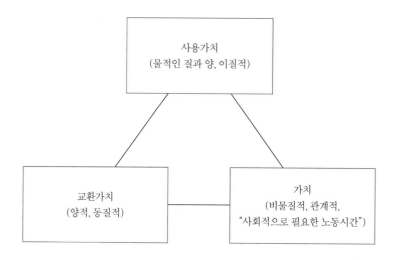

이제 이 논의의 의미를 살펴보기로 하자. 여러분이 주택이라는 상품을 하나 갖고 있다고 하자. 여러분은 이 상품의 사용가치와 교환가치 중 어디에 더 관심이 있는가? 아마 둘 모두에 관심이 있을 수도 있다. 그러나 이 둘은 서로 상충된 관계에 있다. 만일 여러분이 교환가치를 전부 실현(realize)하고자 한다면 여러분은 그것의 사용가치를 다른 사람에게 양도해야만 한다. 만일 여러분이 그것의 사용가치를 얻고자 한다면, 다른 주택을 새롭게 얻거나 주택대출을 받지 않는 한 여러분은 그것의 교환가치에는 접근하기 어려울 것이다. 어떤 주택의 사용가치를 높이는 것이 그것의 교환가치를 높여주는 것일까? (부엌을 새로 개조하는 경우는 그렇게 될 것이다. 그러나 취미생활을 위한 설비를 새롭게 추가하는 경우는 아마도 그렇게 되지 않을 것이다.) 혹은 원래 사용가치 용도의 집으로 개념화되어 있던 주택이, 노동자계급 가족의 장기저축(자본자산) 형성 수단 혹은 단기적인 투기수익을 목표로 신용차입을 얻고자 하는 사람이 이용하는 수단으로 그 개념이 바뀌게 되면 우리 사회에 어떤 일이 벌어지게 될까? 사용가치와 교환가치의 이런 이분법은 얼마나 유용한가!

이 논의를 좀더 자세히 살펴보기로 하자. 단일한 개념인 상품은 두가지 측면을 지닌다. 그러나 우리는 상품을 반으로 잘라서 하나는 사용가치로, 다른 하나는 교환가치로 나눌 수 없다. 상품은 하나의 단일한 물체다. 그러나 이 단일한 물체 속에는 두가지 측면이 존재하고 이런 두가지 측면을 통해 우리는 가치—또다른 하나의 단일한 개념—라고 불리는 것을 사회적으로 필요한 노동시간으로 정의할 수 있다. 그리고 이 가치는 바로 상품의 사용가치가 품고 있는 바로 그것이다. 그러나 가치가 되기 위해 상품은 쓸모가 있어야만 한다. 가치와 사용가치를 서로 연결하고 있는 이 관계를 통해 우리는 수요와 공급을 둘러싸고 일어나는 온갖 문제들을 살펴보게 된다. 만일 공급이 지나치게 많으면 교환가치는 하락하게 될 것이고, 공급이 지나치게 적으면 교환가치는 상승할 것이다. 이처럼 여기에서 수요와 공급은 교환가치의 "우연적이고 상대적인 측면"과 관련된 한 요소다. 그러나 이러한 변동 뒤에서 (생산성같이 가치의 결정에 영향을 미치는 다른 모든 요인이 불변일 경우) 가치는 여전히 불변인 채로 남아 있다. 맑스는 수요와 공급 관계에는 전혀 관심을 두지 않았다. 그가 알고 싶어했던 것은 수요와 공급이 균형상태일 때 상품들(예를 들어 셔츠와 신발) 사이의 교환비율을 어떻게 해석할 것인지에 대한 것이었다. 그러기 위해서는 다른 종류의 분석을 통해 사회적 필요노동시간이라고 불리는 이 사회적 실체의 응결된 요소인 가치를 찾아낼 필요가 있다. 우리는 (수요·공급이 균형상태인 조건에서) 사회적 필요노동인 상품가치를 이야기하기 위해 수요와 공급 조건을 묵시적으로(명시적으로 이야기하지 않은 채) 무시해왔다.

맑스의 변증법적 방법은 여기에서 어떻게 사용되고 있는가? 혹시 여러분은 가치가 교환가치에서 비롯된다고 말하고 싶은가? 아니면 교환가치가 사용가치에서 비롯된다고 말하고 싶은가? 그것도 아니면 사용가치가……? 그러나 맑스의 분석은 인과론적인 것이 아니다. 그것은 관계, 그것도 변증법적 관계에 대한 것이다. 사용가치에 대해 말하지 않고 우리가 교환가치를 말할 수 있을까? 말할 수 없다. 그렇다면 교환가치에 대해 말하지 않고 우리가 사용가치를 말할 수 있을까? 그것도 아니다. 바꿔 말해 우리는 다른 개념을 말하지 않고는 이들 개념 가운데 어떤 것도 말할 수 없다. 이 개념들은 서로가 서로에게 의존해 있고 어떤 하나의 전체(totality) 속에 내재하는 관계들인 것이다.

"전체"라는 단어를 사용하는 것이 어떤 지식인 집단들(바로 뒤에 나오듯이 구조주의와 후기구조주의를 염두에 둔 표현으로 이해됨 — 옮긴이)에게 있어서는 커다란 붉은 깃발을 흔들어대는 것이라는 점을 잘 알고 있다. 그러나 맑스는 구조주의는 물론 후기구조주의에 대해서도 전혀 알지 못했다. 맑스의 사상을 이들 범주에 밀어넣는 것은 매우 신중히 생각해야 할 문제다(나 자신은 맑스가 이들 범주에 전혀 들어가지 않는다고 생각한다). 그러나 맑스가 자본주의 생산양식을 하나의 전체로 이해하려는 의도를 지니고 있었다는 것은 분명한 사실이고 따라서 우리의 관심은 단지 그가 생각하던 전체라는 개념이 어떤 것이었을까 하는 것이다. 우리가 여기 제1절에서 알아낼 수 있는 것은 이 전체라는 개념이 상품을 둘러싸고 형성된 사용가치, 교환가치 그리고 가치라는 삼각관계를 통해 가장 잘 접근할 수 있는 개념이라는 사실이다. 그러나 그는 사용가치란 것이 엄청나게 다양한 것이며 교환가치는 우연적이고 상대적인 것이며 또한 가치는 마치 "허깨비 같은 대상성"——사회적 관계나 자연적 관계에서 발생하는 기술적 변화에 의해 끊임없이 변화하는——이라는(혹은 그런 것처럼 보이는) 점을 모두 인정했다. 그가 말한 전체는 정적(靜的)인 것이거나 폐쇄된 것이 아니라 유동적이면서 개방된 것이고 따라서 끊임없이 변화하는 것이다. 이것은 단연코 헤겔이 말하는 바의 전체라는 개념이 아니다. 여기에서 그 이상 말하기는 어려운데 나머지는 앞으로 이 책을 더 읽어나가면서 논할 것이다.

———

지금까지를 정리하면 대충 다음과 같다. 맑스는 자신의 목적이 자본주의 생산양식의 운동법칙을 밝히는 것이라고 천명했다. 그는 상품의 개념으로부터 시작하여 곧바로 상품의 이중성, 즉 사용가치와 교환가치를 규명한다. 사용가치는 그 역사가 너무 오래되어 자본주의의 특수성에 대해 거의 아무것도 설명해주지 않는다. 그래서 맑스는 교환가치를 연구하기 위해 사용가치를 옆으로 밀쳐둔다. 상품간의 교환비율은 얼핏 보면 우연적인 것으로 나타나지만 바로 이 교환행위는 모든 상품이 공통된 무엇인가를 지니고 있어 그것을 통해 서로 비교되어 비율을 이루게 된다는 것을 전제로 한다. 이런 공통점은 이 모든 상품들이 인간노동의 산물이라는 점이라고 맑스는 비밀스럽게 밝힌다. 그리하여 이 상품들은 가치로 나타나는데 그것은 처음에 주어진 노동생산성의 조건에서 그 상품을 생산하는 데 필요한 사회적 필요노동으로 정의된다. 그러나 노동이 사회적으로 필요한 것이 되기 위해서는 어딘가에서 누군가가 상품을 필요로 해야만 하고 이것은 사용가치를 다시 논의 속으로 끌어들이는 것을 의미한다.

앞으로의 논의에서 이들 세 개념(사용가치, 교환가치, 가치)은 지속적인(때로는 서로 긴장된) 관계를 유지한다. 맑스는 이들 세 개념 가운데 하나만을 따로 다루는 경우가 거의 없으며 언제나 **이들간의 관계**를 문제로 삼는다. 그러나 그는 자주 셋 가운데 하나를 따로 묶어둔 채로 나머지 둘 사이의 관계만을 검토하기도 한다. 제2절에서 상품 속에 포함된 노동의 이중적 성격을 확대하면서 맑스는 (교환가치를 불변으로 묶어둔 채) 노동의 사용가치와 이 유용노동이 품고 있는 가치 사이의 관계에 초점을 맞춘다. 그 다음 절에서는 사용가치를 밀어둔 채 화폐의 기원과 역할을 설명하기 위해 교환가치와 가치 사이의 관계를 검토한다. 각 절의 논의는 모두 이 개념들 가운데 일부를 대개 유보시킨 채로 진행되기 때문에 논의의 진행과정에서 논의의 초점이 어디로 변화하는지를 유념하는 것은 상당히 중요하다.

앞으로의 논의를 위해 미리 설명해두어야 할 또하나의 논의방식이 있다. 사용가치와 교환가치에서 시작한 다음——이중성——그는 가치라는 단일한 개념에 도달하는데 이 개념은 "사회적 필요노동시간"(M53)으로 이해되는 인간노동과 관련된 것이다. 그러나 어떤 종류의 인간노동이 사회적으로 필요한 것인가? 그 답을 찾는 과정에서 또하나의 이중성, 즉 구체적(현실적) 노동과 추상적(사회적) 노동이 드러난다. 노동의 이 두가지 형태는 상품의 교환이라는 단일한 행위를 통해 다시 합쳐진다. 그러나 이 교환의 계기를 살펴보면 상대적 가치형태와 등가형태라는 또하나의 이중성이 드러난다. 이 두 가치형태는 화폐라는 상품의 등장을 통해 다시 합쳐지는데 이 화폐는 모든 다른 상품에 대한 일반적 등가물로 기능한다. 여기에서 우리는 논의를 전개하는 하나의 패턴을 보게 된다. 즉 그것은 대립을 통해 논의가 조금씩 전개되는 방식인데 이 대립은 (화폐형태처럼) 모순을 지양하는 통일체로 합쳐지지만 그 모순은 다시 또하나의 이중성(과정과 사물 간의 관계, 인간들 사이의 물적 관계, 물적 존재들 사이의 사회적 관계)을 만들어내는 구조로 이루어져 있다. 이것이 맑스가 사물을 설명해나가는 변증법적 방식이며, 그 방식은 우리가 앞으로 보게 되듯이『자본』전체에 걸쳐 계속된다.

이 논의방식을 단순한 도형 형태로 그려보면 다음과 같다.

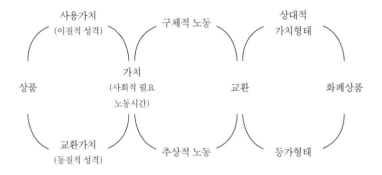

논의 구조를 이런 식으로 그려보면 나무 대신 숲을 보기가 좀더
쉬워진다. 그리고 각 절의 내용이 전체 논의의 틀에서 어떤 위치에
있는지도 좀더 쉽게 알 수 있다. 이것은 엄격한 의미에서 헤겔식의
논리는 아니다. 왜냐하면 여기에는 종합(synthesis)의 마지막 계기
가 존재하지 않고 단지 통일체의 일시적 계기만 존재하기 때문인데,
이 통일체는 그 내부에 또다른 하나의 모순──이중성──을 안고 있
고 따라서 그 통일체를 이해하기 위해서는 좀더 진전된 논의의 확
대가 필요하다. 이것은 맑스가 『자본』에서 논의를 이끌어나가는 방
식이며, 그것은 궁극적으로 논의를 계속 확대해나가는 것이지 논리
적으로 어떤 결론을 추론해내는 것이 아니다. 이것은 논의의 기본적
인 골격을 만들어내어 이 골격 위에 온갖 종류의 개념적인 사항들을
정렬함으로써, 우리가 지금 하고 있는 것처럼, 자본주의가 끊임없이
모순을 지양해나가는(끊임없이 운동해나가는) 과정 속에 숨겨진 내
적 관련들에 대해 점점 더 폭넓은 이해를 제공해준다.

2절 상품 속에 포함된 노동의 이중적 성격

맑스는 이 절의 첫머리를 다음과 같은 단호한 주장으로 시작한다. "상품에 포함된 노동의 이런 이중적 성질을 비판적으로 지적한 것은 내가 처음이다. 이 점은 경제학의 이해에서 결정적인 도약점이므로 여기서 좀더 자세히 설명해둘 필요가 있다"(M56). 그는 1절과 마찬가지로 사용가치로부터 시작한다. 이들 사용가치는 유용하고 "구체적인" 노동에 의해 생산된 물적 생산물들이다. 구체적인 노동과정의 엄청나게 다양한 형태들——재단, 제화, 방적, 방직, 농경 등 등——은 매우 중요한데, 이것들 없이는 어떤 교환행위(같은 생산물을 서로 교환하려는 사람은 분명 아무도 없을 것이다)도 사회적 분업도 존재할 수 없기 때문이다.

각각의 사용가치는 그 속에 질적으로 서로 다른 유용노동을 포함하고 있지 않으면 상품으로서 만날 수 없다. 생산물이 일반적으로 상품의 형태를 띠는 사회에서는 (…) 이들 유용노동의 질적인 차이가 자립적인 생산자의 개인사업으로 각기 독립적으로 운영되다가 하나의 복합적인 체계(즉 사회적 분업)로 발전한다.(M57)

여기에서 맑스는 제1장 전체를 관통하는 방법론적 주제——즉 단순한 것에서 점차 복잡한 것으로, 교환경제의 단순한 개별적 관점에서 보다 체계적인 개념으로 나아가는——를 끄집어낸다. 그런 다음 그는 관계를 살펴보던 방식에서 벗어나 유용노동의 일반적인 성격을 살펴본다. 맑스가 그렇게 하는 까닭은 "노동은 (…) 사용가치를 낳는 어머니(즉 유용노동)로서 그 사회형태가 무엇이든 그것과는 무관하게 인간의 존재조건이며 인간과 자연 사이의 물질대사를 매개하고 그리하여 인간의 생활을 매개하기 위한 자연필연성"(M57)이기 때문이다.

이 "물질대사"의 개념은 인간존재와 자연을 매개하는 노동이라는 개념과 함께 맑스의 유물론적 역사관에 있어 핵심적이다. 그는 이 개념을 아직 충분히 발전시키지 않은 상태에서도 『자본』의 곳곳에서 이 개념으로 돌아가곤 한다. 이것도 역시 맑스의 전형적인 논의방식이기도 하다. 요컨대 그는 이렇게 말한다. "자, 여기 당신이 깊이 생각해야만 할 중요한 무엇(이 경우에는 자연에 대한 관계─하비)인가가 있다. 나는 여기에서 그것을 자세히 다루지는 않겠지만, 보다 직접적인 우리의 관심사로 들어가기 전에 이것이 중요하다는 점만은 지적해두고 싶다." 그는 이렇게 말한다. "사용가치는 자연소재와 노동이라는 두 요소의 결합물이다." 따라서 "생산과정에서 인간이 할 수 있는 것은 오로지 자연 그 자체의 방식에 따르는 것뿐이다"(M57). 이것도 다시 매우 중요한 점이다. 즉 우리가 무엇을 하든 그것들은 모두 자연법칙에 따른 것이어야 한다.

인간은 단지 소재의 형태를 바꿀 수 있을 뿐이다. 뿐만 아니라 이 형태를 변경하는 노동 그 자체에서도 인간은 끊임없이 자연력으로부터 도움을 받는다. 따라서 노동이 그것을 통해 생산되는 사용가치나 소재적 부의 유일한 원천은 아니다. 윌리엄 페티가 말했듯이 노동은 소재적 부의 아버지이고 땅은 그 어머니이다.(M57/58)

이 남녀의 성별 차이를 이용한 은유(이 은유의 기원은 적어도 프랜씨스 베이컨F. Bacon에게까지 거슬러 올라간다)의 힘을 빌려 맑스는 부(즉 한 사람의 수중에 들어간 사용가치의 총체)와 가치(즉 이 사용가치를 대표하는 사회적 필요노동시간)의 결정적인 차이점을 소개하고 있다.

그런 다음 맑스는 다시 가치의 문제로 돌아가서 가치가 지닌 (모두가 인간노동의 산물이라는) 동질적 성격과 사용가치 및 구체적 노동의 형태가 지닌 엄청난 이질적 성격을 대비시킨다. 그는 이렇게 쓰고 있다.

재단노동과 방직노동은 질적으로 서로 다른 생산활동이긴 하지만 모두 인간의 두뇌·근육·신경·손 등의 생산적 지출이고, 이러한 의미에서 양자는 모두 인간노동이다. 이것들은 다만 인간노동력을 지출하는 2개의 서로 다른 형태일 뿐이다. 물론 여러가지 형태로 노동력이 지출되려면 인간노동력 그 자체가 어느정도 발달해 있어야만 한다. 그러나 상품의 가치는 단지 인간노동을, 즉 인간노동 일반의 지출만을 나타낸다.(M58/59)

그것은 맑스가 바로 "추상적" 노동이라고 부르는 것이다(M59~61). 이런 종류의 노동의 일반성은 현실의 사용가치를 생산하는 다양한 구체적 노동과 대비된다. 이 추상적 노동의 개념을 만드는 과정에서 맑스는 다양한 상품교환들로부터 추상화된 개념을 그대로 반영하는 입장을 취한다.

그리하여 맑스는 가치를 단순한 추상노동의 단위로 개념화한다. 이 계산단위는 "나라가 다르고 문화수준이 다르면 그 성격이 달라진다. 그러나 현존하는 어떤 사회에서 그것은 주어져 있다". 여기에서 우리는 다시 맑스가 『자본』 속에서 자주 사용하는 전술을 만나게 된다. 계산단위는 시간과 공간에 따라 달라지지만 분석을 위해 우리는 그것이 주어져 있다고 가정한다. 게다가 여기에서 그는 계속해서 다음과 같이 말한다. "복잡노동[즉 숙련된 노동]은 그저 단순노동이 **제곱된 것** 또는 **배가된 것**으로 간주될 뿐이다. 따라서 적은 양의 복잡노동은 더 많은 양의 단순노동과 같다."

실제로 이런 환산이 끊임없이 이루어지는 것을 우리는 경험을 통해 보고 있다. 어떤 상품이 아무리 복잡한 노동의 생산물이라 해도 그 상품의 가치는 그 상품을 단순노동의 생산물과 동일하게 등치시키고, 따라서 그 가치 자체는 단순노동의 일정한 양을 나타낼 뿐이다. (…) 지금부터는 모든 종류의 노동력을 곧바로 단순노동력으로 간주하겠는데, 이것은 환산하는 수고를 덜기 위해서일 뿐이다.(M59)

그런데 맑스는 여기에서 그가 이야기한 경험이 어떤 것인지를 전혀 구체적으로 이야기하고 있지 않아서 이 문장은 큰 논란의 불씨를 남기고 있다. 문헌들에서 이것은 '환산 문제'(reduction problem)로 알려져 있다. 왜냐하면 숙련된 노동이 생산된 상품의 가치와는 무관하게 단순노동으로 어떻게 환산될 수 있는지(또 실제로 환산되는지) 불분명하기 때문이다. 오히려 가치가 사회적 필요노동시간이라는 명제와 마찬가지로 맑스의 이 명제는 (비록 대담해 보이지는 않지만) 상당히 비밀스러워 보인다. 그는 이 환산이 어떻게 이루어지는지를 설명하지 않고 있다. 그는 단지 분석을 위해 이것이 그렇게 된다는 점을 상정하고 그것을 기초로 이후의 논의를 전개하고 있다. 이것은 우리가 구체적인(즉 유용한) 노동과 그것들의 이질적 성격을 다루면서 경험했던 질적 차이가 여기에서는 순수하게 양적인(동시에 동질적인) 어떤 것으로 환산된다는 것을 의미한다.

물론 맑스가 여기에서 이야기하는 논점은 노동의 추상적(동질적)인 측면과 구체적(이질적)인 측면이 단일한 노동행위 속에 하나로 합쳐져 있다는 사실이다. 공장의 한쪽에서 추상적인 노동이 만들어지고 다른 한쪽에서 구체적인 노동이 만들어지는 것은 아니다. 이 노동의 이중성은 하나의 노동과정(예를 들어 가치를 품는 셔츠를 만드는 과정) 속에 들어 있다. 이것이 의미하는 바는 셔츠를 만드는 구체적 노동 없이는 가치도 형성되지 않으며, 더 나아가 셔츠가 신발, 사과, 오렌지 등과 교환되고 있지 않다면 우리는 가치가 무엇인지를 알 수 없다는 것이다. 그러므로 구체적 노동과 추상적 노동 사이에는 하나의 관계가 존재한다. 추상적 노동을 표기하는 척도로는 온갖 다양한 구체적 노동이 사용된다.

모든 노동은 한편으로 생리학적 의미에서의 인간노동력의 지출이며, 이 동일한 인간노동 또는 추상적 인간노동이라는 속성을 통해 그 것은 상품가치를 형성한다. 또다른 한편으로 모든 노동은 특수한 목적이 정해진 형태로서의 인간노동력의 지출이고, 이 구체적인 유용노동이라는 속성을 통해 그 노동은 사용가치를 생산한다.(M61)

이 주장은 1절의 주장을 그대로 반영하는 것임을 유념하기 바란다. 하나의 상품 속에는 사용가치, 교환가치, 가치가 포함되어 있다. 하나의 특수한 노동과정은 하나의 상품 속에 유용한 구체적 노동과 추상적 노동 혹은 가치(사회적으로 필요한 노동시간)를 부여하고 이 가치는 시장에서 교환가치의 담지자가 될 것이다. 숙련(혹은 "복잡")노동이 어떻게 단순노동으로 환산되는지의 문제에 대한 해답은 다시 맑스가 상품을 따라 시장으로 가서 가치와 교환가치 사이의 관계를 검토하는 다음 절에서 일부 다룰 것이다. 이제 3절로 넘어가기로 하자.

3절 가치형태 또는 교환가치

내가 보기에 이 절은, 진행되고 있는 논의의 중요성을 너무도 쉽게 가려버릴 수 있는 따분한 내용들이 많이 포함되어 있다. 앞에서도 지적했듯이 맑스는 때때로 회계사 같은 꼼꼼한 방식으로 논의를 전개함으로써 극도로 지루해 보이는 형태로 설명을 이어붙이고 있다. 즉 이것은 저것과 같고 저것은 이것과 같고, 이것은 3페니이고 저것은 15페니이고, 그런 다음 어떤 다른 것은 무엇과 같고 하는 식으로 온갖 산술적 설명을 이어가는 것이 바로 그것이다. 맑스의 글에서 자주 나타나는 문제(즉 나무 때문에 숲을 보지 못하는 문제)는 여기에서 최악의 상태를 보이고 있고, 그래서 여기에서는 이 문제에 접근하는 방법을 설명해둘 필요가 있다. 나는 이것을 두가지 차원에서 다루고자 한다. 즉 단순하고 기술적인 논의들은 대강 훑어보고, 그런 다음 그것들의 의미를 논평하는 방식이 바로 그것이다.

맑스의 목적은 화폐형태의 기원을 설명하는 것이다. 그는 이렇게 주장한다. "우리 앞에 놓여 있는 과제는"(다시 한번 매우 단호한 표현으로) "부르주아 경제학에서는 한번도 시도된 바가 없는 것이다." 그것은

화폐형태의 발생과정을 논증하는 것인데, 이는 곧 눈에 띄지 않는 가장 단순한 형태부터 극도로 현란한 화폐형태에 이르기까지 상품의 가치관계에 함축되어 있는 가치표현의 발전과정을 추적하는 일이다. 이 작업을 해냄으로써 우리는 동시에 화폐의 수수께끼도 풀게 될 것이다.(M62)

그는 이 과제를 단순한 교환과정으로부터 시작하는 일련의 단계들을 통해 수행한다. 나는 상품을 가지고 있고 당신도 상품을 가지고 있다. 내 상품의 **상대적 가치**는 당신이 가지고 있는 상품의 가치(투입된 노동)를 통해 표현된다. 그리하여 당신의 상품은 내 상품가치의 척도가 된다. 이 관계를 뒤집어보면 내 상품은 당신 상품의 등

가형태로 간주될 수 있다. 이런 종류의 단순한 교환에서는 상품을 가진 사람은 누구나 상대적 가치를 지닌 무엇인가를 가지고 있는 셈이고 다른 상품에서 그것의 등가형태를 찾는다. 시장에 나와 있는 사람과 거기에서 이루어지는 교환의 수만큼 많은 상품이 존재하기 때문에 시장에 나와 있는 상품과 거기에서 이루어지는 교환의 수만큼 많은 등가형태도 또한 존재한다. 맑스가 여기에서 진정 보여주려고 했던 것은 교환행위가 대개 이중적 성격——상대적 가치형태와 등가형태라는 양극——을 띠고 있으며 이 이중성 속에서 등가형태의 상품은 "추상적 인간노동을 구체화하는 물체"(M72)로 나타난다는 점이었다. 이제까지 상품 속에 숨겨져 있던 사용가치와 가치 사이의 대립이 이제는 "외적인 대립(사용가치인 한 상품과 교환에서 상품의 가치를 나타내는 또다른 한 상품 사이의 대립——하비)을 통해 표시된다"(M75).

시장같이 교환이 복합적으로 이루어지는 영역에서는, 내 상품은 잠재적으로 다수의 등가형태를 지니게 되고, 거꾸로 거기에 나와 있는 사람은 누구나 내가 가진 상품을 등가형태로 한 상대적 가치형태를 잠재적으로 갖게 된다. 교환관계가 점차 복잡해지면 "전개된" 가치형태가 나타나고(M77~79), 이것은 "일반적 가치형태"로 발전한다(M79~83). 이것은 궁극적으로 "일반적 등가물", 즉 "화폐상품"의 독점적 역할을 수행하는 하나의 상품(M83/84)으로 집약된다. 화폐상품은 교환체계로부터 발생하는 것으로 교환체계 이전에 이미 존재하던 것이 아니다. 따라서 화폐형태로 집약되기 위해 가장 중요한 필수적인 조건은 교환관계가 발달하고 일반화되는 것이다.

맑스의 시대에는 금·은 같은 상품이 이런 결정적 역할을 수행하기 위해 이미 등장해 있었지만 화폐상품은 원칙적으로 조개나 참치통조림 혹은——때때로 전쟁 같은 돌발상황이 발생했을 때처럼——담배, 초콜릿 등 어떤 상품이나 될 수 있었다. 시장제도는 효과적 기능을 위해 여러 상품들 가운데 하나의 화폐상품을 필요로 하지만, 화폐상품은 시장교환이 발달해야만 비로소 나타날 수 있다. 화폐는 외부에서 만들어지는 것도 아니고 누군가가 하나의 화폐형태를 갖는 것이 좋겠다는 생각을 해서 발명되는 것도 아니다. 설사 상징적 형태를 취하고 있다 하더라도 모든 화폐는 이런 배경을 통해 이해되어야만 한다고 맑스는 주장한다.

이것은 흥미로운 해석상의 문제를 제기하는데 이 문제는 『자본』에서 여러 차례 등장한다. 그 문제란 곧 맑스가 논의를 역사적 순서로 전개해나가고 있는지 아니면 논리적 순서로 전개해나가고 있는지의 문제다. 내가 보기에 화폐상품이 어떻게 등장하는지에 대한 그의 설명을 지지해줄 역사적 증거는 오늘날 그다지 충분하지 않다. 화폐제도와 유사한 제도들, 상품, 종교적 우상, 상징적 주화, 혹은 이와 비슷한 것들은 이미 오래 전부터 존재하던 것들이며, 이것들은 비록 어떤 사회적 관계를 표현하는 것이긴 하지만 그것이 반드시 (비록 조금씩 그것들이 상품교환에 뒤섞이긴 했지만) 상품교환을 위한 초기적인 관계를 포함한 것들은 아니었다. 고고학과 역사학의 기록들에 의존할 경우 오늘날 많은 사람들은 아마도 화폐형태가 맑스가 상정했던 방식으로는 등장하지 않았다는 입장을 취하게 될 것이다. 나도 이런 주장에 동의한다. 그러나 그런 다음 나는 거기에 다음과 같은 말을 덧붙이고 싶다(그리고 이것은 자본주의 생산양식을 파악하고자 했던 맑스의 관심으로 되돌아간다). 자본주의하에서 화폐형태는, 맑스가 서술했던 다음의 내용, 즉 화폐형태는 교환관계를 확대해나가는 제도의 필요를 반영한다는 그 내용의 논리적 위상에 맞추어 이해되어야 한다. 게다가 이전의 상징물들이 화폐형태—상품시장의 교환을 보다 편리하게 만들기 위해 필요했던—로 발전해 간 것은 결국 모두 상품교환관계가 확대되었기 때문이었다. 실제로 고고학이나 역사학의 화폐주조에 대한 기록들을 통해 발견되는 화폐형태의 선조들이 점차 자본주의 내부로 흡수되어 화폐의 기능을 수행하게 된 것은 이런 논리적 경로를 따른 것이 분명하다. 동시에 이런 화폐형태로의 발전과정 없이는 시장이 발전할 수 없었다는 점도 분명하다. 비록 역사적 근거는 취약할지 모르지만 논리적 근거는 강력한 것이다.

한편 이 절에서는 전체적으로 상품교환과 화폐상품 간의 필연적인 관계, 그리고 이들 중 하나의 발전이 다른 하나의 발전에 결정적 역할을 수행하는 부분을 다룬다. 그러나 다른 한편 우리가 깊이 주의를 기울여야 할 필요가 있는 더 많은 부분들이 논의된다. 이 절의 첫머리에서 맑스는 다음과 같이 서술한다.

상품의 가치대상성, 즉 가치로서의 상품은 어디에서 그것을 포착할 수 있을지 알 수 없다는 점에서 퀴클리 부인과는 다르다. 상품체의 대상성〔즉 상품체로서의 상품〕은 감각적으로 분명하게 포착되는 데 반해 가치로서의 상품에는 단 한조각의 자연소재도 들어 있지 않다. 그래서 하나하나의 상품을 아무리 돌리고 뒤집어보아도 그것을 가치물(가치를 가진 물체—옮긴이)로서 포착해낼 수 없다. 그럼에도 상품은 그것이 인간노동이라는 동일한 사회적 단위의 표현일 때만 가치가 되며, 따라서 그 가치로서의 성격이 순전히 사회적인 것이라는 점을 상기한다면, 가치로서의 상품(가치대상성)은 오직 상품과 상품의 사회적 관계 속에서만 나타날 수 있다는 사실 또한 자명해진다.(M62)

이 점은 아무리 강조해도 지나치지 않은 절대적으로 중요한 점인데, 즉 가치는 물적 존재가 아니면서도 대상적인 것이라는 사실이다. 맑스가 유물론을 엄격하게 신봉했다는 점을 생각하면 이것은 언뜻 보아 놀라운 주장이며 우리는 이것이 의미하는 바에 대해 조금 씨름을 해보아야만 한다. 가치는 사회적 관계이며, 우리는 사회적 관계를 현실에서 직접 보거나 만지거나 느낄 수 없다. 그러나 그것은 분명 객관적 대상으로 존재한다. 그러므로 우리는 이 사회적 관계와 그것이 나타나는 형태를 주의깊게 살펴보아야 한다.

맑스가 제기하는 생각은 다음과 같은 것이다. 즉 가치는 일단 물적 존재가 아니기 때문에 그것을 대신 표현해줄 수단 없이는 존재할 수 없다. 그러므로 가치(즉 사회적 필요노동시간)가 교환관계를 규제하도록 만드는 것은 바로 화폐제도의 등장(즉 감각적 표현수단인 화폐형태 그 자체의 등장) 덕분이다. 그러나 화폐형태가 점점 더—주어진 논리적 경로를 따라 한걸음 한걸음씩—가치를 표현하는 것으로 되어가는 것은 오로지 상품교환관계가 확대될 때만 가능한 일이다. 그러므로 가치로 불리는 어떤 보편적인 물체가 있어 그것이 오랜 기간 동안의 투쟁을 거쳐 최종적으로 화폐적 교환을 통해 표현된 것은 아니다. 오히려 화폐형태의 등장과 가치형태의 등장은 서로 깊이 연루되어 함께 진화해가는 관계다. 화폐적 교환의 등장은 자본주의 생산양식 내부에서 사회적 필요노동시간을 주도적 요인으로 만들어나간다. 그러므로 사회적 필요노동시간을 나타내는 가치는 역사적으로 자본주의 생산양식에만 존재하는 특수한 것이다. 그것은 시장을 통한 교환이 반드시 필요한 조건에서만 등장한다.

맑스의 이 분석을 통해 우리는 두가지 결론과 한가지 핵심적인 물음을 얻게 된다. 첫번째 결론은 교환관계가 가치의 심오한 구조를 표현해주는 단지 부수적일 뿐인 수단이 아니라, 오히려 가치와 변증법적인 상호관련을 가지고 있어 후자는 전자에 의존하고 전자는 후자에 의존한다는 점이다. 두번째 결론은 가치의 개념이 물적 존재가 아니면서도(마치 허깨비 같은) 동시에 객관적 대상이라는 점이다. 가치를 직접 측정하려는 시도는 모두 실패하게 될 것이다. 마지막으로 한가지 핵심적 물음이란 화폐가 가치를 얼마나 잘 표현해주느냐, 즉 바꿔 말해 물적 존재가 아닌 것(가치)과 객관적 대상이 되는 것(가치가 화폐를 통해 표현됨으로써 포착되는 것) 사이의 관계가 현실적으로 어떻게 나타나는가에 관한 것이다.

맑스는 이 문제를 여러 단계를 밟아가며 풀어나간다. 그는 이렇게 말한다.

가치를 형성하는 노동의 독특한 성격은 서로 다른 종류의 상품을 등가로 표현할 때에만 드러난다. 왜냐하면 이런 등가적 표현만이 종류가 다른 갖가지 상품 속에 포함된 여러 종류의 노동을 사실상 그들의 공통물인 인간노동 일반으로 환원시키기 때문이다.(M65)

우리는 여기에서 숙련된 복합노동이 단순노동으로 어떻게 환산되는지에 대한 답을 일부 얻는다. 그런 다음 그는 계속해서 이렇게 말한다. "유동적인 상태에 있는 인간의 노동력"——이 유동적이라는 개념을 맑스가 『자본』 속에서 얼마나 자주 사용하는지 유념할 필요가 있다——"즉 인간노동은 가치를 형성하긴 하지만 가치 그 자체는 아니다. 그것은 어떤 응결된 상태, 즉 대상적 형태를 띠었을 때만 가치가 된다"(M65). 그러므로 노동과정과 거기에서 생산된 물적 존재를 구별할 필요가 있다. 유동적이라는 개념과 함께 과정과 물적 존재 사이의 관계라는 이 개념은 맑스의 분석에서 중요한 의미를 지닌다. 이 개념들을 점점 더 많이 제기할수록 그는 점점 더 형식논리의 변증법으로부터 역사적 과정의 철학인 변증법으로 옮겨간다. 인간노동은 감각적으로 알 수 있는 과정이지만 그 과정이 끝나고 나면 우리는 가치가 응결되어 있는 이 물적 존재(즉 상품)를 얻게 된다. 현실의 과정이 중요한 까닭은 바로 이 **물적 존재**가 가치를 지니고 있고 그것이 대상적 성질을 지니고 있다는 점에 있다.

아마포의 가치를 인간노동의 응결물로서 표현하려면, 그것은 아마포 자체와는 물적으로 다르면서도 동시에 아마포와 그밖의 모든 상품에 공통된 어떤 대상성(objectivity)으로서 표현되어야 한

다.(M65/66)

문제는 가치, 즉 "아마포 자체와는 물적으로 다른" 이 물적 존재를 어떻게 표현하느냐 하는 것이다. 그 답은 화폐상품의 형태에 있다. 맑스는 그러나 가치와 (화폐형태를 통한) 그것의 표현 사이의 이 관계에는 몇가지 특성이 있다고 지적한다. "첫번째 특성은 사용가치가 자신의 대립물인 가치의 현상형태가 된다"는 점이며 이것은 "사회적 관계를 배후에 숨기고 있다"고 맑스는 말한다(M70/71).

이것이 바로 등가형태의 수수께끼인데, 부르주아 경제학자들의 비속한 눈에는 이 등가형태가 완전히 발전하여 화폐의 형태를 띠고 나서야 비로소 보이게 된다. 이때 그들은 금이나 은을 그보다 못한 다른 상품들과 바꿔치기하면서 한때 상품의 등가 역할을 한 적이 있는 평범한 상품들의 목록을 늘어놓음으로써 금이나 은의 신비성을 설명해버리려고 한다.(M72)

계속해서 그는 이렇게 말한다. "등가물의 역할을 하는 상품체는 언제나 추상적 인간노동을 구체화시키는 물체로 간주될 뿐만 아니라 또한 어떤 특정한 구체적 유용노동의 산물이기도 하다"(M72). 이것은 무슨 의미일까? 예를 들어 금은 특수한 사용가치를 지니며 특수한 생산조건에서 생산된 특수한 상품이다. 그러나 우리는 이 금을 어디에서나 모두 인간노동의 표현수단으로 사용한다. 즉 우리는 하나의 특수한 사용가치를 취해서 그것을 모든 사회적 노동의 대용품으로 사용하고 있는 것이다. 이것은 복잡한 문제를 제기하는데 우리는 제2장에서 화폐이론을 보다 깊이 다루면서 그 문제를 살펴볼 것이다.

두번째 특성은 "구체적 노동이 그 대립물인 추상적 인간노동의 현상형태가 된다"는 점이며, 세번째 특성은 "개별적 노동이 그 대립물〔즉 직접적인 사회적 형태의 노동〕이 된다"(M73)는 점이다. 이것은 일반적 등가물(즉 화폐상품)이 사용가치의 생산을 둘러싼 질적·양적인 문제들에 예속되어 있다는 것을 의미할 뿐만 아니라 화폐상품의 생산과 판매는 물론 그것의 축적까지지도 (사실상 자본으로서) 설사 그것이 일반화된 사회적 기능을 수행할 경우에도 개인의 수중에 놓여 있다는 것을 의미한다. 1960년대 말 금이 아직 세계화폐를 받쳐주는 주도적인 상품이었던 시절 세계의 양대 금생산국은 남아프리카공화국과 러시아였는데 이들 두 나라는 모두 세계 자본주의 진영에 별로 우호적이지 않았다. 1970년대 초 세계 금융체제가 태환제도로부터 이탈하고 변동환율제가 도입되면서 금본위제로부터 벗어나게 되자 이들 금생산국의 영향력은 급격히 약화되는 결과가 나타났다(물론 이들의 영향력이 약화된 것이 이것 때문만은 아니었지만 말이다).

이것들은 맑스의 분석을 통해 우리가 심사숙고해야만 할 다양한 모순의 양태들이며 우리는 나중에 ─ 특히 제3권에서 볼 수 있으며 여기 제1권의 제3장에서도 보게 될 것이다 ─ 이들 특성과 모순이 금융위기의 가능성을 만들어내는 데 있어 어떤 역할을 하게 되는지를 보게 될 것이다. 어쨌든 핵심적인 결론은 가치와 (화폐형태를 통한) 그것의 표현 사이의 관계가 모순을 가득 품고 있으며 따라서 우리는 완전한 형태의 가치표현을 결코 상정할 수 없다는 것이다. 그러나 가치와 그것의 표현 사이의 이런 부조화는 비록 심각한 문제가 있긴 하지만 또한 많은 잇점이 있기도 한데 우리는 그것을 이제부터 살펴볼 것이다.

맑스는 우리를 아리스토텔레스에 관한 중요한 문장으로 안내한다. 아리스토텔레스는 이렇게 말한다. "동질성이 없는 교환은 있을 수 없으며, 동질성 또한 양적인 비교가능성 없이는 있을 수 없다."[3] 상대적 가치형태와 등가형태 사이의 관계는 교환하는 것들 사이의 동질성을 전제로 한다. 시장체계 내에서 이런 동질성은 극히 중요하다. 맑스는 그것이야말로 자본주의가 이론적으로 작동하는 방식을 이해하는 데 핵심요소라고 인식한다. 아리스토텔레스도 교환관계에 있어 양적인 비교가능성과 동질성의 필요에 대해 잘 이해하고 있었다. 그러나 그는 그 배후에 무엇이 숨어 있는지는 이해할 수 없었다. 왜 그랬을까? 맑스는 이렇게 말한다. "그것은 그리스 사회가 노예노동에 토대를 두고 있었고, 따라서 인간과 인간노동의 비동질성을 그것의 본질적 기초로 삼고 있었기 때문이다"(M74). 노예제 사회에서는 우리가 자본주의하에서 찾아내려고 하는 것과 같은 종류의 가치이론이 있을 수 없다. 가치론은 자본주의에만 적용되는 역사적 특수성을 가지고 있다는 점을 다시 한번 유의하기 바란다.

이제 맑스는 새로 드러난 대립을 파악하기 위해 화폐형태의 세가지 특성에 대한 논의로 되돌아간다.

그리하여 상품 속에 숨겨져 있는 사용가치와 가치의 내적 대립은 하나의 외적 대립을 통해 표시된다. 이러한 외적 대립은 두 상품간의 관계, 즉 자신의 가치를 표현해야 하는 한쪽 상품은 직접적으로 단지 사용가치로서만 인정되고, 반면 가치표현의 수단이 되는 다른 쪽 상품은 직접적으로 단지 교환가치로서만 의미를 갖는 것으로 나타난다.(M75/76)

가치표현과 상품세계 사이의 이 대립(즉 상품과 화폐 사이의 모순을 가져오는 대립)은 상품 그 자체 속에 내재되어 있는 무엇인가가 외부화된 것으로 해석되어야 한다. 일단 외부화되고 나면 대립은 명확한 것이 된다. 상품과 화폐 사이의 관계는 사용가치와 교환가치의 이중성(우리가 맨 앞부분에서 상품에 내재된 것으로 이미 이야기했다)이 만들어낸 산물이다.

그렇다면 우리는 여기에서 무엇을 얻을 수 있을까? 첫째, 사회적 필요노동시간은 하나의 사회적 관계이기 때문에, 그것이 곧바로 현실에서 일어나고 있는 일을 규제하는 요소가 될 수는 없다. 그것은 화폐형태라는 매개를 통해 간접적으로만 그렇게 할 수 있다. 또한 화폐형태의 등장은 가치가 자본주의 경제를 작동시킬 중심원리로서 응결되기 시작하도록 만들어준다. 그리고 항상 기억해두어야 할 점이기도 하지만 가치는 물적 존재가 아니면서도 객관적 대상이다. 이제 이것은 가치를 현실적으로 측정할 수 있다고 생각하는 상식적인 논리에 많은 문제를 불러일으킨다. 맑스주의 경제학자들 가운데에서도 일부는 가치를 실제로 측정할 수 있다고 설명하기 위해 많은 시간을 소비하고 있다. 내 주장은 이렇다. 그것은 불가능한 일이다. 가치가 물적 존재가 아닌 한 우리는 그것을 직접 측정할 수 없다. 상품을 그냥 바라보기만 함으로써 상품 속에 들어 있는 가치를 찾아내려고 하는 것은 마치 돌멩이 속에서 중량을 찾아내려고 하는 것과 마찬가지다. 그것은 단지 상품들간의 관계를 통해서만 존재하고 화폐상품이라는 모순되고 문제투성이인 형태를 통해서만 물적인 모습으로 표현된다.

이제 여기에서 나는 맑스가 제기했던 사용가치, 교환가치, 그리고 가치라는 세가지 핵심개념의 위상에 대해 좀더 깊이 논하고자 한다. 그러는 과정에서 나는 나 자신의 개별적인 관심에서 비롯된 몇가지 생각을 덧붙이려고 하는데 이 부분은 여러분이 받아들이든 거부하든 여러분 마음대로 하기 바란다. 이들 서로 다른 세 개념은 근본적으로 서로 다른 시간과 공간의 차원들과 각각 관련되어 있다. 사용가치는 사물의 물리적인 물적 세계 속에 존재하고 이 세계는 절대적 공간과 시간이라는 뉴턴과 데까르트의 개념들로 묘사될 수 있다. 교환가치는 상품들이 움직이고 교환되는 상대적인 시간과 공간 속에 존재하고, 가치는 이와 달리 오로지 세계시장이라는 관계적인 시간과 공간의 맥락을 통해서만 이해될 수 있다(사회적 필요노동시간으로서, 물적인 개념이 아니라 관계적 개념인 가치는 세계 자본주의의 발전이라는 진화하는 시간과 공간 내에서만 비로소 존재를 획득한다). 그러나 맑스가 이미 확실하게 보여준 것처럼 가치는 교환가치 없이 존재할 수 없고 교환가치는 사용가치 없이 존재할 수 없다. 세

개념은 변증법적으로 서로 통합되어 있다.

마찬가지 방법으로 시간과 공간의 세 형태(즉 절대적, 상대적, 관계적 형태)도 자본주의 발전의 역사적·지리적 동학(動學, dynamics) 내에서 변증법적으로 서로 관계되어 있다. 이것이 지리학자로서의 나의 주장이다. 그로부터 얻어지는 주요한 논리적 귀결 가운데 하나는 자본주의의 시간과 공간은 불변적이지 않고 가변적이라는 점이다(속도 증가라는 형태로 이루어지는 것으로서, 맑스가 다른 곳에서 "시간에 의한 공간의 절멸"[4]──운송과 통신 분야에서의 지속적인 혁신을 통해 만들어지는──이라고 부르는 것이다). 나는 여러분이 이 문제를 반드시 논의에 넣어주기를 간절히 바란다. 그러나 만일 여러분이 자본주의의 시·공간적 동학의 문제를 좀더 본격적으로 알고 싶어한다면 여러분은 다른 책을 보아야 할 것이다.[5]

4절 상품의 물신적 성격과 그 비밀

이 절은 완전히 다른(차라리 문학적인 형태에 가까운, 즉 파격적이며 은유적이고 상상력이 풍부하고 유쾌하며 감성적인) 문체로 집필되어 있으며, 게다가 풍부한 변죽은 물론 마술과 미스터리, 심령술에 대한 언급들로 가득 차 있다. 그것은 앞절의 그 회계사 냄새 나는 지루한 문체와는 크게 대비된다. 이것은 『자본』 전체에 걸쳐 나타나는 맑스의 전형적인 전술과도 관련이 있다. 즉 그는 다루는 주제에 맞추어 문체를 종종 바꾸곤 하기 때문이다. 그러나 이 절의 경우에는 문체의 변경이 맑스의 전체 논의에서 물신성이 차지하는 비중을 감안할 때 약간의 혼란을 불러일으킬 수 있다(혼란을 더욱 부채질하는 것은 이 절이 원래『자본』초판에서는 부록으로 되어 있다가 제2판에서 현재의 위치로(3절과 함께) 옮겨졌다는 사실이다). 예를 들어 맑스에게서 엄격한 경제학이론을 정립해내는 데 관심을 지닌 사람들은 가끔 물신성 개념을 부차적인 것으로(별로 중요하지 않은 것으로) 간주하는 것처럼 보이기도 한다. 반면 철학이나 문학적 측면에 관심을 가진 사람들은 종종 이 절을 맑스의 세계관에 있어 본질적인 계기가 숨겨져 있는 황금의 방으로 간주하곤 한다. 그래서 일단 우리가 던져야 할 한가지 물음은 도대체 이 절이 맑스의 전체 논의와 어떤 관련을 갖느냐 하는 것이다.

물신성 개념은 그의 논의 속에서 경제체제의 중요한 성격이 "이율배반"과 "모순"— 예를 들어 화폐상품의 특수성과 허깨비 같은 가치의 일반성 사이의 — 을 통해 은폐되고 혼란을 불러일으킨다는 방식의 서술을 통해 이미 예고되어 있다. 이미 앞에서 계속 전개된 긴장과 대립 그리고 모순들이 이제 여기에서는 "상품의 물신적 성격과 그 비밀"(M85)이라는 제목하에 꼼꼼한 형태로 정밀하게 다루어지고 있다. 앞으로 보게 되겠지만『자본』의 나머지 부분 전체에 걸쳐 물신성 개념은 자본주의 경제의 수수께끼를 풀어헤치는 핵심 도구로서 반복해서 계속(명시적이기보다는 묵시적인 형태가 많지만) 등장한다. 그래서 나는 물신성 개념을 맑스의 다른 분야의 논의는 물론 경제학 분야에 있어서도 핵심적인 것이라고 간주한다. 실제로 이 둘은 하나의 동일한 토대 위에 서 있다.

분석은 두 단계에 걸쳐 이루어진다. 첫번째는 물신성이 어떻게 등장하여 자본주의하에서의 경제생활에 핵심적이고 불가피한 측면으로 작용하는지를 살펴본다. 두번째는 이 물신성이 부르주아들의 일반적인 생각 속에서(특히 고전경제학에서) 어떻게 왜곡되어 나타나는지를 검토한다.

그는 관찰에 의지하여 서두를 꺼낸다. 상품은 "형이상학적인 교활함과 신학적 변덕으로 가득 찬" 물건이다.

상품형태의 신비성은 (…) 인간들에게 인간 자신의 노동이 갖는 사회적 성격을 노동생산물 그 자체의 대상적 성격인 양 또는 이 물적 존재들의 천부적인 사회적 속성인 양 보이게 만든다.(M86)

문제는 "상품형태나 이 상품형태가 나타내는 노동생산물간의 가치관계는 노동생산물의 물리적 성격이나 거기에서 생겨나는 물적 관계와는 전혀 상관이 없다"는 것이다. 상품에 대한 우리의 감각적 경험(사용가치로서의)은 상품의 가치와 아무런 관련이 없다. 그러므로 상품은 "감각적이면서 동시에 초감각적이기도 한 물적 존재 또는 사회적인 물적 존재"다. 그 결과 "인간 자신들의 일정한 사회적 관계가 (…) 여기에서 사람들의 눈에는 물체와 물체 사이의 관계라는 환상적인 형태를 취하게 된다". 그리고 이것이 바로 물신성을 다음과 같이 규정하는 조건이다. 즉 "물신성은 노동생산물이 상품으로 생산되는 순간 이들에게 달라붙는 것으로서 상품생산과는 불가분의 것이다"(M86/87).

이것이 그렇게 되는 까닭은 "생산자들이 자신들의 노동생산물을 교환함으로써 비로소 사회적으로 접촉하기 때문에 그들의 사적 노동이 지닌 특수한 사회적 성격도 역시 이 교환 속에서 비로소 나타나게 되기 때문이다". 달리 말해서 이 생산자들은 그들이 상품을 시장에 들고 가서 그것을 성공적으로 교환하기 전까지는 자신들의 상품의 가치가 얼마인지를 알지 못하며 알 수도 없다는 것이다. "그러므로 생산자들에게는 그들의 사적 노동의 사회적 관계가 **사실 그대로**"——특히 이 **사실 그대로**란 중요한 구절에 유의하라——"즉 그들이 노동을 통해 맺는 사람들간의 직접적인 사회적 관계로서가 아니라, 오히려 사람들간의 물적 관계 또는 물적 존재들간의 사회적 관계로서 **나타난다**"(M87).

그렇다면 여기에서 벌어지는 일은 도대체 무엇인가? 여러분이 슈퍼마켓에 들어가서 상추 한 다발을 사려고 한다고 하자. 상추를 사기 위해 여러분은 일정액의 화폐를 내놓아야 한다. 화폐와 상추 간의 물적 관계는 사회적 관계를 표현한다. 왜냐하면 가격(즉 얼마의 액수)은 사회적으로 결정되고 가격은 가치의 화폐적 표현이기 때문이다. 시장에서 이루어지는 이 물적 존재들 사이의 교환 속에 숨겨진 것은 여러분〔소비자〕과 직접적 생산자(상추를 생산하기 위해 노동한 사람) 사이의 관계다. 여러분은 상추를 구매하기 위해 그것을 생산한 노동(혹은 상추 속에 가치를 응결시킨 노동자)에 대해 아무것도 알 필요가 없다. 극도로 복잡한 교환체계 속에서 그 노동이나 노동자에 대해 무엇인가를 알아낸다는 것은 **불가능하며** 이것이 곧 세계시장에서 물신성이 불가피한 이유다. 최종 결론은 다른 사람의 노동활동과 우리들 사이의 사회적 관계가 물적 존재들 사이의 관계를 통해 은폐된다는 것이다. 예를 들어 여러분은 상추를 생산한 노동자가 행복한 사람인지, 불행한 사람인지, 노예인지, 임노동자인지 혹은 자영농인지를 슈퍼마켓에서는 알아낼 수 없다. 상추는 자신이 어떻게 생산되었는지, 그리고 누가 자신을 생산했는지에 대해 아무런 말도 해주지 않는다.

이것이 왜 중요한가? 존스홉킨스대학에서 지리학 개론을 가르칠 때 나는 늘 첫 시간에 학생들에게 그들의 아침식사가 어디에서 왔는지를 질문하는 것으로부터 시작했다. 그러면 학생들은 이렇게 대답했다. "아, 저는 델리에서 음식을 사먹었는데요." 그러나 그들에게 그 델리의 음식이 어디에서 왔는지 생각해보라고 하면 그들은 전혀 다른 지리적·사회적 조건—그들이 전혀 몰랐던 것으로서 델리에 가거나 그들의 아침식사 성분을 들여다보는 것만으로는 전혀 알아낼 수 없는—에서 노동하는 사람들의 놀라운 세상을 발견하게 된다. 빵, 설탕, 커피, 우유, 컵, 나이프, 포크, 토스터, 플라스틱 접시 등(이런 모든 물건을 생산하는 데 소요되는 기계나 설비는 말할 것도 없고)은 전세계 곳곳에서 노동하는 수많은 사람들과 그들을 연결해주고 있다. 지리학 수업의 목표 가운데 하나는 매일 식탁에 올라오는 아침식사를 비롯해 일상생활의 온갖 측면과 연관된 사회·환경조건의 다양성과 공간적 연계, 그리고 노동의 실행에 대한 무엇인가를 학생들에게 전달하는 것이다.

학생들은 가끔 내가 너무도 보잘것없는 임금을 받고 일하는 도미니카공화국의 사탕수수 노동자들에 대해 그들이 아무런 신경도 쓰지 않는 데 대한 죄의식을 불러일으키려고 그렇게 하는 것이라고 생각하는 것 같다. 그런 생각이 들 때면 그들은 가끔 이렇게 이야기한다. "교수님, 저는 오늘 아침을 먹지 않았습니다!" 그런 학생에 대해나는 특별히 점심이나 저녁도 일주일 내내 먹지 않고 지내고 싶냐고 말해주거나 아니면 우리가 살기 위해서는 먹어야 한다는 맑스의 기본적인 교의에 대해 배우는 게 어떠냐고 말해준다.

이런 종류의 논의는 윤리적인 질문을 던진다. 사람들 중에는 여러 가지 이유로 사람들간의 관계에 온갖 윤리적 행동규범을 제시하는 사람들이 있다. 그러나 이런 사람들은 세계시장의 상품교환 세계에 이런 윤리규범을 확대 적용할 수 있는지, 그게 가능하다면 어떻게 적용할 것인지에 대해서는 금세 난관에 봉착한다. 얼굴을 마주치는 사람들과 '좋은' 관계를 유지하고 이웃들에게 도움을 제공하는 것은 당연한 일이다. 그러나 만일 우리가, 우리의 일용할 양식을 공급하는 데 결정적으로 중요한 역할을 하는 사람들이긴 하지만 우리가 직접 알지 못하는(혹은 결코 알 수도 없는) 사람들에게는 완전히 무관심하다면 그것은 왜일까? 이런 문제가 가끔 우리들의 주의를 끄는 경우가 있다. 예를 들어 상품교환의 세계에 윤리적인 기준을 만들려고 하는 '공정무역'(fair trade)운동의 경우나 외국의 타인들에게 자선기부를 종용하는 빈곤추방운동의 경우가 그런 것들이다. 그러나 이 운동들도 대개 세계적 규모의 불평등 조건(즉 자선기부자의 부와 다른 모든 사람들의 빈곤이라는) 그 자체를 만들어내고 지속시키는 사회적 관계에 대해서는 문제를 제기하지 않는다.

그러나 맑스의 논점은 윤리적 함의에 있지 않다. 그의 관심은 시장제도와 화폐형태가 물적 존재들간의 교환을 통해 참된 사회적 관계를 어떻게 은폐하는지를 보여주는 데 있다. 그가 말하고 있는 것은, 그가 "물신성"(M87)이라고 부른 이 은폐물(맑스가 사용하는 이 용어는 기술적 성격을 띤 것으로서 일반적으로 사용되는 의미와는 다르다는 점을 주의하라)이 단지 허상일 뿐이고 따라서 우리가 마음만 먹으면 벗겨낼 수 있는 조작된 껍질에 불과하다는 점에 있는 것이 아니다. 그렇다. 여러분이 보고 있는 것은 상추이고, 여러분이 보고 있는 것은 여러분의 화폐이며, 여러분은 그것이 얼마인지를 보고 있으며 여러분은 이 정보에 기초하여 현실에서 여러가지 의사결정을 내린다. 이것이 바로 "사실 그대로 나타난다"라고 하는 구절의 의미다. 그것은 슈퍼마켓에서 실제로 이런 방식으로 존재하고 있으며 우리는 그것이 설사 사회적 관계를 은폐하고 있다 할지라도 그것을 그렇게 볼 수 있다.

이 물신성은 자본주의 생산양식이 피할 수 없는 조건이며 그것은 많은 의미를 함축한다. 예를 들어 사람들이 "각자의 노동생산물을 가치를 통해 서로 관련지을 경우 그것은 그들이 이들 생산물을 똑같은 인간노동의 단순한 물적 외피로 간주하기 때문이 아니다. 오히려 그 반대다. 즉 사람들은 교환을 수행하는 과정에서 먼저 각기 다른 생산물을 가치로 등치시키는데, 바로 이런 행위를 통해 그들은 결과적으로 자신들의 서로 다른 노동을 인간노동으로 서로 등치시키는 것이다"(M88). 여기에서 우리는 다시 가치가 교환과정으로부터 등장하는 것을—비록 교환관계가 점차 가치를 사회적 필요노동시간으로 나타내는 방향으로 수렴되어가긴 하지만—보게 된다. 그러나

생산자들은

그것을 의식하지 못하면서 그렇게 행한다. 가치는 자기 이마에 가치라고 써붙이고 있지 않다. 가치는 오히려 각 노동생산물을 일종의 사회적인 상형문자로 바꾸어버린다. 그런 다음 뒤늦게야 사람들은 상형문자의 의미를 풀어서 그들 자신의 사회적 산물 ── 왜냐하면 사용대상을 가치로 규정하는 것은 언어와 마찬가지로 인간의 사회적 산물이기 때문이다 ── 의 비밀을 알아내려고 노력한다.(M88)

가치형성과 교환 그리고 물적 존재가 아닌 가치의 "허깨비 같은" 성질(사회적 관계로서) 사이의 변증법적 관계는 이 이상 더 명확하게 그려질 수 없다.

그런데 이 변증법이 사유 속에서는 어떻게 비쳐지고 있는가? 맑스는 많은 경제학자들이 슈퍼마켓에서 가격을 보고 그것이 전부라고 생각하며, 그 가격이 자신들의 이론을 구축하는 데 필요한 유일한 물적 증거라고 생각하기 때문에 이 변증법을 이해하지 못하고 있다고 말한다. 그들은 단지 수요와 공급의 관계, 그리고 그와 함께 움직이는 가격의 움직임만을 검토한다. 조금 생각이 깊은 다른 경제학자들은 "노동생산물이 가치인 한 그것은 그 생산에 지출된 인간 노동의 단순한 물적 표현에 지나지 않는다는 후세의 과학적 발견"을 이루기도 한다. 이 발견은 "인류의 발전사에서 획기적인 것이다" (M88). 고전경제학은 시장의 변동 배후에 놓여 있는 가치(종종 "자연가격"이라고 자주 언급되는)에 대한 몇가지 생각에 점차 접근했고 인간노동이 그것과 어떤 관련이 있다는 사실을 인식했다.

그러나 고전경제학은 가치(사회적 필요노동시간이 응결된 것)가 물적 존재가 아니라는 점과 그것의 표현(화폐) 사이의 간격을 이해하지 못했으며, 따라서 교환의 확대가 가치형태를 역사적으로 자본주의에 특수한 형태로 공고히 만들어나가는 데 기여한 역할을 이해하지도 못했다. 이 경제학은 가치를 자명한 일반적 진리로 가정했고 그래서 다음과 같은 사실을 알아차리지 못했다.

노동생산물의 가치적 성격은 그것이 가치량으로 움직이면서 비로소 확고해진다. 이 가치량은 교환당사자들의 의지나 예견·행위와는 상관없이 끊임없이 변동한다. 교환당사자들 자신의 사회적 운동은 그들이 보기에 자신들이 통제하는 것이 아니라 오히려 그들이 통제를 받는 물적 존재들의 운동이라는 형태를 취한다.(M89)

그리하여 맑스는 자유의 개념에 대한 공격을 시작한다. 시장의 자유는 전혀 자유가 아니다. 그것은 물신적 허상이다. 자본주의하에서 개인들은 자신들의 관계와 선택을 효과적으로 지배하는 추상적인 힘(애덤 스미스가 말하는 시장의 보이지 않는 손과 같은)의 원리에 굴복한다. 나는 아름다운 어떤 것을 만들어서 그것을 시장에 가지고 갈 수 있지만 만일 내가 그것을 제대로 교환하지 못하면 그것은 아무런 가치를 갖지 못한다. 게다가 그렇게 되면 우리는 살아가는 데 필요한 상품을 살 수 있는 충분한 돈을 얻지 못하게 된다. 우리들 중 누구도 개인적으로 통제할 수 없는 시장의 힘이 우리를 규제한다. 맑스가『자본』에서 말하고자 하는 것 가운데 일부는 "우연적이고 끊임없이 변동하는 생산물들 사이의 교환관계 한가운데에서도" 발생하는 이 규제적 힘이다. 수요 공급의 변동은, 가격변동이 일정한 수준 근처에서 이루어지도록 규제하는 것이긴 하지만, 왜 한 켤레의 신발이 평균적으로 네벌의 셔츠와 교환되는지를 설명하지는 못한다. 시장의 온갖 혼란 속에서도 "사회적으로 필요한 노동시간은 마치 가옥이 사람의 머리 위로 무너질 때의 중력법칙과도 같은 거역할 수 없는 자연법칙임을"(M89) 스스로 드러낸다. 중력과 가치를 이처럼 나란히 대비시키는 것은 매우 흥미를 끈다. 왜냐하면 둘은 모두 관계이지 물적 존재가 아니며, 둘은 모두 물적 존재가 아니면서도 객관적 대상의 개념으로 파악되어야 하기 때문이다.

여기에서 곧바로 맑스는 부르주아의 사유방식이 교환관계의 확대와 화폐형태의 등장에 어떻게 개입하는지를 비판적으로 검토한다.

인간생활의 여러 형태에 대한 연구와 과학적 분석은 일반적으로 현실의 발전과는 거꾸로 된 경로를 밟아간다. (…) 그리하여 가치량의 결정은 오로지 상품가격에 대한 분석을 통해서만 이루어지고, 그 상품의 가치적 성격을 확정시키는 것은 오로지 모든 상품이 똑같이 화폐로 표현되는 방식을 통해서만 이루어진다. 그러나 바로 이 상품세계의 완성형태인 화폐형태야말로 사적 노동의 사회적 성격과 개별 노동자의 사회적 관계를 밝혀주는 것이 아니라 오히려 그것을 사실상 은폐하는 것이다.(M89/90)

고전경제학자들의 이런 잘못된 시각은 그들 중 많은 사람이 대니얼 디포우(D. Defoe)의 『로빈슨 크루쏘우』(Robinson Crusoe)를 자연상태로부터 완벽한 시장경제가 발생하는 모델로 즐겨 사용하는 방식에서 집약적으로 나타난다. 외딴섬에 고립된 로빈슨 크루쏘우는 자연상태에서 살아가는 데 적합한 생활방식을 논리적으로 구축한 다음 조금씩 조금씩 시장경제의 논리를 재구성해나간다. 맑스가 웃으면서 지적한 것처럼 로빈슨 크루쏘우는 경험을 통해 하나씩 배워갈 뿐만 아니라 또한 "난파선에서 시계나 장부·잉크·펜을 구해와 타고난 영국인답게 곧 자기 자신에 관하여 기록도"(M91) 하기 시작한다. 말하자면 그는 그 섬에 자신과 함께 시장경제에 적합한 정신세계를 가져왔으며 자연과의 관계를 그런 정신세계에 맞추어 계속 재구성해나갔던 것이다. 경제학자들은 이 이야기를 신흥 부르주아의 행동을 자연적 이치에 맞는 것으로 억지로 끼워맞추는 데 사용했다.

  나는 오래 전부터 경제학자들이 디포우의 이야기를 잘못 선택했다고 생각해왔다. 상품생산과 유통이 어떻게 작동하는지에 대한 모델로는 디포우의 『몰 플랜더스』(Moll Flanders)가 훨씬 더 낫다. 몰은 판매를 위한 전형적인 상품처럼 행동한다. 그녀는 끊임없이 다른 사람들의 욕망에 대해 궁리를 하고 다른 사람들도 끊임없이 그녀의 욕망에 대해 궁리를 거듭한다. (가장 결정적인 것은 그녀가 무도회에 가기 위해 한푼도 남김없이 마차와 말, 그리고 보석을 빌리는 데 사용한 다음——결국은 파산으로 끝난다——그 무도회에서 젊은 귀족을 하나 꼬드겨서 그와 하룻밤을 보내지만 다음날 아침 그 젊은 귀족도 파산했다는 사실을 알고는 서로가 모든 것을 장난으로 돌리고 선선히 헤어지는 장면이다.) 그녀는 세상을 여행(식민지 버지니아까지 간다)하기도 하고 채무자들의 감옥에 갇히기도 한다. 그녀의 운은 엎치락뒤치락한다. 그녀는 상품교환의 바다에서 항해를 하는 화폐처럼 이곳저곳을 떠돌아다닌다. 『몰 플랜더스』는 자본주의(특히 투기적인 월스트리트의 그 다양한 모습)가 현실에서 작동하는 방식을 훨씬 더 잘 설명해준다.

사실 고전경제학자들이 로빈슨 크루쏘우의 이야기를 선호하는 것은 그것이 자본주의가 자연적 이치에 맞다고 말해주기 때문이다. 그러나 맑스가 이야기하듯이 자본주의는 역사적으로 만들어진 것이지 자연적 대상물이 아니다. "부르주아 경제학의 범주는 일정한 역사적 성격을 지니는 이 사회적 생산양식의 생산관계에 대하여 사회적 타당성을 갖는 객관적 사유형태"다. 그 역사를 한번 들여다보기만 하면 부르주아 이론이 가정하고 있는 보편적 진리의 한계는 금세 드러난다. "로빈슨 크루쏘우의 밝은 섬에서 어두컴컴한 유럽의 중세로 눈을 돌려보자." 아무리 "어두컴컴"해도 거기에서는 사회적 관계가 뚜렷하게 드러나 있다. 맑스는 이렇게 지적한다. 봉건적 부역제도하에서 "모든 농노는 누구나 자신이 영주를 위해 지출하는 것이 바로 자신의 노동력 가운데 일정한 부분이라는 것을 알고 있다". 봉건적 주체들은 "자신들의 노동에서 사람들 사이의 사회적 관계는 언제나 그들 자신의 인적 관계로 나타나며, 물적 존재들간의 사회적 관계, 즉 노동생산물간의 사회적 관계로 위장되어 있지는 않다"(M91/92)는 것을 잘 알고 있는 것이다. 이것은 농민 가족의 가부장적 농업에서도 마찬가지다. 여기에서도 사회적 관계는 투명하며 우리는 누가 누구를 위해 무엇을 하는지를 쉽게 알 수 있다.

물신성의 분석과 함께 이런 역사적 비교는 우리에게 부르주아 경제학이 상정하고 있는 진리란 것이 우연적인(보편적인 것과는 반대로) 성질을 지닌 것이라는 사실을 보여준다. "상품세계의 모든 신비, 즉 상품생산의 기초 위에서 노동생산물을 둘러싸고 있는 모든 마법과 요술은 우리가 다른 생산양식으로 옮아가는 즉시 곧바로 사라져버린다"(M90). 마지막으로 우리는 "자유인들의 결사체"——즉 "사람들이 자신의 노동이나 노동생산물에 대해 맺는 사회적 관계가 생산에서나 분배에서나 한결같이 간단명료"(M92/93)한 사회주의 세계——로 조직된 사회적 관계를 생각해볼 수 있다. 결사체의 이념을 제기하면서 맑스는 1830년대와 40년대의 프랑스의 많은 공상적 사회주의자들(특히 프루동, 물론 맑스는 아마 인정하지 않겠지만)의 생각을 그대로 옮기고 있다. 그의 희망은 우리가 상품의 물신성을 넘어 (결사체의 형태를 거쳐) 새로운 관계방식을 정립하기 위해 노력할 수 있다는 점이었다. 그것이 실행될 수 있을지의 여부는 맑스의 글을 읽는 사람은 누구나 고려해야만 하는 핵심적 물음이다. 그러나 이 부분은 『자본』 속에서 맑스의 사회주의적 미래상을 조금이라도 엿볼 수 있는 얼마 안되는 부분 가운데 하나다.

시장의 물신성은 그 주변에 많은 이데올로기적인 부산물들을 만들어낸다. 예를 들어 맑스는 프로테스탄티즘이 자본주의에 가장 적합한 종교형태가 되는 방식을 언급한다. 그는 우리의 사유형태(경제학자들의 사유형태가 아닌)가 그 시대의 물신성을 반영한다고 주장한다. 그러나 이것은 하나의 일반적 경향이다. 종교와 경제생활의 관계에 대한 맑스의 다음 언급은 상당히 중요하다(아래의 인용문에는 다음과 같은 한 문장이 이어진다. "그래서 부르주아 경제학은 사회적 생산조직의 전(前)부르주아적 형태들을 마치 교부(敎父)들이 기독교 이전의 여러 종교를 다루는 것과 똑같은 방식으로 다룬다."—옮긴이).

경제학은 불완전하게나마 가치와 가치크기를 분석하고 이 형태들속에 숨겨져 있는 내용을 발견했다. 그러나 이 내용이 왜 그런 형태를 취하는지, 즉 왜 노동이 가치로 표시되고 노동생산물의 가치량이 그 노동시간의 길이에 따라 측정되는지에 대해서는 경제학은 아직 한번도 문제를 제기한 적이 없다. 생산과정이 인간을 지배하고 인간이 아직 생산과정을 지배하지 않는 그러한 사회구성체에 속해 있다는 것을 이마에 써붙이고 있는 정식들, 바로 그런 정식들은, 부르주아 경제학의 시각에서 본다면, 생산적 노동 그 자체와 마찬가지로 너무도 자명한 자연필연성으로 간주된다.(M95/96)

여기에 맑스는 제법 길고 중요한 각주를 덧붙이고 있다.

노동생산물의 가치형태는 부르주아 생산양식에서 가장 추상적이면서도 또 가장 일반적인 형태로, 이것을 통해 이 생산양식은 사회적 생산의 특수한 하나의 유형으로, 그리하여 역사적으로도 그 특성을 부여받는다. 그러므로 이 부르주아적 생산양식을 사회적 생산의 영원한 자연형태로 잘못 본다면, 가치형태와 상품형태, 나아가 화폐형태와 자본형태 등등의 특수한 성격도 필연적으로 간과하게 된다.(M95, 주32)

만일 여러분이 자본주의에서의 가치형태를 자연적인 것으로 받아들인다면 여러분은 잘못된 길로 접어든 것이다. 왜냐하면 그럴 경우 그것의 대안을 생각하는 것이 (비록 불가능하지는 않겠지만) 매우 어려워질 것이기 때문이다.

그런데 부르주아 경제학자들이 바로 그렇게 했다. 그들은 가치를 (특수한 생산양식으로부터 만들어진 사회적 구조물이 아니라) 하나의 자연현상으로 간주해왔다. 맑스의 관심은 사회의 혁명적 변화였으며 이것은 자본주의적 가치형태를 폐기하고 대안적 가치구조(즉 자본주의에서 만들어진 특수한 성격을 갖지 않는 대안적 가치체계)를 건설하는 것을 의미한다. 나는 이 점을 지나치게 강조하고 싶지 않은데 왜냐하면 맑스의 가치론은 종종 우리가 무조건 받아들여야만 하는 일반적 준칙으로 해석되고 있기 때문이다. 나는 헤아릴 수도 없을 만큼 자주, 사람들이 맑스의 문제점이라고 불평하는 것을 들어왔는데 그 문제점이란 맑스가 가치의 유일하게 타당한 개념을 노동투입으로부터만 도출할 수 있다고 생각한다는 것이다. 이것은 전혀 사실과 다르다. 맑스의 가치는 역사적·사회적 산물이다. 그러므로 사회주의자나 공산주의자, 혁명가나 무정부주의자 혹은 그 누구든간에 이들 모두의 문제는 지금과 전혀 다른 모습을 띠는 새로운 사회에서 사회적 생산을 추동해낼 대안적 가치형태를 찾아내는 데 있다. 물신성의 개념을 도입하면서 맑스는 고전경제학자들의 (자연적 형태로 간주된) 가치가 한가지 준칙만을 똑같이 반복하고 있는 것을 보여준다. 만일 우리가 맹목적으로 그 준칙을 좇아 상품의 물신성을 그대로 받아들인다면 우리는 혁명의 가능성을 처음부터 포기하는 것이 된다. 우리의 과제는 바로 거기에 대해 의문을 제기하는 데 있다.

자본주의는 자신의 계산법을 통해 내재적이며 "자연적인" 가치를 측정할 방법을 지니고 있지 않다. "교환가치란 어떤 물품의 생산에 사용된 노동을 표현하기 위한 일정한 사회적 방식이기 때문에 그것은 가령 환율의 경우처럼 자연적인 소재를 포함할 여지가 전혀 없다." 예를 들어 "지대는 토지에서 나오는 것이지 사회에서 나오는 것이 아니라"(M97)고 생각하는 것은 환상에 불과하다.

부르주아 경제학은 드러난 현상의 표면만을 본다. 그들도 가치이론을 가지고 있긴 했지만 그들은 그 가치의 의미나 가치의 등장과 관련된 역사적 조건을 깊이 살펴보지 않았다. 그래서 그들은 우리에게 물신성을 단순히 환상으로 간주하고 마는 데 그치지 않고 그것의 객관적 실재를 정확히 밝힘으로써 그것을 넘어서도록 하는 과제를 남겨놓았다(M86/87, M97/98). 그 과제 가운데 하나의 방법은 '공정무역'을 따라가는 실천적인 길이다. 또다른 하나의 방법은 과학적인 길, 즉 비판이론을 따라가는 이론적인 길이다. 다시 말해 자본주의의 심층구조를 해부하고 근본적으로 다른 종류의 사회적·물적 관계에 기초한 대안적 가치체계를 모색하는 조사와 연구가 바로 그것이다.

이 두가지 방법은 서로 배타적인 것이 아니다. 세계적 규모의 노동조건을 다루는 정책(예를 들어 초과착취공장 추방운동으로 이어지는)은 곧잘 훨씬 더 깊은 이론적 영역을 필요로 하는데 이들 영역은 바로 맑스가 『자본』에서 꼼꼼하게 목록으로 만들었던 것들로서, 표면적으로 드러난 현상은 비록 물신적 성격을 가진 것이긴 하지만 항상 객관적 실재를 통해 드러나고 있기 때문이다. 예를 들어 나는 존스홉킨스대학의 학생들이 리즈 클레이번(Liz Claiborne)과 갭(Gap)(둘 모두 미국의 유명 패션브랜드—옮긴이) 제품의 옷들을 입고 패션쇼를 하면서 옷에 대한 설명과 옷생산과 관련된 노동조건을 함께 설명해주던 행사를 기억한다. 이것은 물신성을 논하면서 세계적 규모의 노동조건에 대한 주의를 환기하는 매우 효과적인 방식이며, 동시에 그것에 관해 무엇인가를 실천하는 것이 중요하다는 것을 알려주는 것이기도 하다.

그러나 『자본』에서 맑스의 과제는 물신성의 실재를 부정하지 않은 채로 물신성을 넘어서는 과학을 정립하는 데 있다. 이를 위해 그는 이미 부르주아 경제학의 비판을 통해 기초작업을 부단히 수행했다. 그는 또한 우리가 하고 있는 일들이 시장의 추상적인 힘에 의해 얼마나 지배되고 있는지, 그리고 우리가 물신적 구조물—이 구조물은 우리의 눈을 가려 실제로 일어나고 있는 일들을 우리가 보지 못하도록 만든다—에 의해 얼마나 지속적으로 지배당할 위험에 처해 있는지를 보여주었다. 과연 이것이 개인의 참된 자유가 보장된 자유로운 사회라고 어떻게 말할 수 있는가? 이상적인 자유주의적 질서라고 하는 환상은 맑스의 관점에서 그것의 참된 모습이 무엇인지 폭로되어야 한다. 그 질서란 것은 실상 인간의 사회적 관계를 인간의 물적 관계(그리고 물적 존재들간의 사회적 관계)로 대체해버린 물신성을 복제한 것에 지나지 않는 것이다.

제2장은 부피도 작고 내용도 더 쉽다. 이 장에서 맑스의 목적은 자본주의적 상품교환의 사회적 필요조건을 규정하고 연이은 제3장의 화폐형태를 다루기 전에 토대를 단단히 세우는 데 있다.

상품은 혼자서 스스로 시장에 나가는 것이 아니기 때문에 우리는 먼저 상품과 그것을 시장에 내놓는 사람 간의 실질적 관계를 규정할 필요가 있다. 맑스는 상품의 "보호자들"이 "서로를 사적 소유자로 인정하는" 어떤 사회를 상정한다. "법률적으로 확정되든 그렇지 않든 간에 계약의 형식을 취하는 이 법적 관계는 경제적 관계가 반영된 하나의 의지관계다. (…) 여기에서 사람들은 서로에 대해 (사람으로서가 아니라 ─ 물신성의 논의를 반영한 것임을 유의하라 ─ 하비) 오로지 상품의 대표자로서, 즉 그것의 소유자로서 존재할 뿐이다." 이것은 보다 넓은 관점으로 나아간다. 『자본』 전체에 걸쳐 "경제적인 무대에 등장하는 인물들은 사실 그들간의 경제적 관계가 의인화된 것에 지나지 않는다"(M100). 그리고 이들은 "그들이 서로 접촉하게 되는 이 경제적 관계의 담지자"(이 용어가 다시 나타난 것에 유의하라)로서 만난다. 맑스는 그 사람들이 수행하는 경제적 역할에 관심을 기울일 뿐 그 역할을 수행하는 개인들에 대해서는 관심을 보이지 않는다. 그는 구매자와 판매자, 채무자와 채권자, 그리고 자본가와 노동자 간의 경제적 관계를 살펴보려고 한다. 사실 『자본』에서 맑스는 개개인이 종종 그때그때 서로 다른 역할(심지어는 완전히 서로 모순되는 지위, 즉 오늘날 우리가 볼 수 있듯이 어떤 노동자가 수령해야 할 연금이 주식시장에 투자되고 있는 경우처럼)을 수행할 수 있고 또 실제로 수행하기도 한다는 점을 의식하면서, 논의의 초점을 사람보다는 그 사람의 역할에 맞춘다. 이처럼 논의의 초점을 개인보다는 역할에 맞추는 방식은 마치 우리가 맨해튼 길거리에서 운전자와 보행자의 관계를 분석하는 것과 마찬가지로 전적으로 옳다. 즉 우리는 거리에서 운전자도 보행자도 될 수 있고 그때그때 각자 자신의 역할에 맞게 행동한다.

자본주의 생산양식에서의 역할들은 엄격하게 정해져 있다. 각 개인은 자신들이 가지고 있는 상품에 대해 사적 소유권을 행사하는 법률적 주체들이고, 이들은 그 상품을 자유로운 계약조건하에서 거래한다. 다른 사람들의 법률적 권리에 대해서는 상호주의적 측면이 존재한다. 즉 아리스토텔레스가 지적한 바와 같이 시장에서의 교환은 원칙적으로 동등하게 이루어지는 것이 명예로운 덕목이다. 여기에서 맑스가 서술하고 있는 것은 자유주의 이론들에서 상정하는 시장 기능이 적절하게 작동하기 위한 전통적인 정치적·법률적 틀이다. 이런 세상에서는 상품이 "타고난 수평주의자(Leveller, 1648~50년 영국 시민혁명 시기의 쁘띠부르주아적 급진당원 — 옮긴이)이자 냉소주의자"인데 이는 이 상품이 "다른 어떤 상품과도 그 영혼은 물론 육체까지도 바꿀 준비가 되어 있기" 때문이다. 상품소유자는 그것을 처분할 의사가 있으며 구매자는 그것을 취하고자 한다. "모든 상품은 그 소유자에게는 사용가치가 없으며, 그것을 소유하지 못한 사람들에게 사용가치를 지닌다. 그러므로 그것들은 모두 주인이 바뀌어야 한다." 그러나 "그 노동이 다른 사람에게 쓸모가 있는지, 그리고 그 생산물이 다른 사람들의 욕망을 충족시키는지는 오직 교환을 통해서만 증명될 수 있다"(M100/101).

자본주의가 작동하기 위해 사회적으로 필요한 제도적·법적 장치에 대한 이 이야기는 역사적으로 특수한 성격을 갖는다. 권리와 의무에 관한 부르주아적 개념이 지니는 역사적 특수성을 올바로 이해하지 못하면 심각한 오류를 범하게 된다. 맑스가 무정부주의자 프루동을 강력하게 고발하는 상당히 긴 분량의 각주를 여기에 붙여놓은 것은 바로 그 때문이다.

프루동은 먼저 '영원한 정의'라는 자신의 이상을 상품생산에 맞춘 법적인 관계들에서 끌어낸다. 그럼으로써 그는 상품생산의 형태가 정의와 마찬가지로 영원하리라는 — 모든 속물들에게 대단히 위안을 주는 — 것을 논증한다. 그런 다음 그는 이제 거꾸로 현실적인 상

품생산과 그에 대응하는 현실의 법률을 이 이상에 따라 개조하려 한다.(M100, 주38)

프루동은 사실상 특수한 것에 지나지 않는 부르주아의 법적·경제적 관계를 대안적 사회경제제도의 발전에 있어 본질적이고 일반적인 관계로 간주했던 것이다. 맑스의 관점에서 이것들은 전혀 대안이 아니다. 왜냐하면 그것들은 단순히 부르주아의 가치 개념을 새로운 사회형태에 그대로 덧씌운 것에 지나지 않기 때문이다. 이 문제는 오늘날 우리들에게도 그대로 해당되는데, 왜냐하면 프루동의 사상에 관심을 가진 무정부주의자들이 오늘날에도 여전히 존재할 뿐만 아니라 자유주의적 인권을 보다 확대함으로써 오늘날 자본주의의 사회적·정치적 병리현상을 치유할 수 있다고 하는 주장이 대두하고 있기 때문이다. 프루동에 대한 맑스의 비판은 오늘날의 이런 흐름에도 그대로 적용될 수 있는 것이다. 1948년의 유엔 세계인권선언은 시장중심적인 부르주아 개인주의를 지향하는 핵심문건으로, 이것은 자유주의적(혹은 신자유주의적) 자본주의에 대한 철저한 비판의 토대가 될 수 없다. 자본주의 정치질서가 자본주의의 기본원리에 따라 운용되어야 한다고 주장하는 것이 정치적으로 유용한지의 여부는 생각해볼 수도 있는 문제지만, 이런 방식의 정치를 통해 자본주의 생산양식을 완전히 제거할 수 있다고 생각하는 것은, 맑스의 관점에 따르면, 심각하게 잘못된 것이다.

그다음에 이어지는 것은 요점의 반복 — 맑스는 앞의 논의를 약간 다른 표현형태로 반복하는 일을 자주 한다 — 으로, 즉 그는 화폐가 이런 종류의 제도적 환경에서 "교환과정으로부터 응결되어나오는" 방식을 다시 설명한다. 그는 화폐를 "상품의 본성 속에 잠자고 있는 사용가치와 가치의 대립을 발전시키는" "교환의 역사적인 확대와 심화 현상"으로 표현하면서 이 주제를 다시 한번 반복한다.

교역을 위하여 이 대립을 외적으로 표시하려는 욕구는 상품가치를 자립적인 형태로 만들려고 노력하며, 이런 노력은 결국 이 형태의 최종적인 형태, 즉 상품이 상품과 화폐로 이중화될 때까지는 결코 멈추어지지 않는다. 그리하여 노동생산물이 상품으로 전화하는 속도와 같은 속도로 상품이 화폐로 전화한다.(M102)

여기에는 우리가 앞부분에서 이미 보았던 내용이 전혀 없으며 이제 맑스는 물적 존재들 사이의 이 경제적 관계가 사람들 사이의 관계에 대해 지니는 의미를 설명한다. 그는 이 시장교환경제가 의미하는 것이 바로 "양도 가능한 물품"의 "사적 소유자들"간의 관계이며 그것은 곧 "각기 독립된 인격체들"간의 관계라고 말한다. "양도 가능"이라는 말은 "물체가 그 자체 인간에게 외적인 것", 즉 자유롭게 교환할 수 있는 것이라는 의미다. 이것은 교환당사자들이 자신들이 소유한 물건들에 어떤 인신적 구속도 가하지 않고 있다는 것을 의미한다. 그것은 또한 사회적 관계가 "서로에 대해 타인인 관계"라는 것을 의미하는데 이는 자본주의에만 고유한 관계이며 상품의 법률적 소유권이 만들어내는 부산물이기도 하다(M102).
그런 조건은 "가부장적 가족공동체나 고대 인도의 공동체 혹은 잉카제국"같은 곳에서는 존재하지 않는 조건이다. 즉 교환과정은 이런 선행적인 사회구조들을 파괴해야만 한다. 이런 파괴는 점진적으로, 즉 공동체들간의 우연적인 교환이 "교환의 끊임없는 반복으로 점차 규칙적인 사회적 과정으로" 고착화되는 그런 방식으로 이루어진다(M103).

상품교환이 그 지방적인 굴레를 타파하고(지리적 확대가 갖는 의미에 유념하기 바란다 — 하비), 따라서 상품가치가 점차 인간노동 일반의 물상화로까지 확대되어감에 따라 화폐형태는 일반적 등가물이라는 사회적 기능을 수행하기에 적합하게 태어난 상품, 곧 귀금속으로 옮아간다.(M104)

앞서 이미 지적했듯이 이처럼 교환관계가 증가하고 화폐형태가 등장하게 되면서 선행하던 사회형태들이 해체되는 것이 실제 역사적 과정과 일치하는지는 다소 미심쩍은 부분이 있다. 그러나 여기에서 중요한 점은 사회적으로 필요한 것이 "가치의 적절한 형태"이며 그런 필요를 충족시키기에 가장 좋은 것이 그 자연적 성질에서 비롯된 금·은 같은 귀금속이었다는 것을 설명한 그 논리적 내용에 있다. 그런데 이것은 그가 앞서 지적했듯이 화폐상품이 이중적 사용가치를 지니고 있다는 것을 의미하는데, 즉 그것은 원래 노동생산물이라는 의미에서 하나의 사용가치이면서 동시에 "자신의 특수한 사회적 기능에서 비롯된 또하나의 형태적 사용가치를 부여받고" 있다. 이런 형태의 사회적 기능에 있어 "화폐형태는 다른 모든 상품의 관계가 반사되어 하나의 상품에 고정된 것일 뿐이다"(M105).

게다가 이런 기능에 있어서는 화폐상품이 "단순한 표지(標識)로도" 완벽하게 대체될 수 있다. 그러나 이런 대체능력은 "모든 상품이 표지일 수 있다"는 점에서 비롯된 것인데, "왜냐하면 그들 상품은 가치라는 점에서는 그 상품에 지출된 인간노동의 물적 외피에 불과하기 때문"이다(M105). 여기에서 맑스는 오늘날 우리가 자주 언급하는 "표지경제"(symbolic economy)의 다양한 측면을 곧바로 그의 분석에 포함시킬 수 있는 가능성을 열어두고 있다. 그러나 직접 그렇게 하지는 않고 있는데, 그렇게 하기 위해서는 분명히 서술방식을 바꾸어야 했을 것이다. 그렇지만 자본주의가 추상적 표지를 통해 작동하는 방식이 그의 논의에서 빠져 있는 것이 아니었다는 점에 주목할 필요가 있다. 오늘날 자본주의에서 표지자본과 표지경제의 발전정도가 맑스의 시대보다 훨씬 더 진전되었고, 따라서 자본주의의 거점이 변화했기 때문에 오늘날의 자본주의가 맑스 시대의 자본주의와는 다르다고 주장하는 사람들은 그것이 반드시 그렇지 않다는 점에 주의해야 할 것으로 보인다.

이 표지를 (이 점이 매우 중요하다) 단순히 "사람들이 생각을 통해 마음대로 만들어낸 것"으로 간주하는 것은 매우 위험하다. 맑스가 여기에서 이야기하는 것은 설사 화폐상품이라 할지라도——즉 그것이 모든 다른 상품의 등가물로 기능한다 하더라도——모든 다른 상품과 등가로 교환되지 않고는 자신의 개별 가치를 결코 실현할 수 없다는 사실이다. "어려움은 화폐가 상품이라는 점을 파악하는 데 있는 것이 아니라, 어떻게, 왜 그리고 어떤 과정을 거쳐서 상품이 화폐가 되는지를 파악하는 데 있었다"(M107)고 맑스는 말한다.

다른 상품들이 모두 각자의 가치를 어떤 한 상품으로 표시하기 때문에 그 상품이 비로소 화폐가 되는 것으로 **보이는** 것이 아니라, 오히려 거꾸로 그 한 상품이 화폐이기 때문에 다른 상품들이 그 상품으로 각자의 가치를 모두 표시하는 것처럼 보인다.(M107, 강조는 하비)

달리 말해 화폐가 먼저 존재하고 그런 다음 상품이 자신의 가치를 측정할 수단을 쉽게 손에 얻게 되는 것이다. 그것은 마치 금이 "대지의 품으로부터 나올 때부터 이미 모든 인간노동의 직접적 화신"인 것처럼 이루어진다. 맑스는 바로 이것이 그 실체가 밝혀질 필요가 있는 "화폐의 마술"이라고 지적한다. "그러므로 화폐물신의 수수께끼는 단지 인간의 눈을 현혹시키는 상품물신의 수수께끼가 눈에 보이는 형태로 드러난 것일 뿐이다"(M108).

그러나 이 장에서 결정적으로 중요한 또 한가지가 있다. 화폐의 "마술"과 "물신"이 굳건하게 자리를 잡으면,

사회적 생산과정에서 개개인의 행위는 그 구성요소를 이루는 원자와 같은 것일 뿐이며, 따라서 그들 상호간의 생산관계는 그들의 통제나 의식적인 개별행동에서 벗어나 있는 물적 형태를 띤다.(M108)

이것은 얼핏 시장──이것의 보이지 않는 손이 개인의 의사결정을 인도한다──의 기능이 완벽하게 작동할 것이라는 애덤 스미스의 나

직한 주문처럼 들린다. 어떤 개인도 지휘권을 갖지 못하며 모든 사람은 맑스가 나중에 "경쟁의 강제법칙"(M286)이라고 부르는 것에 따라서 기능해야만 한다.

스미스의 이상사회에서 국가는 시장과 사적 소유가 완벽하게 기능을 발휘할 수 있는 제도적 틀을 만들어내고 그다음에는 국부를 감시하는 기능을 함께 수행하는데, 그렇게 되면 개인의 창업정신과 기업가정신이 시장의 보이지 않는 손과 함께 어우러져 모두에게 유익한 결과를 만들어냄으로써 국민들의 복지는 급속하게 증진된다. 그런 세상에서는 시장의 보이지 않는 손이 작동하기 때문에 개인의 의도나 동기(사회적 의무에 대한 열정에 있어 각기 서로 다를 것이다)는 전혀 문제가 되지 않는다.

이 장은 수수께끼 같은 태도를 취하고 있다. 한편으로 맑스는 각주를 통해 프루동이 법률과 정당성에 대한 부르주아적 개념을 받아들이는 것을 혁명적 대안을 건설하는 데 아무런 도움도 되지 못하는 행동이라고 비난한다. 그러나 정작 본문 속에서 맑스는 이와 반대로 사적 소유권에 대한 자유주의 이론, 법률적 개인들간의 상호주의적이며 동등하고 자유로운 시장교환, 그리고 심지어 애덤 스미스가 상정한 시장의 보이지 않는 손까지도 모두 받아들이고 있는 것처럼 보인다. 이 모순처럼 보이는 문제를 어떻게 이해해야 할까? 이 답은 매우 간단하긴 하지만 그것은 바로 우리가 『자본』의 나머지 부분을 어떻게 읽을지를 결정짓는 중요한 의미를 지닌다.

맑스는 고전파 자유주의 경제학의 비판에 몰두했다. 따라서 그는 고전파 경제학자들이 그들 자신의 글에 따를 경우에도 전적으로 틀렸다는 것을 보여주기 위해 이들 자유주의적 명제(그리고 우리 시대로 확대 적용할 경우, 신자유주의적 명제도 포함된다)를 받아들이는 것이 반드시 필요하다고 보았다. 그래서 그는 완벽하게 기능하는 시장이나 보이지 않는 손이라는 것이 결코 만들어질 수 없고, 시장은 언제나 정치권력에 의해 왜곡된다는 이야기를 하는 대신에, 완벽한 시장과 보이지 않는 손이 작동하는 자유주의적 이상사회를 받아들인 다음 이런 세상이 모두에게 이익이 되는 결과를 만들어내지 못할 뿐만 아니라, 오히려 자본가계급에게는 엄청난 부를 안겨주면서 노동자와 다른 계급들에게는 상대적인 빈곤을 가져다줄 뿐이라는 것을 보여주려 했던 것이다.

이것은 실제로 현존하는 자본주의에 대한 가정으로 그대로 옮겨진다. 즉 자본주의가 이상적인 자유주의적(혹은 신자유주의적) 방식으로 잘 구조화되고 조직될수록 계급간 불평등은 그만큼 더 커진다. 그리고 두말할 필요도 없이 숱한 증거들은 우리를 지난 30년 동안 속박했던 그 명제(즉 자유시장과 자유무역이 모두에게 이익을 가져다줄 것이라는 온갖 찬사)가 정확하게 맑스가 예견했던 그 결과(즉 궁극적으로 극소수의 수중에 부와 권력이 집중되고 반대로 다른 대부분의 사람들은 더욱 가난해진다)를 만들어냈다는 것을 그대로 보여준다. 그러나 그것을 증명하기 위해 맑스는 자유주의의 이상을 실현하기 위한 제도적 토대를 받아들여야 했고 맑스는 바로 그것을 이 절에서 수행했던 것이다.

이것은 우리가 『자본』을 어떻게 읽어야 하는지에 대한 주요한 단서를 하나 제공해준다. 우리는 맑스가 자유주의적 이상이 완벽하게 실현된 국가에 대해 이야기하고 그것을 비판하고 있을 때와, 그가 불완전한 시장과 권력의 불균형, 그리고 제도적인 결함을 잔뜩 안고 있는 현실 자본주의를 해부하려고 할 때를 주의깊게 구분해야 한다. 앞으로 보게 되겠지만 이 두 과제는 가끔 서로 뒤섞이기도 한다. 해석이 헷갈리는 부분들은 모두 이처럼 두 과제가 서로 뒤섞여 있는 데에서 비롯된다. 그래서 나는 앞으로 그가 어떤 과제를 수행하고 있는지를 그때그때 여러분에게 계속 알려주고, 가끔씩 두 과제가 뒤섞여 나타나는 부분—즉 맑스가 하나의 과제(경제학 비판)를 수행하려 하면서 자본주의 생산양식의 현실적 움직임을 파악하는 과제를 함께 수행하는 부분—에 대해서는 이를 곧바로 지적해주려고 한다.

그렇지만 대부분의 경우 맑스는 다양한 모습을 띠는 이상적 자유주의에 대한 이론적 비판을 자신이 살고 있던 시기의 현실 자본주의를 철저하게 비판적으로 분석하는 방식을 통해 탁월하게 수행한다. 그리고 이 점은 자유주의보다 어떤 면에서는 오히려 더욱 심화된 신자유주의적 명제가 판을 치는 시대에 살고 있는 우리들에게는 다행이다. 왜냐하면 맑스의 자유시장과 자유무역에 대한 비판은, 그가 살던 시기의 현실 자본주의만큼이나 우리가 지금 살고 있는 자본주의에 대해서도 정확한 비판을 보여주고 있기 때문이다.

제3장

화폐 또는 상품유통

　지금까지 화폐의 특수한 개념은 맑스의 상품교환에 대한 설명으로부터 도출된 것이었다. 그것은 상대적 가치형태와 등가형태 사이의 대립에서는 불분명한 형태를 취하다가, 교환이 사회의 일반적 행위로 확대되면서 일반적 등가물의 형태로 발전했는데, 이 일반적 등가물은 감각적인 화폐상품의 형태를 취했고 이 화폐상품은 (비록 사회적 필요노동시간이라는 가치의 원천을 은폐한 상태이긴 하지만) 가치를 나타냈다. 이제 우리는 이 화폐형태를 좀더 자세히 살펴보기로 하자.

　제3장은 좀 길고 상당히 난해하다. 그러나 그것은 지금까지와 마찬가지 방식으로 하나의 단순한 이야기를 전하고 있다. 화폐는 단일한 개념이지만 거기에는 상품 속에 들어 있는 사용가치와 교환가

치의 이중성을 반영하는 두가지 기능이 내재되어 있다. 즉 한편으로 화폐는 (금으로 표현되는) 가치의 척도, 즉 사회적 필요노동시간의 척도로서 기능한다. 이 기능을 수행하는 데 있어 그것은 가치의 (최대한) 정확하고 효율적인 척도를 제공할 수 있는 독특한 성질을 지녀야만 한다. 다른 한편으로 화폐는 교환이 원활히(즉 혼란과 어려움을 최소화하면서) 확대되도록 해야 한다. 이 과정에서 그것은 점차 증가하는 엄청난 양의 온갖 상품을 유통시키는 수단(혹은 단순한 매개물)으로 기능한다.

이 두가지 기능 사이에는 하나의 긴장관계, 즉 모순이 존재한다. 예를 들어 금은 가치척도로서 매우 훌륭해 보인다. 그것은 변하지 않으며, 오랜 기간 저장이 가능하다. 우리는 언제든지 그것의 품질을 검사할 수 있으며 그것이 생산되고 유통되는 구체적인 조건을 인지·제어할 수도 있다. 그러나 여러분이 만일 커피를 마시러 갈 때마다 금으로 그 가격을 지불해야 한다고 생각해보라. 금은 극히 소량의 상품을 유통시킬 경우에는 매우 비효율적인 화폐형태다. 모든 사람이 금부스러기를 담은 주머니를 들고 다닌다고 한번 상상해보라. 그러다가 주머니를 열어 금부스러기로 값을 치르는 도중에 재채기라도 하게 되면 어떻게 되겠는가? 금은 가치척도로서는 매우 훌륭한 기능이 있지만 유통수단으로는 비효율적인 물건이다.

그래서 맑스는 가치척도로서의 화폐(1절)와 유통수단으로서의 화폐(2절)를 서로 대비하고 있다. 그러나 최종적으로는 단 한가지의 화폐만 존재한다(3절). 그리고 가치척도로서의 화폐와 유통수단으로서의 화폐 사이의 긴장은 (신용화폐의 형태로 존재하는) 또다른 하나의 유통수단의 가능성 혹은 (논란의 여지가 좀 있긴 하지만) **필연성**에 의해 일부 해소된다. 채권자와 채무자 사이의 관계는 또다른 하나의 유통수단인 자본의 가능성과 필연성을 모두 열어준다. 말하자면 이 장에서는 자본 개념(또한 하나의 사실로서의 자본)의 가능성이 등장한다. 화폐의 가능성이 교환과정으로부터 만들어지는 것과 같은 방식으로 자본의 가능성도 가치척도로서의 화폐와 유통수단으로서의 화폐로부터 도출된다. 이상이 이 장의 긴 내용을 정리한 것이다. 만일 여러분이 정리된 이 내용을 잘 간직한다면 이 장에서 전개되는 많은 복잡한(때로는 혼란을 일으키기도 하는) 부분들을 훨씬 더 쉽게 이해할 수 있을 것이다.

1절 가치척도

"화폐"와 "화폐상품" 사이에는 한가지 차이점이 있다. 앞부분의 주장—즉 가치는 그 자체 물적으로 측정될 수 있는 것이 아니지만 교환을 규제하기 위해서는 형태를 띨 필요가 있다—을 이어받아 맑스는 금을 유일한 화폐상품으로 가정하면서 시작한다. 금은 "상품의 내재적인 가치척도(즉 노동시간)의 필연적인 현상형태"다 (M109). 가치는 자신의 "현상형태"인 화폐상품과 그것과 교환되는 다른 모든 상품과의 관계를 통해 표현된다(아마 "존재한다"는 것이 더 나은 표현일 것이다). 상품가치는 그것의 현상형태 없이는 인식될 수도 없고 알려질 수도 없다.

그러나 이것은 좀더 자세히 살펴보아야 할 몇가지 복잡한 문제(혹은 모순)들을 제기한다. 먼저 맑스는 가격이 어떻게 상품에 부과되는지에 초점을 맞춘다. 그는 가격이 상상(혹은 관념)의 산물—다시 말해 "실재적으로" 혹은 경험적으로 도출된 결론과는 달리, 사유 혹은 논리적 원리의 산물이라는 의미다—이라고 말한다(M109/110). 그는 우리가 상품을 만들 경우, 우리는 그것을 시장에 가지고 나가기 전까지는 그것이 얼마의 가치가 있는지 전혀 알 수 없다는 점을 지적한다. 우리는 그것의 가치를 상상(혹은 관념)으로만 지닌 채 시장에 나간다. 그 상상에 의존하여 우리는 상품에 가격표를 붙인다. 그 가격표는 잠재적 구매자에게 우리가 생각하는 상품의 가치를 알려준다. 그러나 우리는 그 가격을 실제로 얻게 될지 알 수 없다. 왜냐하면 우리는 그 상품의 가치가 "시장에서" 얼마가 될지 미리 알 수는 없기 때문이다.

따라서 가치척도라는 기능에서 화폐는 단지 머릿속에서 그려진〔또는 관념적인〕화폐로서의 역할만을 맡는 것이다. 이런 사정 때문에 지극히 잘못된 학설들이 만들어졌다. 그저 머릿속에서 그려낸 것에 지나지 않는 화폐가 가치척도의 기능을 맡고 있음에도 가격은 전적으로 실제의 화폐량에 의존한다.(M111)

이제 머릿속에서 그려진(혹은 관념적인) 가격과 실제로 시장에서 결정되는 가격 사이의 관계가 등장한다. 시장에서 결정되는 가격은 "관념적으로는" 실제 가치를 표시해야 하는 것이지만 그것은 단지 가치의 현상형태(즉 그것의 한 표현)──말하자면 그것의 불완전한 형태──가 될 수밖에 없다.

우리는 분명 안정적인 가치척도보다는 가치의 양적 표현을 더욱 선호할 것이다. 그런데 금은 특수한 상품이다. 그것의 가치는 거기에 포함된 사회적 필요노동에 의해 주어지고, 이 가치는 우리가 이미 보았듯이 불변의 것이 아니다. 구체적인 생산조건의 변동은 금(혹은 다른 모든 화폐상품)의 가치에 영향을 미친다. 그러나 그 변동은 "모든 상품에 동시에" 영향을 끼치기 때문에 "다른 조건이 불변이라면──물론 이때 모든 상품이 금으로 표현되는 가격에서 종전보다 높거나 낮게 표현되긴 하겠지만──모든 상품들간의 **상대적** 가치에는 아무런 변화도 일으키지 않는다"(M113/114, 강조는 하비).

맑스는 논의를 좀더 명확히하기 위해 은도 하나의 잠재적인 대안적 화폐상품으로 도입한다. 금은 다른 모든 상품의 상대적 가치를 비교하는 데 있어 가장 확고한 가치기준인 것처럼 보이지만 절대적 가치액을 결정하는 데 있어서는 여전히 불안하다(M113/114). 1848년의 골드러시 때처럼 시장에 금의 유입이 급격히 증가하면 금의 가치(즉 사회적 필요노동시간의 척도)는 급격히 하락하고, 모든 상품의 가격은 상향조정되어야만 한다(16세기에 에스빠냐가 라틴아메리카로부터 대량의 금을 유럽에 가져오자 가격혁명이 일어난 것이 바로 이 때문이다). 우리가 늘상 거래하는 화폐상품은 구체적인 사용가치를 지닌 물건이며 그것이 생산되는 조건은 가치가 표현되는 방식에 영향을 끼친다. 최근 금가격은 세계 곳곳에서 요동을 치고 있다(그 이유는 조금 뒤에 살펴볼 것이다). 맑스가 여기에서 강조하려는 것은 어떤 화폐상품이 가치척도의 변동을 가져올 경우에도 그 변동이 시장에서 거래되고 있는 모든 상품들간의 상대적 가치에는 아무런 영향을 끼치지 않는다는 점이다(M113/114).

맑스는 이어서 화폐가 "가치척도와 가격의 도량기준이라는 전혀다른 두 기능을 수행한다"고 말한다. 여기에서는 화폐이론 내부의 또하나의 (보다 하위개념의) 이중성이 등장하는데 여러분은 이것을 보다 상위의 개념인 가치척도로서의 화폐와 유통수단으로서의 화폐 사이의 이중성과 혼동하지 말기를 바란다. 화폐상품은 "인간노동의 사회적 화신"——이것은 "관념적" 표현을 가리킨다——이지만 또한 "고정된 금속중량이라는 면에서는 가격의 도량기준"이기도 하다. 이 상품이 실제로 금 몇온스의 "가치를 가졌다"고 말하는것은 바로 후자의 의미다. 이 양(즉 금의 중량)은 우리가 상품을 교환하기 전에 머릿속에서 생각한(그리고 아마 교환하고 난 후에 손에 넣었으면 하고 바라는) 바로 그 가치다. 그러나 "갖가지 이유 때문에"——이것은 다시 역사적 이유로 설명된다——"금속중량의 화폐명칭이 관습적으로 보통의 중량명칭에서 분리되었다"(M115).

『자본』에는 국가에 대한 명시적인 이론이 존재하지 않는다. 그러나 이 책 전체에 걸쳐 곳곳에 언급되고 있는 것들을 종합해보면 국가가 자본주의적 생산체제 내에서 핵심역할을 수행한다는 점이 명확하게 드러난다(우리는 이미 제2장에서 사적 소유제도와 적절하게 기능하는 시장이라는 개념을 통해 암묵리에 이 점을 이야기한 바있다). 우리가 앞으로 보게 되듯이, 국가의 가장 중요한 기능 가운데하나는 화폐제도를 조직하고, 화폐의 명칭을 규제하고, 화폐제도를 효율적이고 안정된 형태로 유지하는 것과 관련되어 있다.

이러한 역사적 과정을 통해 모든 나라에서는 금속중량의 화폐명칭이 관습적으로 보통의 중량명칭에서 분리되었다. 화폐의 도량기준은 한편으로는 순전히 관습적인 것이지만 다른 한편으로는 보편적 타당성을 필요로 하기 때문에 결국은 법률의 규제를 받는다.(M115)

그러나 화폐의 명칭은 물신적 구조를 가진다. "어떤 물품의 명칭은 그 물품의 성질과 아무런 관련이 없다. 어떤 사람의 이름이 야콥이라는 것을 안다고 해도 우리가 그 사람에 대해 알 수 있는 것은 아무것도 없다. 마찬가지로 파운드·탈러·프랑·두카트 등등의 화폐명칭에서는 가치관계의 어떤 흔적도 찾아볼 수 없다." 즉 사회적 필요노동시간의 관계는 이 화폐명칭을 통해 더욱 은폐된다. "가격은 상품 속에 대상화되어 있는 노동의 화폐명칭이다"(M116)라고 맑스는 결론을 내린다. 화폐명칭(파운드, 두카트)은 화폐상품(금)과 다르며, 가치(즉 사회적 필요노동시간)와 그것과의 관계는 더더욱 불분명하다. 그러나 가격이 상품 속에 포함된 노동의 화폐명칭으로 정의된다는 점은 꼭 기억해두어야 할 중요한 내용이다.

이어서 맑스는 보다 중요한 두가지 문제를 살핀다. 우선 그는 "가격과 가치가 양적으로 불일치하거나 가치크기로부터 가격이 괴리될 가능성"이 존재하고, 이 가능성은 가격형태 그 자체에 내재하는 것이라고 말한다. "이것은 가격형태의 결함이 아니며, 오히려 가격형태를 어느 특정한 생산양식(즉 불규칙이 맹목적으로 작용하여 평균을 만들어내는 그런 형태로만 규칙이 관철되는 생산양식)에 적합한 형태로 만들어준다"(M117). 그가 여기에서 말하는 요지는 다음과 같다. 즉 만일 누군가가 자신의 상품을 시장에 가져가 거기에 가격표(화폐명칭 혹은 머릿속에 생각해둔 가치표현)를 붙이고, 또다른 누군가도 같은 상품을 가져와 자신의 가격표를 붙이고, 또다른 어떤 사람도 마찬가지로 같은 상품에 대해 자신의 가격표를 붙인다면, 시장에는 동일한 상품에 대해 여러개의 다른 가격이 존재할 것이라는 점이다. 어떤 특정 일자에 현실적으로 결정되는 평균가격은 그 상품을 원하는 사람의 수와 그 상품을 팔려고 시장에 나오는 사람의 수에 따라 결정될 것이다. 이렇게 실현된 평균가격은 수요와 공급 조건의 변동에 따라 함께 변동할 것이다.

균형가격은 이런 메커니즘을 통해 형성된다. 이 균형가격(혹은 고전경제학이 '자연가격'이라고 부르는 것)은 수요와 공급이 균형에 도달했을 때 획득되는 가격이다. 맑스가 나중에 단언하듯이 이 균형점에 대해 수요와 공급은 아무것도 설명해주지 않는다. 수요와 공급은 왜 셔츠 한벌이 평균적으로 한켤레의 신발보다 가격이 낮은지, 셔츠와 신발 사이에 존재하는 평균적인 가격차이가 도대체 무엇인지를 전혀 설명해주지 않는다. 이 평균적인 가격차이가 바로 가치(즉 서로 다른 상품들 속에 들어 있는 사회적 필요노동시간)를 반영한다는 것이 맑스의 견해다. 그렇지만 어떤 특정한 날짜에 발생하는 가격의 변동은 그날의 신발에 대한 수요와 공급의 상태를 알려주고 그것이 왜 어제보다 오르거나 내려갔는지를 말해준다. 그래서 우리가 상품에 화폐명칭을 부여하고 가치척도를 이 관념적인 형태(즉 가격형태)로 바꾸는 행동은 가격변동을 통해 시장이 균형상태로 수렴하도록 만들어주고 이를 통해 가치의 현상형태가 균형가격(혹은 자연가격)에 보다 가까워지도록 만들어준다. 가격변동이 이루어내는 것은 가격을 그 **상품의 생산에 필요한 사회적 평균노동으로 수렴시키**는 것이다. 만일 이런 가격의 변동이 없다면 시장에서의 수요와 공급의 차이를 조정하고 가치를 나타내는 사회적 평균가격이 형성될 수 있는 방법은 존재하지 않을 것이다.

두번째 문제는 훨씬 더 이해하기 어렵다.

그러나 가격형태는 양적으로 가치크기와 가격(즉 가치크기와 그 화폐표현)이 일치하지 않을 가능성을 용인할 뿐만 아니라, 질적으로도 화폐가 단지 상품의 가치형태에 지나지 않음에도 가격이 더이상 가치표현이기를 중단하는 모순을 내포할 수 있다. 그 자체로서는 상품이 아닌 것(가령 양심이나 명예 따위)이라도 그 소유자에게는 화폐를 받고 파는 것이 될 수 있고 따라서 그 가격을 통해 상품형태를 취할 수도 있다. 그래서 아무런 가치도 없으면서 형식적으로는 가격을 갖는 물적 존재가 있을 수 있다. 이때의 가격표현은 수학에서 표시되는 어떤 크기와 마찬가지로 가상적인 것이 된다. 그러나 다른 한편 가상적인 가격형태(예를 들어 인간의 노동이 전혀 대상화되어 있지 않아서 아직 아무런 가치도 갖지 않은, 경작되지 않은 토지의 가격 같은 것)도 어떤 실질적인 가치관계(또는 여기에서 파생된 관계)를 숨기고 있을 수 있다.(M117)

우리가 어떤 것에 가격표를 붙일 수 있다는 말은 우리가 원칙적으로 모든 것에 대해(즉 양심이나 명예는 물론 신체의 일부나 자녀들에 대해서도) 가격표를 붙일 수 있다는 것을 의미한다. 우리는 토지 같은 자연자원이나 폭포의 경관 같은 것에 대해 가격표를 붙일 수 있으며 토지가격의 변동을 노리고 투기를 할 수도 있다. 가격체계는 양적인 불일치는 물론 질적인 불일치를 만들어내는 이 모든 차원에서 작동할 수 있다. 그렇다면 이제 다음과 같은 의문이 떠오른다. 즉 만일 가격이 가치와 무관하게 모든 것에 대해 부과될 수 있다면, 그리고 이들 가격이 가치와 무관하게 어디에서나 항상 양적으로 변동할 수 있다면, 그렇다면 왜 맑스는 그렇게 노동가치론에 집착하는 것일까? 그리고 전통적 경제학자들(오늘날의 경제학자들도 마찬가지다)의 주장, 즉 우리가 관찰할 수 있고 현실적 의미를 지닌 모든 것들이 가격 개념 속에 포함되어 있다는, 따라서 노동가치론은 불필요한 것이라는 그 이야기가 왜 옳은 것이 아닐까?

여기에서 맑스는 자신의 선택을 변호하지 않는다. 맑스가 특별히 그렇게 할 필요가 없었던 까닭은 노동가치론이 당시의 리카도학파에 의해 아직 광범위하게 수용되고 있었기 때문이다. 그러나 노동가치론이 전반적으로 의문시되거나 폐기되고 있는(심지어 일부 맑스주의자들도 그렇게 하고 있다) 오늘날에 있어서는 여기에 대한 몇 가지 답변을 생각해볼 필요가 있다. 내가 생각하기에 맑스는 아마도 물적 토대의 개념에 의지하고 있었던 것 같다. 만일 모든 사람이 폭포의 경관에 의지하거나 양심이나 명예를 거래하면서 살아가려 한다면 아무도 생존하지 못할 것이다. 현실적인 생산, 즉 노동과정을 통한 현실적인 자연의 변형은 우리의 생존에 결정적으로 중요하다. 그리고 모든 인간생활의 생산과 재생산의 토대를 형성하는 것은 바로 이 물적인 노동이다. 우리는 양심과 명예로 옷을 해입을 수 없으며(임금님의 새 옷과 관련된 우화를 상기해보라) 폭포의 경관으로도 옷을 해입을 수 없다. 옷은 그런 방식으로는 생겨나지 않으며 오로지 인간의 노동과정과 상품교환을 통해서만 생겨난다. 워싱턴 D.C.와 같은 도시(즉 엄청난 양의 양심과 명예가 거래되는 것처럼 보이는 그런 곳)에서도 항상 모든 사람들의 아침식사가 어디에서 오는 것인지, 일상생활을 유지시켜주는 전자제품, 종이, 자동차, 주택, 고속도로 같은 것들이 어디에서 오는 것인지에 대한 의문은 존재한다. 이 모든 것들이 시장을 통해 저절로 도착한다거나, 혹은 우리 주머니 속에 들어 있는 화폐가 부리는 마술에 의해 생겨나는 것이라고 생각하는 것은 상품의 물신성에 완전히 사로잡혀 있다는 것을 의미한다. 우리는 이런 물신성으로부터 벗어나기 위해 사회적 필요노동시간이라는 가치 개념을 필요로 한다.

맑스가 이런 입장을 취하는 것이 옳은지의 여부는 여러분 스스로 판단할 일이다. 그렇지만 『자본』을 맑스 자신의 방식을 통해 이해하려 한다면 여러분은 어느정도까지는──적어도 이 책을 끝까지 읽을 때까지는──그의 논의를 이런 입장에 따라 받아들일 준비를 해야만 한다. 그러나 또한 맑스가 여기에서 매우 중요하다고 인정하는 것을 인식하는 것도 매우 중요하다. 즉 가격체계는 궁극적으로 표면적인 현상형태이긴 하지만 객관적인 자신의 실재를(그것은 실제로 "드러난 형태로" 존재한다) 지니고 있을 뿐만 아니라 매우 중요한 기능——수요와 공급의 변동을 규제하여 이들이 균형가격으로 수렴하도록 하는 기능——도 수행하며, 또한 쉽게 자신의 통제를 벗어날 수도 있다는 점이 바로 그것이다. 나중에 이 장의 뒷부분에서도 보게 되겠지만 가격체계의 이러한 양적·질적 불일치는 시장제도와 화폐형태의 작동에 심각한 결과를 초래한다(이런 불일치는 또한 금융위기를 일으킬 가능성은 물론 그것을 **필연적으로** 일으키는 원인이 되기도 한다).

그러나 맑스의 전제——그를 이해하려고 한다면 항상 그의 이 전제를 잊지 말아야 한다——는 사회적 필요노동시간인 가치가 모든 사물의 중심에 놓여 있다는 점이다. 만일 가치를 고정된 것으로 가정한다면(물론 기술이나 사회적·자연적 관계의 끊임없는 변동을 통해 사실은 그 반대——즉 고정된 것이 아니라 유동적인 것이라는——라는 것을 우리는 계속해서 알게 되지만) 우리는 가격이 시간의 흐름에 따라 '자연'가격(즉 수요와 공급이 균형을 이룬 상태)을 중심으로 변동한다는 것을 알게 될 것이다. 이 균형가격은 단지 하나의 현상형태, 즉 화폐로 응결된 가치를 제어하는 사회적 필요노동시간의 현상형태일 뿐이다. 그리고 바로 이 가치가 시장가격이 현실에서 변동하는 기준을 이루는 것이다(M117). 시장가격은 끊임없이, 그리고 반드시 가치로부터 벗어난다. 만일 그것이 그렇게 되지 않는다면 시장이 균형상태로 회복될 수 있는 방법은 없다. 질적 불일치의 경우 그중 몇몇(예를 들어 토지의 가치나 지대에 대한 투기)은 도시화의 과정과 공간의 생산에 있어 중요한 물적 기능(제3권 이전에는 다루어지지 않는다)을 수행한다. 그러나 이것은 여기에서 다

120

루어질 사항은 아니다.

2절 유통수단

　맑스의 도입부 구절들은 종종 깊이 기억해둘 필요가 있는 일반적 논의나 명제들에 대한 신호를 보내고 있어 주의깊게 읽어두는 것이 쓸모가 많다. 여기에서 그는 이렇게 주의를 환기한다. "이미 보았듯이 상품의 교환과정은 모순되고 상호배제적인 관계들을 포함한다"(M118). 이것은 무엇을 가리키는 것일까? 상대적 가치형태와 등가형태에 대한 절을 되돌아보도록 하자. 거기에서 그는 화폐상품의 세가지 특성을 이렇게 규정한다. 첫째 "사용가치가 자신의 대립물인 가치의 현상형태가 된다". 둘째 "구체적 노동이 그 대립물인 추상적 인간노동의 현상형태가 된다". 셋째 "개별적 노동이 그 대립물(즉 직접적인 사회적 형태의 노동)이 된다"(M70/73).

　금은 특수한 사용가치를 지니고 있고, 개인이 생산하여 소유하는 특수한 상품이지만 이들 특수성은 화폐상품이라는 일반적 등가물로서의 속성 속에 상당부분 매몰되어 있다. 맑스는 이렇게 말한다. "상품의 상품과 화폐로의 분화는 이들 모순을 지양하지는 못하지만 이들 모순이 운동할 수 있는 형태를 만들어낸다." 여기에는——"이들 모순이 운동할 수 있는 형태"란 구절에 특히 유념하기 바란다——맑스의 변증법적 방법의 본질과 관련된 몇가지 단서가 숨겨져 있다. 그는 이렇게 말한다. "이것은 현실의 모순을 해결하는 일반적 방법이다. 예를 들어 한 물체가 끊임없이 다른 한 물체를 향해 다가가면서 동시에 그것으로부터 멀어지는 것은 하나의 모순이다. 타원은 이러한 모순이 **실현되면서 동시에 해결되는** 운동형태의 하나다"(M119, 강조는 하비).

앞에서 나는 변증법을 논리를 확대해나가는 한 형태로 묘사했다. 어떤 사람들은 변증법을 정확하게 명제-반대명제-종합명제로 생각하는 경향이 있지만 여기에서 맑스가 이야기하고 있는 내용에는 종합명제가 존재하지 않는다. 거기에는 단지 모순이 점점 심화되어 가는 것만 이야기되고 있다. 모순은 궁극적으로 결코 해결되지 않는다. 그것은 끊임없는 운동체계(타원과 같은) 내부에서 그리고 점점 더 큰 규모로 반복될 수 있을 뿐이다. 그러나 모든 상품이 효율적으로 유통될 수 있도록 하기 위해 교환으로부터 화폐형태가 응결되는 경우처럼 명백한 해결책이 주어지는 경우도 있다. 그럴 경우 우리는 한숨을 돌리면서 "맞아, 우리는 화폐를 가지고 있지, 그것이 바로 훌륭한 종합명제가 아닌가, 우리는 이제 더이상 생각할 필요가 없어"라고 말할 수도 있다. 그러나 맑스는 그렇지 않다면서 이제 우리가 화폐형태가 품고 있는 모순(즉 점점 더 큰 규모로 문제를 키우고 있는 바로 그 모순)을 분석해야 한다고 말한다. 즉 모순의 끊임없는 확대만 존재하는 것이다.

바로 이런 이유 때문에 나는 맑스의 변증법을 하나의 완결된 분석방법이라고 말하는 사람들을 보면 용납하기 어렵다. 그의 변증법은 완결된 것이 아니다. 오히려 반대로 그것은 끊임없이 확대되고 있으며 바로 여기에서 그는 그것이 정확하게 어떻게 확대되고 있는지를 설명하고 있는 것이다.『자본』을 읽어나갈 때 우리는 언제나 우리가 앞에서 이미 읽은 내용만을 토대로 재음미해야 한다.『자본』에서 논의가 전개되는 방식은 모순의 영역이 끊임없이 재구성되고 확대되는 방식이다. 이것이 바로『자본』에서 왜 그렇게 많은 내용들이 반복되는지를 설명해주는 이유다. 즉 앞으로 한걸음 나아갈 때마다 맑스는 다음의 모순이 어디에서 비롯된 것인지를 설명하기 위해 앞단계의 모순으로 되돌아가야 했던 것이다. 여기에서처럼 도입부의 문장을 찬찬히 살펴보는 것은 맑스의 진의를 정확히 파악하는 데 도움을 준다. 그것은 맑스가 각 절에서 자신의 논의를 펼칠 때 그가 논의하고자 하는 대상이 무엇인지에 대해 보다 잘 이해할 수 있도록 도와준다.

우리는 이 과정이 작동하는 것을 화폐를 다룬 제3장 2절에서 보게 되는데, 여기에서 맑스는 그가 "사회적 물질대사", 그리고 교환을 통한 "상품의 변형"이라고 부르는 것을 다루고 있다. 우리가 이미 보았듯이 교환은 "상품을 상품과 화폐로 이중화"시킨다. 이 둘을 움직이면 이 둘은 서로 반대방향으로 자리를 바꾼다. 하나의 움직임(화폐의 교환)은 다른 하나의 움직임(상품의 운동)을 도와주게 되어 있지만, 이 과정에서 발생하는 대립적인 흐름은 "온갖 대립적인 형태"(M119)가 나타날 수 있는 가능성을 만들어낸다. 이것이 상품의 형태변화에 대한 분석의 무대가 된다.

교환은 가치가 형태변화를 거치는 과정이다. 맑스는 이 운동의 연쇄 — 상품에서 화폐로, 화폐에서 상품으로 이어지는 — 를

"W-G-W"(Ware-Geld-Ware)로 표시한다(이것은 W-W, 즉 상품과 상품이 교환되는 과정과는 다른 것이다. 여기의 교환은 모두 화폐에 의해 매개되고 있다). 이 과정은 가치의 두번의 형태변화, 즉 W에서 G로의 변화와 G에서 W로의 형태변화다(M120).

표면적으로 보면 이들 두 형태변화는 거울을 사이에 둔 대칭적인 모습이고 따라서 본질적으로 같은 것처럼 보이지만 사실은 서로 비대칭적인 것들이다. 교환의 W-G 국면(즉 판매)은 특수한 개별 상품이 일반적 등가물(즉 화폐)로 형태를 바꾸는 과정이다. 그것은 특수에서 일반으로의 운동이다. 자신이 가진 특수한 상품을 판매하기 위해서는 사람들은 시장에서 그 상품을 원하는 누군가를 발견해야만 한다. 만일 여러분이 시장에 도착했을 때 여러분의 상품을 원하는 사람이 아무도 없다면 어떻게 되겠는가? 이것은 욕망——그리고 예를 들어 광고를 통한 욕망의 생산——이 교환과정에 어떤 영향을 미치는지에 대한 일련의 의문들을 불러일으킨다.

상품은 새로 생겨난 욕망을 만족시키든가 아니면 자기 스스로의 힘으로 욕망을 불러일으키는 어떤 새로운 노동양식의 산물일지도 모른다. (…) 오늘 생산물은 어떤 하나의 사회적 욕망을 충족시킨다. 그러나 내일은 그 생산물 가운데 전부 혹은 일부가 다른 유사한 종류의 생산물에 의해 그 자리에서 밀려날 수 있다.(M121)

그래서 W에서 G로의 형태변화는 대개 특정 시점의 시장의 수요와 공급 조건 때문에 복잡해진다.

알다시피 상품은 화폐를 사랑하지만 "참된 사랑의 길은 결코 순탄하지 않다". 분업체계 속에서 자신의 신체부위가 어떻게 해체되어 있는지를 보여주는 사회적 생산조직의 양적 편성은 그 질적 편성과 마찬가지로 자연발생적이며 우연적이다.(M122)

즉 시장의 보이지 않는 손──시장교환의 무질서와 만성적인 불확실성──은 상품이 일반적 등가물로 곧바로 전화하는 것을 가로막는 온갖 장애물을 만들어낸다.

W-G-W는 양"쪽"(M123) 어디에서 보든 똑같은 하나의 과정(즉 교환)이다. 교환의 G-W 국면(즉 구매)은 화폐로부터 상품으로의 이행과정이다. 이 과정은 일반으로부터 특수로의 운동이다. 그러나 이것은 단순히 W-G를 뒤집어놓은 것이 아니다. 화폐를 상품으로 전화시키는 것은 본질적으로 훨씬 더 쉬운 일이다. 우리는 화폐를 가지고 시장에 가서 자신이 원하는 것을 아무것이나 살 수 있다. 물론 잠재적 구매자는 가끔 자신이 원하는 상품을 찾지 못해 실망할 수도 있다. 그러나 그럴 경우에도 화폐상품이 지닌 일반적 등가물의 성격 때문에 그는 언제나 다른 것을 구매할 수 있다.

이처럼 교환과정을 통해 가치는 결국 하나의 상태(상품의 상태)에서 다른 하나의 상태(화폐의 상태)로 옮겨갔다가 다시 되돌아온다. 전반적으로 보아 이 과정을 살펴보면

제일 먼저 눈에 띄는 것이 이 형태변화가 두개의 대립적이고도 상

호보완적인 운동 W-G와 G-W로 이루어져 있다는 점이다. 상품의 이 두가지 대립적인 형태변화는 상품소유자가 행하는 두가지 대립적인 사회적 과정을 통해 이루어지고, 또한 그가 수행하는 두가지 대립적인 경제적 역할을 통해 반영된다. (…) 동일한 상품이 두가지 서로 반대방향의 형태변화를 차례로 통과하는 것처럼 (…) 같은 상품소유자는 역할을 바꾸어가며 판매자가 되었다가 다시 구매자가 되는 것이다.(M125)

대립에 대한 맑스의 강조는 잠재적 모순에 대한 암시인데, 이 모순은 구매자와 판매자 간의 모순이 아니다. 왜냐하면 "판매자와 구매자는 결코 고정된 배역이 아니며 상품유통 속에서 끊임없이 그 등장인물이 바뀌는 배역"이기 때문이다. 모순은 상품유통 전반에 걸쳐 일어나는 상품의 형태변화 속에 존재하는 것이어야 하는데 왜냐하면 "여기에서는 상품 그 자체가 서로 상반된 두가지 성격으로 규정되기"—즉 상품소유자의 관점에서는 사용가치가 아닌 것이 구매자에게는 사용가치가 되는—때문이다(M126).

이 과정(즉 상품유통)은 점차 화폐에 의해 매개된다. 여기에서 다시 교환의 확대가 맑스의 논의에서 얼마나 중요한지에 대해 주의를 기울이기 바란다.

상품유통에서 우리는 한편으로는 상품교환이 직접적 생산물 교환의 개인적이고 국지적인 한계를 깨뜨리면서 인간노동의 신진대사를 어떻게 발전시켜나가는지를 보고, 다른 한편으로는 그것이 또한 교

환당사자들의 통제에서 벗어난 사회적 관계의 전체 연결망을 어떻게 발전시켜나가는지를 보게 된다.(M126)

그렇다면 상품의 유통과정 어디에 모순이 존재하는 것일까? 구매된 상품(그 소비자에게는 사용가치가 되는)은 "유통에서 탈락하지만" 화폐는 탈락하여 사라지지 않는다. 화폐는 계속 움직이고 "유통은 화폐를 끊임없이 분주하게"(M127) 만든다. 이를 통해 맑스는 쎄이(J. B. Say)의 법칙으로 알려진 교의——고전경제학의 강력한 이념이면서 동시에 오늘날까지도 계속해서 화폐주의자들의 강고한 교의가 되고 있는——에 대해 결정적이고 확실한 공격을 가한다.[6] 프랑스의 경제학자 쎄이는 모든 판매가 곧 구매이고 모든 구매가 곧 판매이기 때문에 자본주의에서는 일반적 과잉생산이라는 위기가 발생할 수 없다고 주장했다. 이 논리에 의하면 시장에서는 항상 총구매와 총판매 사이에 균형이 성립한다. 즉 신발이 셔츠에 비해 과잉생산되고 오렌지가 사과에 비해 과잉생산될 수는 있지만, 사회 전체의 수준에서 전반적 과잉생산은 있을 수 없는데 이는 구매와 판매가 전체적으로는 항상 일치하기 때문이라는 것이다.

맑스는 다음과 같이 반박한다.

모든 판매가 구매이며 또한 모든 구매가 판매라는 것을 이유로 상품유통이 반드시 판매와 구매 간의 균형을 이루어낸다고 하는 주장만큼 어리석은 것은 없다. 만일 이 주장의 의미가 실제로 수행되는 판매 횟수와 구매 횟수가 동일하다는 것이라면 그것은 무의미한 동어반복일 것이다. (…) 다른 누군가 구매하지 않으면 아무도 판매를 할 수 없다. (…) 독립해서 서로 대립해 있는 이들 두 과정이 하나의 내적인 통일을 이루고 있다는 것은 이들 두 과정의 내적인 통일이 외적인 대립을 통해 드러난다는 것과 같은 뜻이다. 서로를 보완하면서 내적으로 의존해 있는 이들 두 과정의 외적인 대립이 일정한 수준을 넘어가게 되면 내적인 통일은 공황을 통해 폭력적인 형태로 관철된다. 상품에 내재하는 사용가치와 가치 사이의 대립, 사적 노동이 동시에 사회적 노동으로 나타나지 않으면 안되는 대립, 물적 존재의 인격화와 인격의 물화라는 대립——이런 내재적 모순은 상품의 형태변화가 빚어내는 갖가지 대립을 통해 더욱 발전된 운동형태를 취한다. 따라서 이들 형태는 이미 공황의 가능성(또한 그것만)을 함축하고 있다.(M127/128)

이 공황의 가능성이 완전히 전개되는 내용에 대해서는, 유감스럽게도, 여러분은 제2권과 제3권, 그리고 이어서 3권으로 이루어진 『잉여가치학설사』를 모두 읽어야만 한다. 왜냐하면 맑스가 지적하듯이 공황의 발발 원인이 무엇인지를 자세히 알기 위해서는 그 전에 미리 더 많은 것들을 알아야 하기 때문이다. 그렇지만 당장 여기에서는 "물적 존재의 인격화와 인격의 물화"의 내용으로 제1장의 물신성 논의를 떠올리는 것만으로도 충분한 가치가 있다.

쎄이의 법칙에 대한 반론의 핵심은 다음과 같다. 우선 나는 W에서 시작해서 G로 간다. 그러나 이렇게 손에 들어온 화폐를 내가 곧바로 또다른 상품에 소비하도록 강제하는 힘은 존재하지 않는다. 만일 원한다면 나는 화폐를 그대로 지니고 있을 수 있다. 예를 들어 나는 경제가 불안하다고 느낄 경우 혹은 미래에 대한 걱정 때문에 저축을 해둬야겠다고 생각할 경우 그렇게 할 것이다. (경제가 어려울 때 여러분은 특정 상품과 일반적 등가물 가운데 무엇을 수중에 지니고 있겠는가?) 그러나 만일 모든 사람이 갑자기 화폐를 지니고 있기로 결정한다면 전반적인 상품유통은 어떻게 될까? 상품의 구매는 중단되고 유통은 정지할 것이며, 그 결과 일반적 공황이 들이닥칠 것이다. 만일 전세계의 모든 사람들이 갑자기 신용카드의 사용을 사흘간 중단해버린다면 세계경제는 심각한 곤란에 빠질 것이다(9·11 이후 신용카드를 다시 빼내들고 쇼핑을 하러 가도록 대통령이 우리 모두에게 애타게 호소하던 일을 상기해보라). 그것이 바로 화폐를 우리들의 주머니 속에서 끄집어내어 계속 유통되도록 하기 위해 그렇게 많은 노력이 기울여지는 까닭이다.

맑스가 살던 시기에 리카도를 포함한 대부분의 경제학자들은 쎄이의 법칙을 받아들였다(M128, 주73). 그리고 부분적으로 리카도학파의 영향 때문이기도 하지만, 이 법칙은 19세기의 전 기간은 물론 1930년대까지도 경제학에서 지배적인 위치를 차지했다. 그래서 경제학자들은 하나같이 이렇게(오늘날에도 가장 전형적 형태를 이루고 있다) 말하곤 했다. 즉 "경제가 내 교과서대로만 진행된다면 공황은 발생하지 않아!" 그러나 대불황(1873년부터 1896년까지 지속된 유럽 전역의 장기불황. 이 사태 이후 1929년 대공황이 한차례 더 일어나면서 경제학의 판도는 크게 뒤바뀌었다 ─ 옮긴이)이 발생하면서 일반적 공황을 부인하던 이들 경제이론은 더이상 설자리를 잃고 말았다.

1936년 케인스는『고용, 이자, 화폐에 관한 일반이론』(*The General Theory of Employment, Interest and Money*, 이하『일반이론』)을 출판했는데 그는 이 책에서 쎄이의 법칙을 완전히 폐기했다. 자신의『자전적 에쎄이』(*Essays in Biography*)에서 그는 쎄이의 법칙에 대한 역사를 재검토하고 이 법칙이 얼마나 논리적으로 취약한 경제이론인지를 설명했다. 케인스는 그가 유동성 함정이라고 불렀던 것을 중요하게 다루었는데, 이 함정에서는 시장에 어려움이 발생하여 화폐를 가진 사람들이 신경을 곤두세우고 화폐를 소비하거나 투자하지 않고 그것을 그대로 간직하게 되는데 그것은 상품에 대한 수요를 감소시킨다. 사람들은 갑자기 자신들의 상품을 판매할 수 없게 된다. 불확실성은 시장의 어려움을 증가시키고 사람들은 더욱더 화폐(즉 안전자산)를 움켜쥐고 있으려 한다. 결국 경제 전체가 점차 침체의 늪으로 빠져들어간다. 케인스는 이때 국가가 개입해 다양한 재정적 유인을 통해 이 과정의 진행방향을 뒤바꾸어야 한다고 생각했다. 그렇게 하면 개인의 수중에 묶여 있던 화폐가 다시 시장으로 흘러들어갈 것이라고 했다.

이미 본 것처럼 맑스도 이와 비슷하게『자본』에서 쎄이의 법칙을 어리석은 잠꼬대로 취급하고 있으며, 그래서 1930년대 이후부터 맑스주의와 케인스주의 이론의 관계에 대한 이런저런 이야기들이 오고갔다. 맑스는 일반적 공황의 가능성을 주장한 경제학자들——당시의 문헌들에서는 "일반적 불황론자"들로 거론한다——을 분명히 지지했지만 이들의 수는 상대적으로 매우 적다. 프랑스 학자 씨스몽디가 그중 한 사람이고 (인구론으로 유명한) 맬서스도 역시 거기에 해당한다. 그러나 나중에 우리가 보게 되겠지만 맬서스는 불행히도 맑스에게서 배격당한다.

반면 케인스는『자전적 에쎄이』에서 맬서스에게 과도할 정도의 찬사를 보내고 있는데, 정작 맑스에 대해서는 거의 언급하지 않고 있다(아마도 정치적인 이유가 아니었을까). 실제로 케인스는 자신이 맑스를 읽은 적이 없다고 말한 바 있다. 아마 그가 읽었을 것이라고 추정하지만, 설사 그가 읽지 않았다 하더라도, 그는 맑스를 읽은 조운 로빈슨(J. Robinson)과 같은 경제학자들에게 둘러싸여 있었고 이들은 틀림없이 케인스에게 맑스가 쎄이의 법칙을 반대했다는 것을 말해주었을 것이다. 케인스주의 이론은 전후(戰後) 경제학을 지배했고, 그런 다음 1970년대 후반에는 반케인스주의 혁명이 나타났다. 오늘날 지배적인 영향력을 지니게 된 통화주의와 신자유주의 이론은 쎄이의 법칙을 수용하는 쪽에 훨씬 가깝다. 이처럼 쎄이의 법칙에 대해 어떤 입장을 취할 것인지의 문제는 보다 심화된 연구를 수행하는 데 있어 흥미로운 단서를 제공한다. 그러나 여기에서 우리에게 문제가 되는 것은 단지 맑스가 이 법칙을 명백하게 반대했다는 사실뿐이다.

맑스의 다음 논의는 화폐유통의 분석으로 넘어간다. 나는 이 부분의 세부적인 내용에 지나치게 많은 시간을 소비하고 싶지 않은데, 왜냐하면 여기에서 맑스가 하고 있는 것은 주로 당시의 통화주의 문헌들에 대한 논평이기 때문이다. 그가 여기에서 제기하는 질문은 이렇다——즉 일정량의 상품을 유통시키는 데 필요한 화폐량은 얼마인가? 그는 "화폐수량설"이라고 부르는 것을 받아들이는데 이 것은 리카도의 이론과 비슷하다. 여러 페이지에 걸쳐 논의를 상세히 전개한 다음 그는 다음과 같은 법칙에 도달한다. 즉 유통수단의 양은 "유통되는 상품의 가격 총액과 화폐유통의 평균속도"(M136)에 의해 결정된다는 것이다(화폐유통의 속도는 단지 화폐가 유통되는 횟수—즉 1달러짜리 화폐가 하루 동안에 몇사람의 손을 거치는지—이다). 그러나 앞부분에서 그가 지적하고 있듯이 "이들 세가지 요인 (즉 가격의 변동, 유통되는 상품량, 화폐의 유통속도)은 각기 서로 다른 방향이나 비율로 변동할"(M135) 수 있다. 따라서 화폐량은 이들 세 요인의 변동에 따라 상당히 달라질 필요가 있다. 예를 들어 만일 신용카드나 인터넷뱅킹을 사용하는 경우처럼 유통속도를 높일 수 있는 어떤 방법을 찾아낼 수 있다면 화폐의 유통속도는 빨라진다. 화폐의 유통속도가 빨라지면 필요한 화폐량은 감소하고 그 반대의 경우도 역시 성립한다. 확실히 화폐의 유통속도 개념은 매우 중요하고 오늘날에도 연방준비이사회(the Federal Reserve, 미국의 중앙은행 기능을 수행하는 기관—옮긴이)는 화폐의 유통속도를 정확히 알아내기 위해 각고의 노력을 기울이고 있다.

화폐수량설에 대한 고찰을 통해 맑스는 앞서 내가 제2장의 첫머리에서 제기했던 논의—즉 상품을 유통시키는 데 있어 금부스러기를 사용하는 것은 비효율적이라는 이야기—로 되돌아간다. 차라리 금부스러기 대신 토큰, 주화, 지폐 혹은 오늘날 우리가 보고 있듯이 컴퓨터 화면의 숫자를 이용하는 것이 훨씬 더 효율적이다. 그런데 "가격의 도량기준을 설정하는 것과 마찬가지로 화폐의 주조업무도 국가가 담당한다"(M138)라고 맑스는 말한다. 즉 국가는 금속화폐 상품을 토큰이나 다른 상징적 표지물로 대체하는 데 있어 결정적 역할을 수행한다. 맑스는 이것을 다음과 같이 멋들어진 방식으로 묘사하고 있다.

주화 역할을 할 때는 입고 있다가 세계시장에서는 다시 이를 벗어버리는 금·은의 갖가지 국가별 제복을 통해 상품유통의 국가 단위 영역과 세계시장 단위의 일반적인 영역이 서로 분리된다.(M139)

세계시장과 세계화폐의 중요성은 이 장의 마지막 부분에서 다시 언급된다.

효율적인 화폐형태를 모색하는 과정은 각 국가별로 훌륭하게 진행된다. "보조주화는 최소단위 금화의 몇분의 1을 지불하기 위하여 금과 나란히 나타나고" 이것은 다시 "강제통용권을 지닌 정부지폐"(M141)로 이어진다. 이제 화폐가 상징물의 형태로 등장하게 되면 곧바로 다른 많은 가능성과 문제들이 함께 등장한다.

지폐는 금(또는 화폐)을 대신 나타내주는 표지다. 상품가치와 지폐의 관계는 단지 지폐가 상징적으로 표시하는 금의 양을 통해 상품가치가 관념적으로 표시되고 있다는 것뿐이다.(M142)

맑스는 또한 "본래의 지폐가 유통수단으로서의 화폐의 기능에서 발생하는 것이라면 신용화폐는 지불수단으로서의 화폐의 기능에 그 근원을 두고 있다"고 지적한다. 화폐상품인 금은 주화, 지폐 혹은 신용 같은 온갖 지불수단으로 대체된다. 그렇게 되는 까닭은 금이 유통수단으로 비효율적이기 때문이다. 이로 인한 "사회적 필요"에 따라 금은 뒤로 밀려나고 다른 상징적 화폐형태들이 금을 대신하게 된다.

 이것은 논리적 귀결인가, 아니면 역사적 과정인가, 혹은 둘 모두 인가? 분명 각기 다른 화폐형태의 역사와 국가권력의 역사가 서로 얽혀 있는 것은 틀림없는 사실이다. 그러나 이것은 필연적인 것인 가, 그리고 이 둘의 관계에는 어떤 필연적 패턴이 있는 것인가? 1970 년대 초까지만 해도 지폐는 대부분 금으로 태환이 가능했다. 지폐가 안정적 가치를 유지했던 것(혹은 맑스의 표현에 따른다면, 이들 지폐가 가치와의 관계를 유지했던 것)은 바로 이 때문이었다. 그러나 사실은 이미 1920년대부터 많은 나라들에서는 민간인이 지폐를 금으로 태환하는 것을 거부했고 태환은 단지 국가간의 국제수지를 결제하는 데에만 적용되고 있었다. 1960년대 말~70년대 초에는 그나마의 태환체계도 완전히 붕괴되었고, 오늘날 우리는 아무런 명확한 물적 토대(일반적 화폐상품)도 없이 순수한 상징적 체계만을 가지고 있다.

 그렇다면 오늘날 다양한 지폐들(예를 들어 달러, 유로, 페소, 엔)과 상품가치 사이에는 어떤 관계가 있을까? 물론 금은 여전히 흥미로운 역할을 수행하고 있지만 이미 가치를 나타내는 토대로서의 기능은 더이상 수행하고 있지 않다. 사회적 필요노동과 화폐의 관계는——이것은 금의 경우에도 문제가 많다——훨씬 더 멀어지고 난해해졌다. 그러나 그것이 은폐되고 멀어지고 난해해졌다고 해서 그것이 존재하지 않는 것은 아니다. 국제통화시장의 혼란은 각국 경제의 물적 생산성의 격차와 관련되어 있다. 맑스가 문제가 많다고 지적하는 화폐형태와 상품가치 사이의 이 관계는 오늘날 우리들에게도 여전히 해당되는 문제이며, 비록 그 현상형태가 오늘날과는 상당히 다르지만 맑스가 선구적으로 수행한 이 분석의 기본방향은 여전히 해결되지 않은 채로 과제로 남아 있다.

3절 화폐

지금까지 맑스는 가치척도로서의 화폐를 고찰하면서 그것이 지닌 몇가지 모순(특히 그것의 가격기능과 관련하여)과 그에 따른 가격과 가치 간의 "불일치"를 보여주었다. 그런 다음 그는 유통수단으로서의 화폐를 살펴보고 (일반적 공황의 가능성을 포함하여) 또다른 모순들을 보여주었다. 이제 그는 자신의 전형적 방식에 따라 마지막으로 단 한가지의 화폐만이 존재한다고 말한다. 이것은 가치척도로서의 화폐와 유통수단으로서의 화폐 사이의 모순이 어느정도 "움직일 수 있는 여지"를 가져야 한다(혹은 해결되어야 한다)는 것을 의미한다.

그래서 그는 화폐의 기본적인 개념을 "가치척도로 기능하고, 따라서 스스로 또는 대리인을 통해 유통수단으로도 기능하는 상품"(M143)으로 다시 규정하는 것에서 시작한다. 이제 우리는 화폐의 단일한 개념으로 되돌아오긴 했지만 앞에서 밝혀낸 모순들이 이 단일한 개념 속에서 어떻게 작동하는지를 살펴보아야만 한다. 가치와 그 표현 사이의 연결이 느슨해짐으로써 움직일 수 있는 여지는 주어졌는데 그것은 태환이 가능한 실질적인 화폐적 토대와 만나야만 비로소 가능한 일이다. 맑스는 이렇게 보다 진화된 화폐체계의 형태가 지닌 모순을 살펴본다. 그는 화폐축장(蓄藏) 현상을 고찰하는 것으로부터 시작한다.

상품유통이 처음 시작되면 상품의 전화된 모습, 즉 상품의 황금외피를 확보해야 할 필요성과 그것을 확보하고자 하는 열정〔이것은 제 1형태변화의 산물이다〕도 함께 발전해나간다. 상품을 사기 위해서가 아니라 상품형태를 화폐형태로 바꾸기 위해 상품은 판매된다. 이 형태변화는 물질대사를 단순히 매개해주는 것을 넘어 그 자체가 목적이 된다. (…) 이리하여 화폐는 축장화폐로 화석화하고 상품판매자는 화폐축장자가 된다.(M144)

(이 문장은 또다른 하나의 유통과정, 즉 우리가 이제 곧 보게 되겠지만, W–G–W가 G–W–G, 다시 말해 화폐의 획득을 최종목적으로 하는 화폐의 운동으로 나타나는 과정을 예고하고 있다.)

그런데 사람들은 왜 이렇게 하는 것일까? 맑스는 흥미로운 두가지 대답을 제시한다. 하나는 화폐의 힘에 대한 열정이 존재하기 때문이고, 다른 하나는 사회적 필요성도 존재하기 때문이라는 것이다. 상품교환을 위해 왜 화폐축장이 사회적으로 필요한 것일까? 여기에서 그는 제각기 전혀 다른 시점에 생산되어 시장에 나오는 여러 상품들의 구매와 판매가 서로 조정되어야 할 과도적인 문제점을 제기한다. 농부는 1년 단위로 생산을 하지만 구매는 매일 해야 한다. 따라서 그는 추수를 하고 나서 다음 추수를 할 때까지 화폐를 축장해 두어야 할 필요가 있다. 신용제도가 없을 경우 금액이 큰 물건(주택이나 자동차)을 구매하고자 하는 사람은 누구나 일단 화폐를 축장해야만 한다. "이리하여 교환의 모든 지점에서 다양한 규모로 금·은의 축장이 발생한다"(M145).

그러나 교환수단의 확보는 (쎄이의 법칙을 위배하면서) 또한 "황금에 대한 열망"도 불러 일깨운다. "축장에 대한 열망은 본질적으로 무한하다." 콜럼버스(Christopher Columbus)는 그것을 이렇게 증언하고 있다. "금은 영물이다! 금을 가진 자는 그가 바라는 모든 것의 주인이다. 금이라면 영혼을 천국에 이르게 할 수도 있다"(M145). 여기에서 맑스는 콜럼버스를 인용하면서 앞에서 했던 이야기, 즉 만일 무엇인가에 가격표를 붙일 수 있다면 우리는 모든 것—심지어 사람의 영혼에까지도 그렇게 할 수 있는데, 그는 이것을 중세 가톨릭교회가 팔던 그 악명높은 면죄부(가톨릭교회가 천국으로 들어가는 입장표를 예약해준 바로 그것)에 빗대고 있다—에 가격표를 붙일 수 있다고 했던 그 이야기로 돌아간다.

유통은 모든 물건이 이곳에 던져졌다가 화폐로 응결되어나오는 거대한 사회적 증류기가 된다. 이 연금술에는 성골(聖骨, 성자의 유골—옮긴이)조차 저항할 수 없다.(M145)

면죄부의 판매는 가끔 자본주의적 상품화의 최초의 거대한 물결 가운데 하나로 간주되기도 한다. 그것이 바티칸에 축장된 모든 부의 토대가 되었던 것은 확실하다. 양심과 명예의 상품화에 대해서도 한번 이야기해보시기 바란다.

이처럼 화폐와 교환될 수 없는 것은 아무것도 없다. 상품유통에 있어 화폐는 "철저한 평등주의자의 입장을 취하고 모든 차이를 적극적으로 제거해나간다"(M146). 화폐를 이처럼 철저한 평등주의자로 간주하는 개념은 매우 중요하다. 그것은 화폐가 가진 일종의 민주주의(즉 화폐 속에 숨겨진 평등주의)를 보여준다. 내 주머니 속에 있는 1달러는 다른 사람의 주머니 속에 들어 있는 1달러와 동일한 가치를 지닌다. 화폐를 넉넉히 가지고 있기만 하면 아무리 죄를 많이 저지른 사람이라 할지라도 천국행 기차표를 살 수 있는 것이다!

그러나 화폐는 또한 "본래 상품(즉 외형적인 물체)으로서 누군가의 사유재산이 될 수 있다. 그리하여 이제 사회적인 힘이 개인의 사적인 힘이 된다"(M146). 이것은 맑스의 논의에서 중요한 하나의 전진이다. 이것이 상대적 가치형태와 등가형태에 관한 절에서 논한 화폐형태의 세번째 특성——즉 화폐는 개인의 노동을 사회적 노동으로 만드는 경향이 있다——을 그대로 복제한 것임에 유의하기 바란다. 여기에서 맑스는 단지 앞에서 말한 화폐와 노동 간의 논리적 관계를 뒤집어놓았을 뿐이다. 즉 앞절에서는 개인들의 행동이 일반적 등가물의 생산에 관여하는 것을 문제삼았던 데 반해 여기에서는 개인들이 각자 자신의 사적인 목적을 위해 일반적 등가물을 획득할 수 있는 방법을 논한다. 그리고 이제 우리는 화폐형태를 통해 개인(그리고 결국은 계급)의 힘이 집적될 수 있는 가능성을 보기 시작한다.

그러나 이것은 항상 순조롭게 이루어지지 않는다. "고대사회는 화폐를 그 사회의 경제적·도덕적 질서의 파괴자라고 비난했다" (M146). 이것은 맑스가 『경제학비판 요강』에서 상당한 분량으로 연구했던 내용인데, 그는 거기에서 화폐가 스스로 공동체(즉 화폐공동체)가 되어버림으로써 고대사회를 파괴한 과정을 이야기한다.[7] 이것은 바로 우리가 살고 있는 지금의 세계를 가리키는 말이기도 하다. 우리는 자신이 이런저런 문화적 공동체에 속해 있다는 환상을 품고 있지만, 사실은 맑스가 주장한 것처럼, 우리가 원하든 원하지 않든 우리들의 일차적인 공동체는 화폐공동체 ─ 우리들의 식탁 위에 아침을 가져다주는 일반적 순환체계 ─ 에 의해 주어져 있다.

> 그러나 이미 그 유년기에 플루토스(Plutus, 그리스 신화에 나오는 재물과 부의 신 ─ 옮긴이)의 머리털을 붙잡고 대지의 뱃속으로부터 끌어낸 근대사회는 황금이야말로 자신의 고유한 생활원리를 눈부시게 비쳐주는 화신으로, 즉 자신의 성배(聖杯)로서 쌍수를 들고 반긴다.(M146/147)

화폐에 부여되는 사회적 힘은 무한하다. 그러나 축장에 대한 충동이 아무리 무제한적인 것이라 할지라도 축장자에게는 그가 일정 시점에서 소유하는 화폐량이라는 양적 한계가 존재한다. "화폐의 양적인 제한과 질적인 무제한 사이의 이런 모순은 화폐축장자를 끊임없는 축적이라는 시시포스(그리스 신화에 나오는 영원한 죄수의 표상. 큰 돌을 가파른 산 위로 밀어올리는 벌을 받았는데 돌이 산꼭대기에 올려지면 도로 굴러내려가 다시 돌을 굴려올려야 했다—옮긴이)의 노동으로 몰아넣는다"(M147, 강조는 하비). 이것은 『자본』에서 축적에 대해 최초로 언급한 것인데, 맑스가 화폐축장 행위에 내재하는 모순을 밝힘으로써 이 결론에 도달했다는 점을 인식하는 것이 중요하다.

화폐축적의 무한한 잠재력은 매혹적인 것으로 비쳐진다. 사용가치의 축적에는 물리적 한계가 존재한다. 필리핀의 이멜다 마르코스(Imelda Marcos)는 2000켤레의 신발을 가졌다고 알려져 있지만 이 엄청난 양도 여전히 한계를 가진 양이다. 여러분은 얼마나 많은 페라리(Ferrari, 이딸리아의 고급 스포츠카—옮긴이)나 맥맨션(McMansion, 맥도널드 햄버거의 패스트푸드 개념이 그대로 적용된 똑같은 크기와 모양의 주택—옮긴이)을 가질 수 있는가? 화폐의 힘을 갖게 되면 하늘도 유한한 것처럼 보인다. CEO나 억만장자들은 아무리 많은 돈을 벌어도 여전히 더 많은 돈을 벌기 원하고 또 실제로 벌 수 있다. 2005년 미국의 주요 헤지펀드 매니저들은 개인급여로 평균 2억 5000만달러를 받았지만, 그들 가운데 몇몇(조지 쏘로스도 포함된다)은 2008년까지 거의 30억달러를 벌었다. 무한한 사회적 힘으로서의 화폐축적은 자본주의 생산양식의 본질적 특징이다. 이런 사회적 힘을 축적하려고 할 때면 사람들은 상당히 다른 방식으로 행동하기 시작한다. 일반적 등가물이 일단 모든 사회적 필요노동시간을 대표하게 되면 추가적인 축적의 잠재적 가능성은 무한해진다.

이것이 가져오는 결과는 많다. 자본주의적 생산은 본질적으로 끝없는 축적과 무제한의 성장에 기초해 있다. 다른 사회구성체들은 역사적으로 혹은 지리적으로 일정한 지점에서 한계에 도달하고 그런 다음 붕괴했다. 그러나 자본주의는 가끔씩 뚜렷한 단절국면이 존재하긴 했지만 비교적 지속적으로 무제한적 성장을 이룩해왔다. 자본주의의 역사를 총산출, 총소득, 총통화량 등의 지표를 통해 보여주는 수학적인 성장곡선을 가만히 들여다보면 상당히 놀랍다(이 지표들이 함축하고 있는 급격한 사회적·정치적·환경적 결과도 역시 그러하다). 이런 성장세는 만일 가치를 표현하는 화폐가 개인의 수중에 무제한적으로 축적되지 않는다면 도저히 가능하지 않을 것 같다. 『자본』은 이런 것들에 관해 명시적으로 아무것도 말해주지 않지만 중요한 단서는 제공해준다. 맑스는 화폐의 힘을 축적할 수 있는 무한한 가능성과 사용가치의 축적이 지니는 제한적 성격 사이의 모순에 관해 논의를 전개한다. 나중에 보게 되겠지만 이것은 오늘날 우리가 자본주의의 '세계화'라고 부르는 것의 성장동학과 확장적 성질에 대한 그의 선구적인 설명형태다.

그러나 이 부분에서 그는 아직 축장자의 관점 ― 즉 축장자에게는 화폐형태의 사회적 힘을 무제한적으로 축적하는 것이 주된 관심사다(여기에는 금과 은의 아름다움과 관련된 미적 가치에 대한 관심이 배제되어 있다) ― 만을 다루고 있다. 맑스는 화폐축장이 가치척도로서의 화폐와 유통수단으로서의 화폐 사이의 모순과 관련하여 잠재적으로 유용하다는 점을 지적한다. 축장된 화폐는, 상품생산이 급증할 경우에는 유통에 투입되고, 유통에 필요한 화폐량이 축소될 경우에는(예를 들어 화폐 유통속도의 증가로 인하여) 곧바로 회수될 수 있는 기능을 가진 준비금을 이룬다. 이런 방식을 통해 축장의 형성은 화폐가 유통으로 "유입되고 회수되는" 것을 조절하는 데 결정적 역할을 수행한다(M148).

그러나 축장이 이 기능을 어느정도 수행할 수 있을지는 축장된 화폐가 적절하게 사용되는지의 여부에 달려 있다. 축장된 화폐는 필요할 때 어떻게 곧바로 유통에 투입될 수 있을까? 예를 들어 금과 은의 상대가격이 상승하면 사람들은 상대적으로 저렴해진 상품의 구매에 화폐를 지출하려 할 것이다. "축장화폐의 저수지는 동시에 유통되는 화폐가 드나드는 수로로서의 역할도 수행하며, 그로 인해 유통되는 화폐는 결코 그 유통수로에서 넘치지 않는다"(M148)는 것이 바로 그 생각이다.

그런 다음 맑스는 지불수단으로 사용되는 화폐의 의미를 살펴본다. 여기에서도 다시 기본적인 문제는 각 상품간의 생산기간의 차이로부터 제기된다. 농부가 생산하는 곡물은 9월에나 시장에 나올 수 있다. 그러면 나머지 기간 동안 농부는 어떻게 살아갈까? 그는 1년 내내 화폐를 필요로 하지만 그가 화폐를 손에 넣는 것은 1년에 단 한 번뿐이다. 축장을 하지 않고 문제를 해결할 수 있는 단 한가지 방법은 화폐를 지불수단으로 사용하는 방법이다. 이것은 상품교환과 화폐교환 사이에 시간적 간격을 만들어낸다. 즉 결제일자를 나중으로 잡는 것이다(영국에서는 전통적으로 회계연도의 기준일자가 성 미카엘 축일〔사탄의 적수인 대천사 성 미카엘의 발현을 기념하는 가톨릭교회의 축일로 9월 29일에 해당함—옮긴이〕인데 이는 영국의 농사주기를 반영한다). 상품은 "신용(즉 외상)으로" 유통된다. 화폐는 장부에 기록되는 계산상의 화폐로 된다. 결제일이 될 때까지 실제로 움직이는 화폐는 전혀 없기 때문에 상품을 유통시키는 데 필요한 화폐총액은 감소하고 이것은 가치척도로서의 화폐와 유통수단으로서의 화폐 사이의 긴장을 해소하는 데 도움을 준다(M149).

그 결과 새로운 사회적 관계(즉 채권자와 채무자 간의 관계)가 만들어지고 이 관계는 새로운 경제적 거래와 사회적 동학을 만들어낸다.

> 판매자는 채권자가 되고 구매자는 채무자가 된다. 여기에서는 상품의 형태변화 또는 상품의 가치형태의 전개가 달라지기 때문에 화폐 또한 다른 기능을 지니게 된다. 즉 화폐는 지불수단이 된다.(M149)

그런데 잘 보도록 하자. "채권자나 채무자라는 역할이 여기서는 단순 상품유통으로부터 발생"하고 있지만 그것이 우연적이고 일시적인 형태에서 "보다 고착화된 형태"──맑스가 가리키고 있는 것은 보다 뚜렷한 계급관계다──로 될 가능성도 있다. (그는 이런 변화의 사례로 고대의 계급투쟁과 중세의 투쟁, 즉 "봉건적 채무자의 몰락으로 끝나고, 이 채무자는 그 경제적 기반과 함께 정치적 권력을 상실"(M150)했던 그 투쟁을 들고 있다.) 즉 채권자와 채무자 간의 관계 속에는 비록 그 본질이 아직 결정적인 것은 아니지만 이미 하나의 권력관계가 존재한다.

그렇다면 상품의 일반적 유통에서 신용의 역할은 무엇일까? 가령 내가 채권자라고 하자. 여러분은 화폐를 필요로 하고 내가 여러분에게 화폐를 빌려주고 나중에 그것을 돌려받기로 했다고 하자. 이때의 유통형태는 G-W-G이고 이것은 W-G-W와는 전혀 다르다. 그런데 나중에 똑같은 양의 화폐를 돌려받기 위해 내가 지금 화폐를 유통시킬 이유가 어디에 있을까? 이 형태의 유통에서는 내가 처음 유통시킨 화폐량보다 나중에 더 많은 화폐를 돌려받지 않는 한 나에게 아무런 이익이 없다(아마도 이것은 이 분석이 어디로 향하고 있는지를 분명히 알려주고 있는 것 같다).

이어서 결정적으로 중요한 문장이 나타나는데 이 문장의 중요성은 맑스가 그것을 복잡한 언어 속에 묻어두었기 때문에 쉽게 간과될 수 있다. 여기에서 그것을 거의 그대로 옮겨보도록 하겠다.

다시 상품유통 영역으로 되돌아가자. 이제는 상품과 화폐라는 두 개의 등가물이 판매과정의 양쪽에 동시에 나타나는 일이 없어졌다. 이제 화폐는 일차적으로 판매되는 상품의 가격 결정에서 가치척도로서의 기능을 한다. (…) 화폐는 둘째로 관념적인 구매수단으로서의 기능을 한다. 화폐는 단지 구매자의 지불약속을 통해 존재할 뿐이지만, 그럼에도 그것은 상품의 소유자를 바꾸는 작용을 한다. 지불기한이 도래하고 나서야 비로소 지불수단은 실제로 유통에 들어가 구매자의 손에서 판매자의 손으로 건네진다. 유통수단은 축장화폐로 전화하는데, 이는 유통과정이 1단계에서 중단되고 따라서 상품의 전화된 모습이 유통으로부터 인출되어버렸기 때문이다. 지불수단이 유통으로 투입되지만 그것은 상품이 이미 유통에서 벗어난 뒤에나 이루어진다. 화폐는 이미 이 과정을 매개하지 않는다. 화폐는 교환가치의 절대적 현존재로서[또는 일반적 상품으로서] 이 과정을 별도로 종결시키는 역할만 수행한다. 판매자는 화폐로 욕망을 충족시키기 위해, 화폐축장자는 상품을 화폐형태로 보존하기 위해, 그리고 채무를 진 구매자는 지불을 위해, 모두는 각기 상품을 화폐로 전화시킨다. 만일 구매자가 지불을 하지 못하면 그의 소유물은 강제매각된다. **따라서 이제 상품의 가치형태[즉 화폐]는 유통과정 그 자체에서 발생하는 사회적 필요에 따라 판매의 목표가 된다.**(M150, 강조는 하비)

이 글의 전체적인 의미는 화폐를 얻기 위해 화폐가 교환되는 유통형태(즉 G–W–G)가 존재할 필요가 있다는 것이다. 이것은 시야를 완전히 다른 세상으로 옮겨준다. 비록 화폐의 매개를 통하는 것이긴 하지만 만일 상품생산과 상품교환을 통해 다른 사용가치를 얻는 것이 목적이라면 우리의 거래는 W–G–W다. 그러나 G–W–G는 상품이 아니라 화폐가 거래의 목적인 유통형태다. 그런데 이 유통이 성립하기 위해서는 내가 처음에 유통시킨 화폐액보다 나중에 돌려받는 화폐액이 더 커야 한다. 바로 여기가 화폐형태의 모순에 의해 매개되는 상품유통으로부터 자본유통이 만들어지는 것을 우리가 『자본』에서 처음으로 보게 되는 부분이다. 상품교환의 매개수단으로 사용되는 화폐의 유통과 자본으로 사용되는 화폐 사이에는 커다란 차이가 있다. 모든 화폐가 자본인 것은 아니다. 화폐가 사용된다고 해서 반드시 자본주의 사회인 것은 아니다. 모든 화폐가 W–G–W의 유통과정을 따라 움직인다면 그 화폐는 단지 유통수단일 뿐 더이상 어느 것도 아니다. 그러나 화폐가 더 많은 화폐를 얻기 위해 유통에 투입되면 이제 자본이 등장한다.

　이제 나는 여기서 우리의 진도를 잠시 멈추고 맑스의 논의가 품고 있는 본질을 조금 되돌아보는 시간을 가질까 한다. 지금까지의 논의에서 우리는 상품교환이 필연적으로 화폐형태의 등장을 가져오고, 또한 이 화폐형태에 내재된 모순이 필연적으로 자본주의적 유통형태(즉 더 많은 화폐를 위해 화폐가 사용되는 형태)를 가져온다고 배웠다. 이것이 지금까지의 『자본』의 내용을 대충 요약한 것이다.

　우리는 먼저 이것이 역사적인 논의인지, 아니면 논리적인 논의인지를 검토해야만 한다. 만일 전자라면 그것은 일반성으로서의 역사와 특수성으로서의 자본주의에 대한 목적론이 된다. 즉 자본주의의 등장은 상품교환이 점차 확대됨으로써 만들어지는, 인류역사에 있어 하나의 필연적 과정이다. 이런 목적론적 관점을 입증해주는 맑스의 언급을 찾아내는 것은 충분히 가능하고, 또한 그가 자주 사용하는 '필연적'이라는 표현도 분명 그런 견해를 지지해준다. 그러나 나는 이 견해에 동의하지 않으며, 만일 맑스가 정말 그랬다면 나는 그가 틀렸다고 생각한다.

　이것은 논리적인 논의이며 나는 거기에 대한 설득력있는 근거를 훨씬 더 많이 찾아낼 수 있다. 그것은 논의의 전개에 따라 방법론이 작동하는 것에 초점이 맞추어져 있다. 즉 상품 속에 들어 있는 사용가치와 교환가치가 변증법적으로 대립적 관계를 맺고, 가치를 나타내고 상품교환을 확대하는 한 방법인 화폐형태를 통해 이 대립적 관계가 외부화하고, 가치척도로서의 화폐와 유통수단으로서의 화폐라는 두 화폐형태를 통해 이 대립적 관계가 내부화하고, 다시 채권자와 채무자 간의 관계가 등장함으로써(화폐가 지불수단으로 사용되는 것을 통해) 이 대립적 관계가 해소되는 과정이 바로 그것이다. 이제 우리는 한 독특한 과정의 시작이면서 곧 종점이기도 한 화폐(자본이라고 불리는)를 이해할 수 있는 지점에 도달했다. 맑스의 논의의 논리적 과정은 16세기 이후 (우연적인 역사적 요인들 때문에) 특히 영국에서 발전해온 자본주의 생산양식(하나의 총체로 이해된다)에 내재하는 특징인 변증법적 관계들을 보여준다.

물론 '필연성'이라는 단어를 '가능성' 혹은 '개연성'이라는 단어로 바꾸기만 하면 이것이 역사적인 논의라는 주장과 타협점을 찾을 수도 있다. 그럴 경우 우리는 화폐형태의 모순이 자본주의적 유통형태(혹은 어쩌면 이 모순들이 만들어낸 압력이 매우 커서 자본주의가 곧바로 출현할 수 있도록 만든 특수한 역사적 환경)의 등장 가능성을 만들어냈다고 말할 수 있을 것이다. 실제로 맑스가 사회적 '필연성'이라고 말한 것들 가운데 대부분은 아마 이것을 지칭한 것으로 보인다. 그러나 마찬가지로 우리는 또한 '전통'사회들(즉 전前자본주의 사회들—옮긴이)에서 자본주의적 유통형태가 지배적 형태로 되는 것을 막기 위해, 그리고 이들 사회가 상품교역이나 금은의 수급 상황 때문에 겪어야 했던 주기적 호황과 불황으로 인한 사회적 불안을 막기 위해 개발해야만 했던 강력한 장애물들에 대해서도 말할 수 있다. 즉 다양한 사회들(예를 들어 중국)에서는 다양한 시대마다 자본주의로의 전화 없이도 이 모순들을 그들 고유의 방식으로 극복해왔던 것이다. 그렇지만 중국이 이미 자본주의 진영에 들어왔다거나 혹은 자본주의라는 호랑이의 등에서 떨어지지 않고 계속 잘 타고 갈 수 있을 것이라는 최근의 이야기는 매우 중요한 문제이고 아직 논의의 여지가 많은 사안이다. 그러나 이제 나는 이처럼 심사숙고해야 할 일련의 물음들에 대해 결론을 내려야만 하겠다.

『자본』에서 맑스는 보다 특수한 문제로 옮겨간다. 그는 "지불수단으로서의 화폐 기능 속에 존재하는 하나의 무매개적인 모순"을 말한다.

여러 지불이 서로 상쇄되는 경우 화폐는 그저 관념적인 형태로 계산상의 화폐로만 또는 가치척도로만 기능할 뿐이다. 그러나 실제로 지불이 이루어지는 경우 화폐는 이제 유통수단으로 등장한다. 즉 단지 물질대사를 일시적으로 매개하는 형태로가 아니라 사회적 노동의 개별적 화신으로〔즉 교환가치의 자립적인 현존재이자 절대적 상품으로〕 등장하는 것이다.(M151/152)

즉 화폐가 이 불균형을 해소하기 위해 유통에 투입된다면, 이때 화폐를 가진 사람이 그렇게 하는 까닭은 다른 사람의 필요에 대응하거나 혹은 보다 많은 화폐공급을 요구하는 시장의 필요에 대응해야겠다는 착한 생각 때문이 아니다. 일반적 등가물을 가진 사람이 시장에 화폐를 투입하는 것은 어떤 이유를 가지고 고의로 그렇게 하는 것이며 우리는 그 이유가 무엇인지를 이해해야 한다. 그러나 일반적 상품(즉 화폐―옮긴이)이 "독립"해서 일상적 상품유통으로부터 분리되면 중요한 결과가 발생한다.

여기에서 맑스의 논의는 급변한다.

　이 모순은 대개 화폐공황이라 불리는 생산공황 또는 상업공황의 순간에 폭발한다. 화폐공황은 여러 지불의 연쇄와 그것의 결제를 위한 인위적인 체제가 충분히 발달한 경우에만 일어난다. 이 메커니즘에 전반적인 교란이 발생하면 그 교란의 원인과는 상관없이 화폐는 계산상의 화폐라는 단지 관념적인 모습으로부터 갑자기 그리고 아무런 매개도 없이 경화(硬貨)로 돌변한다. 이제 세속적인 상품들로는 더이상 그것을 대체할 수 없게 된다.(M152)

달리 말해 여러분은 계산서를 차용증서로 청산할 수 없게 되는 것이다. 여러분은 계산서를 청산하기 위해 반드시 일반적 등가물인 경화(硬貨)를 구해야 하는 것이다. 그래서 이것은 일반적인 사회적 문제를 제기한다. 즉 이 경화(硬貨)는 어디에서 만들어질 것인가? 맑스는 계속해서 이렇게 말한다.

　상품의 사용가치는 아무런 가치를 갖지 못하고 상품의 가치는 자신의 가치형태 앞에서 그 빛을 상실하고 만다. 호경기에 도취되어 때에는 개화한 듯한 자부심을 품게 되었던 부르주아들은 바로 조금 전까지도 화폐란 공허한 그림자에 불과하다고 단언하며 상품이야말로 화폐라고 설명했다. 그런데 이제는 "화폐만이 상품이다!"라고 외치는 소리가 세계시장을 뒤덮는다. 사슴이 신선한 물을 찾아서 울 듯이 세계시장의 영혼은 유일한 부(富)인 화폐를 찾아서 울부짖는다. 공황기에는 상품과 그 가치형태(즉 화폐)의 대립이 절대적인 모순으로까지 고양된다. 따라서 여기에서 화폐의 현상형태는 아무래도 상관없다. 지불에 사용되는 것이 금이든 은행권 같은 신용화폐이든 화폐의 기근에는 변함이 없기 때문이다.(M152)

2005년으로 거슬러 올라가보면 당시에는 세계시장을 어슬렁거리며 돌아다니는 엄청난 양의 유동성 잉여가 존재하는 것에 대한 광범위한 합의가 있었다. 은행가들은 남아도는 자금이 있었고 거의 누구에게나 대출을 해주었는데 여기에는 나중에 드러났듯이 아무런 신용의 기초도 없는 사람들까지 포함되었다. 아무런 수입이 없어도 주택을 산다고? 그럼, 왜 안되겠는가? 주택 같은 상품은 안전한 담보이므로 화폐는 전혀 문제가 되지 않았다. 그러나 주택가격의 상승이 멈추고 채무의 변제기한이 닥치자 점점 더 많은 사람들이 지불을 할 수 없게 되었다. 그러자 유동성은 갑자기 말라버렸다. 화폐는 어디에 있는가? 연방준비이사회는 갑자기 대량의 자금을 은행권에 공급했는데 그 까닭은 "이제는 화폐가 유일한 상품"이기 때문이었다.

맑스가 곳곳에서 즐겨 사용하는 비유처럼, 경제가 호황일 때는 누구나 신교도처럼(즉 순수한 믿음에 근거하여) 행동한다. 그러나 공황이 발발하면 누구나 갑자기 화폐의 토대인 지금(地金)을 신봉하는 교리주의자(즉 구교도)로 변신한다. 그리고 바로 이 시기야말로 실제의 가치와 신용할 수 있는 화폐형태의 문제가 제기되는 시점이다. 대출을 콸콸 쏟아내는 뉴욕시의 금융기관들에서 벌어지는 일들과 실제의 생산 사이에는 어떤 관계가 있는가? 그들은 순전히 가상의 가치들만을 거래하고 있는 것일까? 이것이 바로 맑스가 우리에게 제기하는 물음이다. 즉 경기가 좋은 호시절에는 잊혀져 있다가 주기적으로 위기가 발생하면 그때마다 우리들에게 다시 밀어닥치는 바로 그 물음 말이다. 화폐제도가 금본위제하의 가치체계로부터 점차 분리되면 될수록 사회적·자연적 관계가 황폐화될 수 있는 온갖 종류의 가능성도 그만큼 더 넓게 열린다.

어떤 특정한 시기에 유통수단이 갑자기 감소되면 마찬가지로 경제위기를 가져올 수 있다. 즉 단기신용이 갑자기 시장에서 회수되면 상품생산이 급격히 감소할 수 있다. 1997~98년에 동남아시아와 동아시아에서 발생한 위기가 바로 대표적인 사례다. 이들 지역에는 경쟁력있는 제조업체들 대부분이 상당히 많은 부채를 졌는데, 단기유동성을 급작스럽게 회수하지만 않았더라면 이 회사들은 그 부채를 충분히 관리할 수 있었다. 그런데 은행들이 갑자기 단기유동성을 회수했고 그 결과 경제가 위기에 빠지면서 멀쩡했던 기업들이 지불수단의 부족 때문에 파산을 해서 매각 처분되었다. 그러자 서구의 자본과 은행들이 들이닥쳐 이 회사들을 모조리 헐값에 사들였다. 유동성은 다시 회복되었고 경제가 살아나면서 갑자기 파산했던 기업들도 되살아났다. 이제 이 기업들은 은행과 월스트리트의 금융기관들의 소유가 되었고, 이 금융자본들은 이 기업들을 팔아 막대한 이윤을 챙길 수 있게 되었다. 19세기에는 이런 종류의 유동성 위기가 여러번 있었고 맑스는 그런 위기들을 면밀히 추적했다. 1848년 심각한 위기가 나타났다. 그리고 이 해에 특별히 큰 돈을 벌고 강력한 권력을 쥐게 된 사람들은(어떤 사람들일 것 같은가?) 금을 손에 쥐고 있는 사람들(예를 들어 로스차일드 가문)이었다. 그들은 정부를 무너뜨리기까지 했는데 이는 단지 그들이 특정한 시점에 금을 가지고 있었기 때문이었다. 맑스는 『자본』에서 이런 종류의 위기가 발생할 가능성이, 화폐제도의 모순이 자본주의하에서 작동하는 방식 속에 어떻게 내재해 있는지를 보여준다(M152).

그런 다음 맑스는 화폐수량설을 변조하여, 서로간에 청산할 지불액보다는 더 적은 화폐가 필요하고, 지불수단으로 사용되는 화폐는 당장의 지불액수보다 더 많다고 주장한다. "자신의 화폐등가물이 미래가 되어야만 비로소 나타날 그런 상품도 유통"된다. 이런 식으로 "신용화폐는 화폐의 지불수단 기능으로부터 직접 발생하는 것이며, 판매된 상품에 대한 채무증서"―오늘날에는 월스트리트에서 담보부채권(CDOs)으로 제도화되었다―"그 자체가 채권을 이전시키기 위해 계속 유통함으로써 발생한다"(M153/154).

다른 한편, 신용제도가 확대되면 화폐의 지불수단 기능도 확대된다. (…) 상품생산이 일정한 수준에 도달하면 지불수단으로서의 화폐의 기능은 상품유통의 영역을 넘어서게 된다. 화폐는 계약상의 일반적인 상품이 된다. 지대나 조세 등은 현물납부에서 화폐로 납부하는 금납제로 바뀐다.(M154)

여기에서 맑스는 모든 것이 화폐화되는 것은 물론 신용과 금융의 확산으로 경제적·사회적 관계가 모두 근본적으로 변화하게 되리라는 것을 예측하고 있다.

요점은 "지불수단으로서의 화폐가 발전하면 채무액의 지불기한에 대비하는 화폐축적이 필요하게 된다"(M156)는 것이다. 다시 축적과 축장이 나란히 등장하지만 이들은 서로 다른 기능을 지닌다.

　　독립된 치부형태로서의 화폐축적은 부르주아 사회가 진보함에 따라 소멸하지만, 거꾸로 지불수단의 준비금이라는 형태로서의 화폐축적은 이 진보에 따라 증대한다.(M156)

　　이것은 앞서 언급했던 맑스의 화폐수량설의 변조와 관련되어 있다. 즉 유통에서 필요한 화폐총량은 상품총량에 그들의 가격을 곱한 것인데, 이것은 지불수단의 유통속도와 발전정도에 따라 영향을 받는다. 여기에 추가되어야 할 것은 준비금(축장)인데 이것은 결제일이 닥칠 것에 대비하는 것이다(물론 오늘날의 조건에서 이 준비금은 각 개인이 축장하는 것이 아니고 특권을 가진 공공기관——미국에서는 연방준비이사회라고 불린다——이 비축한다).

　　이 절의 마지막 소절은 세계화폐를 다룬다. 모든 화폐제도는 그것의 효과적 작동을 위해 국가가 주화 및 지폐의 규제자로서, 그리고 화폐의 질과 양에 대한 감독자로서(그리고 오늘날에는 준비금의 관리자로서) 깊숙이 개입할 것을 요구한다. 개별 국가는 자신들의 화폐제도를 자신들만의 특수한 방식으로 관리하며 그 과정에서 상당히 큰 재량권을 행사한다. 그러나 아직 세계시장이 존재하고 개별 국가의 화폐정책은 세계시장에서 이루어지는 상품교환의 영향으로부터 자유로울 수 없다. 그래서 개별 국가는 자신의 지리적 영토 안에서 화폐제도를 안정시키는 데는 결정적 역할을 수행하지만, 그것과는 별도로 다시 세계시장과 연결되어 있고 그것의 움직임에 예속되어 있다. 맑스는 이 세계시장에서 귀금속이 수행하는 역할을 지적한다. 즉 금과 은은 세계금융시장의 링구아 프랑카(lingua franca, 동지중해에서 사용되는 이딸리아어, 프랑스어, 그리스어, 에스빠냐어의 합성어. 말하자면 국제 공용어―옮긴이)가 된다. 이 금속본위제는 국내·국제관계에서 모두 중요한 역할을 수행해왔다(M157/158).

그래서 금속본위제와 금속화폐 형태(특히 주화)의 안정성은 세계자본주의에서 매우 중요한 문제였다. 로크가 이교도를 말뚝에 묶어화형하던 관행을 비난하면서 종교적 관용을 호소하던 바로 그 시기에, 그의 가까운 친구였던 뉴턴(I. Newton)이 왕립화폐주조소의 책임자로서 화폐의 품질을 준수하는 임무를 맡고 있었다는 사실은 흥미롭다. 뉴턴은 은화를 깎아내어 모은 은으로 더 많은 은화를 만들어내던 당시의 관행(여러분도 한번 생각해보라. 얼마나 손쉽게 화폐를 만들어내는 방법인가)에 골치를 썩고 있었다. 화폐를 이처럼 깎아내다 적발되어 고발당한 사람은 타이번(Tyburn, 런던의 사형집행장―옮긴이)에서 공개교수형에 처해졌다. 신을 거스른 죄는 용서를 구할 수 있었지만 자본과 부(富)를 거스른 죄는 자본의 처벌을 받아야 했던 것이다!

그리하여 우리는 화폐상품(즉 금속본위제) 없이 금융제도가 운영될 경우(바로 1971년 이후가 바로 여기에 해당한다) 맑스의 논의가 얼마나 중요한지를 알게 된다. 여러분은 그런 경우에 금이 여전히 중요하다는 점을 알게 될 것이고 아마도 최근처럼 국제통화시장이 혼탁한 시기에는 금과 달러와 엔 가운데 어떤 것을 소지하고 있어야 할지를 두고 고민하게 될 것이다. 이처럼 금은 무대에서 완전히 사라진 것이 아니다. 국제금융거래를 어지럽히는 불안정성과 미친 듯이 날뛰는 투기들을 잠재우기 위해 금본위제를 다시 복원해야 한다고 주장하는 사람들도 있다. 맑스가 금을 단지 가치(즉 사회적 필요노동시간)의 표현수단으로 묘사했다는 점을 잊지 말기 바란다. 1973년(미국달러를 즉각 금으로 바꿔준다는 금태환 약속을 미국정부가 파기한 사건을 가리키는 것으로 추정되는데 사실 그 사건은 1971년에 있었던 닉슨쇼크였다. 아마 하비가 연도를 착각한 것이 아닐까 짐작된다. 참고로 1973년은 변동환율제가 도입된 해이기도 하다—옮긴이) 이후 일어난 일은 단지 표현수단이 바뀌었다는 점뿐이다. 그런데 맑스도 이런 표현형태가 주화와 지폐, 그리고 신용화폐 등으로 여러번 바뀐 사실을 지적했으며 따라서 현재의 상황에 맑스의 분석방법이 적용되는 것을 가로막을 것은 전혀 없다. 그동안 일어났던 일은 결국, 어떤 특정 통화가 다른 모든 통화에 대해 지니는 가치는 그 나라 안에서 생산된 모든 상품의 가치를 통해 결정된다(혹은 되어야 한다)는 점이다. 여기에서 가장 중요한 변수는 경제 전체의 전반적인 생산성이다. 공공정책에서 생산성과 효율성이 강조되는 것도 바로 이 때문이다.

그런데 만일 맑스의 논리를 그대로 따른다면 우리는 곧 이런 상황이 만들어내는 모순을 보게 된다. 먼저 국가화폐라는 "국가 단위의 유니폼"을 입고 있는 국민경제라는 허구가 존재한다. 이 경제는 "관념적"인 것이지만, 이 허구는 생산, 소비, 교역, 복지 등에 대한 엄청난 양의 통계가 만들어짐으로써 현실이 된다. 이 통계들은 한 나라의 상태를 평가하는 데 결정적으로 중요하며 또한 각국 통화들 사이의 환율에도 중요한 영향을 미친다. 가령 소비자 신뢰나 고용에 대한 통계가 좋으면, 그 나라의 통화는 강세를 보인다. 이 통계들은 실제로 국민경제라는 것이 존재하지 않는 상황에서 바로 그 국민경제라는 허구— 맑스의 용어를 빌린다면 바로 물신적 구조물이다—를 만들어낸다. 그런데 바로 이때 투기꾼들이 들어와 그 통계에 대해 의문을 제기하거나 혹은 어떤 지표가 다른 지표보다 중요하다고 주장한다. 그리하여 만일 이때 이 투기꾼들의 이야기가 널리 퍼지기만 하면 이들은 통화의 유출입에 판돈을 걸어 막대한 돈을 챙길 수 있다. 예를 들어 조지 쏘로스는 자신이 영국경제에 대해 품고 있던 견해를 시장에 퍼뜨리고 확신시켰고 결국 유럽 주요 화폐에 대한 영국 파운드화의 환율에 판돈을 걸어 불과 며칠 만에 10억달러를 챙겼다.

맑스가 그의 분석방법을 통해 보여준 것은 가치(상품에 들어 있는 사회적 필요노동시간)와 화폐제도가 그 가치를 나타내는 방식 사이의 (문제가 많은) 관련에 대한 이해였다. 그는 가치의 이런 표현이 허구적인 것이며 환상이라는 점과 그것들이 만들어내는 모순적인 결과를 밝혀내는 한편 그럼에도 불구하고 이 관념적 요소들 없이는 자본주의 생산양식이 작동할 수 없다는 것을 함께 보여주었다. 앞서 맑스가 이미 지적했듯이 우리는 물신성을 타파할 수 없으며 인간의 물적 관계와 물적 존재 간의 사회적 관계가 뒤죽박죽되어 있는 세상에서 살아가야만 한다. 여기에서 벗어나려면 이 생산양식의 내적 모순에 대한 분석을 진전시켜 이 모순들이 움직이는 방식, 그리고 그 것이 새롭게 발전해나가면서 (신용제도를 통해) 공황을 준비해나가는 방식을 이해해야 한다. 내가 보기에 맑스의 연구방법은 현재 우리의 위험한 상황을 이해하기 위해 채택할 만한 좋은 본보기다.

마지막으로 한가지만 더 이야기하고 싶다. 화폐에 관한 이 장은 분량도 많고 내용이 복잡하며 한번 읽어서는 바로 이해하기 어렵다. 바로 이 점 때문에, 처음에 지적했듯이, 많은 사람들은 제3장에서 『자본』을 읽는 것을 중단해버린다. 다만 지금까지의 내 설명을 듣고 여러분이 『자본』을 계속 읽어나갈 흥미를 충분히 얻었기를 바란다. 또한 다음 장으로 넘어가기 위해 이 장의 내용을 반드시 모두 이해할 필요가 없다는 것을 알게 되어 기쁘기도 할 것이다. 이 장의 내용 가운데 많은 부분은 제1권의 나머지 부분보다는 제2권과 제3권을 읽는 데 더 중요하다. 이 장의 어느정도 기본적인(그러나 매우 본질적이기도 한) 전제들을 소화하고 나면 뒷부분은 그다지 큰 어려움 없이 읽어나갈 수 있다. 이제부터 논의는 훨씬 더 쉬워진다.

제3편

자본으로부터 노동력으로

이제 우리는 3개 장에 걸쳐 자본과 노동력의 개념을 다룰 것이다. 아마 여러분은 이 절들이 앞서 우리가 거쳐왔던 절들에 비해 훨씬 더 직설적이고 분명한 내용으로 되어 있다는 것을 알게 될 것이다. 한때 이 절들의 내용 대부분이 별로 의문의 여지가 없는 것으로 이해되던 시절이 있었다. 그 시절에는 극히 단순한 개념들을 이처럼 정교하게 다루어야 할 이유가 무엇인지에 대해—특히 앞의 절들에서 그처럼 어려운 개념들이 거의 아무런 설명 없이 제시되고 있는 부분과 관련하여—의구심을 갖는 사람들도 가끔 있었다. 이것은 어느정도까지는 맑스가 이 책을 집필하던 당시의 시대적 조건과 관련이 있다. 당시에는 경제학에 관심을 가진 사람이라면 누구나 노동가치론에 친숙해 있었지만(비록 리카도의 방식이긴 했지만) 오늘날 우리는 노동가치론에 친숙하지 않으며 대부분의 경제학자들(심지어 일부 맑스주의자들도 포함하여)이 그것을 지지하지 않는 시대에 살고 있다. 만일 맑스가 오늘날 『자본』을 쓴다면 그는 노동가치론을 당연한 것으로 언급하는 것이 아니라 그것을 적극 옹호하는 논리를 펴야 할 것이다. 그러나 이제부터 이어지는 논의들은 맑스가 살던 당시 널리 알려진 개념들에서 출발하고 있어 우리에게는 별로 친숙하지 않을 수 있다.

이제부터 논의의 지점을 거시적인 수준에서 미시적인 수준으로 옮기게 되는데 이 점을 처음부터 염두에 두는 것이 좋다. 『자본』은 상품교환에 기초한 교환모델로부터 시작하는데 이 교환에서는 사회적 필요노동시간이 등가로 교환되는 것을 가상의 형태로 상정한다. 그런 다음 맑스는 이 W-W 관계로부터 시작하여 교환과 교환이 어떻게 연결되고 그것이 다시 화폐형태를 통해 일반화되는지를 살펴나간다. 이 W-G-W의 교환체계를 주의깊게 분석함으로써 맑스는 제2편의 마지막 부분에서 G-W-G라는 유통형태(즉 화폐가 교환의 대상이자 목적인 유통)를 찾아낸다. W-G-W의 유통에서는 교환의 목적이 사용가치를 얻는 데 있기 때문에 같은 크기의 가치가 교환되는 등가의 교환이 의미를 지닌다. 즉 나는 내가 생산한 사과와 배가 필요없는 대신 셔츠와 신발을 필요로 한다. 그러나 G-W-G의 유통에서는 등가의 교환이 무의미해 보인다. 결국 동일한 양의 화폐가치액을 얻기 위해 온갖 어려움과 위험을 감수하며 이 과정을 수행할 이유가 어디 있겠는가? G-W-G가 의미를 지니기 위해서는 (잉여가치로 규정되는) 가치의 증가분이 반드시 얻어져야만, 즉

G-W-(G+△G)가 되어야만 한다.

이것은 곧 다음과 같은 의문을 불러일으킨다. 즉 이 잉여가치는, G-W와 W-G의 교환에서 고전경제학이 가정하고 있는 바와 같은 교환의 법칙(즉 등가의 교환)이 작동하고 있는 상황에서 도대체 어디에서 생겨나는 것인가? 만일 교환의 법칙이 이론대로 작동하고 있다면 자신이 지닌 가치보다 더 큰 가치를 만들어낼 수 있는 능력을 가진 어떤 상품이 존재해야만 한다. 그 상품이 바로 맑스가 6절에서 말하는 노동력이다. 이상이 이제부터 이야기할 3개 장의 개괄적 내용이다. 이야기는 논의의 초점이 상품교환에서 자본유통으로 옮겨지는 것에서부터 시작한다.

그런데 여기 제3편에 들어가기 전에 미리 짚고 넘어가야 할 중요한 문제가 하나 있다. 앞에서 이미 여러번 보았듯이 맑스의 논의가 (자유주의적 고전경제학의 공상적 가정들을 비판하는 것에 기초하는) 논리적인 것인지 (실제로 현존하는 자본주의가 발전해나간 과정에 대한) 역사적인 것인지의 문제가 바로 그것이다. 전반적으로 보아 나는 맑스의 논의가 역사적인 것이었다는 쪽보다는 논리적인 것이었다는 쪽을 지지하는 편이다. 물론 자본주의 생산양식의 등장을 용이하게 하는 조건들을 고찰할 경우에는 역사적 통찰이 중요한 역할을 수행하기도 하지만 말이다(예를 들어 서로 다른 화폐형태와 국가의 역할 사이의 연관 같은 경우가 있다). 이 논리적 접근방법은 맑스가 다른 곳에서 제기하고 있는 방법론적 논의(즉 우리는 우리가 서 있는 오늘날의 관점에서 되돌아볼 때에만 역사를 올바로 이해할 수 있다는 주장)와도 일치하는데 이 방법론은 그가 『경제학비판 요강』에서 사용한 핵심적인 열쇠였다.

부르주아 사회는 가장 발전되고 가장 다양한 역사적 생산조직이다. 따라서 그 사회가 지닌 관계들과 그 사회의 구조에 대한 이해를 표현하는 범주들은, 동시에 모든 몰락한 사회형태들의 구조와 생산관계들에 대한 통찰력을 제공해주는데, 부르주아 사회는 이 사회형태들의 폐허와 요소들로 건설되며, 이들 중 아직 극복되지 않은 일부 잔재는 부르주아 사회 안에서 존속하며, 단순한 암시들은 완성된 의미들로 발전되었다. 인간의 해부는 원숭이의 해부를 위한 하나의 열쇠를 쥐고 있다.[8]

그러나 "보다 고차원적인 것들에 대한 암시는 고차원적인 것 자체가 이미 알려져 있을 때에만 이해될 수 있지만" 그렇다고 해서 그것 때문에 "모든 사회형태들에서 부르주아 사회형태"를 발견할 수 없거나 "부르주아 경제학의 범주들이 다른 모든 사회형태들에 관한 진리를 보유"[9]할 수 없는 것은 아니다. 맑스는 휘그당(왕당파와 대립했던 공화파들의 정당. 영국과 미국에서 동일한 이름으로 설립된 적이 있음——옮긴이)의 역사관 같은 단순한 목적론적 역사관을 받아들이지 않았다. 부르주아 혁명은 기존의 요소들이 근본적으로 재편되어 완전히 새로운 형태를 이룬 것이며 따라서 기존의 모든 요소들까지도 새롭게 재해석되어야만 하는 계기를 가리킨다.

자본의 일반적 정식

여기 제4장 1~3절에서는 역사읽기가 이론적 작업에서 별도의 중요한 역할을 수행한다. 예를 들어 그는 제4장 1절의 첫 부분을 역사적 언급으로 시작한다. "16세기에 세계무역과 세계시장이 형성됨으로써 자본의 근대적 생활사는 시작된다." 이 문장과 나란히 논리적 논의도 "상품유통은 자본의 출발점이다"라는 문장으로 시작한다 (M161). 즉 논리적 논의와 역사적 논의가 곧바로 나란히 주어져 있는 것이다. 따라서 우리는 『경제학비판 요강』에서 제시된 방법론적 서술이 『자본』에서 실제로 어떻게 적용되고 있는지를 이해하기 위해이 장에서 이 두 논의들이 어떻게 함께 전개되고 있는지 주의깊게 살펴볼 필요가 있다.

맑스는 역사적으로 봉건제로부터 자본주의로의 이행과정에서 자본이 지주들의 권력에 어떻게 맞섰는지를 검토하는 것으로부터 시작한다. 이 이행과정에서는 상인자본과 (자본의 특수한 형태인) 고리대자본이 중요한 역사적 역할을 수행했다. 그러나 이 자본형태들은 맑스가 충분히 성숙한 자본주의 생산양식에서 중심역할을 차지한다고 간주했던 "근대적인" 산업자본의 형태와는 다르다(M161). 봉건적 질서의 해체, 지주의 권력과 봉건적 토지소유관계의 해체는 주로 상인자본과 고리대자본의 힘에 의해 이루어졌다. 이것은 『공산주의자 선언』에서도 중점적으로 다루는 주제다. 그러나 흥미로운 점은 『자본』에서는 역사가 논리적인 위치를 차지하고 있다는 것이다. 즉 여기에서 우리는 특히 고리대자본 안에서 화폐(그리고 화폐소유자)의 독립적인 사회적 힘—즉 제2편(화폐)에서 맑스가 자본주의 생산양식에서 사회적으로 필요한 것이라고 말했던 바로 그 독립적인 힘—을 발견하게 되고, 고리대업자들은 바로 이 독립적인 힘을 행사하여 봉건제를 굴복시켰던 것이다.

　여기에서 맑스는 유통과정에서의 (상품과 대립하는 존재로서) 화폐의 역할과 관련된 출발점으로 되돌아간다. 화폐는 상품을 유통시키고, 가치를 측정하고, 그리고 부를 축장하는 데 사용될 수 있다. 그러나 자본은 특정한 방식으로 사용되는 화폐다. G-W-G의 과정은 단지 W-G-W를 뒤집어놓은 것일 뿐만 아니라, 맑스가 앞절에서 이야기했듯이 이 과정에서 "화폐는 단지 물질대사를 일시적으로 매개하는 형태로가 아니라 사회적 노동의 개별적 화신으로〔즉 교환가치의 자립적인 현존재이자 절대적 상품으로〕 등장"(M151/152)한다. 바꿔 말해 가치의 표현(화폐)이 유통의 대상이자 목적이 되는 것이다. 그러나 이 유통형태는 "만일 이런 우회과정을 거쳐 동일한 화폐가치를 동일한 화폐가치〔예를 들면 100파운드스털링을 100파운드스털링〕와 교환하는 것이 목적이었다면 명백히 아무런 의미도 내용도 없는 것이 될 것이다"(M162). 사용가치의 경우에는 같은 가치의 교환이 전혀 아무런 문제가 없는데 왜냐하면 이때는 문제가 되는 것이 질(質)이기 때문이다. 하지만 G-W-G의 유통에 참가하는 사람들의 유일한 이유는 처음 시작할 때의 가치보다 더 큰 가치를 얻는 데 있다. 맑스는 많은 공을 들인 끝에 극히 분명한 결론에 도달한다.

> 따라서 과정 G-W-G도 그 양쪽이 모두 화폐이기 때문에 그 과정의 내용은 이들 양쪽 끝의 질적인 차이에 의해 이루어지는 것이 아니라 양적인 차이에 의해서만 이루어진다. 그래서 마지막에 유통으로부터 회수되는 화폐는 처음 유통에 투입된 것보다 많게 된다. (…) 그러므로 이 과정의 더욱 정확한 형태는 G-W-G'이고, G'=G+△G, 즉 '처음 투하된 화폐액+일정 증가분'이 된다. 이 증가분〔또는 처음의 가치 이상의 초과분〕을 나는 잉여가치라고 부른다.(M165)

이리하여 우리는 처음으로 잉여가치의 개념에 도달했는데, 물론 이 개념은 맑스의 전체 분석에서 가장 핵심개념이다.

여기에서 벌어진 일은 다음과 같다. 즉 "처음 투하된 가치는 유통을 통해 단지 자신을 그대로 보존할 뿐만 아니라 그 유통을 통해 자신의 가치크기를 변화시키고 잉여가치를 덧붙인다. 다시 말해 스스로 가치를 증식한다. 그리하여 이 운동은 이 가치를 자본으로 전화시킨다"(M165). 이 마지막 부분이 곧 "자본"의 정의다. 맑스에게서 자본은 물적 존재가 아니라 하나의 과정(특히 가치의 유통과정)이다. 이 가치들은 과정을 거치면서 여러 곳에서 여러 물적 존재들에 응결된다. 즉 처음에는 화폐로, 그다음에는 상품으로, 그리고 마지막에는 다시 화폐형태로 되돌아간다.

자본을 하나의 과정으로 정의한 이 부분은 매우 중요하다. 이 정의는 고전경제학에서 전통적으로 규정한 자본에 대한 정의 —— 즉 자본을 하나의 자산(기계, 화폐 등) 혹은 하나의 "생산요소"로 간주하는 그런 정의 —— 와 완전히 결별하고 있다. 사실 부르주아 경제학은 자본이라는 생산요소를 측정(가치로 환산)하느라 매우 어려움을 겪고 있다. 이 경제학에서는 자본을 그냥 K로 표기하여 자신들의 등식 속에 집어넣고 있다. 그러나 만일 여러분이 "K는 무엇인가, 그리고 그것은 어떻게 측정하는가?"라는 물음을 던지면 그 답변은 전혀 간단하지 않다. 경제학자들은 온갖 측정방법을 고안해내고 있지만 막상 자본이 현실적으로 어떤 형태로 "존재"하는지에 대해서는 아무런 합의도 이끌어내지 못하고 있다. 그것은 그냥 화폐형태로도 존재하지만 기계나 공장, 혹은 다른 생산수단의 형태로도 존재한다. 그런데 이들 생산수단의 독자적인 화폐가치를 (그것이 생산해내는 상품의 가치와는 별도로) 어떻게 계산할 수 있을까? 1970년대 초에 있었던 소위 자본논쟁(영국 케임브리지대학의 신리카도학파와 미국의 케임브리지 지역 대학들(MIT, 하버드대학을 가리킴)의 신고전학파 간에 벌어진 논쟁으로 '케임브리지 대 케임브리지 논쟁'이라고도 함. 이 논쟁의 핵심은 한계생산력설의 기초인 '자본' 개념을 둘러싼 것이었고 영국의 학자들은 자본이 이질적 요소들로 이루어져 동일한 단위로 환산할 수 없는 것이라고 주장했다―옮긴이)에서 드러난 것처럼 오늘날 부르주아 경제학은 동어반복의 명제 위에 위태롭게 서 있다. 즉 물리적 자산의 형태를 띤 K의 화폐적 가치를 결정하는 요소 그 자체가 바로 다시 설명되어야만 할 요소(즉 생산된 상품의 가치)라는 점이다(상품가치로 상품가치를 설명하는 동어반복의 모순을 지적한 말이다―옮긴이)(M128, 주73).[10]

다시 한번 강조하건대 맑스는 자본을 하나의 과정으로 간주한다. 나는 지금 당장 호주머니에서 돈을 끄집어내 좀더 많은 돈을 만들기 위해 그것을 유통에 투입함으로써 자본을 만들 수 있다. 혹은 돈을 그냥 내 호주머니 속에 쑤셔넣어버림으로써 자본을 유통으로부터 끄집어낼 수도 있다. 그리하여 이제 모든 화폐가 자본은 아니라는 이야기가 이어진다. 자본은 일정한 방식으로 사용되는 화폐다. 자본에 대한 정의는 이 유통과정에 화폐의 힘을 투입하는 인간의 선택과 분리될 수 없다. 그러나 이것은 온갖 문제들을 불러일으킨다. 먼저 얼마만큼의 화폐증가분이 창출될 수 있는지에 대한 문제가 있다. 앞서 제2편(화폐)의 논의 가운데 화폐의 힘에 대한 축적에는 잠정적으로 한계가 없다는 내용이 있었던 것을 떠올려보기 바란다. 맑스는 그 내용을 여기에서 다시 반복하고 있다(M152/168). 그러나 그것의 중요성에 대한 본격적인 논의는 훨씬 뒤에 가서야(특히 제21장과 제22장에서) 다시 논의될 것이다.

맑스는 이렇게 말한다. 자본가는 "이 운동을 의식적으로 수행하는 담당자로서 자본가가 된다. 그의 몸 또는 그의 주머니가 화폐의 출발점이자 귀착점이다". 그리고는 이어서 "따라서 사용가치는 결코 자본가의 직접적 목적으로 취급되어서는 안된다". 즉 자본가는 오로지 교환가치를 얻을 목적으로만 사용가치를 생산한다. 자본가는 사실상 자신이 무슨 종류의 사용가치를 생산하는지에 대해 전혀 관심을 두지 않는다. 그에게 잉여가치를 가져다주는 한 사용가치는 어떤 것이든 상관없는 것이다. 자본가의 목적이 "이득을 얻기 위한 쉴새없는 운동"(M168)이라는 것은 전혀 놀라운 일이 아니다. 이것은 발자끄의 『외제니 그랑데』(*Eugénie Grandet*, 1833년에 발표된 소설로 아버지로부터 딸에게 이어지는 인간의 끝없는 탐욕을 주제로 한다──옮긴이)의 줄거리를 연상시킨다.

이 절대적인 치부의 충동, 그리고 이 열정적인 교환가치의 추구는 자본가에게나 화폐축장자에게나 공통된 것이지만, 화폐축장자가 광적인 자본가에 지나지 않는 데 반해 자본가는 합리적인 화폐축장자다. 화폐축장자는 화폐를 유통에서 구출해냄으로써 가치의 쉴새없는 증식을 추구하지만, 좀더 영리한 자본가는 끊임없이 반복하여 화폐를 유통에 투입함으로써 가치의 끊임없는 증식을 달성한다.(M168)

그러므로 자본은 운동하는 가치다. 그러나 이 운동하는 가치는 다양한 형태로 나타난다. "스스로 증식하는 화폐가 생명활동의 순환과정에서 번갈아 취하는 각각의 현상형태를 고정시키면"──이 구절을 주목하시기 바란다──"다음과 같은 두가지 주장을 얻을 수 있다. 자본은 화폐다. 그리고 자본은 상품이다"(M169). 맑스는 자본을 과정으로 정의한 이 내용을 보다 명확하게 다음과 같이 표현한다.

> 그러나 사실 여기에서는 가치가 전체 과정의 주체이며 가치는 이
> 과정을 통해 화폐와 상품으로 번갈아 형태를 바꾸면서 자신의 크기
> 를 변화시키고 또한 자신의 본래 가치로부터 잉여가치를 만들어냄
> 으로써 스스로를 증식시킨다. 왜냐하면 가치가 잉여가치를 부가하는
> 운동은 가치 자신의 운동이며 가치의 증식이고 따라서 자기증식이기
> 때문이다. 가치는 그것이 가치이기 때문에 가치를 낳는다는 신비한
> 성질이 있다. 그것은 살아있는 자식을 낳든가 아니면 적어도 황금의
> 알을 낳는다.(M169)

맑스가 여기에서 하고 있는 말이 풍자적이라는 점에 유의하자. 내
가 이렇게 말하는 것은 언젠가 한 박사논문에서 자기증식의 이 신비
한 성질을 자본의 본성이라며 곧이곧대로 논하는 것을 보았기 때문
이다. 『자본』이 워낙 치밀하게 집필된 책이다 보니 종종 이런 풍자
가 너무도 쉽게 간과되곤 한다. 위의 문장을 예로 든다면, "황금알"
을 낳는 자본의 "신비로운" 성질은 오로지 현상형태의 영역에만 존
재한다. 그러나 이런 물신적 구조가 어떻게 해서 마치 현실적인 것
처럼 간주될 수 있는지를 알아내는 것은 그다지 어려운 일이 아니다
(제1편에서 이미 보았듯이 자본주의 생산양식은 바로 이런 허구에
의존한다). 우리는 저축통장에 돈을 넣어두면 1년 뒤에 그것이 불어
나 있는 것을 본다. 이렇게 불어난 돈이 어디에서 온 것인지 혹시 여
러분은 스스로에게 물어본 적이 있는가? 대개 이런 증식은 그냥 화

폐의 본성일 뿐이라고 생각하는 경향이 있다. 물론 우리는 저축률이 감소하는 시기가 있다는 것도, 즉 인플레율이 매우 높고 이자율이 너무 낮아 예금주에게 돌아가는 실질이자가 마이너스가 되어버리는 그런 시기(최근의 경우 2008년 같은 시기)가 있다는 것도 알고 있다. 그러나 현실적으로 우리 눈에는 마치 은행에 있는 화폐가 스스로 일정한 이자를 낳는 것처럼 보인다. 맑스는 이런 물신적 구조 뒤에 숨겨진 것을 알고 싶어한다. 그리고 이것이야말로 바로 우리가 풀어야 할 수수께끼이기도 하다.

그는 이렇게 말한다. 이 유통과정 속에는 언제나 되돌아오고 따라서 다른 것들보다 더 중요해 보이는 하나의 계기, 즉 화폐적 계기인 G–G가 존재한다. 그 이유는 무엇일까? 화폐가 가치를 나타내는 일반적 형태이면서 궁극적 가치척도이기 때문이다. 따라서 우리가 가치나 잉여가치와 관련있다고 이야기할 경우 그것은 오로지 이 화폐적 계기(자본주의적 일반성의 계기)를 통해서뿐이다. 우리는 개별 상품을 통해서는 그것을 이야기하기 어렵다. "그래서 화폐는 모든 가치증식과정에서 항상 출발점과 종점을 이룬다"(M169). 맑스의 예에서는, 자본가가 출발할 때 가지고 있던 100파운드스털링으로부터 최종적으로 110파운드스털링이 만들어진 것이 바로 그것이다.

자본가는 모든 상품이 — 비록 그것이 아무리 초라해 보이고 악취가 난다 해도 — 맹세코 진실에서는 화폐이며 내면적으로는 할례를 받은 유대인이고 나아가 화폐를 더 많은 화폐로 만드는 기적을 행하는 수단임을 알고 있다.(M169)

이런 식의 이야기는 맑스가 반유대주의자였다는 중요한 논쟁의 씨앗이 되어왔다. 이런 종류의 구절이 그에게서 주기적으로 나타나는 것은 명백한 사실이다. 당시에는 반유대주의가 광범위하게 퍼져 있었다(예를 들어 디킨스의 『올리버 트위스트』(Oliver Twist)에 나오는 파긴〔Fagin, 어린이에게 소매치기를 시키는 늙은 악한─옮긴이〕 같은 인물을 보라). 그래서 여러분은 직업상의 이유로 개종한 유대인 집안 출신이던 맑스가 잠재의식에 있어 자신의 과거를 부인하려 했거나 혹은 무의식중에 당시의 일반적 편견에 동조했다고 생각할 수도 있으며, 아니면 최소한 이 경우에는 그의 의도가 유대인에 대해 가해지던 온갖 험담을 이용하여 그것을 진정한 의미의 자본가에게 돌리려고 했다고 생각할 수도 있다. 어떻게 생각하든 여러분의 의사에 맡기고자 한다.

다시 본문으로 돌아가 우리는 맑스가 계속해서 물신적인 현상형태를 벗겨내는 것을 보게 된다.

G-W-G의 단순유통에서는 가치가 과정 전체를 거쳐가며 스스로 운동하는 실체로서 홀연히 나타난다. 이 실체에 대하여 상품이나 화폐는 모두 단순한 형태에 지나지 않는다. 또한 그것뿐만이 아니다. 이제 가치는 상품들간의 관계를 나타내는 것이 아니라 이른바 자기 자신에 대한 사적 관계 속으로 들어간다. 그것은 본원적 가치로서의 자신과 잉여가치로서의 자신을 서로 구별짓는다. 즉 그것은 아버지 신으로서의 자기와 아들 신으로서의 자기를 구별한다. (…) 그리하여

가치는 과정을 진행하는 가치, 과정을 진행하는 화폐가 되며 그럼으로써 자본이 된다.(M169/170)

이것은 한걸음 더 나아간 자본에 대한 본질적 정의다. 즉 자본은 과정을 진행하는 가치이자 과정을 진행하는 화폐다. 이것은 자산으로 고정된 양이나 생산요소를 이루는 자본과는 전혀 다른 것이 아닌가? (그런데 정작 정태적이고 "구조적인" 분석을 하고 있다고 비판받는 것은 부르주아 경제학자들이 아니라 바로 맑스다!) 자본은 "유통에서 나왔다가 다시 유통으로 들어가고, 유통 속에서 자기를 유지하고 배가시키고 증대되어서 유통 밖으로 되돌아나오는 방식으로 동일한 순환을 끊임없이 되풀이하거나 새롭게 시작"한다(M170). 강력한 동학적 개념이 뚜렷하게 느껴지지 않는가? 자본은 과정이며 과정이 바로 자본이다.

맑스는 다시 상인자본과 고리대자본(즉 논리적이기보다는 역사적 논의의 성격을 띤 그의 출발점)으로 되돌아간다. 그가 정말로 관심을 기울이는 대상은 산업자본이지만 그는 이들 다른 유통형태──상인자본(싸게 구매하여 비싸게 판매한다)과 이자 낳는 자본(외견상 가치의 자기증식을 이룰 수 있는 것처럼 보인다)──가 존재한다는 것도 인식해야만 했다. 그래서 우리는 산업자본, 상인자본, 이자 낳는 자본의 다양한 형태들 모두가 G-W-(G+△G)의 유통형태를 가질 수 있다는 것을 알게 되었다. 그는 결론적으로 이렇게 말한다. 이 유통형태는 "유통영역에서 직접 나타나는 모습 그대로의 자본의 일반적 정식이다"(M170). 바로 이 정식이야말로 자본이 지니는 "신비의" 성질을 밝히기 위해 현미경 위에 올려놓고 정밀하게 살펴보아야 할 대상이다. 자, 그러면 자본은 과연 황금알을 어떻게 낳는 것일까?

일반적 정식의 모순

맑스는 이 물음에 대한 답을 G-W-(G+△G)의 유통형태가 지닌 내적 모순을 검토하는 것으로부터 찾기 시작한다. 핵심적 물음은 매우 단순한 바로 이것이다. 가치의 증가분, 즉 잉여가치는 도대체 어디에서 비롯된 것인가? (이상적 자유주의가 가정하고 있는 것과 같은) 순수한 형태의 교환법칙은 G에서 W로의 전환과 W에서 G로의 전환이 등가로 이루어진다는 것이다. 그러므로 잉여가치는 순수한 형태의 교환으로부터는 나타날 수가 없다. "평등이 있는 곳에 이득은 없다." 물론 "상품이 그 가치와는 다른 가격으로 팔릴 수도 있지만, 그러나 이런 경우는 상품교환의 법칙이 훼손된 형태로 나타난다". 이 법칙은 고전경제학이 상정하는, 시장의 기능이 완벽하게 작동하는 것을 전제로 하고 있는 것이다. "순수한 형태의 상품교환은 등가물끼리의 교환이고 따라서 가치를 늘리는 수단이 아니다"
(M173).

이 모순에 대해 자본가들과 부르주아 경제학자들(예를 들어 꽁디
야끄E. B. de Condillac)은 이 증가분을 사용가치 영역의 탓으로 돌
리려고 했다. 그러나 맑스는 그것을 반박한다. 등가교환으로부터
발생한 문제의 해결책을 갑자기 사용가치에서 찾을 수는 없다는 것
이다.

만일 동등한 교환가치의 상품들끼리 또는 동등한 교환가치의 상
품과 화폐가 교환된다면, 다시 말해서 등가물과 등가물이 교환된다
면, 분명히 누구도 자신이 유통에 집어넣은 것보다도 많은 가치를 유
통으로부터 빼낼 수는 없을 것이다. 그렇다면 잉여가치는 형성되지
않는다. 그런데 순수한 형태의 상품유통과정은 언제나 등가물끼리의
교환을 전제로 한다.(M174)

그러나 맑스는 "현실에서는 모든 사물이 순수한 형태로 진행되는
것이 아니"라는 것을 잘 알고 있다. 그래서 그는 "비등가물끼리의
교환을 생각해보기로" 한다. 여기에는 여러가지 경우가 있을 수 있
다. 우선 "뭔가 설명할 수 없는 특권에 의해 상품을 그 가치보다 비
싸게 팔 수 있는 판매자"가 있다고 생각할 수 있다. 그러나 이것은
거꾸로 구매자가 가치보다 싸게 상품을 구매할 특권을 갖는 경우와
마찬가지로, 시장이 일반화되었을 경우를 생각하기만 하면 더이상
성립하지 않는다. "요컨대 잉여가치의 형성과 이에 따른 화폐의 자

본으로의 전화는 판매자가 상품을 가치보다 비싸게 팔거나 구매자가 상품을 가치보다 싸게 사는 방식으로는 설명될 수 없다"(M175).

그런 다음 그는 오늘날 유효수요라고 부르는 것 —— 당시에는 주로 맬서스가 생각해낸 개념이었다—— 의 문제를 검토한다(그러나 맑스가 이 문제와 관련된 맬서스의 핵심저작인 『경제학 원리』*Principles of Political Economy*를 참고하지 않았던 것은 좀 놀라운 일이다)(M176/177). 맬서스는 자본가들이 잉여가치를 얻기 위해 생산한 잉여상품을 소화할 수 있는 총수요가 시장에서 부족해지는 결정적인 경향이 존재한다고 주장했다. 그렇다면 이 상품에 대한 구매력을 가진 사람은 누구일까? 자본가는 재투자를 하기 때문에 가능한 한 소비를 하지 않는다. 노동자는 착취를 당하기 때문에 생산물 전체를 소비할 수 없다. 따라서 맬서스는 지주계급——혹은 맑스가 이야기했던 온갖 종류의 부르주아 기생계급——의 역할이 중요하다고 결론을 내린다. 이들이 경제를 안정적으로 유지하는 데 필요한 소비분을 담당하기 때문이다. 그리하여 맬서스는 비생산적 소비계급의 영속성을 정당화했다(이들을 역시 비생산적 기생계급이라고 비난했던 리카도의 비판에 대항해서 말이다).

맬서스는 자신의 주장을 약간 변경해 이 소비계급이 국외에 있을 수도 있다고 했다. 그리고 외국무역이나 식민지 공납(예를 들어 식민지 모국에 대한 은의 지불)도 이 문제를 해결하는 데 도움이 될 것이라고 했다. 후자는 로자 룩셈부르크(R. Luxemburg)의 핵심주장 가운데 하나이기도 한데, 즉 자본주의체제에서 필요한 유효수요(그녀는 맑스의 『자본』이 이 문제를 충분히 다루지 않았다고 여겼다)는 궁극적으로 외부와의 관계를 설정함으로써만(요컨대 식민지 공납을 통한 제국주의적 수탈을 통해서만) 확보될 수 있다는 것이었다. 아편전쟁을 불러온 영국제국주의의 논리가 바로 이것을 반영한다. 중국에는 은이 많고 따라서 아이디어는 인도의 아편을 중국에 판매해 이 아편장사를 통해 중국의 은을 끌어온 다음 이 은으로 맨체스터에서 생산해 인도로 가져오는 모든 상품의 대금을 지불한다는 것이었다. 중국이 아편무역에 대한 문호를 개방하지 않자 영국은 무력으로 그들을 굴복시켰다.

맑스는 어딘가에 소비계급이 존재한다거나, 하나님만 아는 은밀한 곳에서 가치를 얻는 제3자가 존재한다거나, 자본주의 사회체제 내부나 외부로부터 잉여가치를 만들어낼 수 있는 누군가가 존재한다거나 하는 따위의 생각들을 철저히 배격했다. 자본주의 내부의 (기생계급도 포함한) 모든 사람은 자신의 가치를 어딘가로부터 얻어야 하며, 만일 그들이 이 가치를 이 체제 내에서 얻는다면, 그것은 가치의 생산을 담당하는 (자본가나 노동자 같은) 사람들의 가치를 수탈함으로써 얻게 된다고 그는 말한다. 잉여가치 생산의 문제는 시장을 통해서는 해결될 수 없으며 우리 대부분은 바로 이런 이유 때문에 비생산적 소비계급의 영속성을 당연한 것으로 받아들일 수 없다. 그리고 장기적으로는 외국무역도 이 문제의 해결책이 될 수 없다. 언젠가는 등가의 법칙이 이를 지배하게 될 것이기 때문이다 (M177).

유효수요에 대한 이 문장은 어떤 점에서 보면 문제가 있다. 그래서 로자 룩셈부르크는 제국주의가 바로 이 유효수요 문제를 해결하기 위해 비자본주의적 사회구성체를 필요로 했다고 주장하면서 맑스에게 문제를 제기했다.[11] 그때 이후로 이 문제를 둘러싸고 갖가지 논쟁이 있었다. 그러나 맑스가 여기에서 관심을 기울인 부분은 잉여가치가 어떻게 생산되는지의 문제였지, 그것을 누가 지불하고 그것이 소비를 통해 어떻게 실현될 것인지의 문제가 아니었다. 잉여가치는 소비되기 전에 먼저 생산되어야 하고 우리는 그것의 생산을 이해하는 데 있어 소비과정의 도움을 받을 수 없다.

이처럼 유효수요에 대한 이 개념들은 잉여가치가 어떻게 생산되는지를 (특히 "판매자가 구매자가 되고 또 구매자가 판매자가 되는 상품교환의 범위" 안에서는) 설명해주지 못한다. 얼핏 보면 방금 인용한 이 문장은 앞서 그가 쎄이의 법칙을 반박할 때 언급했던 것과 비슷해 보인다. 그는 여기에 "우리의 어려움은 우리가 등장인물을 인격화된 범주로만 파악하고 실제 사람으로 파악하지 않은 데서 생겼을지도 모른다"(M177)라는 문장을 덧붙이고 있지만—우리는 그가 왜 이 문장을 곧바로 덧붙였는지를 나중에 알게 될 것이다—그래도 역시 마찬가지다. 내 생각에 우리가 지금 여기에서 마주치고 있는 것은 맑스의 책 속에 담겨 있는 두가지 요소, 즉 고전경제학의 공상적 경향에 대한 그의 비판과, 현실에서 작동하고 있는 자본주의의 본질을 우리에게 이해시키고 설명해주려는 그의 열망 사이에 존재하는 하나의 긴장관계다. 사실 맑스가 여기에서 말하는 것은 잉여가치의 원천에 대한 물음의 해답을 지리적으로 폐쇄되고 완전무결한 자본주의 생산양식 내에서 찾아야 한다는 것이다. 이런 이상적인 상태에서는 기생계급이나 소비계급 혹은 외국무역 같은 요인들은 모두 배제되어야 한다. 그는 이 요인들을 나중에 『자본』의 뒷부분에서 명시적으로 다룬다. 그러나 아직 여기에서는 모든 외부의 해법을 거부함으로써 이 요인들을 단지 묵시적으로만 다룬다. 분석의 이 지점에서 그가 유효수요 문제를 전반적으로 불합리한 것으로 배제하는 까닭은 제1권에서 그가 다루는 문제가 생산뿐이기 때문이다. 제2권에 가서야 비로소 그는 시장에서의 가치의 실현이나 소비의 세계 등을 다루게 된다.

분석의 이 지점에서는 지리적 확장, 공간적 해결, 자본주의의 존속을 위한 제국주의나 식민주의 등의 모든 요인이 배제된다. 그는 단지 완벽하고 폐쇄된 자본주의체제만을 가정하고 단지 이 조건에서만 잉여가치의 원천을 설명하고자 한다. 이 가정은 (특히 현실 자본주의의 역사적·지리적 동학을 이해하는 문제와 관련하여) 그의 이론의 양적 범위를 제약하는 것이긴 하지만 그의 분석을 질적으로 심화시켜준다. 내가 다른 책들(특히 『자본의 한계』와 『자본의 공간』[12])에서 이미 말했듯이 보다 거시적인 이 문제들은 맑스가 국가, 외국무역, 식민주의, 세계시장의 구조 등의 주제들에 대한 연구 구상을 언급할 당시 그의 중요한 관심사였다. 그러나 『자본』의 이 지점에서 그는 잉여가치의 생산이 어떤 역사적·지리적 조건이 지배하고 있든 그와는 상관없이 시장의 교환을 통해 만들어지는 것은 아니라는 사실을 보여주는 데에만 관심을 기울이고 있다. 등가교환으로부터 증가분(즉 잉여가치)이 어떻게 만들어지는가라는 모순에 대한 해답은 다른 방법을 통해 찾아져야 한다.

여기에서는 이처럼 미시적 고찰에 초점을 맞추고 있기 때문에 맑스는 잠시 각 개인의 사회적 역할보다는 그들의 개별적 행동에 주목한다. 모든 개인은 최선을 다해 다른 사람들에게 자신의 상품을 그 가치보다 비싸게 팔려고 하는데, 이것은 사람들이 늘 그럴 수 있는 것이기도 하고 실제로 그렇게 하고 있는 일이기도 하다. 그러나 사회 전체적으로 보면 그 결과는 단지 갑에게서 을에게로 가치를 옮기는 것에 지나지 않는다. 한 개별 자본가는 다른 사람을 속여 그의 가치를 갈취할 수 있지만, 그럴 경우 한 사람의 이익은 다른 사람의 손실일 뿐이며 전체적으로는 어떤 잉여가치도 생겨나지 않는다. 따라서 모든 자본가가 한꺼번에 잉여가치를 얻을 수 있는 방법을 찾아야만 한다. 경제가 건강하고 제대로 작동한다는 것은 모든 자본가가 지속적으로 수익성있는 이윤율을 획득한다는 것을 의미한다.

그리하여 아무리 적당히 속여보려 해도 결국은 마찬가지다. 등가물끼리 교환되어도 잉여가치가 생기지 않고 비등가물끼리 교환되어도 잉여가치는 생기지 않는다. (…) 따라서 우리는 자본의 기본형태[즉 근대사회의 경제조직을 규정하는 자본의 형태]를 분석할 때, 왜 그 유명한 이른바 대홍수 이전(antediluvian)의 자본의 모습인 상업자본과 고리대자본을 전혀 고려하지 않는가를 이해하게 된다.(M177/178)

프랭클린(B. Franklin)이 "전쟁은 약탈이고 상업은 사기다"(M178)라고 했던 말은 역사적으로 보면 사실일 것이다. 자본주의 초기에 세계 도처에서 잉여가치에 대한 많은 약탈, 사기, 강도, 절도 등이 있었던 것은 분명한 사실이다. 그리고 맑스는 이런 역사적 사실들의 중요성을 부인하지 않았다. 이것은 오랜 기간 이자를 붙이는 것을 엄격하게 금기시하던 시절에 존재하던 고리대자본에게도 그대로 적용된다. 예를 들어 이슬람율법은 이자를 붙이는 것을 금지한다. 잘 알려진 사실은 아니지만 19세기 중반까지만 해도 가톨릭교회는 이자를 붙이는 것을 금지했고, 이것은 매우 중요한 율법이었다. 예를 들어 당시 프랑스의 보수적인 가톨릭교회는 주택에 대한 투자를 매음굴에 대한 투자 같은 행위로 규정했고 이자놀이를 매춘행위와 다름없는 것으로 간주했다. 당시의 정치적 풍자화 가운데에는 이런 경향을 풍자하는 것들이 많다. 나는 그런 풍자화 가운데 하나를 『모더니티의 수도 파리』에 실었는데, 젊은 여자가 늙고 추한 남자를 꼬드겨 주택에 투자하도록 하는 장면을 묘사한 그림이다. 거기에서 여자는 이렇게 말한다. "얼마를 투자하든 좋은 수익을 드리도록 하죠. 아주 잘해드리도록 하겠습니다."[13]

이처럼 상인자본과 고리대자본(혹은 이자 낳는 자본)은 둘 모두 역사적으로 중요한 역할을 수행했다. 그러나 맑스는 이렇게 결론은 내린다.

상업자본과 마찬가지로 이자를 낳는 자본 역시 우리 연구과정에서 파생적인 형태로 다루어질 것이다. 또한 동시에 왜 그것들이 역사적으로 자본의 근대적인 기본형태보다 먼저 나타났는가 하는 점도 밝혀질 것이다.(M179)

그는 이 자본유통의 형태들이 산업자본이 등장하기 전에 역사적으로 존재했다고 말하고 있다. 그러나 곧 보게 되겠지만 산업자본은 순수한 형태의 자본주의 생산양식을 결정짓는 자본형태가 될 것이다. 그리고 일단 산업자본이 지배적인 위치를 차지하고 나면, 그것은 생산물을 판매해줄 상인을 필요로 하고 또한 장기 고정자본 투자의 문제를 해결하기 위해 곳곳에서 투자를 모아줄 이자 낳는 자본을 필요로 한다. 그렇게 되기 위해서는 자본유통의 본원적인 형태인 산업자본이 금융자본과 상업자본을 각자의 특수한 기능에 맞추어 자신에게 예속시켜야만 한다. 『자본』 제3권에서 맑스는 이것이 어떻게 이루어지고 그 결과가 어떤지를 다룬다.

오늘날 자본주의 내에서의 상인자본과 이자 낳는 자본의 지위를 평가하는 것은 매우 중요하다. 이들이 16~17세기에는 지배적인 지위를 차지하고 있다가 19세기를 경과하면서 산업자본을 위한 보조적인 지위로 옮겨갔다는 것이 아마 가장 일반적인 설명일 것이다. 그러나 1970년대 이후 금융자본이 다시 지배적인 지위를 회복했다고 주장하는 사람들(나 자신도 포함된다)도 많다. 만일 그렇다면 이것이 무엇을 의미하는지, 그리고 이것이 무엇을 예고하고 있는지를 따져보아야만 한다.

그렇지만 그것은 여기에서 다룰 문제가 아니다. 우리의 원래 목적에 따라 지적해두어야 할 중요한 점은, 맑스가 (아마도 당시에는 그것이 옳았을 것이다) 산업자본의 유통이 지배적인 형태가 될 것이라고 예상하고, 잉여가치 생산의 의문에 대한 해답을 바로 이 산업자본의 유통 속에서 찾아야 한다고 생각했다는 점이다. 그래서 그는 이렇게 결론을 내리고 있다.

자본은 유통에서 발생할 수도 없고, 또 마찬가지로 유통에서 발생하지 않을 수도 없다. 자본은 유통에서 발생해야 하는 동시에 유통에서 발생해서는 안된다. 이리하여 하나의 이중적인 결과가 나왔다. 화폐의 자본으로의 전화는 상품교환에 내재하는 여러 법칙의 기초 위에서 전개되어야 하며, 따라서 등가물끼리의 교환이 출발점으로 간주된다. 아직 자본가의 애벌레에 불과한 우리의 화폐소유자는 상품을 그 가치대로 구매하고 그 가치대로 판매하며, 나아가 그 과정의 끝부분에서는 그가 투입한 것보다 많은 가치를 회수하지 않으면 안된다. 애벌레로부터 나방으로의 성장은 유통영역에서 일어나야 하며 또한 유통영역에서 일어나서는 안된다. 이것이 문제의 조건이다. 여기가 바로 로도스 섬이다. 여기서 한번 뛰어보아라!(M180/181)

마지막 문장을 대충 일상적인 문체로 번역한다면 그것은 "여기 공이 있다, 이제 마음껏 몰아보아라!"라는 뜻이다.

노동력의 판매와 구매

모순은 쉽게 해결된다. 바로 이 장의 제목이 그 해답이다. 맑스는 다음과 같이 논의를 전개한다.

어떤 상품의 소비에서 가치를 뽑아내려면 우리의 화폐소유자는 운좋게도 유통영역의 내부[곧 시장]에서 다음과 같은 특성을 갖는 하나의 상품을 발견해야 한다. 즉 자신의 사용가치가 곧 가치의 원천이면서 동시에 그것의 현실적 소비가 곧 노동의 대상화이자 가치창출이 되는 그런 상품을 발견해야 하는 것이다. 그리고 화폐소유자는 시장에서 실제로 바로 그런 특수한 상품을 발견한다. 노동능력[즉 노동력]이 바로 그것이다.(M181)

노동력은 상품 속에 가치를 응결시킬 수 있는 물리적·정신적 인간능력으로 이루어져 있다. 그러나 상품이 되기 위해 노동력은 몇 가지 특성을 지녀야 한다. 첫째 "노동력의 소유자가 그것을 상품으로 판매하려면 그는 그것을 자유롭게 처분할 수 있어야 하며, 따라서 자신의 노동능력이나 인격에 대해 자유로운 소유자여야 한다". 따라서 자유로운 노동자라는 개념이 결정적으로 중요해진다. 노예나 농노는 그렇게 할 수 없기 때문이다. 노동자는 자신의 인격체를 모두 양도할 수 없다. 그가 양도할 수 있는 것은 단지 물리적·정신적 인간능력이다. "그는 자신의 노동력을 양도하기만 할 뿐 그 소유권은 포기하지 않아야 한다"(M182).

그래서 자본가는 노동자를 소유할 수 없다. 자본가가 소유할 수 있는 것은 단지 일정 기간 동안 노동을 해서 가치를 생산할 수 있는 **능력뿐이다.**

> 화폐소유자가 노동력을 시장에서 상품으로 발견하기 위한 제2의 본질적인 조건은 노동력의 소유자가 자기 노동을 대상화시킨 상품을 판매할 수 없고 그 대신 자신의 살아있는 육체 안에만 존재하는 자신의 노동력 그 자체를 상품으로 팔기 위해 내놓아야 한다는 것이다.(M183)

달리 말해 노동자는 혼자 힘으로 노동을 할 수 있는 위치에 있지 않다.

그리하여 화폐의 자본으로의 전화를 위해 화폐소유자는 상품시장에서 자유로운 노동자를 발견해야 한다. 이 자유롭다는 것은 이중적인 의미가 있는데, 즉 한편으로는 그 노동자가 자유로운 인격체로서 자신의 노동력을 자신의 상품으로 마음대로 처분한다는 의미이며 다른 한편으로는 판매할 아무런 다른 상품도 가지고 있지 않을 뿐만 아니라 자기 노동력의 실현에 필요한 모든 물적 조건에서도 분리되어 있다는 의미다.(M183)

요컨대 노동자는 이미 생산수단으로부터 분리되어 있어야만 한다.

자유에 대한 맑스의 지적은 오늘날 꼭 들어맞는다. 예를 들어 부시 대통령이 전세계에 자유를 계속 전파한다고 했을 때 그것은 무슨 뜻이었을까? 그는 재선 취임 연설에서 '자유'라는 단어를 쉰번도 넘게 말했다. 맑스의 비판적 해석에 비춰보면, 부시가 전파하려 한 그 자유는 전세계 사람들 가운데 가능한 한 많은 사람을 생산수단으로부터 분리시켜 자신들이 생산수단을 직접 통제하거나 접근할 수 있도록 하는 자유였던 것이다. 그렇다, 개별 노동자는 자신의 신체에 대한 권리와 노동시장에서의 자신의 법률적 권리를 자유롭게 행사하고자 한다. 원칙적으로 그들은 자신의 노동력을 자신이 선택한 사람에게 자유롭게 판매하고 자신들이 받은 임금으로 시장에서 자신들이 원하는 물건을 자유롭게 구매할 수 있는 권리를 가진다. 세상을 이렇게 만드는 것은 자본주의의 제국주의정책이 지난 200년간 계속 추구해오던 것이다. 전세계에 걸쳐 토착원주민 농민들은 생산수단으로부터 쫓겨나 집단적으로 프롤레타리아화했다. 최근 신자유주의하에서도 마찬가지의 과정이 진행되고 있어 (선진국을 포함한) 전세계의 점점 더 많은 사회계층이 자신들의 자산(생산수단이나 생활수단 — 예를 들어 은퇴노동자들의 연금이나 국가의 복지혜택 — 에 대한 자유로운 접근을 포함)을 박탈당해왔다.

맑스는 이처럼 양면을 지닌 부르주아적 자유의 발전 속에 숨겨진 정치적·이데올로기적 모순을 놓치지 않았다. 오늘날 우리는 자유의 긍정적 측면에 입각하여 갖가지 재화를 판매하고 동시에 그것의 부정적 측면을 불가피한(심지어 당연한) 것으로 받아들이도록 강요받고 있다. 자유주의 이론은 개인의 권리와 자유의 원리 위에 기초해 있다. 로크로부터 하이에크와 오늘날에 이르기까지 모든 자유주의와 신자유주의 옹호자들은 그런 개인의 권리와 자유를 가장 잘 보장하는 것이 사적 소유와 부르주아적 질서 — 이것은 독립성, 호혜성, 그리고 법률적 개인주의에 입각해 있는데 맑스는 이들에 대해 제2편에서 연구의 필요성에 맞추어 자세히 서술한 바 있다 — 에 기초해 있는 시장제도라고 주장해왔다.

자유가 지닌 보편적 이념에 대해서는 반대하기 어렵기 때문에, 우리는 좋은 자유(예를 들어 시장에서의 선택)가 나쁜 자유(예를 들어 타인의 노동을 착취하는 자본가들의 자유)를 압도한다는 허구에 쉽게 설득당한다. 그리고 생산수단을 사람들로부터 분리시키거나 시장의 자유를 유지하기 위해 억압이 다소 가해질 경우에도 그것을 당연히 받아들인다. 바로 그래서 우리는 매카시즘이나 관타나모 형무소가 아무런 반대에도 부딪히지 않았던 것을 보게 된다. 우드로 윌슨 — 국제연맹을 창설하려 했던 자유주의 성향의 미국대통령 — 은

1907년 컬럼비아대학교에서 행한 강연에서 이렇게 말했다.

무역은 국경선을 넘고자 하고 공장주들은 세계를 모두 자신의 시장으로 가지려 하기 때문에 이들의 국가는 이들을 지원해서 이들을 가로막는 나라의 문호를 강제로 개방해야 합니다. 금융업자들이 외국에서 강제로 획득한 특권은, 설사 이 과정에서 해당 국가의 주권이 침해될 경우에도, 적극 이들 업자의 정부로부터 보호받아야 합니다. 세상의 구석구석 모두가 한군데도 남김없이 전부 식민지로 획득되거나 식민지로 건설되어야 합니다.

맑스의 이데올로기적 공격의 핵심목표는 부르주아의 자유에 대한 개념을 관통하는 이중성이었다(부르주아의 정의에 대한 개념에 호소하려던 프루동에게 그가 의문을 제기한 것도 마찬가지의 맥락이다). 부시의 자유에 대한 온갖 찬사와 관타나모 형무소의 현실 사이의 모순이 바로 맑스가 말하려던 그것이다.

그런데 노동자들은 어떻게 해서 이런 이중적 의미의 자유에 도달하게 되는가? 자유로운 노동자가 왜 시장에서 자신의 노동을 자본가에게 제공하려 하는지는 "화폐소유자에게는 관심 밖의 일이다. 그리고 당분간은 우리에게도 마찬가지다"(M183). 여기에서 맑스는 프롤레타리아화가 이미 이루어졌고 노동력시장이 이미 형성되어 있다는 것을 가정하고 있다. 그러나 그는 "한가지 점"을 분명히하고자 한다.

자연이 한편으로 화폐소유자 또는 상품소유자를 만들어내고 다른 한편으로 자신의 노동력만을 소유한 자들을 만들어내는 것은 아니라는 점이다. 이 관계는 결코 자연사적인 것도 아니며 또 역사적으로 모든 시대에 공통되는 사회적 관계도 아니다. 그것은 분명 선행한 역사적 발전의 결과이며, 많은 경제적 변혁의 산물이자 일련의 낡은 사회적 생산의 구성체들이 몰락하면서 만들어낸 산물이다.(M183)

임노동제도가 특수한 역사적 기원을 가진다는 점은 임노동이라는 범주가 자연적 범주가 아니라 자본주의적(혹은 가치 그 자체의) 범주라는 점을 강조하기만 하면 곧바로 인정되어야 한다. 프롤레타리아화의 역사는 나중에 제8편에서 자세히 다룰 것이고 여기에서 맑스는 충분히 성숙한 노동시장이 이미 존재한다는 것을 가정한다. 그럼에도 불구하고 그는 다음과 같은 사실을 알려준다.

우리가 앞에서 고찰한 경제적 범주들도 역시 역사적 흔적을 지니고 있다. 생산물의 상품으로서의 현존재 속에는 일정한 역사적 조건들이 내포되어 있다. (⋯) 나아가 모든 생산물 또는 적어도 또는 그 대다수가 어떠한 조건에서 상품의 형태를 취하는지를 탐구해보면, 이것이 단지 하나의 완전히 특수한 생산양식, 즉 자본주의 생산양식 위에서만 발생한다는 것을 알게 된다.(M183/184)

맑스의 초점이 다른 생산양식은 배제한 채 오로지 자본주의 생산양식에만 맞추어져 있다는 점을 잊지 말기 바란다.

과거에 다양한 형태로 존재했던 상품생산과 함께 역시 다양한 형태로 존재했던 화폐유통은 모두 임노동 형태의 출현과 분명히 관련되어 있다는 것이 맑스의 생각이다. 이것들의 발전 가운데 어느것도 자본주의 생산양식의 출현과 무관한 것은 없다. 그리하여 역사적 논의와 논리적 논의가 다시 서로 중첩된다. 논리적으로 상품유통과 화폐유통을 결합시키는 사회적 관계와, 다시 이들 둘과 임노동을 결합시키는 사회적 관계는 각기 별개의 역사적 기원을 갖는다. 우리에게 현실적으로나 논리적으로나 거의 틀림없어 보이는 임금제도와 노동시장은 유럽의 봉건제 말기까지 출현하지 않았다.

상품유통과 화폐유통이 이루어지고 있다고 해서 자본이 존재할 수 있는 역사적 조건들이 만들어진 것은 결코 아니다. 자본은 생산수단과 생활수단의 소유자가 시장에서 자신의 노동력을 판매하는 자유로운 노동자를 발견할 때에만 비로소 발생하며, 이것이야말로 세계사적인 역사적 조건을 이룬다. 따라서 자본은 처음부터 사회적 생산과정의 한 시대를 알린다.(M184)

그러나 노동력은 다른 어떤 상품과도 구별되는 독특한 상품이다. 무엇보다도 그것은 **가치를 창출**할 수 있는 능력을 가진 유일한 상품이다. 노동자야말로 사회적 필요노동을 상품에 응결시키고 자신들의 노동력을 자본가에게 판매하는 당사자들이다. 그리고 자본가들은 이 노동력을 조직하여 잉여가치를 생산하는 데 사용한다. 그러나 노동력의 유통형태가 W-G-W(즉 노동자들은 자신들의 노동력을 시장에서 판매하고 그 댓가로 화폐를 받아 자신들의 생존에 필요한 상품들을 구매한다)라는 점에 주의하기 바란다. 즉 노동자들은 언제나 W-G-W의 유통을 수행하지만 자본가들은 G-W-G′의 유통을 수행한다. 그러므로 이들이 각자 자신들의 처지를 생각하는 방식은 서로 다르다. 노동자는 등가의 교환에 만족하는데 이는 그들의 관심이 사용가치에 있기 때문이다. 그러나 자본가는 등가의 교환으로부터 잉여가치를 뽑아내야 하는 문제를 해결해야 한다.

그렇다면 노동력의 가치를 상품으로 결정하는 것은 무엇인가? 이 물음의 답은 상당히 복잡한데 왜냐하면 노동력은 보통의 상품과 다르기 때문이다. 노동력이 보통의 상품이 아닌 까닭은, 첫째 그것이 가치를 창출할 수 있는 유일한 요소라는 점이며, 둘째 노동력의 가치를 결정하는 요소는 셔츠나 신발을 생산하는 노동과 본질적으로나 세부적으로나 전혀 다르다는 점이다. 맑스는 이 차이점을 거의 가감없이 이렇게 표현하고 있다.

노동력의 가치도 다른 모든 상품과 마찬가지로 이 특수한 물품의 생산(그리고 재생산)에 필요한 노동시간에 따라 정해진다. 가치라는 점에서 노동력은 거기에 대상화되어 있는 사회적 평균노동의 일정량만을 나타낸다. (⋯) 자신을 유지하기 위해 살아 있는 개인은 일정량의 생활수단을 필요로 한다. 그러므로 노동력의 생산에 필요한 노동시간은 이 생활수단의 생산에 필요한 노동시간으로 귀착된다. 바꿔 말하면 노동력의 가치는 그 소유자의 유지를 위해 필요한 생활수단의 가치다.(M184/185)

즉 노동력의 가치는 주어진 생활조건에서 노동자를 재생산하는 데 필요한 모든 상품의 가치에 의해 결정된다. 빵, 셔츠, 신발 등 노동자를 유지하고 재생산하는 데 필요한 모든 것들의 가치를 합하면 그것이 노동력의 가치를 결정하게 되는 것이다.

이 계산은 매우 단순해서 얼핏 보아 본질적으로 다른 상품들의 경우와 아무런 차이가 없어 보인다. 그런데 여기에서 "필요"는 어떻게 결정되는 것일까? 필요는 노동을 다른 모든 상품들과 구별해준다. 무엇보다도 노동과정에서 "인간의 근육이나 신경·두뇌 등의 일정량이 지출되고 그것은 다시 보충되지 않으면 안된다". 만일 노동자가 수행하는 노동이 어떤 특정한 것일 경우(예를 들어 광산처럼 지하에서 수행하는 작업일 경우) 이들이 지속적으로 노동을 수행하기 위해서는 보다 많은 고기와 토마토가 필요하다. 게다가 "생활수단의 총액은 노동하는 개인이 정상적인 생활상태를 유지하기에 충분한 것이어야 한다". 그런데 다시 이 "정상적"이라는 말은 무엇일까? "음식물이나 의복·난방·주택 등과 같은 자연적인 욕망은 각 나라의 기후라든가 그밖의 자연적인 특성에 따라 다르다"(M185). 한대지방과 온대지방의 노동자들의 필요(욕망)는 서로 다르다. 그런 다음 논의는 이제 완전히 방향을 바꾼다.

한편 이른바 필수적인 욕망의 범위와 그런 욕망의 충족방식은 하나의 역사적 산물이고 따라서 대개 그 나라의 문화적 수준에 의해— 특히 자유로운 노동자계급이 어떤 조건 아래에서 형성되었는지, 즉 어떤 습관이나 생활요구를 가지고 형성되었는지에 의해——정해질 것이다. 그러므로 노동력의 가치를 결정하는 데에는 다른 상품의 경우와 달리 역사적·도덕적 요소가 포함된다.(M185)

이 말이 함축하고 있는 것은 노동력의 가치가 계급투쟁의 역사와 무관하지 않다는 것이다. 게다가 한 나라의 "문명수준"은 예를 들어 부르주아 개혁운동의 수준에 따라서도 달라질 것이다. 종종 존경받고 덕망있는 부르주아들은 대중의 빈곤에 몸서리치며 죄의식을 느끼고, 올바른 사회에서는 대중들이 그런 상태로 살아가는 것이 용납되어서는 안된다고 생각한다. 그래서 그들은 적당한 주택, 공중의료, 교육, 기타 등등이 사회적으로 갖추어져야 한다고 주장한다. 이 조치들 가운데 몇몇은 그들 자신을 위한 것이기도 하지만(왜냐하면 예를 들어 콜레라 같은 전염병은 계급간의 경계선이 없기 때문이다) 어느정도 문명화된 가치를 갖지 않은 부르주아 사회는 어디에도 존재하지 않으며 이런 문명적 가치는 노동력의 가치가 어떤 것이어야 할지를 결정하는 데 있어 결정적으로 중요한 역할을 수행한다.

맑스는 특정 시점의 특정한 사회에서 합리적인 임금으로 계산될 수 있는 상품들의 총액이 존재한다는 사실을 강조한다. 그는 이런 특정한 시점이나 사회를 구체적으로 다루지는 않는다. 대신 그는 노동력의 가치를 이미 결정되어 주어진 것으로 간주하고——비록 그 액수는 노동자의 재생산 비용의 모든 요소들(숙련의 형성과 재생산으로부터 시작하여 가족을 부양하고 노동자계급을 질적으로나 양적으로 재생산하는 문제에 이르기까지)을 반영하여 끊임없이 변동해야 하는 것이긴 하지만——이론적 논의를 이어간다(M185/186).

　노동력 상품이 지니는 특성 가운데 특별히 유념해둘 만한 것이 또 하나 있다. 자본가들은 시장의 모든 상품(원료, 기계 등)에 대해 그 것을 손에 넣어 사용하기 전에 반드시 먼저 지불을 해야만 한다. 그 러나 노동력에 대해서는 그 반대다. 자본가는 노동력을 빌린 다음 노동자들이 노동을 모두 수행하고 난 다음에야 비로소 지불을 한다. 실제로 노동자들은 노동이 끝난 다음에 지불이 이루어질 것을 기대 하면서 자신들의 노동력 상품을 자본가에게 선대해준다. 그러나 이 런 기대는 이루어지지 않을 수도 있다. 즉 파산선고를 받은 기업들 은 임금에 대한 이 약속을 지킬 수 없다(M188). 예를 들어 오늘날 중 국 같은 나라에서는 특정 지역(특히 북부지방)의 특정 산업(예를 들 어 건설산업)에서 상당수의 노동자들이 임금을 지불받지 못해 광범 위한 저항이 일어나고 있다.

　여기에서 맑스는 일반적으로 받아들여질 수 있는 노동자들의 생 활수준이 자연적·정치적·역사적 조건에 따라 달라진다는 점에 주 목한다. 분명 어떤 사회(예를 들어 오늘날의 스웨덴)에서 받아들여 질 수 있는 수준과 다른 사회(예를 들어 오늘날의 중국)에서 받아들 여질 수 있는 수준은 같지 않다. 그리고 같은 미국에서도 1850년대 에 받아들여질 수 있던 수준과 오늘날 받아들여질 수 있는 수준은 같지 않다. 이처럼 노동력의 가치는 대단히 가변적이며, 그것은 또 한 물리적 욕망은 물론 그 나라의 계급투쟁 상태, 문명화의 정도, 사 회운동(사회운동 가운데에는 노동자들 자신이 직접 투쟁하는 수준 을 훨씬 넘어선 것들도 있다)의 역사 등에 의해서도 크게 영향을 받는다. 즉 예를 들어 사민주의 정당 가운데에는 전면적 의료보험이나 의무교육, 적절한 주택, 공공 인프라(공원, 물, 대중교통, 청소 등)는 물론 최저임금과 완전고용을 주장하는 정당들도 있다. 이 모든 것들은 사회적·정치적 조건에 따라 차이는 있겠지만, 문명화된 나라들에서는 당연히 실현되어야 할 기본사항들로 간주될 수 있다.

어쨌든 결론은 노동력이 그밖의 상품들과는 다르다는 것이다. 그 것은 가치를 창출하는 유일한 상품이면서 동시에 역사적·도덕적 요소가 그것의 가치를 결정하는 데 영향을 미치는 상품이기도 하다. 그리고 이 역사적·도덕적 요소는 다시 정치적·종교적 요인 같은 다양한 다른 요소들의 영향을 받는다. 바티칸 교황청도 때로는 노동조건에 대한 칙어(encyclical, 교황이 교리나 도덕, 규율 등의 문제에 대해 로마가 톨릭교회 전체에 내리는 종교 서한─옮긴이)를 내리기도 했으며, 라틴아메리카에서 활짝 꽃을 피운 해방신학은 1960~70년대 빈민들의 생활수준에 초점을 맞춘 혁명운동의 발전에 결정적 역할을 수행했다. 이 처럼 노동력의 가치는 불변의 것이 아니다. 그것이 변동하는 까닭은 생활필수품의 가격이 변동하기 때문이기도 하지만 또한 노동자의 재생산에 필요한 상품들이 온갖 다양한 요소의 영향을 받기 때문이기도 하다. 노동력의 가치는 노동력을 유지하는 데 필요한 상품들의 가치변동에 영향을 받는다. 저렴한 수입품들은 노동력의 가치를 떨어뜨릴 것이다. 월마트는 미국에서 노동력의 가치에 중요한 영향을 미쳐왔다. 중국에서의 노동력 초과착취는, 이를 통해 생산된 저렴한 중국상품의 수입을 통해 미국에서 노동력의 가치를 떨어뜨리는 역할을 한다. 이것은 또한 자본가계급의 대다수가 중국상품의 수입을 가로막는 관세장벽——이런 장벽은 미국의 생활비를 상승시켜 미국 노동자들이 임금인상을 요구하게 만들 것이기 때문이다——에 반대하는 이유를 설명해준다.

맑스는 이런 종류의 몇가지 문제점들을 짧게 언급한 다음, 이들을 모두 옆으로 밀치면서 "그러나 일정한 시기나 일정한 국가에는 필수적인 생활수단의 평균범위가 하나의 구체적인 수치로 주어져 있다"(M185)라고 결론을 내린다. 맑스는 그가 유동적이고 또 끊임없이 변동한다고 인정한 이 노동력의 가치를 일정 시기의 일정 국가에서 "주어진 수치"로 고정시킨다. 유동적인 것을 이렇게 고정시키는 그의 행동은 어떻게 설명될 수 있을까? 이론적으로 그는 이렇게 함으로써 잉여가치가 어떻게 생산되는지(그러나 그것은 일정한 하나의 가격으로 생산된다)를 설명하는 단계로 옮겨간다.

대부분의 나라들에서는 노동력 가치의 이 고정된 수치를 결정하는 방법들을 찾아내기 위해 노력해왔다. 예를 들어 최저임금의 법제화에서는 주어진 장소와 시기에 있어 고정된 수치의 역할이 매우 중요하다. 반면 최저임금을 올리느냐 마느냐를 둘러싼 정책적 대결은 노동력 가치의 결정에 있어 정치투쟁이 차지하는 역할을 가장 잘 보여주는 사례이기도 하다. 최근 '생계임금'을 둘러싼 각 지방의 투쟁들도 고정된 수치와 이 수치를 결정하기 위한 사회적 투쟁의 개념을 함께 설명해준다.

노동력 가치에 대한 맑스의 이 정식과 함께 또하나 흥미로운 문제는 소위 빈곤선(poverty level)을 계산해내는 문제다. 1960년대 중반 몰리 오샨스키(M. Orshansky)는 빈곤선을 계산하는 하나의 방법을 고안해냈는데, 그것은 최소한의 수준에서 4인가족의 재생산에 필요한 상품들의 묶음을 구매하는 데 요구되는 화폐액을 계산하는 것이었다. 이것이 바로 맑스가 언급했던 바로 그 주어진 수치의 한 종류다. 그러나 1960년대 이후 이 개념의 정의를 둘러싸고 끊임없는 논란이 이어졌는데, 그것은 이 개념이 공공정책(예를 들어 복지나 사회보장 등)의 토대가 되었기 때문이다. 이 상품묶음의 양이 얼마가 되어야 적절할지 — 교통비나 의복비, 식품비, 집세가 각기 얼마가 되어야 하는지(그리고 오늘날에는 핸드폰 요금이 얼마가 되어야 하는지) — 가 쟁점이 되었던 것이다. 오늘날 4인가족 기준의 빈곤선 액수는 연 2만달러 정도다. 우파들은 여기에 대해 상품묶음이 잘못 구성되어 빈곤선이 과장되었다고 말한다. 그러나 많은 연구들에 따르면 뉴욕 같이 생활비가 비싼 지역에서는 이 액수가 2만 6000달러는 되어야 한다. 이들 논란에서 중심이 된 것이 역사적·정치적·도덕적 요소라는 것은 분명한 사실이다.

이제 다시 W-G-W를 통한 노동력의 유통이라는 개념과, 이 유통과 자본가가 수행하는 W-G-(W+△W) 유통 간의 차이 문제로 되돌아가보기로 하자.

화폐소유자(즉 자본가 — 하비)가 교환을 통해 받게 되는 사용가치는 노동력이 현실적으로 사용됨으로써(즉 노동력의 소비과정을 통해) 비로소 나타난다. (…) 노동력의 소비과정은 동시에 상품의 생산과정이기도 하며 또한 잉여가치의 생산과정이기도 하다. 노동력의 소비는 다른 모든 상품의 소비와 마찬가지로 시장(곧 유통영역)의

외부에서 이루어진다.(M189)

이어서 그는 시야를 완전히 다른 방향으로 돌린다.

  그러면 이제 우리는 모든 것이 드러나 있고 누구에게나 쉽게 눈에 띄는 이 소란스러운 유통영역을 벗어나, 화폐소유자와 노동력의 소유자가 함께 들어가는 비밀스러운 생산의 장소(곧 출입구에 '관계자 외 출입금지'라는 팻말이 붙어 있는 그 장소)로 이 두 사람의 뒤를 따라가보도록 하자. 이곳에서는 자본이 어떻게 생산하는지에 대한 것뿐만 아니라, 자본 그 자체가 어떻게 만들어지는지에 대한 것도 함께 밝혀질 것이다. 화폐증식의 비밀이 마침내 드러나게 되는 것이다.(M189)

그리고 나서 맑스는 부르주아적 헌정질서에 멋진 일격을 날린다. 유통과 교환의 영역을 떠난다는 것은 헌법적 원리에 입각하여 "천부인권의 진정한 낙원"으로서 건설된 영역을 떠난다는 것을 의미한다. 시장은 "오로지 자유·평등·소유, 그리고 벤담(J. Bentham, 19세기 영국의 대표적 공리주의자. 『자본』에서 종종 등장하는 '벤담'이라는 표현은 '공리주의'라고 읽어도 무방하다—옮긴이)"이 지배하는 곳이다.

  자유! 왜냐하면 상품(예를 들어 노동력)교환의 구매자와 판매자는 오로지 그들의 자유로운 의지에 따라 구매자와 판매자가 되었기 때문이다. 그들은 법적으로 자유롭고 대등한 인간으로서 계약을 맺는다. (…) 평등! 왜냐하면 이들은 오로지 상품소유자로서만 서로 관계하며 등가물을 서로 교환하기 때문이다. 소유! 왜냐하면 이들 각자는 모두 자신의 것만을 처분하기 때문이다. 벤담! 왜냐하면 양쪽 모두에게 중요한 것은 오로지 자기 자신뿐이기 때문이다. 그들을 하나의 관계로 묶어주는 유일한 힘은 그들 자신의 이익〔즉 각자의 개별적인 이익, 각자의 사적인 이해〕이 발휘하는 힘이다. 이렇듯 그들이 각자 자기만 생각하고 타인을 생각하지 않는 바로 그 이유 때문에 모든 사람은 사물의 예정조화가 빚어내는 결과에 따라〔또는 빈틈없는 섭리의 보호 아래〕 오로지 그들 상호간에 이익이 되는 사업〔즉 공익의 사업, 전체에게 이익이 되는 사업〕만을 수행하게 되는 것이다.(M189/190)

부르주아의 자유주의적 헌법정신과 시장질서에 대한 맑스의 풍자적 묘사는 다음과 같은 마지막 구절로 끝맺고 있다.

속류 자유무역론자들이 자신들의 견해나 개념, 그리고 자본-임노동 사회에 관한 자신들의 판단기준을 세운 것이 바로 이 단순 유통〔또는 상품교환〕의 영역인데, 이제 이 영역을 떠나는 시점에서 우리는 등장인물들의 모습들이 벌써 약간 변해버린 것을 느끼게 된다. 옛날에 화폐소유자였던 사람은 자본가가 되어 앞장을 서고 있고, 노동력의 소유자는 자본가의 노동자로서 그의 뒤를 따라간다. 전자는 의미심장하게 웃음을 띠면서 바쁘게 가고, 후자는 머뭇머뭇 마지못해서 마치 자신의 가죽을 팔아버리고 이제 무두질당하는 것 말고는 아

무것도 기대할 수 없는 사람처럼 뒤따라간다.(M190/191)

　노동자에게 주어진 자유의 이중적 의미와 부르주아적 권리에 대한 이 추가적 설명과 함께, 이제 논의는 (거의 우리들의 눈에 드러나지 않고, 주로 공장에서 가장 전형적으로 이루어지는) 생산의 영역으로 옮겨간다. 이제 맑스의 뒤를 따라 다음 장으로 들어가보자.

『자본』제1권의 논의의 경로

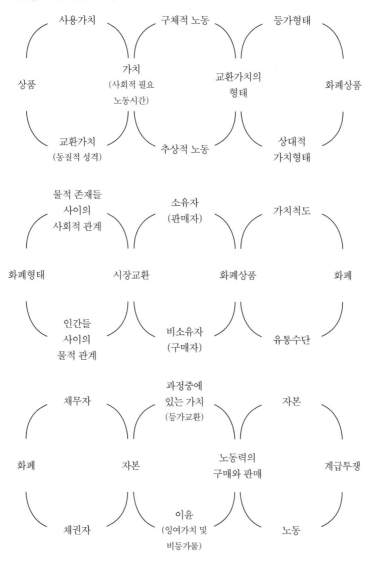

지금까지 맑스의 논의가 취해왔던 방향으로 눈길을 잠깐 돌려보고자 한다. 그의 논의의 변증법적인 고리들을 통해 그것을 도표로 그려보았다(위의 그림을 보라). 맑스의 논의를 이 도표처럼 단순화시켜버리면 그의 풍부한 생각을 충분히 담기 어려운 것이 사실이지만, 이처럼 약간 단순화하면 소용돌이치듯 복잡한 역류가 섞여 있는 그의 논의를 보다 쉽게 따라갈 수 있을 것이다.

그는 상품이라는 단일 개념으로부터 시작하는데 이 상품은 사용가치와 교환가치라는 두가지 성격을 지닌다. 교환가치의 배후에는 사회적 필요노동시간("사회적"이라는 말은 누군가가 사용가치를 필요로 하고 있다는 것을 의미한다)으로 규정된 가치라는 단일 개념이 놓여 있다. 가치는 구체적 노동과 추상적 노동의 이중성을 품고 있는데, 이들 두 노동은 교환행위를 통해 합쳐지고 가치는 이 교환행위를 거치면서 상대적 가치형태와 등가형태의 이중성을 통해 표현된다. 여기에서 일반적 가치형태인 화폐상품이 등장하는데, 그러나 이 화폐상품은 가치가 내포하고 있는 사회적 관계의 의미를 은폐하고 상품의 물신성(즉 사람들 사이의 물적 관계와 물적 존재들 사이의 사회적 관계)을 만들어낸다. 시장에서 사람들은 서로 인간으로서가 아니라 물적 존재의 구매자와 판매자로서 관계한다. 여기에서 맑스는 자유주의 이론에서처럼 사적 소유권, 법률적 개인, 그리고 완벽하게 기능하는 시장 등을 가정한다. 이런 세계 속에서는 화폐(즉 가치형태)가 서로 다른(그리고 적대적인) 두 기능을 수행하는데 그것은 곧 가치척도와 유통수단으로서의 기능이다. 그러나 실제로 존재하는 것은 단 하나의 화폐이고 이들 두 기능 사이의 긴

장은 얼핏 새로운 화폐관계(즉 채무자와 채권자 간의 관계)에 의해 해소된 것처럼 보인다. 이것은 논의의 초점을 W-G-W의 유통형태로부터 G-W-G로 전환시키는데, 물론 이 G-W-G는 바로 자본을 하나의 물적 존재가 아니라 하나의 가치의 유통형태(즉 잉여가치 내지 이윤을 창출)로 규정하는 개념의 선행형태, 다시 말해 G-W-(G+△G)의 선행형태다. 이것은 완벽한 시장에서의 등가교환과 잉여가치의 생산에서 요구되는 부등가물 간의 모순을 불러일으킨다. 이 모순은 노동력 상품에 의해 해소되는데 이 노동력 상품은 시장에서 매매된 다음, 가치(따라서 또한 잉여가치)의 생산에 사용될 수 있다. 그리하여 결국 우리는 자본-임노동의 계급관계라는 핵심개념에 도달하게 된다.

이 고리들은 인과관계에 따라 이어져 있는 것이 아니다. 이것은 양파껍질을 벗기듯 단계별로 하나씩 전개되는 것으로서, 각 단계는 복잡성의 수준이 제각기 다르며, 논의는 상품 속에 존재하는 단순한 대립에서 시작하여 점점 더 깊은 수준으로 확대되면서 자본주의 생산양식이 작동하는 방식을 다양한 관점에서 통찰한다. 이런 변증법적 확장은 이 책 전체에 걸쳐 진행되는데, 예를 들어 계급관계와 계급투쟁의 등장과 절대적 잉여가치와 상대적 잉여가치의 이중적 개념에서 바로 그렇게 진행된다. 이런 확장은 보다 거시적 규모에서도 이루어지는데, 즉 제1권 전체는 잉여가치의 생산영역을 주로 다루고 제2권은 유통과 잉여가치의 실현에 초점을 맞추고 있으며 제3권에서는 생산과 실현의 모순이 공황이론의 기초를 이룬다. 이제 다시 원래의 이야기로 되돌아가보자.

이 도표는 맑스가 자신의 논의를 유기적으로 발전시켜나가는 방법과 그의 변증법적 도약이 이루어지는 구조를 이해하는 데 도움이 된다. 그러나 역동적이며 모순적으로 발전해가는 자본주의 생산양식에 대한 맑스의 분석에서 이 도표가 단지 피와 살을 이어주는 골격의 형태에 지나지 않는다는 것을 반드시 잊지 말기 바란다.

제5장

노동과정과 가치증식과정

이제 우리는 "소란스러운" 시장영역(즉 자유, 평등, 소유 그리고 벤담의 영역)을 떠나 노동과정의 내부로, 즉 "관계자 외 출입금지"라는 팻말이 붙어 있는 그곳으로 들어가보기로 한다. 그런데 이 장은 한가지 점에서 약간 특이하다. 대부분의 경우 맑스는 두드러지게 자본주의 생산양식에 해당하는(그리고 그 생산양식 내에서 형성된) 개념적 범주들만을 다루고 있다. 예를 들어 가치는 보편적 범주의 개념이 아니고 부르주아 시기에 등장한 자본주의에만 해당하는 개념적 범주다(아리스토텔레스는, 이미 살펴보았듯이, 노예제라는 주어진 조건 때문에 이 개념을 제대로 포착할 수 없었다). 그러나 맑스는 이 장 초반 10쪽 이상에 걸쳐 모든 생산양식에 적용될 수 있는 보편적 논의를 전개한다. 그는 우리가 "노동과정"을 "모든 특정한 사회형태로부터 독립시켜 고찰해야만 한다"(M192)고 말하는데, 이는 앞서 자신이 취했던 입장을 재확인하는 것으로서, 즉 그는 이미 노동이 "그 사회형태가 무엇이든 그것과는 무관하게 인간의 존재조건이며 인간과 자연 사이의 물질대사를 매개하고 그리하여 인간의 생활을 매개하기 위한 영원한 자연필연성"(M57)이라고 했던 것이다.

그러나 이 말을 부르주아적 개념 — 여기에서는 "인간과 자연", 문화와 자연, 자연적인 것과 인위적인 것, 정신적인 것과 육체적인 것 사이의 분리가 명확하고 역사도 인간과 자연이라는 독립적인 두 요소간의 거대한 투쟁으로 간주한다 — 으로 해석해서는 안된다. 맑스의 관점에서 노동과정은 그렇게 명료하게 두 요소가 분리되어 있는 과정이 아니다. 노동과정은 전적으로 자연적인 것이면서 동시에 전적으로 인간적인 것이기도 하다. 그것은 자연적인 것과 인간적인 것을 분리하는 것이 불가능한 "물질대사"의 하나의 변증법적 계기로 파악된다.

그러나 상품의 경우와 마찬가지로 이 노동과정의 단일한 개념 내부에서 우리는 곧 이중성을 보게 된다. 이 과정은 "인간과 자연 사이의 한 과정, 다시 말하면 인간이 자기 자신의 행위를 통해 인간과 자연 사이의 물질대사를 매개하고 규제하며 통제하는 한 과정"이다. 인간 존재는 자신을 둘러싸고 있는 세계와의 관계에서 능동적인 존재다. 그래서 인간은

하나의 자연력으로서 자연소재와 대립한다. 그는 자연소재를 자신의 생활에 유용한 형태로 만들기 위해 자신의 타고난 신체의 힘인

팔·다리·머리·손 등을 움직인다. 그는 이런 움직임을 통해 자기 외부의 자연에 작용을 가하고 그것을 변화시키며 또한 이를 통해 자신의 본성까지도 변화시킨다.(M192)

이는 인간과 자연 간의 관계에 대한 맑스의 변증법적 개념이 가장 분명하게 드러나는 문장이다. 우리는 우리 자신을 변화시키지 않고는 우리 주변에서 일어나고 있는 일들을 변화시킬 수 없다. 거꾸로 우리는 우리 주변을 둘러싸고 있는 모든 것들을 변화시키지 않고는 우리 자신을 변화시킬 수 없다. 이런 변증법적 관계의 단일한 성격은 ── 비록 그것이 자연의 "외부화"와 사회적인 것의 "내부화"를 포함하고 있긴 하지만 ── 결코 바뀔 수 없다. 끊임없이 세계를 변화시킴으로써 자신을 변화시키는(반대의 경우도 포함한다) 이 변증법은 자연 그 자체의 진화는 물론 인간사회의 진화를 이해하는 데에도 핵심적이다. 그러나 이 과정은 인간 존재에게만 고유한 것이 아니다. 개미도 그렇게 하고 비버도 그렇게 하며 모든 종류의 유기적 생물이 그렇게 한다. 지구상에 존재하는 모든 생명체의 역사는 이런 종류의 변증법적 상호작용으로 점철되어 있다. 예를 들어 제임스 러블록(J. Lovelock)은 가이아 가설(Gaia hypothesis)을 제기하면서 오늘날 우리의 생명을 유지시켜주는 대기가 원래부터 존재하던 것이 아니라 한때 메탄을 흡수하고 산소를 만들어내면서 살던 유기체가 만들어 낸 것이라고 주장한다. 유기체의 생활과 자연세계의 진화 사이의 변증법은 처음부터 모든 것의 중심이 되어왔던 것이다.

초기 저작에서 맑스는 인간의 "유적 존재"로서의 독특한 성격을 자주 거론한다(아마도 후기 포이어바흐L. A. Feuerbach의 인류학적 논의는 물론 칸트의 인류학적 논의에 근거한 것으로 보인다). 이는 『자본』의 논의에서 중심적 지위를 차지하지는 못하지만 여기에서 보듯이 가끔씩 드러나지 않게 영향력을 행사한다. 그렇다면 인간에게만 고유한 노동이란 도대체 어떤 것인가? 맑스는 이렇게 말한다.

거미는 직물업자가 하는 것과 비슷한 작업을 수행하고, 또 꿀벌은 자신의 집을 지음으로써 수많은 인간 건축가를 무색하게 만든다. 그렇지만 아무리 서툰 건축가라도 가장 우수한 꿀벌보다 처음부터 앞서 있는 점은, 건축가는 밀랍으로 집을 짓기 전에 미리 그것을 자신의 머릿속에서 짓는다는 데에 있다.(M193)

이것은 매우 중요한 구절이다. 맑스는 우리가 생각을 먼저 하고 나서 그것을 실현한다고 말한다. 즉 인간의 생산활동에는 언제나 "관념적"(정신적, 즉 공상적) 계기가 존재한다는 것이다. 더구나 이 계기는 우연적인 것이 아니다. "인간은 단지 자연의 형태를 변화시키는 데 그치는 것이 아니라, 동시에 그 자연물을 통해 (…) 자신의 목적도 실현한다." 인간의 행동은 의도적인 것이다. "그리고 이것은 그가 잘 알고 있는 것이면서 동시에 자신의 행동방식을 결정하는 기준이기도 하며 또한 자신의 의지를 예속시켜야만 하는 자신의 목적"이다. 그는(우리도) 세심한 주의를 기울일 필요가 있는데 그것은

노동이 그 내용과 수행방식 때문에 노동자의 마음에서 점점 매력

을 잃어가고 그 결과 노동자에게 노동이 자신의 육체적·정신적 능력
을 발휘하는 즐거운 활동이던 것에서 점점 멀어져갈수록(M193)

더욱 그러하다.

이 중요한 구절에 대해 지적해두어야 할 점이 여럿 있는데 그것들
은 모두 진정 중요하다. 첫째, 여기에서 맑스는 노동과정에 대한 푸
리에의 개념을 자신의 생각과 대비하고 있는 것이 분명하다. 푸리에
는 노동과정이—비록 순수한 유희가 될 수는 없겠지만—즐거워
서 열정적으로 참여하는 것이어야 한다고 생각했다. 그러나 맑스는
노동과정이 그런 것이 아니라고 말한다. 머릿속에 그린 것을 현실
로 만들어내고, 목적을 의식적으로 실현하기 위해서는 힘든 노동을
감수하고 자제력을 발휘해야 하기 때문이다. 둘째, 맑스는 여기에서
정신적 개념과 의식적이고 의도적인 행동에 대해 결정적 역할을 부
여하고 있는데 이것은 자주 그의 이야기로 거론되는 주장—즉 물
적 조건이 의식을 규정하고 우리의 사유는 우리의 생활을 둘러싸고
있는 물적 조건을 반영한다—과 모순된다. 그는 여기에서 그렇지
않다고 분명하게 말하면서, 우리의 행동에는 관념적인(정신적인)
것이 매개되고 있다고 말한다. 즉 건축가(여기에서 건축가는 하나
의 직업이기보다는 하나의 은유로 간주해야 한다)는 세상을 생각하
고 그 세상을 자신의 생각에 맞추어 변형할 수 있는 능력이 있다는
것이다. 어떤 연구자들은 맑스가 이 구절에서 잠시 자신의 명제를
잊었다고 주장하거나 혹은 그가 사실상 조기 치매에 걸렸다고—즉
두개의 맑스주의가 존재한다는 주장, 다시 말해 이 구절에서 보듯이

관념과 정신활동의 자유로운 작용을 인정하는 맑스와 우리의 의식과 사유가 우리의 물적 조건에 의해 결정된다고 보는 결정론적 맑스가 각기 별개로 존재한다──주장하기도 한다. 나는 이 두 견해 모두에 찬성하기 어렵다.『자본』즉 맑스가 출판을 위해 주의깊게 손을 본(나중에 비판에 대응하기 위해 수정이 이루어졌다) 이 저작의 핵심부분에서 맑스가 자신의 세계관과 전혀 다른 입장을 취했을 것 같지는 않기 때문이다. 혹시 이 구절이 그의 초고 노트나『경제학비판요강』에 실린 것이라면 모르겠다. 그러나 이 구절은『자본』의 논의에서 핵심적인 전환점 부분에 자리잡고 있다. 따라서 이는 진지하게 읽고 주의깊게 해석해야 마땅하다.

노동과정을 물질대사의 계기로 이해한 맑스의 변증법적 개념은 곧 관념이 무(無)에서 만들어질 수 없다는 것을 가리킨다. 관념은 어떤 의미에서는 전적으로 자연적인 것이다(이 견해는 헤겔의 관념론과 근본적으로 대립되는 것이다). 그러므로 관념이 물적 자연과의 물질대사 관계로부터 발생하고 언제나 자신의 이 발생과정에서 물려받은 특성을 품고 있는 것은 전혀 이상한 일이 아니다. 세계에 대한 우리의 정신적 개념들은 우리의 물적 경험(즉 세계에 대한 우리의 주도적인 참여)과 동떨어진 것이 아니고 따라서 이런 참여와도 무관한 것이 아니다. 그러나 내적 관계의 외부화는 불가피하다(이 문제를 화폐 및 상품의 경우와 비교해보면 이해하는 데 도움이 된다). 그래서 화폐의 세계가 (특히 그것이 지폐 같이 상징적 형태를 취할 경우) 상품(사용가치)의 세계에 대립하는 것처럼 나타나고 또 "실제로 그렇게 대립적으로 존재"(물신성 논의 부분을 참고하라)할 수 있는 것과 똑같은 방식으로, 우리의 정신적 개념도 우리가 재구성하려고 하는 물적 세계에 대해 대립적 관계를 갖는다. 그리하여 상상이 날개를 펴게 되면(즉 내가 만들려고 하는 것이 저것이 아니라 이것이라고 내가 말하게 되고 또 말할 수 있게 되면), 변증법적 운동을 통해 (인간의 근력을 포함하여) 자연력을 사용해서 새로운 다른 것을 생산하는 방식을 거쳐 (예를 들어 도공이 회전판 위에서 다양한 모양의 도자기를 빚어내는 것처럼) 물적 요소는 변형을 겪게 된다. 여기 맑스의 논의에서는 관념과 정신적 개념들에 대한 개방적 입장이 포착된다. 그리고 화폐제도가 걷잡을 수 없는 방식으로 금융공황을 불러일으키듯, 우리의 정신적 개념들(즉 우리들의 이데올로기적 고정관념들)도 걷잡을 수 없는 방식으로 위기를 불러일으킬 수 있다. 사실 이것은 맑스가 부르주아적 세계관──즉 로빈슨 크루쏘우 모델과 허구적인 사적 소유의 찬양, 그리고 완벽하게 작동하는 시장 등──전체에 대해 취하고 있는 정확한 입장이다. 화폐제도가 일정한 지점에 도달하면 어쩔 수 없이 사회적 필요노동이라는 물적 세계와의 관계로 복귀하는 것과 꼭 마찬가지로, 만일 우리가 오늘날의 자본주의에서 점점 더 심화되고 있는 사회적·환경적 문제를 이야기하고자 한다면, 바로 그 순간부터 (여전히 우리를 상당부분 지배하고 있는) 부르주아적 세계관도 어쩔 수 없이 점차 더 올바른 정신적 개념들로 나아갈 수밖에 없을 것이다.

그런데 여기에서는 올바른 정신적 개념들로 나아가려는 투쟁(이 투쟁은 대개 "단지" 상부구조의 문제일 뿐이라고 치부되곤 하지만 사실 맑스는 이 영역을 우리가 문제를 "의식하게 되고" 그 문제에 대항해 "투쟁하게 되는" 영역이라고 말했다)이 중요한 역할을 수행하게 된다. 그렇지 않다면 맑스가 왜 『자본』을 쓰기 위해 그렇게 온갖 노력을 기울였겠는가? 그러므로 맑스가 정신적 개념과 의식, 의도 그리고 참여 등의 개념을 다룬 이 부분은 노동을 통해 이루어지는 사회의 진화, 그리고 자연과 인간본성의 변화 등이 이루어내는 동학으로부터 전혀 벗어난 논의가 아니다. 오히려 그것은 본질적인 논의에 해당한다.

맑스는 또한 (주택을 짓는 것 같은) 작업과제를 완수하기 위해서는 힘든 노동을 수행해야 하고, 우리가 일단 어떤 작업과제에 매달리게 되면 누구나 대개 이 과제의 영역 속에 갇혀버린다고 말한다. 만일 우리가 어떤 작업과제를 완수하려 한다면 우리는 이 과제의 요구에 따라야 하고 우리 자신과 우리의 정열을 과제가 의도하는 바에 따라 집중해야만 한다. 예를 들어 나는 책을 쓸 때마다 늘 멋지고 흥분되는 아이디어로 시작하지만 그것을 끝낼 때쯤에는 마치 감옥에서 벗어나는 것 같은 느낌을 받곤 한다. 그런데 여기에는 훨씬 더 폭넓은 의미가 담겨 있다. 맑스의 비판적 감각의 핵심에는 모든 인간존재는 너무도 쉽게 자신의 생산물이나 작업과제(잘못된 정신적 세계관은 말할 것도 없고)에 사로잡힐 수 있다는 생각이 놓여 있다. 이 비판적 감각은 자본주의──이것이 맑스가 가장 강력하고 설득력있게 이야기하려 했던 대상이었음은 말할 필요도 없다──는 물론 공산주의, 사회주의, 고대 로마 등에 똑같이 적용될 수 있다.

이 구절들을 흥미롭게 만드는 또다른 측면이 있다. 내가 보기에 맑스는 노동과정에 창조적이고 고귀한 성격을 부여하고 있는 것 같

216

다. 그의 논의에서는 낭만주의적 색깔이 짙게 느껴진다. 맑스가 19세기 초 낭만주의로부터 영향을 받았다는 것은 의심의 여지가 없다. 그의 초기 저작들에는 낭만주의적 감수성과 함의가 스며들어 있다. 그의 후기 저작들에서도 이런 감각이 상당히 억제되어 있긴 하지만 여전히 남아 있다는 점을 쉽게 알아볼 수 있다(예를 들어『경제학 철학 초고』*Economic and Philosophical Manuscripts of 1844*에서 매우 논쟁적 형태를 띠고 있던 소외 개념도『자본』에서 좀더 기술적 의미를 띤 채 이어진다). 그런데 여기에서 그는 인간 존재가 자신의 생각과 목적의식에 따라 세계를 급진적 방식으로 변화시킬 수 있으며 또한 그들이 무엇을 하고 있는지를 의식할 수 있다고 분명하게 말한다. 그리고 그렇게 함으로써 인간은 자신을 변화시킬 힘을 가지고 있다고 덧붙인다. 따라서 우리는 우리의 목적에 대해 생각하고, 언제 그리고 어떻게 우리가 세계에 개입해 자신을 변화시킬 것인지를 의식해야만 한다. 우리는 이런 변증법적 가능성을 창조적으로 포착할 수 있으며 또 그렇게 해야만 한다. 그러므로 우리와 관련된 외부화된 자연의 변화 가운데 중립적인 것이란 없다. "바깥에서" 우리가 행하는 것은 전부 우리의 "내면"과 관련된 것이다. 맑스는 우리로 하여금 바로 그의 변증법이 우리에게(그리고 우리도 그 일부를 구성하는 자연에게) 무엇을 의미하는지를 생각하게 만들고 그리하여 노동과정을 보편적 방식으로 이해하도록 만든다. 이것은 인간의 본성이 주어진 것이 아니라 끊임없이 진화한다는 것을 가리킨다.

여기에서 맑스가 취하고 있는 입장은 논란의 여지가 있다(적어도 나는 그렇게 읽었다). 거기에 반론을 제기할 수 있는 여지는 충분히 많다. 예를 들어 여러분은 푸리에의 입장을 취할 수도 있고 네그리(T. Negri), 할로웨이(J. Holloway), 클레버(H. Cleaver)——클레버의 책 『정치적으로 자본 읽기』[14]는 현재 우리가 당면한 문제들을 심도 있게 다룬다——등의 자율주의적 맑스주의 입장을 취할 수도 있다. 그러나 여러분은 여기에서 맑스가 말하고 있는 맥락을 어느정도 이해해야만 하고, 또 이것이 바로 그가 자신의 입장을 취하는 방식이라는 것, 그리고 창조적 노동의 잠재력과 세계의 변화에 대해 그가 품고 있는 비전이라는 것을 알아야만 한다.

———

그렇다면 인간이 생존하기 위해 반드시 필요한 보편적 조건으로서의 노동과정을 어떻게 규정할 수 있을까? 맑스는 세가지 기본요소를 든다. "합목적적인 활동〔즉 노동 그 자체〕과 노동대상 그리고 노동수단"(M193)이 그것이다. 먼저 노동대상으로 토지(즉 있는 그대로의 자연)가 주어진다. 그러나 그는 곧바로 여기로부터 벗어나 있는 그대로의 자연을 원료(즉 인간의 노동에 의해 부분적으로 변형, 창조 혹은 채취되는 세계)와 구별한다. 노동수단의 경우에도 비슷한 구분이 나타난다. 노동수단은 곧바로 주어질 수도 있다. 즉 우리가 바로 사용할 수 있는 막대기, 돌 등이 바로 그것이다. 그러나 칼과 도끼처럼 의식적으로 만들어진 노동수단들도 있다. 이처럼 지구는 우리들의 "창고" 혹은 "우리들의 일차적인 공구실"이며 인류는 오래 전부터 자연과 노동수단 모두를 자신의 생각에 맞추어 변형해왔다. 맑스는 약간의 증거자료와 함께 프랭클린(B. Flanklin)을 인용하면서 인간이 "도구를 만드는 동물"로 정의될 수 있다고 말한다. "노동수단의 사용과 창조는——비록 맹아적으로는 이미 다른 동물의 속성이 되어 있기도 하지만——특수한 인간 노동과정의 특징"(M194)을 이룬다. 그런 다음 맑스는 그가 나중에 자세히 다루게 될 논의를 덧붙인다.

> 무엇이 만들어졌느냐가 아니라 어떠한 노동수단을 사용해 어떻게 만들어졌느냐가 각 경제시대를 구분짓는다. 노동수단은 인간노동력의 발전수준을 측정하는 바로미터일 뿐만 아니라 노동이 이루어지는 사회적 관계의 계기판이기도 하다.(M195)

이 말의 의미는 노동수단의 변화가 사회적 관계의 결과물이면서 동시에 그 반대이기도 하다는 것이다. 즉 우리의 사회적 관계가 변하면 우리의 기술도 틀림없이 변하게 되고 우리의 기술이 변하면 우리의 사회적 관계도 변한다는 것이다. 그리하여 그는 여기에서 기술과 사회적 관계 사이의 변증법에 대한 개념을 제시하고 있는데 이 변증법은 뒤에서 다시 중요하게 다루어질 것이다. 이미 보았듯이 이 것은 전형적인 맑스의 방식인데, 즉 나중에 다루게 될 논의를 미리 이런 식으로 간단히 언급해서 변죽을 울려놓는 것이다.

그런데 우리의 관심은 전통적 의미의 도구에만 머물지 않는다. 역시 인간의 노동에 의해 만들어진 물적 사회간접자본시설들은 노동과정에 직접 관여하지는 않지만 노동과정의 수행에 반드시 필요한 것이다. "노동을 통해 이미 매개된 이런 종류의 노동수단들에는 예를 들어 작업장·운하·도로 따위가 있다"(M195). 노동과정은 자연으로부터의 원료 채취뿐만 아니라 작업장, 도로, 도시기반시설 등의 설비조건(때때로 이들은 "제2의 자연"이라고도 불린다)에도 의존한다.

그렇다면 실제 노동과정 그 자체는 어떻게 되어 있을까? 여기에서 맑스는 과정과 물적 존재 사이의 관계로 되돌아간다. 노동은 하나의 과정이다. 즉 그것은 어떤 것을 다른 어떤 것으로 변화시킨다. 이 변화는 기존의 사용가치를 제거하고 다른 사용가치를 만들어낸다. "노동자 편에서는 운동의 형태를 띠고 있던 것이 이제 생산물 편에서는 움직이지 않는 존재의 형태로 나타난다. 노동자는 방적을 수행하고 생산물은 방적된 직물이 된다"(M195). 여기에는 항상 과정과 물적 존재 사이의 이런 차이가 존재한다.

이 부분은 내가 맑스의 주장에 대해 항상 높이 평가하는 부분이다. 교육자로서 나는 끊임없이 과정과 물적 존재 사이의 관계에 직면한다. 학생들의 학습과정은 최종적으로 리포트 같은 성과물로 평가된다. 그러나 만들어진 물건을 통해 과정을 평가하는 것은, 비록 불가능하지는 않지만, 가끔 매우 어렵다. 학생들은 놀라울 정도로 큰 깨우침을 얻는 과정을 통해 많은 것을 배울 수도 있지만, 정작 그들이 작성한 리포트가 변변찮은 것일 경우 그들은 F학점을 받을 수 있다. 그럴 경우 그들은 이렇게 말한다. "그래도 나는 이 과목에서 많은 것을 배웠는걸요!" 그러면 나는 이렇게 말한다. "어떻게 이런 리포트를 쓰면서 무엇인가를 배웠다고 말할 수 있단 말인가?" 그러나 이것은 우리가 일상적으로 흔히 접하는 문제다. 우리는 성과물을 만들어내는 데 완전히 실패하고도 그 과정에서 엄청난 것을 배우곤 한다.

맑스에게 있어 노동하는 것의 핵심은 그 과정에 있다. 자본이 하나의 유통과정으로 파악되는 것과 똑같은 방식으로 노동은 무엇인가를 만드는 하나의 과정으로 파악된다. 그런데 노동은 사용가치를 만드는 과정이고 자본주의하에서 이것은 상품의 형태로 타인의 사용가치를 만드는 과정을 의미한다. 이 사용가치는 즉각 사용될 수 있는 것이어야 할까? 반드시 그럴 필요는 없다. 왜냐하면 과거의 노동이 미래의 용도를 위해 저장될 수 있기 때문이다(원시사회에서도 잉여생산물은 어려운 시기를 위해 남겨두는 것이 보통이었다). 이 세계에는 엄청난 양의 과거 노동이 작업장, 도시, 그리고 물적 인프라, 과거의 유적 등에 저장되어 있다. 매일매일의 노동활동도 중요하지만 이들 노동이 생산물이나 물건들에 저장되는 방식도 매우 중요한 역할을 수행한다. 게다가 노동과정은 종종 동시에 서로 다른 물건들을 생산하기도 한다. 이것은 '결합생산물'이라고 알려진 문제다. 소의 사육에는 우유, 고기, 가죽의 생산이 뒤따르고 양의 사육은 그것이 원래 고기를 얻기 위한 것이었다 할지라도 자동적으로 양모의 생산을 동반한다. 자본주의에서 이것은 여러가지 문제를 불러일으킨다. 즉 예를 들어 이런 결합생산물들의 각각의 가치를 어떻게 계산해야 하는가 하는 문제들이다. 한편 과거 노동의 생산물과 현재 노동활동 사이의 관계가 무엇인지에 대한 문제도 있다. 이것은 특히 기계의 가치와 관련된 문제에 있어 중요하다. "기계는 노동과정에

사용되지 않으면 쓸모가 없다." 이 말의 의미는

살아있는 노동은 이러한 물품들을 다잡아서 그것들을 죽음에서 소생시키고, 그것들을 단지 가능성으로만 머물러 있는 사용가치에서 현실적이고도 효과적인 사용가치로 전화시켜야만 한다. 그것들은 노동의 불에 단련되고(여기에서 맑스는 다시 노동의 핵심을 하나의 과정으로 간주하는 관점으로 돌아가고 있다―하비) 노동의 육신에 동화되며 노동과정 속에서 그들의 개념과 직분에 어울리는 기능을 부여받으면서 소모되는데, 그러나 이런 소모과정은 새로운 사용가치[즉 개인적 소비의 생활수단이나 새로운 노동과정의 생산요소로 투입될 수 있는 새로운 생산물]의 형성요소로서 합목적적으로 이루어진다.(M198)

그러므로 과거의 생산물 속에 응결되어 있는 죽은 노동의 가치가 다시 소생하게 되는 것은 그것이 살아있는 노동과 접촉함으로써다. 이것은 생산적 소비와 개인적 소비의 결정적 차이를 가리킨다. 생산적 소비는 과거의 노동이 완전히 새로운 사용가치를 만드는 현재의 노동과정에서 소비되는 것을 가리킨다. 반면 개인적 소비는 사람들이 그들 자신의 재생산을 위해 소비하는 것을 가리킨다.

맑스는 결론적으로 이렇게 주장한다. "노동과정은 사용가치를 생산하기 위한 합목적적인 활동이고, 인간의 욕구를 충족시키기 위한 자연물의 취득이며, 인간과 자연 사이의 물질대사의 보편적 조건이자(맑스의 분석에서 이 물질대사라는 개념이 얼마나 중요한지 다시

한번 유념해주기 바란다── 하비) 인간생활의 영원한 자연조건이
고"(이것은 맑스가 M57에서 했던 바로 그 이야기다── 하비)

따라서 인간생활의 모든 사회형태에 똑같이 공통된 것이다. 그러
므로 우리는 노동자를 다른 노동자와의 관계를 통해서 서술할 필요
가 없었다. 한편에서는 인간과 그의 노동, 다른 한편에서는 자연과 자
연소재만으로도 충분했다. 밀의 맛을 보고 그 경작자가 누군지 알아
낼 수 없는 것과 마찬가지로, 이 노동과정만 보고는 그것이 어떤 조
건 아래에서 행해지는지 알 수 없다.(M198/199)

여기 몇쪽에서 맑스가 말하는 것은 어떤 사회적 의미도 모두 배제
한 채, 그리고 어떤 사회구성체와도 무관하게 노동과정을 물적으로
분해하여 보편적 형태로 서술하는 것이다. 우리는 도랑을 파고 있는
어떤 사람의 노동과정을 물리적으로 매우 상세하게(삽에 포함된 과
거 노동과의 관계를 포함하여) 서술할 수 있다. 그러나 우리는 이런
서술을 통해서는 이 사람이 그냥 운동삼아 그 짓을 하는 약간 맛이
간 귀족인지, 혹은 농민인지, 혹은 노예인지, 아니면 임노동자인지,
죄수인지 전혀 말해줄 수 없다. 이처럼 노동과정을 살펴보면서, 거
기에 포함된 사회적 관계가 무엇인지 전혀 알지 못한 채로, 그리고
예를 들어 자본주의 생산양식에서 나타나는 이데올로기적·정신적
개념들에 대해 한마디도 하지 않은 채로, 그것을 순수한 물리적 과
정으로만 살펴볼 수 있는 방식이 존재한다. 그렇다면 이제 남은 것
은 자본주의가 노동과정의 이런한 보편적 능력과 힘을 어떻게 독특

한 방식으로 사용하는지를 살펴보는 일이다.

노동과정의 자본주의적 형태

"이제 장차 자본가가 되려는 사람에 대한 논의로 되돌아가보도록 하자. 우리가 그를 떠난 것은 그가 상품시장에서 노동과정에 필요한 모든 요소, 즉 물적 요소인 생산수단과 인적 요소인 노동력을 구입하고 난 이후였다." 그러나 노동력을 상품으로 매매하는 계약에는 두가지 조건이 붙어 있다. 첫째, "노동자는 그의 노동이 귀속되어 있는 자본가의 통제 아래 노동"(M199)한다. 즉 내가 어떤 자본가와 노동계약을 체결하면 그 자본가는 나에게 일할 것을 지시하고 작업 과제를 부과할 수 있는 권리를 얻는다. 물론 만일 이때 주어지는 일이 목숨이나 부상의 위험이 따르는 것일 경우에는 약간의 논란이 있을 수도 있겠지만, 일반적 원칙에 있어 노동자는 먹고살기 위해 돈을 받고 그 댓가로 자본가는 노동자에게 이런저런 지시를 내릴 수 있다. 노동력은 계약기간 동안 자본가에게 귀속되는 하나의 상품인 것이다. 두번째 조건은 계약기간 중 노동자가 생산한 것은 모두 노동자가 아니라 자본가에게 귀속된다는 것이다. 상품을 만들고 그 상품에 구체적 노동과 가치를 부여하는 것이 바로 나 자신임에도 불구하고 그 상품은 나에게 귀속되지 않는 것이다. 이것은 토지와 노동을 결합시켜 가치를 창출한 사람이 바로 그 가치의 사적인 소유주가 된다는 로크의 견해에 위배된다. 일반적으로 이 두 조건이 노동자를 노동과 생산물에 부여할 수 있는 창조적인 잠재력으로부터 완전히 소외시킨다는 점을 여러분도 알 것이다. "그가 자본가의 작업장에 들어가는 순간부터 그의 노동력의 사용가치(따라서 노동력의 사용, 즉 노동)는 자본가에게 속하게 된다. 자본가는 노동력을 구매함으로써 효모로서의 노동을(여기에서 우리는 『경제학비판 요강』에 나오는 "형태를 부여하는 불길"이라는 노동활동의 개념을 다시 만나게 된다──하비), 역시 자신에게 귀속된 생산물의 죽은 요소에 합체시킨다"(M200).

그러나 이들 두 조건은 자본가로 하여금 생산을 조직하여

생산을 위해 필요한 상품의 가치총액, 즉 그가 상품시장에서 상당한 화폐를 투하하여 구입한 생산수단과 노동력의 가치총액보다 큰 가치를 갖는 상품을 생산하고자 한다. 그는 사용가치뿐만 아니라 상품을, 즉 사용가치 외에도 가치를 생산하려 하며, 나아가 가치 외에 잉여가치까지도 함께 생산하려 한다.

그리하여 자본가는 "노동과정과 가치형성과정"을 통해 새로운 종류의 통일성을 이룩한다(M201). 이것이 바로 자본가가 하는 일이며, 자본가의 의식적인 목표다. 왜냐하면 이윤의 원천이 잉여가치에 있으며 자본가의 역할은 이윤을 추구하는 것이기 때문이다.

맑스는 이렇게 말한다.

문제의 조건은 모두 해결되고, 상품교환의 법칙은 조금도 침해되

지 않았다. 등가물이 등가물과 교환되었기 때문이다. 자본가는 구매자로서 면화와 방추(紡錘) 그리고 노동력이라는 각 상품에 대해 그 가치대로 지불했다. 그래서 그는 다른 모든 상품구매가 행하는 일을 행했을 뿐이다. 그는 이들 상품의 사용가치를 소비했다.

그렇게 함으로써 그는 처음 구매했을 때보다 더 큰 가치(따라서 잉여가치)를 가진 상품을 생산할 수 있다. "이 전체 과정, 즉 화폐의 자본으로의 전화는 유통영역에서 일어나는 것인 동시에 또한 유통영역에서 일어나는 것이 아니다"(M209)라고 맑스는 정리한다. 원료와 노동력은 시장에서 자신들의 가치대로 구매되어, 시장의 시야에서 사라진 생산과정을 통해 생산된 상품 속에 보다 큰 가치를 응결시키기 위해 투여된다. 이를 위한 충분조건은 제4장 2절 끝에서 정리한 바로 그것이다. 즉 화폐소유자는 "상품을 그 가치대로 구매하고 그 가치대로 판매하며, 나아가 그 과정의 끝부분에서는 그가 투입한 것보다 많은 가치를 회수하지 않으면 안된다"(M181). 결과는 마술 같은 것으로 나타나는데, 즉 자본은 황금알을 낳을 수 있는 것으로 나타날 뿐만 아니라

상품의 죽은 노동에 살아있는 노동을 합체시킴으로써, 자본가는 가치(즉 과거의 대상화된 죽은 노동)를 자본으로(즉 자기를 증식하는 가치로, 다시 말해 마치 애욕에 사로잡힌 듯이 움직이기 시작하는 살아있는 괴물로) 전화시킨다.(M209)

그 유통의 형태는 이런 모양이 된다.

$$
\begin{array}{c}
 A \\
G \longrightarrow W \qquad \cdots\cdots P \cdots\cdots W \longrightarrow (G + \triangle G) \\
 Pm
\end{array}
$$

G(Geld): 화폐, W(Ware): 상품, A(Arbeitskraft): 노동력, Pm(Produktionsmittel): 생산수단, P(Produktives Kapital): 생산자본, △G: 화폐증가분(잉여가치), ───: 교환과정, ······: 생산과정

이제 이 과정을 각 단계별로 좀더 자세히 살펴보기로 하자. 자본가는 생산수단(Pm), 즉 원료·기계·반제품 등 온갖 과거 노동(응결된 가치)의 생산물들을 구매해야 한다. 자본가는 교환의 법칙에 따라 이 상품들을 그 가치대로 지불해야만 한다. 방적기가 필요할 경우 방적기의 가치는 방적기에 포함된 사회적 필요노동시간에 의해 결정된다. 만일 누군가가 금으로 만든 방적기를 사용한다면 그것은 사회적으로 필요한 것이 아니다. 노동과정을 움직이기 위해 자본가는 시장에서 생산수단을 제때에 구할 수 있어야 한다. 노동력(A)의 구매가 이루어지는 것은 노동과정(P)을 통해 이 "죽은" 생산수단을 소생시키기 위해서다.

노동과정이 이루어지는 동안 노동은 끊임없이 불안정한 형태에서 존재의 형태로[즉 운동의 형태에서 대상성의 형태로] 전화한다. 1시간이 끝나면 방적노동은 일정한 양의 실로 표시된다. 즉 1노동시라는 일정량의 노동이 면화에 대상화된 것이다. 우리가 여기에서 1노동시

〔즉 방적공의 1시간 동안의 생명력 지출〕라고 부르는 것은 방적노동이 바로 노동력의 지출이기 때문에 그런 것이지, 그것이 방적이라는 특수한 노동이기 때문에 그렇게 부르는 것이 아니다.(M204)

다시 말해 이 방적이라는 행위에 합체되고 있는 것은 추상적 노동이며, 그것은 실 속에 응결되어 사회적 필요노동시간의 형태로 추가되고 있는 가치인 것이다. 그 결과

경험적으로 확정된 일정량의 생산물은 이제 일정량의 노동〔즉 일정량의 응결된 노동시간〕 외에는 아무것도 표시하지 않는다. 그것은 이미 사회적 노동의 1시간치나 2시간치 또는 1일치의 크기일 뿐이다.(M204)

또한 "이제 결정적으로 중요한 것은 그 과정이 진행되는 동안〔즉 면화가 실로 전화하는 동안〕 사회적으로 필요한 노동시간만이 소비된다는 사실이다"(M204).

그러나 노동일이 끝나고 나서 별다른 문제가 없으면 자본가는 마술처럼 자신이 잉여가치를 갖게 되었다는 것을 알게 된다. "자본가는 깜짝 놀란다"라고 맑스는 매우 풍자적으로 이야기한다. 생산물의 가치가 "투하된 자본의 가치(투입된 가치를 모두 합한 것—하비)와 같지"(M205) 않은 것이다. 그러면 주어진 등가교환의 법칙하에서 도대체 잉여가치는 어디에서 온 것인가? 맑스는 마찬가지의 풍자적인 말투로 "지옥으로 가는 길은 좋은 의도로 포장되어 있는

거야"(M206)라고 말한다.

그리하여 자본가는 잉여가치를 설명해줄 수 있는 그럴듯한 이유를 찾는다. 첫째는 절제다. 자본가는 현재의 소비를 자제하여 그들이 절약한 돈을 투자한다. 이런 절제에 대해 그들은 보상을 받을 자격이 있지 않을까? 이것은 자본주의의 발생에 프로테스탄트 윤리가 미친 역할에 대한 오랜 논쟁의 주제다. 둘째, 자본가는 사람들에게 일자리를 제공한다. 만일 자본가가 자신들의 돈을 투자하지 않는다면 일자리는 어디에도 없을 것이다. 불쌍한 노동자들을 보라! 자본가들은 자신들의 돈을 투자함으로써 그들에게 호의를 베풀고 있는 것이다. 그렇다면 자본가들은 그렇게 한 댓가로 약간의 수익을 얻을 만하지 않을까? 이것은 매우 일반적인 이야기이고 따라서 얼핏 보면 상당히 설득력있어 보인다. 투자가 일자리를 만들어내는 것이 아닌가? 나는 늘상 어머니에게서 이 이야기를 듣곤 했다. 어머니는 이렇게 말씀하셨다. "물론 자본가가 필요하지!" 나는 "왜 그런가요?"라고 되물었다. 그러면 어머니는 "만일 자본가가 없다면 누가 노동자들에게 일자리를 준단 말이냐?"라고 말씀하셨다. 그녀는 사람들에게 일자리를 줄 수 있는 다른 방법이 있다는 걸 생각하지 못했다. "자본가는 반드시 필요한 존재야. 우리가 그들을 붙잡고 잘 대해주는 것은 매우 중요해. 만일 그들이 노동자들을 고용하지 않으면 세상은 끔찍하게 될 거야. 1930년대에 어떤 일이 있었는지 생각해보렴!" 세번째 주장은 자본가들이 자신들도 열심히 일을 한다는 것이다. 그들은 생산설비를 갖추고, 그것들을 관리하며, 그들 자신의 노동시간을 거기에 투입하고 온갖 위험도 감수한다는 것이다. 맞다,

많은 자본가들은 일을 하며, 특히 그들 가운데 일부는 매우 열심히 일한다. 그러나 일을 할 경우 그들은 대개 자신들에게 그 댓가를 두 번 지불한다. 즉 그들이 투자한 자본에 대한 수익으로 한번, 그리고 경영자로서의 보수로 또 한번 지불한다. 그들은 CEO로서 보수를 받으면서 동시에 스톡옵션도 받는다.

맑스는 이 모든 설명들이 쓸데없는 핑계와 속임수에 지나지 않는다고 간주한다.

내가 지금까지 지껄인 것은 모두 농담이야. 이런 말을 해봐야 동전 한푼 생기지 않아. 이따위 쓸데없는 핑계나 속임수는 내가 고용하고 있는 경제학 교수들에게 일임하겠어. 나 자신은 실천적인 인간이므로, 사업 이외의 일에 대하여 말하는 것은 별로 깊이 생각해본 적이 없지만 사업을 통해 내가 무엇을 하는지는 언제나 잘 알고 있지.(M207)

자본가들은 실제로 근검절약할 수도 있고 또한 때로는 자신들의 노동자들에게 자비심을 보여줄 수도 있다(예를 들어 경기가 나쁠 때 자신들의 노동자들을 해고하지 않기 위해 온갖 노력을 다하는 식이다). 그러나 맑스의 논점은 자본가들이 도덕, 윤리, 자비심 등에 호소하는 방식으로는 자본주의체제 전체를 지속시킬 수 없으며, 자본가들의 사적인 행동(자비심으로부터 사악한 탐욕에 이르기까지)은 자본가들이 자본가가 되기 위해 반드시 해야만 하는 일(즉 간단히 말해 잉여가치를 획득하는 일)과는 아무런 관련이 없다는 것이다. 게다가 그들의 역할은, 맑스가 나중에 지적하듯이, "경쟁의 법칙"——선의를 가진 사람이든 탐욕에 눈이 먼 사람이든 상관없이 모든 자본가가 비슷하게 행동하도록 강제하는——에 의해 엄격하게 제약을 받는다.

잉여가치를 설명해주는 제대로 된 해답은 다음과 같다. 먼저 여러분이 노동력의 가치를 지불한다. 이때 노동력의 가치는 주어진 생활수준에서 노동자가 재생산되기 위해 필요한 상품들의 가치에 의해 결정된다. 노동자는 노동력 상품을 판매하여 돈을 얻은 다음 시장으로 가서 살아가는 데 필요한 각종 상품들을 손에 넣는다. 그런데 노동력 가치의 등가를 노동자가 재생산하는 데에는 매일 약간의 시간만 소요된다. 따라서 "노동력의 하루 유지비"와 노동력이 매일매일 창출하는 가치는 서로 전혀 다르다. "전자는 노동력의 교환가치를 규정하고 후자는 노동력의 사용가치를 규정한다." 노동은 W-G-W의 유통을 수행하고 자본은 G-W-(G+△G)의 유통을 수행한다.

노동자의 생활을 24시간 유지하는 데 1/2노동일이 필요하다는 사실은 노동자가 하루 종일 일하는 것에 아무런 영향을 끼치지 않는다. 그러므로 노동력의 가치와 노동과정에서 노동력의 가치증식은 서로 그 크기가 전혀 다르다. 자본가는 노동력을 구매할 때 이런 가치크기의 차이를 이미 염두에 두고 있었다. (…) 그런데 결정적인 것은 이 상품의 특수한 사용가치인데, 그것은 곧 가치의 원천이면서 동시에 자신이 지니고 있는 것보다 더 많은 가치의 원천이 되기도 한다는 바로 그 성질이다. 이것이야말로 자본가가 이 상품으로부터 기대하는 특수한 봉사다. 그리고 그는 이 거래에서 영원불멸한 상품교환의 법칙에 따라 행동한다. 사실상 노동력의 판매자는 다른 모든 상품의 판매자가 그렇게 하듯이 노동력의 교환가치를 실현하고 노동력의 사용가치를 양도한다.(M208)

노동이 획득하는 것과 노동이 창출하는 것 사이에는 결정적 차이가 존재한다. 잉여가치는 노동이 노동일 동안 상품 속에 응결시키는 가치와, 노동자가 노동력을 자본가에게 상품으로 양도하고 받는 가치 간의 차이로부터 발생한다. 요컨대 노동자는 노동력의 가치를 지불받는다. 그런 다음 자본가는 노동자를 그들 자신의 노동력 가치를 재생산할 뿐만 아니라 잉여가치도 함께 생산하도록 일을 시킨다. 자본가에게 있어 노동력의 사용가치는 그것이 가치와 잉여가치를 생산할 수 있는 상품이라는 점이다.

물론 좀더 자세히 고찰해야 할 세부적인 문제들이 많다. 예를 들어 우리는 앞절에서 노동력의 가치가 고정된 크기가 아니라 물리적인 욕구나 한 사회의 문명수준, 계급투쟁의 상태 등 여러 요인에 따라 달라진다는 것을 이야기한 바 있다. 스웨덴의 노동력 가치는 태국이나 중국의 노동력 가치와 전혀 다르다. 그러나 맑스는 논의를 단순화하기 위해 여기에서는 노동력의 가치를 고정된 크기로 가정한다. 그리고 어떤 사회의 주어진 시기의 노동력의 가치가 얼마인지를 우리는 대충 말할 수 있다. 그렇기 때문에 맑스는 자본가가 노동력의 가치를 모두 지불하고(물론 현실에서는 노동자들의 임금을 인하하기 위해 강력하게 투쟁하고 있긴 하지만), 이 가치가 얼마가 되든 상관없이, 노동자가 받는 것과 노동자가 만들어내는 것 사이의 차이를 쥐어짜는 방식으로 잉여가치를 창출하기 위해 계속해서 노동력을 사용한다고 가정하는 것이다. 이 차이를 얻어내기 위해 자본가들은 공장에서 (a)노동자들의 행동과 (b)생산물을 통제한다. 그런데 이 논의에는 맑스가 아직 명시적으로 분석하지 않은 변수가 하나 숨겨져 있다. 즉 노동자가 하루에 몇 시간 일하기로 계약했는지의 문제가 바로 그것이다. 만일 노동자가 자신의 노동력의 등가를 생산하는 데 6시간이 소요된다면 자본가는 이보다 더 오랜 시간을 노동하도록 노동자와 계약해야만 잉여가치를 얻을 수 있을 것이다. 만일 노동일이 10시간이라면 자본가는 4시간어치의 잉여가치를 얻게 될 것이다. 이것이 바로 교환의 법칙을 전혀 어기지 않으면서 잉여가치를 뽑아낼 수 있는 방법이다.

여기에서 우리는 맑스의 작업이 지닌 이중성을 떠올릴 필요가 있다. 맑스가 여기에서 보여주고 싶어한 것은 교환의 법칙이 모두 완벽하게 작동하는 자유주의적 사회에서도 자본가들은 노동자들로부터 잉여가치를 뽑아내는 방법을 가지고 있다는 것이다. 자유주의의 천국은 전혀 천국이 아니며 잠재적으로 노동자들에게는 지옥이라는 것이다. 맑스는 현실에서 임금이 이런 식으로 결정된다고 말하는 것이 아니라, 고전파 자유주의 경제학의 명제들(이것은 오늘날 신자유주의 시대로까지 계승되고 있다)이 심하게 자본의 편을 들며 왜곡되어 있다고 말하는 것이다. 자유, 평등, 소유, 벤담의 세계는 교환의 법칙을 어기지 않고 노동자로부터 잉여가치를 뽑아내기 위한 하나의 가면이자 책략일 뿐이다.

맑스는 자신의 핵심명제 — 잉여가치는 노동자가 자신의 노동력을 상품으로 제공하고 받은 것과, 노동자가 자본의 지휘를 받아 노동과정에서 생산한 것 사이의 차이에서 비롯된 것이라는 점 — 를 정립하면서 곧바로 몇가지 단서에 대해 이야기한다. 예를 들어 그는 "사용가치의 생산에 소비된 시간은 사회적으로 필요한 시간으로만 계산"되며 이때 노동력은 "표준적인 조건"에서 기능해야 한다고 말한다. 이에 곧 의문이 생긴다. 즉 무엇이 표준적인 것인가? 게다가 노동력은 다시 "표준적인 품질"을 지닌 것이어야 하는데(여기에도 역시 표준적인 것이 무엇인지에 대한 의문이 남는다), 이것은 업종에 따라 다를 수 있는 것으로 "해당 업종에서 지배적인 평균 정도의 숙련과 기능·속도"를 지닌다는 것을 의미한다. 즉 이 노동력은

보통의 평균적인 긴장으로[즉 사회적으로 보통수준의 노동강도로] 지출되어야만 한다. 자본가는 이런 점을 세심하게 감시하는 동시에 또 노동하지 않고 시간이 낭비되는 일이 없도록 유의한다.(M210)

여기에서 스치듯이 거론되는 "보통수준의 노동강도" 문제는 나중에 "1분 1초가 수익의 요소"(M257)가 되면서 핵심문제로 등장하는 노동통제와 관련하여 매우 중요하다. 이런 모든 것을 통해 자본가는 교환의 법칙하에서 자신이 구매한 상품을 남김없이 사용할 "자신의 권리"와 이런 자신의 요구에 충분히 협력하지 않는 노동자들에게 형벌을 가할 수 있는 권리를 주장한다. 이들 권리 속에 또 한가지 포함된 것은 노동력이 낭비되지 않도록

원료나 노동수단이 목적에 어긋나게 소비되어서는 안된다. 왜냐하면 이렇게 잘못 소비된 재료나 노동수단은 대상화된 노동에서 여분의 지출량을 나타내고, 따라서 가치를 형성하는 생산물의 계산에는 포함되지 않기 때문이다.(M210)

우리가 여기에서 눈여겨보아야 할 것은 노동과정에 대한 자본가의 통제를 보여주는 형법전(刑法典)이며 이런 통제의 실행을 통해 노동과정에서 사회적으로 필요한 것이 무엇인지가 보다 더 명확하게 규정된다는 점이다. 그 결과는 놀랍게도 하나의 이중성이다.

노동과정과 가치형성과정의 통일로서의 생산과정은 상품의 생산과정이다. 노동과정과 가치증식과정의 통일로서의 생산과정은 자본주의적 생산과정이며 상품생산의 자본주의적 형태다.(M211)

여기에서 다시 맑스는 상품생산 일반과 (상품생산을 통해 잉여가치를 획득하는) 자본주의적 상품생산의 특수한 형태를 구별하고 이를 통해 또하나의 통일성을 정립한다.

마지막으로 그는 노동과정 내에서 숙련의 차이로 인해 발생하는 문제를 설명한다. 고숙련 노동은 "좀더 고도의 특수한 비중을 가진" 단순노동으로 간주된다. 이 노동은 "더 많은 교육비가 들고 따라서 그 생산에 더 많은 노동시간이 드는 노동력, 즉 단순한 노동력보다 더 높은 가치를 가지며 (⋯) 더 고도의 노동으로 발현되고, 따라서

똑같은 시간에 상대적으로 더 높은 가치로 대상화되는"(M211/212)
노동이다. 그러나 각주(M212)를 통해 그는 이들 숙련의 차이 가운데
많은 부분은 허구적이고 자의적인 것이며, 그 자체가 역사적이고 사
회적인 방식으로 결정된다는 점을 지적한다. 그것은 오랜 역사를 가
지고 있는데, 맑스는 이 역사를 간단히, 그러나 상당히 정성을 기울
여 설명한다. 예를 들어 나는 프랑스 제2제정에 대한 내 글에서 "숙
련"의 정의가 성적 차별을 다분히 반영한다는 사실을 지적한 바 있
다. 즉 여성이 수행할 수 있는 노동은 모두 미숙련노동으로 간주되
었기 때문에 어떤 업종에 여성이 진입하게 되면 그 노동은 미숙련
노동으로 전락하는 결과를 가져왔다. 이것은 일부 직공그룹이 여성
의 취업에 적개심을 갖는 이유와 프루동이 여성은 공장에 나오지 말
고 집 안에 머물러야 한다고 주장했던 이유를 부분적으로 설명해준
다. 그래서 여성의 취업문제는 1860년대에 제1인터내셔널 내에서
핵심 쟁점이 되기도 했다. 그러나 이것은 고도의 교육을 받아 생산
과 유지에 더 많은 비용이 드는 노동을 어떻게 설명할 것인지의 문
제에는 도움이 되지 않는다. 맑스는 다시 "자본에 의해 사용되는 노
동자가 사회적 평균노동을 수행하는 것으로 가정"(M213)해버림으로
써 이 곤란한 문제를 비켜간다. 사실 이 논의에는 몇가지 심각한 어
려움이 존재하는데 그것은 곧 숙련노동을 단순노동으로 환산하는
문제로 알려진 것이다. 그러나 나도 여기에서는 이 문제를 비켜가고
자 하니 여러분은 이 문제를 나중에 다시 살펴보아야 할 문제로 표
시해두기 바란다.

노예제와 임노동 간의 관계에 대한 제법 긴 각주(M210)에 대해 약간 언급해둘 필요가 있다. 이 두 제도가 서로 만나 경쟁관계를 이루게 되면 그 결과는 매우 치명적이다. 노예제는 시장의 경쟁을 통해 자본주의로 통합되기 위한 압력을 받아 훨씬 더 가혹해질 것이고 또한 반대로 노예제는 임노동의 임금과 노동조건 모두에 강력한 부정적 압력을 가하게 될 것이다. 과거에 주인과 노예 사이에 존재하던 모든 인간적 관계는 아마 깡그리 파괴될 것이다. 물론 노예제는 그 내용이 상당히 변하겠지만 그렇다고 해서 그것이 맑스가 말하는 바의 가치생산이 되지는 않을 것이다. 그것은 전혀 다른 노동과정으로 이루어져 있다. 순수한 노예제에는 추상노동이란 것이 존재하지 않는다. 바로 그것이 아리스토텔레스가 노동가치론을 생각해낼 수 없었던 까닭이다(노동가치론은 오로지 자유로운 노동에서만 작동하는 것이기 때문이다). 맑스에게 있어 가치는 보편적 가치가 아니라 자본주의 생산양식의 임노동에만 해당하는 특수한 가치라는 점을 잊어서는 안된다.

불변자본, 가변자본, 그리고 잉여가치율[*]

이어지는 두 절에서 맑스는 그의 잉여가치이론 — 엥겔스가 『자본』 제2권 서문에서 "청천벽력과도 같은 전율을 안겨주었다"고 말한 바로 그 이론 — 을 보다 확고히 정립하려고 노력한다. 이들 두

잉여가치율 원서에서 하비는 '착취율'(rate of exploitation)이란 표현을 쓰고 있지만 이 표현은 다소 오해를 불러일으킬 수 있다. 이는 하비뿐만 아니라 우리 나라에서도 지난 수십년간 간과해온 문제이기도 하다. 사실 rate는 수학적으로 1차 미분치이며 따라서 수학적으로 정의된 잉여가치는 잉여가치율을 산출할 수 있다. 하지만 '착취'는 수학적으로 정의된 개념이 아니기 때문에(양적 개념이 아닌 질적 개념임) 미분할 수 없고 따라서 착취율이란 개념은 존재할 수 없다. 그리하여 원서에서 '착취율'이라고 씌어진 부분은 모두 잉여가치율로 고쳐 썼다. 참고로 맑스의 『자본』 원문에는 잉여가치율과 혼용해서 사용되는 이 용어가 '착취율'(rate)이 아니라 '착취도'(grade)로 표기되어 있다.

절은 별로 난해하지 않으며 따라서 나는 조금 가볍게 그것들을 정리해보려고 한다.

맑스는 먼저 불변자본과 가변자본을 구별한다. 불변자본은 현재의 노동과정에서 생산수단으로 사용되는 상품 속에 이미 응결되어 있는 과거 노동이다. 생산수단의 가치는 이미 주어져 있으며 따라서 문제는 그것이 새로운 노동과정에 합체되면서 그 가치가 어떻게 되느냐에 있다. 맑스는 그 가치가 단순히 새로운 상품에 그대로 이전될 뿐이라고 주장한다. 이 가치는 원료나 기계 등을 생산하는 산업부문의 생산성에 따라 변동하고, 그러므로 이 자본을 '불변자본'이라고 부른다고 해서 그 가치를 고정된 것으로 간주해서는 안된다. 맑스가 그것을 불변자본이라고 부르는 까닭은 단지 생산수단의 가치가 노동과정을 통해 새로운 상품으로 흘러들어가서 응결되고 이때 그것의 가치가 변하지 않기 때문이다.

가치가 실제로 이전되는 과정은 여러가지 요인 때문에 매우 복잡하다. 면화는 셔츠의 생산에 투입되는데 이 경우 면화는 물리적으로 셔츠로 변해버리고 따라서 면화의 가치는 셔츠에 합체되었다고 말하는 것이 합리적일 것이다. 그러나 셔츠의 생산에 사용된 에너지는 셔츠로 변하지 않는다. 기계 가운데 일부가 셔츠로 변했다고 좋아할 사람은 없을 것이다. 그러므로 물리적 이전과 가치의 유통 사이에는 차이가 있다. 두 유통과정은 서로 다른데 이는 면화가 물리적인 물적 사용가치인 데 반해 가치는 물적인 것이 아니고 사회적인(그럼에도 불구하고, 앞서 이야기했듯이 대상적인) 것이기 때문이다. 원료도 기계나 다른 노동수단들과 마찬가지로 일정량의 과거 노동을 포함한다. 과거에 축적된 이 모든 가치는 새로운 생산과정에 죽은 노동의 형태로(살아있는 노동이 이들을 소생시킨다) 투입된다. 따라서 사실상 노동자는 이미 원료, 반제품, 기계 등에 이미 응결되어 있는 가치를, 이들을 사용함으로써(생산적 소비) 보존한다. 맑스는 노동자가 자본가를 위해 이런 친절을 무상으로 베풀어주는 많은 사례를 들려준다.

이 과거의 가치(거기에 응결된 가치)들은 새로운 가치를 전혀 생산하지 않으며 또 생산할 수도 없다. 그들은 단지 사용되고 보존될 뿐이다. 예를 들어 기계는 가치를 창출하지 않는다. 이것은 중요한 점인데, 왜냐하면 종종 물신적 개념에 의해 기계가 가치의 원천이라고 간주되기 때문이다. 그러나 맑스의 논의에서 기계는 전혀 가치의 원천이 아니다. 단지 기계의 가치가 노동과정을 통해 상품으로 이전될 뿐이다. 그러나 만일 기계의 내구연한이 20년이고, 그 기계로 수많은 셔츠를 생산하고 있다면 이제 기계 가운데 얼마만큼의 가치가 셔츠 한장으로 이전될 것인지의 문제가 제기될 것이다. 기계에서 셔츠로 이전되는 이런 가치의 흐름에 대한 가장 간단한 설명방식은 예를 들어 20년의 내구연한을 가진 기계가 있다면 이 기계의 가치 가운데 매년 20분의 1의 가치가 한해 동안 생산된 셔츠로 흘러들어갈 것이라고 말하는 것이다. 노동과정은 시장에서 판매될 상품으로 가치를 이전하는 방식으로 이 모든 가치들을 보존한다. 그런데 이것이 가능한 이유는 가치가 물적인 것이 아니면서 동시에 대상적인 것이어서 이런 방식에 의해 사회적으로 계산될 수 있기 때문이라는 점을 유의하기 바란다.

다음으로 가변자본이 있는데 이 자본의 가치는 노동자를 고용할 때 결정된다. 이 자본은 어떻게 유통되고 그 결과는 무엇일까? 죽은 노동은 살아있는 노동에 의해 소생하여 새로운 상품의 가치로 이전된다. 맑스에게서 이것은 매우 중요한 개념이며, 여러분은 이것이 정치적으로 지니는 중요성을 바로 알아차릴 수 있다. 노동자들은 단지 불변자본을 이용한 노동을 거부하기만 해도 불변자본(예를 들어 기계)을 파괴할 수 있는 것이다. 만일 노동이 중단되면(그리고 생산적 소비가 중단되면) 기계로부터 최종생산물로의 자본의 이전은 중단되고 불변자본의 가치는 감소하거나 모두 유실되어버린다. 노동자들은 틀림없이 이런 능력이 있고, 이 능력을 발휘할 수 있는 정도에 따라 그만큼의 댓가를 반드시 요구해야 한다. 무엇보다도 만일 자본가들이 노동자들에게 일자리를 제공한다는 이유로 잉여가치에 대한 권리를 주장할 수 있다면, 왜 노동자들은 그들의 노력 없이는 자본가들이 투하한 불변자본이 모두 쓸모없는 것이 되어버리는 것을 근거로 잉여가치에 대한 자신들의 권리를 주장할 수 없단 말인가?

노동자들은 또한 생산물에 사회적 필요노동시간을 응결시킴으로써 가치를 부가하기도 한다. 그런데 그들이 창출한 이 가치는 두가지 요소로 구성되어 있다. 첫째, 노동자들은 그들 자신을 고용하는 데 소요된 비용을 보전할 가치를 생산해야만 한다. 이 비용은 노동자들에게 화폐형태로 제공되어 주어진 장소와 시기에서 주어진 생활수준에 따라 노동력을 재생산할 수 있도록 해준다. 노동자들은 자신들의 화폐를 소비하여 살아가는 데 필요한 상품들을 구매한다. 이런 식으로 가변자본은 말 그대로 노동자의 육체를 거쳐 W-G-W의 유통과정을 수행함으로써 개인적 소비와 사회적 재생산을 통해 살아있는 노동자를 재생산한다. 가변자본의 두번째 요소는 잉여가치의 생산, 즉 주어진 생활수준에서 노동자를 재생산하는 데 필요한 가치를 넘어서는 가치의 생산과 관련되어 있다. 이 잉여가치는 자본가를 생산하고 또한 재생산하기도 한다. 결국 맑스는 잉여가치 생산에 의해 가치를 늘리는 이론을 제기하고 있는 것이다.

상품의 총가치는 불변자본과 가변자본의 가치와 잉여가치를 합한 것($c+v+m$)이 된다. 자본가가 잉여가치를 얻기 위해서는 가변자본 부분에 대한 통제가 필요하다. 우선 기계는 (물론 때때로 변덕을 부리기도 하지만) 파업을 하지 않을 뿐만 아니라 태도도 고분고분하다. 노동과정에서 주도적인 요소는 가변자본이다. 그것이야말로 생산에 사용되는 살아있는 노동의 "형태를 만들어내는 불길"이다. 그런데 여기에는 다시 정치적인 문제가 존재한다. 맑스는 이렇게 말한다. "이봐요, 노동자 양반, 당신이야말로 바로 여기에서 실제로 모든 일을 수행하는 사람이며, 과거에 만들어진 가치를 보존하는 사람이며, 노동을 통해 스스로를 재생산하는 사람이며, 자본이 가져가는 잉여가치를 생산하는 (이를 통해 자본가가 살아갈 수 있고, 그것도 종종 호화롭게 살아갈 수 있지 않은가) 사람이라오. 그래서 당신이 바로 이런 당신의 핵심역할과 엄청난 힘을 인식하지 못하도록 만드는 것이 자본가들에게는 너무도 중요한 일인 것은 뻔한 일이 아니오. 그들은 당신이 그냥 밖에 나가 일자리를 구해서, 적당한 임금(내일 다시 일하러 돌아오지 않으면 안될 정도의 임금)을 받아 집에 돌아가서 당신 자신과 가족들을 재생산하는 생각만 하기를 바란다오. 당신은 W-G-W의 유통과정을 수행하는데 그들은 당신이 오로지 이런 상태로만 살아가야 한다고 생각한다오." 맑스는 노동계급을 일깨워 이들이 잉여가치 생산과 자본축적과 관련된 자신의 참된 지위를 깨우침으로써 이 의도된 물신화에 대항해나가기를 바랐다.

이리하여 자본유통과정의 모든 내용과 함께 불변자본과 가변자본에 대한 정의도 모두 이루어졌다. 그는 이것을 다음과 같이 요약하여 정리한다.

생산수단[즉 원료나 보조재료 또는 노동수단]으로 전화하는 부분은 생산과정에서 그 가치크기가 변하지 않는다. 그러므로 나는 이것을 불변자본 부분 또는 더 간단하게 줄여서 불변자본이라고 부른다. 반면 자본 가운데 노동력으로 전화한 부분은 생산과정에서 그 가치가 변한다. 이 부분은 자신의 등가와 그것을 넘는 초과분[즉 잉여가치]을 재생산하는데 (…) 그래서 나는 이것을 가변자본 부분 또는 더 간단하게 줄여서 가변자본이라고 부른다.(M223/224)

그런 다음 이제 제7장으로 넘어가는데, 여기에서 맑스는 자신이 방금 정의를 내린 범주들을 사용해 이들 사이의 관계를 좀더 구조화된 방식으로 검토한다. 표면적으로 그는 노동력의 착취도(the degree of exploitation)에 대한 "정확한 표현"을 찾는다. 그러나 그는 관심을 끄는 많은 비율들을 함께 찾아내고 있다. 예를 들어 불변자본과 가변자본의 비율, 즉 c/v(constant capital/variable capital)를 보도록 하자. 이 비율은 노동생산성, 즉 노동력 한 단위의 가치가 바꿔내는 생산수단의 가치를 나타낸다. 이 비율이 높으면 노동생산성이 그만큼 높다는 것을 의미한다. 다음으로 가변자본에 대한 잉여가치의 비율, 즉 m/v(Mehrwert/variable capital)를 보도록 하자. 이것은 노동력의 착취도를 나타낸다. 그것은 노동력 한 단위가 생산하는 잉여가치의 크기를 나타낸다. 이 비율이 높으면 노동력에 대한 착취가 그만큼 높다는 것을 의미한다. 마지막으로 이윤율, 즉 사용된 총가치(불변자본+가변자본)에 대한 잉여가치의 비율 m/(c+v)가 있다. 이윤율은 잉여가치율과 다르다. 후자는 노동자가 주어진 생활수준에서 스스로를 재생산하기 위해 자본가에게서 받은 가치의 댓가로 자본가에게 제공하는 초과노동의 크기를 나타낸다. 물론 여러분은 이윤율이 항상 잉여가치율보다 낮다는 것을 금방 알 수 있을 것이다. 만일 여러분이 잉여가치율이 높다고 불평을 하면 자본가는 아마 여러분에게 장부를 펼쳐 보이며 그들의 이윤율이 낮다는 것을 입증하려 할 것이다. 그러면 여러분은 자본가에게 미안함을 느끼고 높은 잉여가치율을 잊어버릴 것이다. 불변자본을 더 많이 사용하면 이윤율은 더 낮아질 것이다(다른 조건이 불변이라면 말이다). 이윤율이 낮아도 잉여가치율은 높을 수 있다. 그리고 이것은 『자본』 제3권의 핵심적인 논의가 될 것이다. 자본가들은 이윤율에 기초하여 움직이며, 그들은 자신의 자본을 이윤율이 가장 높은 곳에 투자하는 경향이 있다. 그 결과(경쟁을 통해) 이윤율은 균등화되는 경향이 있다. 만일 이윤율이 더 높다는 생각이 드는 곳이 있으면 나는 내 자본을 그곳으로 옮길 것이다. 그러나 그것이 반드시 잉여가치율을 최대화하는(자본가가 가장 일차적으로 관심을 기울여야 하는) 결정은 아닐 수 있다. 사실 이것이 바로 자본주의의 물신성이 자본가를 사로잡고 있는 부분이다. 자본가는 이 모든 점을 알고 있을 경우에도 달리 어떻게 해볼 수 있는 것이 전혀 없다. 경쟁은 그들로 하여금 잉여가치율이 아니라 이윤율에 기초하여 결정을 내리도록 강제한다. 그들이 은행에 가서 대출을 받으려고 할 때 은행은 잉여가치율이 아니라 이윤율에 기초하여 대출을 결정하려 할 것이다.

　　물론 가변자본[즉 잉여가치의 직접적 원천이며 그 가치의 변동이 잉여가치로 표시되는 자본 부분]에 대한 잉여가치의 비율뿐만 아니라 총투하자본에 대한 잉여가치의 비율도 경제적으로 매우 중요한 의미가 있다. 그래서 우리는 이 비율을 제3권에서 자세히 논할 것이다.(M229)

제3권에서 맑스는 이것이 곧 자본주의가, 이윤율이 주기적으로 저하하는 위기를 만들어내는 메커니즘의 하나라는 것을 보여주려고 한다. 여기에서 나는 맑스가 이야기한 것 이상으로 나아갈 수 없고, 따라서 내가 여기에서 할 수 있는 것은 단지 이윤율 $m/(c+v)$과 잉여가치율 m/v를 여러분이 잘 구별하도록 주의를 환기시키는 것뿐이다.

맑스(그리고 노동자들)에게 있어 정말로 중요한 것은 잉여가치율이다. 또한 자본주의의 동학을 이해하기 위해서는 이윤율보다 잉여가치율의 분석이 필요하다. 맑스가 이 절에서 이 부분에 집중하는 것도 바로 그 때문이다. 그는 잉여가치율을 여러가지 방식으로 바라볼 수 있다고 말한다. 여러분은 잉여가치율을 잉여노동(자본가가 수탈해가는 노동)과 필요노동(노동력의 가치를 재생산하는 데 필요한 노동)으로 볼 수도 있고, 잉여노동시간과 필요노동시간의 비율로 볼 수도 있으며, 혹은 보다 공식적으로 표현해 노동력을 구매하는 데 투하된 가치와 생산된 총가치 및 노동력에 지불된 가치의 차이 간의 비율로 생각할 수 있다. 그러나 문제는 이들 모든 비율이 중요한 것이긴 하지만 실제로 우리가 관찰할 수는 없다는 점이다. 현실의 노동과정은 노동자가 하루 동안의 노동시간 중 v의 가치를 재생산해내는(v를 생산하는 데 필요한 시간을 소비한) 순간 종이 울리고 따라서 그 순간 이후부터는 그들이 자본가를 위해 잉여가치를 생산하는(자신들의 노동을 자본가에게 무료로 제공하는) 시간이라는 것을 그들이 알게 되는 식이 아니다. 노동과정은 연속적인 과정으로 진행되어 가치가 c+v+m으로 이루어진 상품이 만들어지고 나서야 끝나게 되어 있다.

상품 속에 응결된 가치의 여러 요소들은 맨눈으로는 보이지 않는다. 맑스가 여기에서 주장하려는 것은(여러분은 좋아하지 않을지도 모르겠지만) 이런 방식의 분석이야말로 사실상 경제학을 훨씬 더 제대로 된 과학으로 만든다는 것인데, 왜냐하면 그것은 시장의 물신성을 뛰어넘는 것이기 때문이다. 부르주아들은 시장의 관점에서는 충분히 제대로 된 과학을 만들어왔지만, 자본주의제도가 노동과정의 관점에서 어떻게 작동하는지는 이해하지 못했고, 그들이 할 수 있는 범위 내에서 최대한 그런 관점을 은폐해왔다. 그들은 노동자들에게 노동자들이 시장에 가지고 온 노동은 생산의 여러 요소 가운데 단지 하나의 요소일 뿐이고 노동자들은 바로 그 노동이 생산에 기여한 만큼만 적절한 임금으로 보수를 받게 된다고 말하면서 자본가들 자신도 마찬가지의 권리를 가지고 있다고 주장한다. 그들은 노동이야말로 자연을 변형시키는 유동적이고 창의적인 불길(자본주의를 포함하여 모든 생산양식의 중심에 놓여 있다)이라는 점을 아마 인정할 수 없을 것이다. 또한 그들 가운데 노동자가 생산한 모든 가치 (물론 자본가들의 이윤의 원천이 되는 잉여가치를 포함한다)를 노동자 덕분이라고 이야기하는 사람도 결코 찾을 수 없을 것이다.

맑스는 이 절의 마지막을, 부르주아적 관점에서 노동세계를 표현한 대표적인 한 사람을 기가 막히게 멋진 방식으로 비판하는 것으로 장식하고 있다. 그 첫 부분은 이렇게 시작한다.

1836년의 어느 아름다운 아침, 경제학적 학식과 아름다운 문체로 이름이 높아서 (…) 손꼽히는 씨니어(N. W. Senior)는 옥스퍼드에서 맨체스터로 호출을 받았다. 그가 호출된 이유는 거기에서 옥스퍼드에서처럼 경제학을 가르치기 위한 것이 아니라 거꾸로 경제학을 배우기 위한 것이었다.(M237/238)

맨체스터의 공장주들은 노동일의 길이를 "문명사회의 수준인" 10시간으로 제한하기 위한 정치운동에 당황해하고 있었고, 1833년 매우 무력한 (그리고 별로 효력도 없는) 공장법이 통과된 이후 정부는 적어도 원칙적으로는 법정 노동시간을 입법화하려는 움직임을 보이고 있었다. 씨니어는 소책자를 출판해 노동자들이 하루 중 일단 8시간 동안은 사용된 생산수단의 가치(맑스의 용어로는 불변자본)를 전부 보전하기 위해 노동해야 한다고 주장했다. 즉 씨니어에게는 노동자가 상품 속에 이미 응결되어 있는 가치를 이전한다는 개념이 없었고, 그는 노동자가 적극적으로 그 가치를 재생산해야 한다는 우스꽝스러운 견해를 가지고 있었던 것이다. 그는 그다음 3시간은 고용된 노동력의 가치(가변자본)를 재생산하는 데 사용되고 단지 마지막 1시간만이 자본가의 이윤(잉여가치)을 위한 것이라고 말했다. 그러므로 이윤을 얻기 위해서는 반드시 12시간의 노동이 필요하다는 것이었다. 만일 노동일이 12시간에서 11시간으로 줄어들면 이윤은 모두 사라져버릴 것이고, 따라서 산업생산은 중단될 것이다. 이에 대한 맑스의 비판은 혹독하다. "그리고 교수님께서는 이것도 분석이라고 일컫는다!"(M239)라고 말하면서, 맑스는 "씨니어의 마지막 1시간"은 공장주들의 이해만을 일방적으로 대변하는 속류경제학의 논리에 지나지 않는다고 결론내린다.

그런데 씨니어는 비록 우스꽝스러운 방식이긴 하지만 맑스 자신의 이론을 확인해준다. 즉 자본가에게 돌아가는 가치는 바로 노동자의 노동시간이며, 그것이 바로 그들이 그렇게 12시간의 노동을 절대적으로 필요로 하는 이유인 것이다. 노동자의 노동시간을 확보하기 위한 자본가들의 투쟁은 그것이 바로 이윤의 원천이기 때문이며, 이것은 바로 맑스의 잉여가치이론과 정확히 일치한다. 이것은 또한 맑스가 가치를 사회적 필요노동시간으로 규정했던 것이 옳다는 것을 재확인해준다. 그런데 사회적으로 필요한 노동시간이란 것은 무엇일까? 자본가들은 노동과정, 생산물, 노동자들의 시간 등에 대한 지휘권뿐만 아니라 시간 그 자체의 사회적 속성에 대한 지휘권도 확보하기 위해 노력해야 한다. 씨니어는 이 본질적 진리를 인식하고 있었고 맑스는 자신의 비판수단과 노동자적 관점을 활용해 씨니어의 이 황당한 주장을 깔끔한 과학적 이론으로 전환시킨다. 그리하여 씨니어의 마지막 1시간에 대한 비판은 두가지 의미를 지닌다. 그것을 통해 맑스는, 첫째 경제학자들이 자본가계급을 옹호하기 위한 이론을 만들어내기 위해 얼마나 노심초사하고 있는지를 보여주고 있으며, 둘째 씨니어의 논점에서 드러나는 본질적 진리가 바로 자신의 이론이라고 말한다. 그리하여 씨니어의 마지막 1시간에 대한 검토는 다음 절로 넘어가는 교묘한 전환점을 이루는데, 다음 장에서는 자본주의에서의 시간에 대한 모든 것이 다루어진다.

제8장

노동일

제8장은 앞장들과는 다른 구조와 문체로 서술되어 있다. 이 장은 이론은 조금만 다루어지고 상세한 역사적 사실이 가득 채워져 있다. 그러나 여기에서는 앞에서 아직 다루지 않은 추상적 범주들이 나타나기도 한다. 이 장의 이런 구조는 맑스가 여기에서 노동일의 길이를 둘러싼 계급투쟁의 역사에 초점을 맞추고 있기 때문이다. 나는 앞에서 『자본』에서는 논리적 논의와 역사적 논의가 복잡하게 교차하고 있다는 점을 이야기했으며 대개의 경우 논리적 논의를 중심으로 보는 것이 보다 적합하다고 주장했다. 그러나 여기에서는 역사적 서술(그렇다고 이 장이 이론적으로 중요하지 않다는 것은 아니다)이 주를 이룬다. 우리는 왜 자본주의 생산양식이 필연적으로 계급투쟁으로 점철되고 있는지를 보다 명확하게 보게 됨과 동시에 자

본주의에서 시간이 지니는 본질에 대한 심도깊은 논의를 만나게 될 것이다.

맑스는 노동가치론의 세계와 노동력 가치의 세계는 다르다는 점을 일깨우면서 시작한다. 노동가치론은 사회적 필요노동시간이 노동자에 의해 어떻게 상품 속에 응결되는지를 다룬다. 이 사회적 필요노동시간은 화폐상품과 화폐 일반에 의해 표시되는 가치의 기준이다. 그러나 노동력의 가치는 단지 시장에서 판매되는 노동력이라는 상품의 가치일 뿐이다. 이 상품은 어떤 점에서는 다른 상품들과 같지만, 다른 상품들과 구별되는 독특한 몇가지 성질도 지니고 있는데, 왜냐하면 거기에는 역사적·도덕적 요소가 포함되기 때문이다. 노동력의 가치와 노동가치론을 구별하지 못하면 근본적인 오해가 발생할 수 있다.

"우리는 노동력이 자신의 가치대로 매매된다는 전제에서 출발했다. 노동력의 가치도 다른 모든 상품의 가치와 마찬가지로 그것을 생산하는 데 필요한 노동시간에 따라 정해진다"(M245). 이것은 주어진 생활수준에서 노동자를 재생산하는 데 필요한 상품들을 생산하는 데 소요되는 노동시간의 등가다. 맑스는 이 가치를 고정된 것으로 가정한다(물론 우리는 이것이 각 상품의 생산에 들어가는 비용, 문명수준, 계급투쟁의 수준 등에 따라 끊임없이 변동한다는 것을 안다).

노동자가 노동과정에서 상품에 가치를 더하다보면, 하루의 노동시간 가운데 노동자가 자신의 노동력 가치에 정확하게 해당하는 가치를 창출하게 되는 지점이 존재한다. 맑스는 이것이 가령 6시간째라고 가정해본다. 잉여가치가 발생하는 것은 노동자가 자신의 노동력 가치를 재생산하는 데 소요되는 시간을 넘어서 노동할 때부터다. 그들은 이런 초과노동을 얼마나 하는 것일까? 그것은 노동일의 길이에 달려 있다. 이 길이는 등가와 등가가 교환되는(임금의 경우처럼) 상품교환의 형태로 시장에서 거래될 수 있는 그런 것이 아니다. 그것은 고정된 것이 아니라 유동적인 크기다. 그것은 6시간에서 10시간, 12시간, 14시간, 심지어 최대 24시간까지 변할 수 있다. 그러나 여기에는 한계가 있는데, 왜냐하면 우선 "육체적인 한계"가 있고 "노동자는 정신적·사회적 욕망을 충족시키기 위한 시간을 필요로 하고 (…) 그러므로 노동일의 변화는 육체적·사회적 한계 내에서"(M246) 움직이기 때문이다.

그런 다음 맑스는 자본가와 노동자 간의 가상의 토론을 상정한다. 자본가는 노동력의 구매자로서 노동력을 가능한 한 오랫동안 사용할 권리가 있다고 주장한다. 그는 무엇보다도 "인격화된 자본일 뿐"이다(맑스가 주의깊게 본 것은 사람이 아니라 그 역할이었다는 점을 잊어서는 안된다). "그의 영혼은 자본의 영혼이다. 그런데 자본은 자신을 증식하고 잉여가치를 창조하는 단 하나의 생명력만을" 지니고 있다. 자본은 "죽은 노동이며, 이 노동은 흡혈귀(우리는 이 장에서 흡혈귀나 늑대인간을 곳곳에서 자주 만나게 되는데 이것은 통상적인 경제학의 논의방식에서는 완전히 벗어난 것이다―하비)처럼 살아있는 노동을 흡수함으로써만 활기를 띠며, 그리고 그것을 흡수하면 할수록 더욱더 활기를 띠어간다". 노동자가 휴식을 취하거나 작업을 중지하면 그것은 "자본가의 것을 훔치는 셈이 된다. 그래서 자본가는 상품교환의 법칙을 끌어들인다. 그는 다른 모든 구매자와 마찬가지로 자신이 구매한 상품의 사용가치에서 가능한 한 최대의 효용을 얻어내려고 한다"(M247).

노동자는 기계나 다른 불변자본들과는 달리 여기에 대꾸를 한다. 그들은 자신들에게는 노동력이라는 자산이 있으며 이 자산을 미래에도 사용할 수 있도록 보존하는 것이 자신들의 관심이라고 지적한다. 자본가에게는 그들의 생명력을 단축시킬 만큼 과도하게 노동을 시킬 권리가 없다고 말한다. 노동자들은 이렇게 말한다.

이것은 우리의 계약에 어긋나는 일이며, 상품교환의 법칙에도 어긋나는 일이다. 그러므로 나는 너에게 표준적인 길이의 노동일을 요구하는 것이며, 그것은 동정을 호소하는 것이 아니다. 왜냐하면 상거래에서는 인정이 통하지 않기 때문이다. (……) 나는 표준노동일을 요구한다. 왜냐하면 다른 모든 상품판매자와 마찬가지로 나도 나 자신의 상품가치를 요구하기 때문이다.(M248/249)

여기에서 자본가와 노동자는 모두 교환의 법칙에 따르고 있다는 점에 유의해야 한다. 맑스는 (여러분이 아마 혁명적 사상가로서 기대하는 것처럼) 임금제도의 폐기를 주장하고 있지 않다. 그는 자본가와 노동자가 모두 등가와 등가를 교환하는 시장교환의 법칙에만 따르도록 하고 있다. 여기에서 문제가 되는 것은 오로지 노동자가 얼마만큼의 사용가치(상품 속에 가치를 응결시킬 수 있는 능력)를 자본가에게 양도하게 될 것인지의 문제뿐이다. 맑스가 이런 입장을 취하는 까닭은 내가 여러번 강조했듯이 『자본』의 핵심논점이 고전파 자유주의 경제학의 허구적 전제들을 그들 자신의 용어로 타파하는 데 있기 때문이다. "자본가가 될 수 있는 대로 노동일을 연장하려고 애쓰는 경우 (…) 그는 구매자로서의 자신의 권리를 주장하는 것이다." 그리고

노동자가 노동일을 일정한 표준적인 길이로 제한하려고 하는 경우 그는 판매자로서의 그의 권리를 주장하는 것이다. 따라서 여기에서는 권리 대 권리라는 이율배반이 발생하는데, 이들 두 권리는 똑같이 상품교환의 법칙에 의해 보증되는 것들이다. 동등한 권리와 권리 사이에서는 힘이 사태를 결정짓는다. 이리하여 자본주의 생산의 역사에서 노동일의 표준화는 노동일의 한계를 둘러싼 투쟁 — 총자본가〔즉 자본가계급〕와 총노동자〔즉 노동자계급〕 사이의 투쟁 — 으로 나타나게 된다.(M249)

그리하여 결국 249쪽만에 드디어 우리는 계급투쟁의 개념에 도달했다. 드디어 말이다!

여기에는 좀더 명확히해두어야 할 문제들이 여럿 있다. 양측이 "권리"라고 생각하고 있는 것은 부르주아적 권리 개념의 헤게모니와 관련된 것을 가리킨다. 그러나 맑스는 곧바로 노동일의 길이 문제는 권리에 대한 주장이나 교환의 법칙에 의해 해결될 수 없다고 말한다(이것은 그가 영구불변의 정당성이라는 프루동의 개념을 비판하던 것과 비슷하다). 이런 문제는 계급투쟁에 의해서만 해결될

수 있는데, 이 계급투쟁은 "동등한 권리"들끼리의 "힘"에 의해 결정된다. 이것은 오늘날 자본주의 정치를 이해하는 데에도 중요한 단서를 제공한다. 최근 들어 "권리에 대한 담론"(right talk)이 눈에 띄게 증가해왔으며, 개인의 인권을 추구하는 것이 자본주의를 보다 인간적인 모습으로 변화시키는 (가장 좋은 방법은 아니라 할지라도) 하나의 방법이라는 생각에 많은 정치적 에너지가 투입되어왔다. 여기에서 맑스가 우리에게 보내는 신호는 권리라는 맥락에서 제기된 많은 중요한 문제들이 계급투쟁이라는 맥락에서 재구성되지 않고는 결코 해결될 수 없다는 것이다. 예를 들어 국제사면위원회(Amnesty International)는 정치적·사회적 권리에 대해서는 매우 잘 다루지만 경제적 권리로까지 자신의 영역을 확대하는 데에는 어려움을 겪고 있는데 이는 경제적 권리의 문제는 자본이나 임노동 가운데 어느 한쪽 편에 서지 않고는 해결책을 찾기 어렵기 때문이다. 결국 우리는 맑스의 논점을 알게 된다. 동등한 권리를 가진(두 사람 모두 교환의 법칙에 따르기로 되어 있는) 사람들 사이에서 "공정한" 판결을 내릴 방법은 존재하지 않는 것이다. 우리가 할 수 있는 것이라곤 단지 자기편을 위해 싸우는 방법뿐이다. 그래서 이 장은 계급투쟁을 통해 획득할 수 있는 것을 대신하는 "'양도할 수 없는 인권'이라는 화려한 표제"(M320)에 대해 회의적으로 언급하면서 끝을 맺고 있다.

여기에서 말하는 "힘"은 (물론 그것이 명백히 폭력을 수반하는 경우도 있긴 하지만) 반드시 물리적인 힘을 뜻하는 것이 아니다. 이 말의 핵심적 의미는 정치적인 힘, 즉 "표준적인" 노동일을 입법화할 수 있는 권력을 가진 국가기구에 영향을 끼칠 수 있는 정치적 연대나 노동조합 같은 정치조직을 건설하고 동원할 수 있는 능력을 가리킨다. 맑스의 계산으로는 우발적인 정치적 상황이나 그때그때의 세력관계에 따라서 이런 힘은 잘 발휘될 수도 있고 그냥 유실되어버릴 수도 있다. 이에 관한 기술적인 문제는 맑스의『브뤼메르 18일』(*The Eighteenth Brumaire of Louis Bonaparte*)에서 가장 잘 다루어지고 있는데, 거기에서는 루이 보나빠르뜨(L. Bonaparte)가 1848년 빠리혁명의 실패를 통해 권력을 잡게 되는 과정이 잘 서술되어 있다. 이 장은, 한편으로는 자본주의 생산양식의 이론을 추구하는 맑스의 방법을 보여주고, 다른 한편으로는 현존하는 자본주의 사회구성체의 역사적 이행과정에 대한 심도있는 인식을 보여주는 데 초점을 맞춘다. 계급투쟁은 원래 논의의 중심이 아니었다.

계급투쟁의 도입은 고전경제학과 근대경제학의 교의로부터 완전히 벗어난다는 것을 의미한다. 그것은 경제학의 용어와 관심의 초점을 완전히 바꾸는 것을 의미한다. 경제학의 입문과정에서 노동일의 길이가 진지하게 다루어지는 경우는 거의 없다. 고전경제학에서도 그것은 마찬가지다. 그러나 역사적으로 보면 노동일, 노동주(일주일 동안의 총노동시간—옮긴이), 노동년(유급휴가 포함, 일년 동안의 총노동시간—옮긴이), 노동생애(은퇴연령)의 길이를 둘러싼 투쟁은 기념비적이고 지속적인 형태로 이루어져왔고 이 투쟁은 지금도 여전히 계속되고 있다. 이것은 분명 자본주의 역사의 핵심부분을 이루며 자본주의 생산양식에서 가장 핵심의제다. 이렇게 중요한 문제를 다루지 않는 경제이론들을 가지고 도대체 무엇을 할 수 있겠는가?

반면 맑스의 가치론은 이 핵심문제로 곧바로 나아간다. 그렇게 하는 까닭은 가치가 사회적 필요노동시간이고 바로 이 시간이야말로 자본주의에서 핵심적 의미를 지니는 것이기 때문이다. 격언이 말해주듯이 "시간은 돈이다!"인 것이다. 시간(특히 다른 사람들의 시간)에 대한 통제는 집단적 투쟁을 통해 얻어진다. 그것은 거래를 통해 얻어지지 않는다. 그래서 계급투쟁은 경제학 이론에서는 물론 자본주의의 역사적·지리적 발전을 이해하려는 모든 연구에서 중심적 위치를 차지할 수밖에 없다. 우리가 맑스의 가치론과 잉여가치론의 '사용가치'를 높이 평가하는 것은 『자본』의 바로 이 부분에서다. 그리고 이 가치론들은 이론을 받쳐주는 경험적 근거자료의 하나로 간주해서는 안되고, 이론적 내용을 가진 경험적 연구에 그것을 이론으로 사용했을 때에만 비로소 참된 유용성이 드러날 것이 분명하다.

그렇다면 노동일의 길이를 둘러싼 투쟁의 역사를 맑스는 어떻게 설명하고 있는가? 그는 자본주의가 몇몇 지배계급을 위해 잉여노동과 잉여생산물을 수탈하는 유일한 사회가 아니라는 점을 지적하면서 시작한다.

> 사회의 일부 사람들이 생산수단을 독점하고 있는 곳에서는 어디에서나 노동자는──자유롭든 자유롭지 않든──자신을 유지하는 데 필요한 노동시간을 초과하는 노동시간을 부가적으로 제공하여, 생산수단의 소유자를 위한 생활수단을 생산하지 않으면 안된다.(M249)

그러나 자본주의에서는 잉여노동이 잉여가치로 전화한다. 그래서 자본가에게 있어 잉여생산물의 생산은 잉여가치를 획득하기 위한 수단이다. 이것은 자본주의적 착취에 독특한 성질을 부여하는데, 즉 우리가 앞서 보았듯이 화폐형태의 가치축적은 한계가 없다.

그런데 생산의 교환가치보다 사용가치가 더 큰 중요성을 띠는 경제적 사회구성체에서는 잉여노동이 어느정도 욕망의 크기에 따라 제한을 받는 게 사실이지만, 그렇다고 해서 잉여노동에 대한 무제한적인 욕망도 생산 그 자체의 성격에서 생겨나는 것은 분명 아니다.(M250)

게다가 이 수탈은 임노동이 주를 이룬 사회에서 이루어지기 때문에 노동자들이 겪게 되는 잉여가치 생산은 노예나 농노들이 겪었던 잉여노동과는 다르다(시장교환의 물신성은 이런 사실을 은폐한다). 맑스는 중부유럽의 부역노동제도를 예로 들어 설명한다. 이 제도에서는 노동자들이 일정 노동일을 지주에게 제공하기 때문에 잉여노동의 수탈이 완전히 투명하게 드러난다. 러시아의 1831년 칙령에 의해 농노가 해방되자 상황은 새롭게 바뀌어 부역노동제도는 '레글망 오르가니끄'(Réglement organique)라는 제도로 대체되었는데, 이 제도에서는 1노동일의 노동량을 유동적인 것으로 정할 수 있도록 만들어주었다. 지주(보야르, 루마니아의 봉건귀족—옮긴이)들은 1노동일의 노동을 그냥 하루의 노동으로 계산해서는 안되고 **수행해야 할** 노동량으로 계산해야 한다고 주장했다. 그런데 이 노동량이란 것이 하루 동안에 할 수 있는 것이 아니었고 대개 며칠 동안 일을 해야만 가능한 것이어서 "'레글망 오르가니끄'의 12부역일은 연간 꼬박 365

일 모두에 달하는"(M253) 것이었다.

여기에는 우리가 앞으로『자본』속에서 여러번 만나게 될 매우 중요한 개념의 단초가 숨겨져 있다. 시간의 측정은 매우 유동적인 것이어서, 사회적 목적에 따라 늘어날 수도 있고 조작될 수도 있다. 위의 경우 12노동일은 실제 날짜수로 365일이 되어버린다. 시간에 대한 이런 사회적 조작도 역시 자본주의의 중요한 특징 가운데 하나다. 잉여노동시간의 착취가 계급관계를 반영하는 핵심문제가 되면 머지않아, 도대체 시간이란 것이 무엇이며, 누가 그 시간을 측정하며, 시간을 어떻게 이해할 것인지가 연구의 핵심사항으로 떠오른다. 시간은 그냥 주어지는 것이 아니다. 그것은 사회적으로 구성되고 또한 끊임없이 재구성되어야 한다(예를 들어 금융부문에서 최근 시간의 단위가 어떻게 변해왔는지를 한번 생각해보기 바란다). 레글망 오르가니끄의 경우 시간은 늘어났다. 노동자들은 그들이 얼마의 잉여노동을 지주들에게 제공하고 있는지, 그리고 지배계급이 시간을 늘림으로써 이 잉여노동의 크기가 어떻게 바뀌었는지를 너무나 잘 알고 있었다. 그러나 19세기 영국에서 공장법의 입법―이 절의 중심내용이다―은 매우 달랐다. 그것은 "국가〔그것도 자본가와 대지주가 지배하는 국가〕에 의해 노동일을 강제로 제한함으로써 노동력의 무제한적인 착취를 향한 자본의 충동을 억제"(M253)했다.

맑스의 이 이야기는 중요한 의문을 불러일으킨다. 자본가와 지주가 지배하는 국가가 왜 노동일의 길이를 줄이는 데 동의하려(혹은 진지하게 고려하려) 하는 것일까? 지금까지 우리는『자본』에서 자본가와 노동자의 모습만 보아왔는데 도대체 여기에서 지주는 왜 나타나는가? 그것은 틀림없이 맑스가 실제의 역사적 상황을 살펴보다가 당시의 현실적 계급지형, 즉 노동자들이 국가권력에 직접 접근할수 없는 조건에서 계급연대가 어떻게 이루어지고 있는지를 볼 수밖에 없었기 때문일 것이다. 19세기 전반기 영국의 권력지형은 본질적으로 자본가와 지주 간의 권력관계로 이루어져 있었고 귀족지주계급의 역할을 무시하고는 당시의 정치지형을 분석하는 것이 불가능했다. 노동운동의 세력은 아직 본격화되고 있지 않았다.

날이 갈수록 위협적으로 팽창해가는 노동운동의 영향을 배제하더라도, 공장노동의 제한은 영국의 경작지에 구아노(guano, 바닷새의 배설물이 바위 위에 쌓여 굳어진 덩어리로서 비료로 쓰인다—옮긴이) 비료를 주는 것과 마찬가지의 필연성의 명령에 따른 것이다. 경작지에서 지력을 고갈시킨 그 맹목적인 약탈욕이, 공장에서는 국민의 생명력의 근원을 침략했던 것이다. 독일과 프랑스에서 병사들의 체격을 줄어들게 만든 원인이 영국에서는 주기적인 질병을 통해 입증되었다.(M253)

만일 노동이 토지와 마찬가지로 자연적 부를 창출하는 핵심요소이고, 그것이 만약 고갈되고 퇴락해버린다면 잉여가치를 지속적으로 생산할 수 있는 능력은 감소할 것이다. 또한 유효한 병력자원이 될 수 있는 노동자를 확보하는 것도 국가의 이해에 중요한 것이기도 하다. 따라서 제대로 된 건강한 노동계급을 확보하는 것은 정치적 이해뿐만 아니라 군사적 이해에도 맞는 것이다(M253의 각주를 참고하라). 예를 들어 1870~71년의 보불전쟁에서 프랑스 군대가 순식간에

패퇴한 것은 빈곤에 절은 프랑스 농민, 노동자 들에 비해 독일농민들이 보다 건강했던 것이 하나의 원인이었다. 그래서 노동자계급의 영락(零落)을 방치하면 군사적 위험이 증가하게 된다는 정치적 함의가 얻어진다. 이 문제는 2차대전중 미국에서 때때로 빈곤계층과 인종이 전혀 다른 사람들 가운데서 병력을 충원하게 되었을 때 중요한 현안으로 떠올랐다.

맑스가 주목했던 영국의 공장법은 국가에 의해 부과된 것으로, 경제적·정치적·군사적 이유 때문에 살아있는 노동에 대한 착취를 제한하고 그것의 과도한 영락을 막기 위한 것이었다. 그러나 법은 법일 뿐, 위반에 대한 처벌은 전혀 다른 문제였다. 여기에서 우리는 공장감독관이라는 중요한 인물들을 만나게 된다. 이들은 무엇을 하는 사람이며 출신은 어디인가? 그들은 분명 급진적 맑스주의자들은 아니었다. 그들은 전문직 분야의 부르주아들이었다. 그들은 국가의 공복이었다. 그러나 그들은 정보를 수집하는 데 탁월한 능력을 발휘했고 산업자본가들의 이해를 국가의 요구에 맞추도록 강력하게 압박했다. 이들이 제공해준 풍부한 정보가 없었다면 맑스는 이 절을 집필할 수 없었을 것이다. 그렇다면 자본가와 지주계급이 지배하던 국가가 왜 공장감독관을 고용해 이런 일을 시켰을까? 여기에서 등장하는 것이 바로 "한 사회의 문명수준"과 부르주아의 윤리와 국가의 군사력 문제다. 19세기 영국에서는 부르주아 개혁주의의 강력한 흐름(예를 들어 찰스 디킨스)이 존재했고, 이들은 당시 영국에서 자행되고 있던 몇몇 노동관행들이 문명사회에서는 결코 있어서는 안되는 것들이라고 여겼다. 이것 역시 노동력의 가치에 영향을 미치는

"역사적·윤리적 요소"에 대한 논의에 포함된다. 노동계급의 운동이 점차 세력을 강화해가는 데 있어 사실 (특히 공장감독관들로 대표되는) 이런 부르주아 개혁주의의 도움이 없었다면 그런 성장은 쉽지 않았을 것이다.

공장감독관들은 어떻게 해야 노동일을 실제로 제한할 수 있을지의 문제에 부딪쳐야만 했다. 노동자들은 몇시에 일을 시작해야만 하는 것일까? 시업시간은 공장 내부에 들어와서부터일까 아니면 공장 바깥에서부터일까? 점심식사 시간은 어떻게 되는 것일까? 맑스는 공장감독관의 보고서를 인용하면서 이렇게 말한다.

많은 공장주들에게, 법정시간을 넘어선 과도노동에 의해 얻어지는 초과이윤은 거부하기에는 지나치게 큰 유혹일 것이다. (…) 이처럼 노동자의 식사시간과 휴식시간을 자본이 '조금씩 훔치는 것'을 공장감독관들은 '몇분 훔치기' 또는 '몇분 가로채기'라고 부르며, 또는 노동자들이 그것을 기술적으로 일컫는 것처럼 '식사시간 야금야금 잘라먹기'라고도 부른다.(M256/257)

그런 다음 맑스는 본질적인 생각을 인용한다. "1분 1초가 수익의 요소인 것이다"(M257). 이것이 핵심적인 표현이다. 자본가들은 노동과정을 통해 노동자들의 노동시간을 남김없이 획득하려고 한다. 자본가들은 노동자들의 노동력을 단순히 12시간 구매하는 것에 그치지 않는다. 그들은 이 12시간의 1분 1초가 모두 최대한의 노동강도로 사용되도록 만들어야 한다. 그리고 이것이 바로 공장규율과 감독제도가 지향하는 바다.

옛날 영화를 보면 전화상담원들이 다른 사람들과 한참동안 수다를 떠는 것을 볼 수 있다(내 나이의 사람들은 대부분 이 상담원들과 농담을 주고받던 기억들이 있다). 그러나 오늘날 전화상담원들은 매시간 빡빡하게 짜여진 스케줄에 의해 전화를 받는다. 만일 이 스케줄을 지키지 못하면 그들은 해고된다. 스케줄은 끊임없이 점점 더 빡빡해지고 있어 만일 여러분이 그들과 2분 이상 통화를 할 수 있다면 그것은 매우 특별한 경우다. 나는 한 전화상담원이 엄마가 갑자기 죽어버린 한 어린아이와 한시간 반 동안 통화를 했다가 스케줄을 지키지 못했다는 이유로 해고당한 이야기를 읽은 적이 있다. 이것이 노동과정에서 일반적으로 이루어지고 있는 일이다. 자본가들은 시간을 원하고, 이 시간의 1분 1초가 이윤의 요소가 되기를 원한다. 이것은 가치가 사회적 필요노동시간이라는 사실이 빚어내는 필연적인 결과다. 이처럼 그것의 추상적 성질에도 불구하고 가치론은 현장에서 이루어지는 일상적인 현실과 경험 들에 대해 중요한 의미를 알려준다.

이 장의 3절에서 맑스는 "착취에 대한 법적 제약이 없는 영국의 여러 산업부문"을 제법 길게 다룬다. 나는 여기에서 이 내용을 세세히 반복하지 않으려 한다. 왜냐하면 성냥산업, 벽지산업, 아마포산업, 제빵산업 등(이들 산업에서는 야간작업과 빵의 불순물이 매우 큰 쟁점이었다)에서의 노동관행에 대한 끔찍한 설명들은 그 자체로 자명한 것이기 때문이다. 맑스는 과로로 인해 발생한 철도사고들도 인용하고 있는데, 조사관들은 이 사고들이 지나친 장시간 노동으로 인해 노동자들의 주의력이 떨어져 발생한 것이라고 지적했다. 그런 다음에는 그 유명한 메리 앤 워클리(Mary Anne Walkley) 사건이 등장한다. 그녀는 "매우 평판이 좋은 고급여성모자 제조회사에 고용된 20세의 여성"으로 "매일 평균 16시간 30분이나 노동했고, 더구나 성수기에는 30시간 이상 중단없이 노동하곤 했으며, 과로로 노동력이 마비될 때는 종종 셰리주나 포트와인 또는 커피를 먹어가며 노동력을 되살려내곤"(M269) 함으로써 결국 과로로 인해 사망했다. 과로로 인한 사망은 19세기에만 한정된 이야기가 아니다. 일본사람들은 기술적인 용어로 이것을 과로사라고 부른다. 사람들은 과로로 인해 사망하기도 하고, 과로에 시달리거나 작업조건의 압박을 받아 수명이 단축되기도 한다. 2009년 미국농업노동자협회는 캘리포니아 산업재해청을 고발했는데, 그 이유는 이 행정당국이 노동자들을 살인적 더위에서 일하도록 방치했다는 것이었고, 실제로 더위에 지쳐 3명의 노동자가 애꿎게 사망한 사례를 근거로 제시했다.

여기에서 맑스는 자본과 임노동 사이의 세력관계가 한쪽으로 기울어서 노동력이 영락상태로 몰리고 심지어 강제로 죽음으로까지 몰리는 사태가 발생할 경우 어떤 일이 일어나는지를 묘사하고 있다. 이 문제는 이 장의 4절에서 서술되는 릴레이제도의 등장을 통해 더욱 악화된다. 사용되지 않는 자본은 유실된 자본이며, 자본은 기계나 일정액의 화폐가 아니라 운동하는 가치다. 만일 기계가 사용되고 있지 않다면 그것은 죽은 자본이며 따라서 그것을 온종일 사용하고자 하는 압력이 존재한다. 생산과정의 연속성은 매우 중요한데 이는 특히 용광로나, 중금속산업과 같이 대량의 고정자본 설비를 사용하는 산업들에서 더욱 중요하다. 고정자본의 사용이 끊임없이 이루어져야 할 필요성 때문에 24시간 노동일이 요구된다. 개별 노동자가 24시간 동안 노동을 수행할 수는 없기 때문에 릴레이제도가 고안되고 이를 보완하기 위해 야간노동과 교대제가 등장한다. 노동자는 잉여가치를 생산할 뿐만 아니라 불변자본을 활성화하기도 한다는 점을 잊어서는 안된다. 바로 그 점 때문에 릴레이제도를 통한 야간교대제 노동이 등장한다. 그리하여 "자연적인 노동일"이란 것은 존재하지 않게 되며, 어떤 희생을 감수하고서라도 작업의 흐름을 유지하기 위한 자본의 요구를 충족시키기 위해 온갖 종류의 노동일이 만들어지게 된다.

5절에서는 표준노동일을 둘러싼 투쟁을 다룬다. 자본이 하루의 가치로 지불한 노동력을 소비하는 시간의 길이는 얼마나 될까? 자본은 단지 가능한 최대의 노동시간을 얻으려 한다. 자본에게 있어,

무엇보다도 자명한 것은 노동자는 그의 하루 전체를 통하여 노동력 이외의 아무것도 아니라는 것, 또 그가 처분할 수 있는 시간은 모두 자연적으로나 법적으로나 노동시간이고 따라서 자본의 자기증식을 위한 것이라는 사실이다. 교육이나 지적 발달, 또는 사회적 기능의 수행이나 사교를 위한 시간은 물론 육체적·정신적 생명력의 자유로운 활동을 위한 시간과 일요일의 안식일조차도 ——안식일을 엄격히 지키는 나라라 할지라도—— 전혀 당치 않은 일이다! 그러나 잉여노동을 갈구하는 무한히 맹목적인 충동〔늑대 같은 갈망〕을 통해 자본은 노동일의 도덕적인 한계는 물론 순수한 물리적 한계까지도 돌파

한다. 자본은 신체의 성장·발달과 건강유지를 위한 시간을 가로챈다. 자본은 바깥 공기를 마시고 햇빛을 쬐기 위해 필요한 시간을 빼앗아 버린다. 자본은 식사시간을 빼앗아서, 가능한 한 그것을 생산과정에 통합시켜버린다.(M280)

이 구절을 읽을 때마다 나는 항상 찰리 채플린의 「모던타임스」에 나오는 조립라인 장면을 떠올린다.

> 자본은 생명력을 축적하고 갱신하며 활성화시키는 데 필요한 건강한 수면을 완전히 피로에 지친 생명체의 소생에 요구되는 최소한의 시간으로 압축시킨다. (…) 자본은 노동력의 수명을 문제삼지 않는다. 자본이 관심을 쏟는 것은 오로지 1노동일 가운데 사용 가능한 노동력의 최대한뿐이다. 자본이 노동력의 수명을 단축시켜서라도 이 목표에 도달하려는 것은 마치 탐욕스러운 농부가 지력을 수탈함으로써 수확을 증대시키려는 것과 같은 원리다.(M280/281)

토지의 고갈과 노동자의 생명력 고갈을 나란히 함께 언급하는 것은 1절에서 맑스가 윌리엄 페티의 말—"노동은 소재적 부의 아버지이고 땅은 그 어머니다"—을 인용했던 것을 떠올리게 한다(M56). 그러나 또한 이것은 온갖 부를 생산하기 위해 필요한 자원의 과도한 수탈이 자본주의 그 자체에 위험이 될 수 있다는 것을 의미하기도 한다. 어떤 점에 있어서는 자본가들도 표준노동일이 별로 나쁘지 않다는 생각을 하게 될 것이다.

그러므로 자본이 무한한 자기증식 욕구에 따라 필연적으로 추구하게 되는 노동일의 과도한 연장이 노동자 개개인의 생존기간을 단축시키고 따라서 그들 노동력의 내구연한을 단축시킨다면, 소모된 노동력의 더욱 급속한 보전이 필요해지고 그 결과 노동력의 재생산에는 더욱 많은 보전비용이 들어가게 된다. 이것은 마치 기계의 소모가 빠르면 빠를수록 매일 재생산되어야 할 가치 부분도 함께 커지는 것과 마찬가지다. 바로 그 때문에 자본은 자신의 이해관계를 위해서라도 표준노동일을 설정할 필요가 있는 것처럼 보인다.(M281)

그러나 문제는 서로 경쟁상태에 있는 개별 자본가들은 자신들의 핵심자원(즉 노동과 토지)을 과도하게 수탈하지 않을 수 없다는 것이다. 노동력을 "지속적으로" 이용해야 하는 자본가들의 계급적 이해와 경쟁에 직면한 자본가들의 개인적 행동 사이에는 갈등이 존재할 가능성이 있다. 그러므로 그들 사이의 경쟁에는 일정한 제약이 주어질 수밖에 없다.

맑스는 노예소유주들이 노예를 값싸게 손에 넣을 수 있는 경우에는 언제든지 자신들의 노예를 과도한 노동을 통해 죽여버릴 수 있다는 점을 지적한다. 이것은 노동시장의 경우에도 마찬가지다.

노예무역을 노동시장으로 바꾸고 켄터키나 버지니아를 잉글랜드·스코틀랜드·웨일스의 농업지역이나 아일랜드로 바꾸고, 아프리카를 독일로 바꾸어서 읽어보라! 이미 들은 바와 같이 과도노동은 런던의 제빵공들을 죽이고 있지만, 런던의 노동시장은 독일인과 목숨을 건 다른 제빵공 지원자들로 여전히 넘쳐나고 있다.(M282)

여기에서 맑스는 또하나의 중요한 개념을 도입한다. 과잉인구가 바로 그것이다. 이것은 자본가들이 노동자들의 건강이나 복지를 전혀 고려하지 않은 채 초과착취를 할 수 있도록 만들어준다. 맑스는 구빈법위원회의 사례를 소개하는데, 공장주들은 이 위원회에 "농업지역의 '과잉인구'를 북부로 보내자고 제안하면서 '공장주들이 이들을 흡수하고 소비하게 될 것'이라는 설명을 덧붙였다"(M282/283)는 것이다. 농업지역들은 전통적으로 과잉인구를 공업지역에 공급함으로써 구빈법에 의한 자신들의 의무를 회피하고 있었다.

자본가들이 일반적으로 경험하는 것은 항상적인 과잉인구(즉 자본이 당면한 증식욕구에 비해 상대적으로 과잉인 인구)다. 그러나 이 과잉인구는 발육이 불완전하고 단명하며 급속히 교체된다. 말하자면 미처 자라기도 전에 잘려나가버리는 여러 세대의 인간으로 구성되어 있다. 물론 현명한 관찰자의 시각에서는 이 경험이 다르게 보인다. (…) 즉 그것은 공업인구의 쇠퇴가 오로지 농촌으로부터의 자연발생적인 생명요소를 끊임없이 흡수함으로써만 완화될 수 있으며, 나아가 농촌노동자들이 ─ 자유로운 공기와 그들을 가장 강력하게 지배하는 자연도태의 법칙, 즉 가장 강한 개체만을 성장시키는 그 법칙에도 불구하고 ─ 이미 쇠약해지기 시작했다는 것을 보여준다.(M284/285)

과잉인구는 자본가가 노동력의 건강, 복지, 기대수명 등에 신경을 써야 할지의 여부에 영향을 미친다. 한 개인으로서 자본가는 물론 여기에 신경을 쓸 수 있다. 그러나 주어진 경쟁조건하에서 이윤을 최대화해야만 하는 압박 때문에 개별 자본가에게는 선택의 여지가 없다.

뒷일은 난 몰라! 이것이 모든 자본가, 모든 자본주의 국가의 표어다. 그러므로 자본은 사회가 강요하지 않는 한 노동자의 건강이나 수명에는 전혀 관심을 두지 않는다. 육체적·정신적 위축과 요절 그리고 과도노동의 고통에 관한 불평에 대해 자본은 다음과 같이 대답한다. "이 고통은 우리의 기쁨(이윤)을 증가시키는데, 우리가 그것 때문에 고민할 이유가 어디에 있겠는가!" 그러나 일반적으로 이것은 개별 자본가들의 심성에 달린 문제도 아니다. 자유경쟁은 자본주의적 생산의 내재적인 법칙을 개별 자본가들에 대해 외적인 강제법칙으로 작용하게 만든다.(M285/286)

그들의 심성이 어떠하든 그것과는 상관없이 자본가들은 경쟁에 떠밀려 어쩔 수 없이 그들의 경쟁자들과 같은 노동관행을 시행해야만 한다. 만일 여러분의 경쟁자가 노동자들의 수명을 단축시킨다면 여러분도 역시 그렇게 해야만 한다. 그것이 바로 경쟁의 강제법칙이 작동하는 방식이다. 이 구절 "경쟁의 강제법칙"은 앞으로의 논의과정에서 여러차례 반복적으로 등장할 것이다. 그리고 여기에서 보듯이 이 강제법칙이 어떤 점에서 결정적 역할을 수행하는지를 깊이 유념해두기 바란다.

그리하여 맑스는 이제 "표준노동일의 제정"을 둘러싼 "자본가와 노동자 사이의 몇세기에 걸친 투쟁"을 살펴본다. 그는 "이 투쟁의 역사가 서로 대립하는 두개의 흐름을 보여준다"는 흥미로운 지적을 한다. 중세에는 사람들을 임노동자로 만드는 것이 매우 어려웠다. 만일 농사를 지어서 먹고살 수 없게 되면 사람들은 부랑자나 거지 혹은 로빈후드 같은 강도가 되어야만 했다. 그래서 임금관계를 법적으로 강제하고, 노동일의 길이를 확대하고, 거지나 부랑자가 되는 것을 불법화하기 위한 법률이 공표되었다. 사실상 국민을 임노동자로 만들기 위한 교화장치가 만들어진 것이다(맑스는 이 문제를 제8편에서 다시 다룬다). 부랑자들은 공개적인 장소에서 채찍질을 당한 다음 적당한 노동에 처해졌다. 이때 적당한 노동이란, 이런 형태의 최초의 법령이던 1349년 법령에 의하면, 하루 12시간의 노동을 말한다. 이것이 영국에서 실시된 노동규율이었다. 우리는 이와 비슷한 것을 19세기 이후의 식민지정부들에서도 찾아볼 수 있다. 즉 이들 식민지정부의 보고에 따르면 인도나 아프리카에서는 원주민을 "표준적인" 노동일(노동주勞動週는 말할 것도 없고)에 따라 노동을 시킬 수 없다는 것이다. 이들 원주민은 잠깐 일을 하고는 사라져버리는 것이 전형적인 행태라는 것이다. 현지인들이 생각하는 시간은 시계에 맞추어진 시간이 아니라서, 1분 1초를 곧 이윤의 요소로 간주하는 자본가들이 이들로부터 가치를 뽑아내기 어려웠던 것이다. 현지 주민들의 시간관념 결핍은 식민지정부들 사이에서 단골로 등장하는 고민거리였고, 이들 정부는 현지 주민들에게 노동규율과 적절한 시간관념을 주입하기 위해 엄청난 노력을 기울였다. (나는 오늘날의 대학 당국자들도 학생들에 관하여 이와 비슷한 불평을 하는 것을 들은 적이 있고, 한때 천재들만 모인다는 하버드대학교에서 강의했을 때에는 이 학교가 학부생에게 가르쳐야 할 첫번째 교육목표로 적절한 시간관념을 학생들에게 주입시키는 것이라고 요구하는 바람에 상당히 고생한 적이 있다.)

근래에는 과거 중세와 후기 중세, 그리고 자본주의 이행기(시간에 대한 개념─어떤 사람들은 이것을 '근대성'이라고도 즐겨 부른다─이 등장하기 시작하는 시기)에 각각 사람들이 시간에 대해 가졌던 태도를 기록해둔 많은 문헌을 접할 수 있다. 예를 들어 우리는 시간(hour)이라는 단위가 주로 13세기에 만들어진 것이며, 분과 초는 17세기에 들어서야 비로소 일반적인 단위로 사용되었으며, 또한 '나노초(10억분의 1초─옮긴이)' 같은 용어는 극히 최근에야 만들어졌다는 사실을 쉽게 간과하곤 한다. 이 시간단위들은 자연적인 크기가 아니라 사회적으로 만들어낸 크기이며 이들의 발명은 봉건제로부터 자본주의로의 이행과 무관하지 않다. 푸꼬가 정부의 등장에 대해 이야기할 때, 그의 참뜻은 바로 사람들이 시간개념을 받아들이기 시작하고 거의 아무런 생각 없이 이 시간개념에 따라 살아가도록 배우기 시작한 시점에 정부가 등장했다는 점이다. 우리 모두는 이 시간개념을 받아들임으로써 시간 그리고 시간과 관련된 관행들에 대한 일정한 사고방식의 포로가 된다. 맑스에게 있어 이런 시간개념은 사회적 필요노동시간이라는 가치의 등장과 관련되어 있다. 그리고 그에게 있어서는 푸꼬가 무시하거나 경시하려고 했던 계급투쟁의 역할이 중심적인 지위를 차지한다.

이미 보았듯이 작업의 시작과 종료·중단 등을 종소리에 따라 군대식으로 일률적으로 규제하는 이러한 세밀한 규정은 결코 의회의 머리에서 나온 산물이 아니었다. 그것들은 근대적 생산양식의 자연법칙들로 여러가지 상황을 통해 점차로 발전해온 것들이었다. 그것들이 하나의 기준으로 만들어져서 공인된 다음 국가에 의해 공포된 것은 오랜 기간에 걸친 계급투쟁의 결과였다.(M299)

"동등한 권리를 가진 사람들끼리 힘으로 결정짓는"다는 이야기는 더이상 중요하지 않고, 이제 문제가 되는 것은 시간에 대한 사고방식을 둘러싼 헤게모니 형태의 계급적 성격을 인식하는 것이다. 그리고 여기에는 시간개념만 관련된 것이 아니라 공간의 문제도 함께 관련된다. 『무역과 상업에 관한 에쎄이』(*An Essay on Trade and Commerce*, 1770)의 익명의 저자 같은 사람들에게는 노동자들이 "안락과 나태함"을 즐기는 "치명적인"(M291) 경향이 있다는 것이 문제가 된다. 맑스는 이 에쎄이를 인용한다.

"우리나라의 산업빈민이 오늘날 그들이 4일 동안 버는 것과 같은 금액으로 6일 동안 노동하기를 받아들이기 전까지는 치료가 완전히 끝난 것이 아니다." 이 목적을 위해, 또 '나태와 방탕'을 근절시키고 (…) '근로정신의 조장과 매뉴팩처에서 노동가격의 인하를 위해' 자본가의 충실한 대변자인 우리의 에크하르트(독일 영웅시 속의 충신—옮긴이)는 공적 자선에 의지하는 이런 노동자(즉 피구휼민)를 하나의 '시상적 구빈원'에 가두어두자는 확실한 수단을 제안한다. "이런 집은 공포의 집이 되어야만 한다." 이 '공포의 집', 즉 이 '전형적인 구빈원'에서는 "완전히 12시간이 남도록, 다시 말해서 적당한 식사시간을 포함하여 하루 14시간"의 노동이 수행되어야 한다.(M292)

그런 다음 맑스는 여기에 대한 자신의 답변을 제시한다.

자본의 혼이 아직 꿈만 꾸고 있던 1770년의 피구휼민을 위한 '공포의 집'이 불과 몇년 뒤에는 매뉴팩처 노동자들을 위한 거대한 '구빈원'으로 나타났다. 그것은 공장이라고 일컬어진다. 그리고 이번에는 이상이 현실 앞에서 무색해지고 말았다.(M293)

공간조직은 노동자들을 가르치기 위한 교화장치의 일부다. 이 점은『광기와 문명』(*Madness and Civilization*)『교화와 처벌』(*Discipline and Punish*)『진료실의 탄생』(*The Birth of the Clinic*) 같은 책에서 푸꼬가 했던 공간적으로 조직된 교화장치들에 대한 다양한 연구들에 영향을 미친 것이 거의 틀림없다. 푸꼬가 노동일에 대한 맑스의 분석으로부터 이처럼 명백히 영향을 받았음에도 불구하고, 영어권에서는 그가 자주 맑스와 전혀 대립되는 사상가로 간주되는 것은 모순된다. 내가 생각하기에 푸꼬는 맑스의 논의를 일반화시키고 거기에 실체를 부여하는 데 있어 중요한 업적을 남겼다. 후기의 몇몇 저작들에서 그는 맑스주의자들의 이야기와 거리를 두고 있긴 하지만(특히 당시 프랑스의 마오주의자나 공산주의자들과는 더더욱 그렇다) 보호시설, 형무소, 진료소 등에 관한 그의 초기 핵심저작들은 교화적 자본주의(노동자들은 자본주의적 노동과정의 시공간적 논리를 받아들이도록 사회화되고 교화되어야만 한다)의 등장에 관한 맑스의 논의와 단절되어 있기보다는 연속성을 유지하고 있는 것으로 간주되어야 한다.

물론 노동자들을 교화시키는 문제는 오늘날에도 여전히 존재한다. 즉 말을 잘 따르지 않고 실수를 반복하거나 심지어 아예 이탈해버리는 사람들에 대한 문제가 바로 그것이다. 맑스와 푸꼬는 똑같이 이 점을 지적한다. 이런 사람들은 미쳤거나 반사회적인 사람들이라고 불리고 정신병원이나 감옥에 갇힌다. 혹은 맑스가 말하듯이 이들은 수레바퀴에 묶여 공개적으로 처벌받기도 한다. 그러므로 "정상적인" 사람이 되기 위해서는 자본주의 생산양식에 잘 맞는 일정한 시간적·공간적 규율을 받아들여야만 한다. 그러나 맑스는 이것이 결코 정상적인 것이 아니라고 말한다. 그것은 이 역사적 시기에 그것만의 특수한 방식과 특수한 목적을 위해 만들어진 사회적인 발명품인 것이다.

처음 자본가들이 노동일을 확대하여 그것을 10~12시간(맑스가 살던 시기)으로 표준화하기까지는 격렬한 투쟁을 해야만 했던 것이 분명하다. 전자본주의 사회의 "노동시간"은 환경에 따라 상당한 편차가 있기는 했지만 많은 경우 하루 4시간을 넘지는 않았으며 하루 가운데 나머지 시간은 "생산적"(물적 생존에 도움을 준다는 의미에서)이라고 보기는 어려운 다른 사회활동들에 소비되었다. 오늘날 우리가 사는 사회에서 4시간의 노동일은 말도 안되는 것이거나, 불행한 것이거나 혹은 미개한 것—이것은 우리의 문화에서 "문명수준"이라고 하는 것이 무엇인지 의문을 제기하게 만든다—으로 간주될 것이다. 아마도 사회주의적 목표는 이 4시간의 노동일을 부활시키는 것이 되지 않을까 싶다.

6절에서는 1830~40년대에 노동자들이 영국의 산업부문에서 과도한 노동일의 연장에 대항하여 싸우는 과정이 소개된다. 맑스는 이 전개과정에 얽힌 특수한 정치적 동학을 설명한다(나는 맑스의 이 서술부분을 보다 명확하게 전달하기 위해 여기에서 내 나름의 방식으로 이 과정을 이야기할까 한다). 1820년대의 영국은 아직 귀족지주계급이 정치권력을 장악했다. 그들은 하원과 상원은 물론 국왕과 군대, 사법부까지 모두 장악하고 있었다. 한편 부르주아 계급도 한창 성장하고 있었는데, 이 계급은 일부 전통적인 상인과 금융업자(런던과 항구도시들—즉 노예무역을 통해 막대한 돈을 벌어들인 브리스틀과 리버풀 같은—에 살았다), 그리고 맨체스터 지역의 면직업자들을 중심으로 하는 산업자본가들로 이루어져 있었다. 특히 후자는 시장의 자유와 자유무역을 기조로 하는 경제이론의 강력한 지지자들이었다(앞서 보았듯이 맨체스터는 씨니어가 경제학을 배우기 위해 방문했던 바로 그 도시다). 비록 점차 부유해지고 있긴 했지만 산업자본가들은 귀족지주계급에 비해 정치적으로 무력했다. 따라서 그들은 의회제도를 개혁해 국가기구 내에서 자신들의 권력을 보다 강화하려 했다. 이 과정에서 그들은 귀족지주계급과 격렬한 싸움을 벌여야만 했다. 그리고 그들은 국민대중(특히 전문직 중산층과 고숙련·고학력의 기술노동자, 즉 교육수준이 낮은 노동대중과는 구별되는 노동자)의 지지를 얻고자 했다. 요컨대 산업부르주아는 귀족지주들에 대항하기 위해 숙련노동자들의 운동과 연대했던 것이다. 그리하여 부르주아 계급은 1820년대 말경의 대중운동을 통해 1832년 개혁법(Reform Act)을 제정했는데, 이 법은 일정액 이상의 자산을 소유한 사람에게 투표자격을 개방함으로써 의회의 대의구조를 부르주아 계급에게 유리한 방향으로 바꾸어냈다.

그런데 개혁을 요구하는 이 운동과정에서 그들은 노동계급에게 온갖 정치적 약속을 했는데 이 약속 가운데에는 숙련노동자들에게도 투표권을 부여하고, 노동일의 길이를 제한하며, 억압적인 노동조건을 개선하는 것 등이 모두 포함되어 있었다. 개혁법은 노동자들에게 "거대한 사기"였다는 것이 이내 드러났다. 산업부르주아들은 자신들이 원하던 것을 대부분 얻었지만 노동자계급은 거의 아무것도 얻지 못했던 것이다. 노동일의 길이를 제한하는 1833년의 최초의 공장법은 (비록 이것이 최초의 국가적인 입법조치로 기록되어 있긴 하지만) 매우 취약하고 효과가 없는 것이었다. 속은 것에 분노한 노동자들은 차티즘이라는 정치운동을 조직했는데 그것은 국민대중의 생활조건과 산업노동자들의 끔찍한 노동조건에 저항하는 운동으로 출발했다. 이 기간 동안 귀족지주계급은 산업부르주아 세력의 성장에 훨씬 더 적대적인 입장이 되었다(디킨스나 디즈레일리B. Disraeli의 소설을 보면 이들 계급간의 갈등이 곳곳에서 드러난다). 따라서 그들은 노동자들의 요구를 지지하는 경향이 있었는데 여기에는 국가(군사력)적인 이해를 위한 것은 물론 귀족정치의 한 전형인 노블리스 오블리주——자신들은 온정적인 사람들로서 질이 낮은 산업부르주아들이 국민들을 수탈하는 방식에 대해서는 다른 입장을 취한다고 밝히면서——를 과시하기 위한 의도가 함께 숨어 있었다. 이것은 공장감독관들이 등장하게 되는 부분적 배경이 되기도 했다. 공장감독관들은 급성장하는 산업부르주아들의 세력을 꺾기 위한 목적으로 귀족지주계급에 의해 적극 옹호되었던 것이다. 1840년대에 산업부르주아들은 이 귀족지주계급과 노동운동——맑스의 표현에 따르면 "날이 갈수록 위협적으로 팽창해가던"(M253)——간의 연대에 강한 압박을 받고 있었다. 결국 점차 내용이 강화된 공장법이 1844년, 1847년, 1848년에 차례로 통과되었다.

마치 조각그림 맞추기처럼 매우 복잡한 구조를 보이던 이 계급관계와 계급간 연대 속에 또하나의 조각그림이 감추어져 있었다. 맨체스터 경제학파는 자유방임주의와 자유무역을 강력히 옹호하는 학파였다. 이 학파는 곡물법(Corn Laws)투쟁을 주도했다(당시 영국에서 "곡물"corn은 "밀"wheat을 가리키는 말이고, 미국에서처럼 옥수수——영국사람들은 이것을 "maize"라고 불렀다——를 가리키는 말이 아니라는 점에 유의하라). 수입되는 밀에는 높은 관세가 부과되었는데 이는 외국과의 경쟁에서 귀족지주계급의 수익을 보호하기 위한 것이었다. 그러나 이로 인해 노동자계급의 주식인 빵의 가격은 비싸질 수밖에 없었다. 산업부르주아들은 맨체스터에서 코브던(R. Cobden)과 브라이트(J. Bright)의 주도로 곡물법 철폐를 위한 정치적 캠페인을 벌이기 시작했는데, 이들은 이 곡물법 철폐가 바로 빵

값을 내리기 위한 것이라는 점을 노동자들에게 알렸다. 노동자들과의 연대를 날조해내기 위한 시도들이 이루어졌다(그다지 성공적이지는 못했는데 그 이유는 노동자들이 과거의 "거대한 사기극"을 기억하고 있었기 때문이다). 결국 곡물법은 1840년대에 개혁되어 밀에 대한 관세가 대폭 인하됨으로써 귀족지주계급의 부에 심각한 타격을 입혔다. 그러나 빵값이 하락하자 산업자본가들은 임금을 삭감했다. 맑스의 용어로 말하자면 노동력의 가치는 빵가격에 의해 일부 결정되므로 값싼 밀의 수입은 빵가격을 하락시키고 이는 다시 (다른 조건이 불변이라면) 노동력 가치의 하락을 가져온다. 그리고 노동자들이 자신들의 빵을 매일 구입하는 데 드는 돈이 줄어들었기 때문에 자본가들은 자신들의 노동자들에게 더 적은 임금을 지불할 수 있게 된 것이다. 바로 이 지점에서 1840년대의 차티스트운동은 강화되었고, 노동자들의 요구와 노동운동은 점차 상승했지만, 이들에 대항하는 강고한 타계급의 연대는 존재하지 않았다. 산업자본가(부르주아)와 지주(귀족) 간의 이해가 완전히 분리되어 있었기 때문이다.

산업부르주아들은 1840년대의 공장법 작동을 훼손시키기 위해 노력했다. 마치 보야르들처럼 그들은 시간의 개념을 가지고 장난질을 쳤다. 노동자들이 시계를 가지고 있지 않았기 때문에 그들은 공장시계를 조작해 노동시간을 추가로 만들어냈다. 고용주들은 작업시간을 자투리로 조각냄으로써 "노동자들을 자투리 시간대에 맞추어 이리저리로 몰고 다녔는데"(M307) 그 결과 노동자들은 마치 무대 위에서 여러 장면에 잠깐씩 등장하는 배우들처럼 실제로 작업하는 시간은 10시간인데도 불구하고 15시간 동안 꼬박 묶여 있게 되었다. 노동자들은 "이런저런 자투리 시간에 자신들의 식사를 마쳐야 했다"(M308). 고용주들은 노동시간을 속이기 위해 릴레이제도라는 것을 사용했고 "공장감독관들이 자신들의 세계 개조의 망상을 위해 불행한 노동자들을 무자비하게 희생시키는 일종의 국민공회 의원들이라고 비난했다"(M301). 초기의 공장법은 특히 여성과 아동의 고용에 초점을 맞추고 있었는데 이것은 아동이 성인으로 간주되는 연령이 몇살인지를 둘러싸고 격렬한 논쟁을 불러일으켰다. "자본주의 인류학에 따르면 아동기는 10세 아니면 기껏해야 11세로 끝난다"(M297). 산업부르주아들의 문명수준은 얼마나 높은가! 공장감독관 가운데 한 사람인 레너드 호너(L. Horner)는 도대체 법원에 가봐야 아무런 쓸모가 없다고 격렬하게 비난했는데 이는 법원이 고용주들을 끊임없이 무죄방면했기 때문이다. 그러나 맑스가 말하듯이 곡물법의 개정으로 "토리당(귀족지주계급 — 하비)은 복수심에 불타 있었고"(M300) 그 결과 1848년 노동일을 10시간으로 제한하는 새로운 공장법이 전격적으로 통과되었다.

그러나 1848년 자본주의의 주기적인 공황이 발발했고, 자본의 과잉축적에서 비롯된 이 위기는 유럽 대부분의 지역에 대량실업의 위기를 가져와 빠리, 베를린, 빈 등지에 격렬한 혁명운동의 불을 당겼다. 이 사태를 보면서 전체 부르주아들은 노동계급의 혁명적 잠재력에 대해 신경을 곤두세우게 되었다. 1848년 6월 빠리에서는 혁명정부를 구성한 노동계급에 대해 폭력적인 진압이 이루어졌고 그 결과 1852년 루이 보나빠르뜨가 주도하는 권위주의체제인 제2제정이 성립했다.

영국에서는 그리 극적인 사태는 발생하지 않았지만 봉기에 대한 두려움은 널리 퍼져 있었다. 영국에서는

지도자가 감금당하고 조직이 분쇄된 차티스트당의 대실패가 이미 영국 노동자계급의 자신감을 흔들어놓고 있었다. 그후 곧바로 뒤이은 빠리의 6월 봉기와 유혈진압은 유럽대륙과 마찬가지로 영국에서도 지배계급의 온갖 분파, 즉 지주와 자본가, 투기꾼과 소상인, 보호무역주의자와 자유무역주의자, 정부와 야당, 성직자와 무신론자, 젊은 매춘부와 늙은 수녀들(솔직히 나는 이들이 이 사태와 무슨 관련이 있는지 모르겠다 — 하비) 등을 재산·종교·가족·사회를 구출하자는 공동의 구호 아래 뭉치게 만들었다!(M302)

기존 부르주아 질서를 수호할 필요가 있을 때마다 "재산·종교·가족·사회"가 하나의 이데올로기적인 주문처럼 얼마나 자주 내걸리는지를 생각하면 참으로 놀랍다. 멀리 갈 것도 없이 미국의 근세사에서만 보더라도 만일 공화당이 이 원리에 대한 충성심을 그리 열렬하게 선언하지 않았다면 그 정당은 분명 존립할 수 없었을 것이다. 1848년 영국에서 그것이 의미하는 바는 이렇다. "노동자계급이 도처에서 법률의 보호 밖으로 밀려나고 추방당했으며, '용의자법'(loi des suspects)의 탄압을 받았다. 공장주들은 이제 더이상 주저할 필요가 없게 되었으며" "1833년 이후 노동력의 '자유로운' 착취를 어느정도 제어하기 위해 만든 모든 법령에 대해 공개적인 반란을 일으켰다". 이 반란은 "철면피처럼 무자비하고 테러리스트처럼 정력적

인 방법으로 수행되었으며"이들 반란에서 "반역의 주역인 자본가들이 부담해야 할 비용은 자신이 고용한 노동자들의 피부색깔이 다른 것 외에는 아무것도 없었기 때문에 그것은 너무도 값싼 것이었다"(M302). 이 모든 것들은 1980년대 레이건(Reagon)·새처의 신자유주의 반혁명과 너무도 흡사해 보인다. 레이건 행정부하에서 기존의 노사관계 부문에서 이룩해놓았던 많은 장치들은 (전국노사관계위원회와 직업안전공단에 의해) 뒤집어지거나 무력화되었다. 이 경우에도 역시 국가기구 내에서의 계급의 역관계와 계급적 연대의 변동이 결정적 변수로 작용했다.

1850년대 이후 영국에서는 흥미로운 일이 벌어졌다.

외견상 결정적인 것처럼 보였던 자본의 이러한 승리에 뒤이어 곧바로 하나의 반격이 나타났다. 노동자들은 지금까지 굽힘없이 매일매일 새롭게 저항하긴 했지만 비교적 수동적으로만 저항해왔다. 그런데 이제 그들은 랭커셔와 요크셔에서 요란하고 위협적인 집회들을 열어 저항했다. 즉 이른바 10시간 노동법은 단순한 속임수에 불과하고 의회를 이용한 사기이며 실제로는 전혀 존재한 적이 없는 법이라는 것이다! 공장감독관들은 계급간의 적대감이 믿을 수 없을 정도로 고조되어 있다고 정부에 강력하게 경고했다. 일부 공장주들까지도 다음과 같이 불평을 쏟아냈다. '치안판사들이 서로 모순된 판결을 내림으로써 완전히 비정상적이고 무정부적인 상황이 지배하고 있다. 요크셔에서는 이런 법률이 시행되고 있는데 랭커셔에서는 저런 법률이 시행되고 있으며, 랭커셔의 한 교구에서는 이런 법률이 시행되고

있는 반면 바로 그 옆 교구에서는 저런 법률이 시행되고 있다.'(M309)

사실 자본가들이 그동안 했던 짓은 법률을 모든 곳에서 제각기 다르게 적용함으로써 사실상 법률이 일관성을 잃도록 만든 것이었다. 그러나 1850년의 심각한 사회불안의 위협 때문에

공장주와 노동자 사이의 타협이 이루어졌는데, 이 타협은 1850년 8월 5일의 공장법 추가개정안을 통해 이루어졌다. 그리하여 '청소년과 부녀 노동자'의 노동일은 주중 5일 동안은 10시간에서 $10\frac{1}{2}$시간으로 늘어나고 토요일에는 $7\frac{1}{2}$시간으로 제한되었다.(M309)

그러나 견직산업과 같은 특정 부류의 공장주들은 공장법의 적용에서 면제의 특권을 얻었고 이 부문에서 아동들은 "섬세한 손가락 때문에 완전히 도살을 당하고 있었다"(M310). 그러나 1850년경

원칙은 근대적 생산양식의 가장 독특한 창조물인 대공업부문에서 벌써 승리를 거두고 있었다. 공장노동자들의 육체적·정신적 갱생을 가져온 1853~60년의 대공업부문에서 이루어진 놀라운 발전은 아무리 귀가 어두운 사람에게도 뚜렷하게 알려졌다. 반세기 동안의 내전을 통하여 노동일의 법적 제한과 규제를 겨우 한발짝 한발짝씩 받아들이게 된 공장주들조차도 아직 '자유롭게 방치된' 다른 착취영역들과의 차이점을 거만하게 과시하기까지에 이르렀다. '경제학'의 바리새인들은 이제 노동일에 대한 법적 규제의 불가피성을 통찰하

는 것이 그들 '과학'의 특징적인 개혁이라고 선언했다. 대공장주들이 그 불가피성을 수용하고 그것과 타협한 이후부터 자본의 저항력은 점점 약해지고 반면 그와 함께 노동자계급의 공격력은——직접적으로 이해관계가 없는 사회계층 가운데 노동자들을 편드는 사람들이 늘어난 것과 함께——증대되었으리라는 것은 쉽게 알 수 있는 일이다.(M312/313)

여기에서 말하는 노동자들을 편드는 사람들이란 어떤 사람들이었는가? 맑스는 말하고 있지 않지만 아마도 그것은 주로 전문직 계층과 개혁적 부르주아 가운데 진보세력들이 아닐까 싶다. 그들은 노동자계급이 투표권을 가지고 있지 않은 상황에서 핵심적인 역할을 수행했다. "이리하여 1860년 이후부터는 비교적 급속한 진보가 이루어졌다"(M313).

맑스가 특별히 언급하지는 않았지만 이런 개혁주의는 공장의 노동조건 개선에 그치지 않고, 설사 산업자본가들의 이해를 일부 나누어준다 하더라도 그것이 그들에게도 이롭다는 인식을 확산시켜나갔다. 이것을 보여주는 가장 대표적인 예는 버밍엄의 산업자본가 조지프 체임벌린(J. Chamberlain)의 경우다. 이 사람은 시장에 당선된 뒤 종종 "급진주의자 조"라고 불리곤 했는데 이는 그가 빈민들을 위한 교육, 인프라(상수도, 하수처리, 가스등 공급 등)와 주거환경 개선을 위한 시정을 펴는 데 주력했기 때문이다. 1860년대 동안 산업부르주아 가운데 적어도 일부는 자신들의 이윤이 유지되는 한 이런 문제들에 대해 굳이 반대할 필요가 없다고 인식하게 되었다.

이런 전체적인 움직임에 대해 약간 논평을 덧붙여둘 필요가 있다. 자료들을 통해 우리가 분명하게 확인할 수 있는 사실은 1850년대까지 영국 산업부문의 착취도와 노동시간은 모두 엄청난 수준이었고, 이로 인해 노동조건과 생활조건은 모두 끔찍하게 비참한 수준이었다. 그러나 이런 초과착취는 1850년 이후부터 완화되었는데, 그것은 이윤과 산출에 별다른 감소를 가져오지 않고 이루어진 것이었다. 이는 자본가들이 잉여가치를 얻을 수 있는 다른 방법을 찾아냈기 때문이다. 그러나 그들은 또한 보다 단축된 노동일을 수행하는 건강하고 효율적인 노동력이 건강하지 못하고 효율이 떨어지는 노동력(즉 1830~40년대에 사용되던 노동력과 같이 쉽게 죽어버리고 따라서 끊임없이 새롭게 교체해야만 했던 노동력)보다 훨씬 더 생산적일 수 있다는 사실도 알게 되었다. 그리하여 자본가들은 자신들의 이런 발견과 자비심을 떠벌릴 수 있게 되었고 때로는 경쟁의 강제법칙의 효과를 억제하기 위한 집단적 규제와 정부의 개입을 아예 공개적으로 지지할 수도 있게 되었다. 자본가계급 전체의 관점에서 노동일의 단축이 좋은 생각으로 받아들여지게 되었다면, 이제 노동자들과 그들의 동맹세력이 노동일을 제한하기 위해 벌이던 투쟁에 대해 이것이 지니는 의미는 무엇일까? 그것은 노동자들이 자본가들과 같은 생각을 하고 있었다는 것을 의미한다. 자본가들은 자신들의 계급적 이해에 반드시 위배되는 것이 아닌 한 개혁에 박차를 가해나갔다. 달리 말해 계급투쟁의 동학은 자본주의체제를 파열시킬 수도 있지만 동시에 균형을 잡아줄 수도 있다. 사실 맑스는 여기에서 노동일의 규제를 둘러싼 50년간의 투쟁에서 결국 패배한 후에, 자본가들이 이 규제가 노동자들뿐만 아니라 자신들에게도 이로운 것이라는 것을 발견했다는 점을 말하고 있다.

7절에서 맑스는 영국의 공장법이 다른 나라들(주로 프랑스와 미국)에 미친 영향을 살펴본다. 거기에서 먼저 그는 단지 개별 노동자와 그의 노동계약에만 초점을 맞춘 분석방식은 불충분하다는 것을 이야기한다.

> 자본주의적 생산의 일정한 성숙단계에서는 개별 노동자(즉 자기 노동력의 '자유로운' 판매자로서의 노동자)가 저항을 하지 못하고 단지 굴복하고 있었을 뿐이라는 사실이, 몇몇 생산양식에서의 노동일 규제에 대한 역사와 그런 규제를 둘러싸고 지금도 계속되는 투쟁을 통해 명백히 드러나고 있다. 따라서 표준노동일의 탄생은 자본가계급과 노동자계급 사이의 오랜 동안의 다소 은폐된 내전의 산물이다.(M316)

다른 나라들에서 이 투쟁은 정치적 전통의 성격(예를 들어 "프랑스의 혁명적 방식"은 "천부인권"의 선언에 상당히 깊이 의존해 있다)과 현실의 노동조건(노예제 조건하에 있던 미국 같이 "흑인의 노동이 낙인찍힌 곳에서는 백인의 노동도 해방될 수 없다")(M318)의 영향을 받았다. 그러나 이들 모든 경우에서, 시장에서 "자유로운" 판매자로 나타나는 노동자는 생산의 영역에서는 자신이 자유롭지 못하며 이 영역에서는 "그의 흡혈귀가 '아직 한조각의 근육, 한가닥의 힘줄, 한방울의 피라도 남아 있는 한' 결코 그를 자유롭게 놓아주지 않는다"(M320, 맑스는 이 부분을 엥겔스에게서 인용했다)는 것을 알게 된다. 그리하여 반드시 잊지 말아야 할 교훈은

자기들을 괴롭히는 뱀으로부터 자신들을 보호하기 위해 노동자들은 동료들을 규합해 하나의 계급을 이룬 다음 강력한 국가법〔즉 사회적 방지책)을—스스로 자유의지에 따라 자본과 계약을 맺음으로써 자신과 자기 종족을 죽음과 노예상태 속으로 팔아넘기지 못하도록 방지하는— 쟁취해야만 하게 되었다. 그 결과 '양도할 수 없는 인권'이라는 화려한 표제 대신 '노동자가 판매한 시간이 언제 끝나며 그에게 속하는 시간은 언제 시작되는지를 궁극적으로 명백히하는' 소박한 대헌장〔즉 법적으로 제한된 노동일)이 나타난 것이다.(M320)

이 결론과 관련해 언급해두어야 할 몇가지 사항이 있다. 맑스가 여기에서 '양도할 수 없는 인권'을 폐기한 것은 노동일의 길이를 결정하는 것 같은 본질적인 사안은 "권리에 대한 담론"을 통해 이루어질 수 없다는 것을 재확인하는 것이다. 이 사안은 법원을 통해서도 이룰 수 없다. 여기에서 맑스는 처음으로 노동자들이 "동료들을 규합하고" 하나의 계급으로 움직여야 한다고 하면서 그렇게 하는 것이 노동조건과 자본주의의 동학에 엄청난 충격을 주게 될 것이라고 주장한다. 자유롭게 되기 위해서는 이 투쟁이 바로 핵심적인 역할을 수행하는 것이다. 나는 여기에서 『자본』 제3권의 일부를 인용할까 한다.

사실 자유의 나라는 궁핍과 외적인 합목적성 때문에 강제로 수행되는 노동이 멈출 때 비로소 시작된다. 즉 그것은 사태의 본질상 본래적인 물적 생산영역의 너머(즉 피안彼岸 ─ 옮긴이)에 존재한다. 미개인이 자신의 욕망을 충족시키기 위해(즉 자신의 생활을 유지하고 재생산하기 위해) 자연과 격투를 벌이지 않으면 안되는 것과 마찬가지로, 문명인도 그렇게 해야만 하고, 더구나 어떠한 사회형태 속에서도(즉 모든 가능한 생산양식하에서도) 그렇게 해야만 한다. 그 미개인이 점차 발전해감에 따라 그의 자연적 필연성의 나라는 욕망의 확대 때문에 함께 확대된다. 그러나 그와 함께 이 욕망을 충족시키는 생산력도 확대된다. 이 영역에서의 자유는 오직 다음과 같은 것에서만 있을 수 있다. 즉 사회화된 인간(결합된 생산자들)이 마치 어떤 맹목적인 힘에 의해 지배당하는 것처럼 자신과 자연 간의 물질대사에 의해 지배당하는 대신에, 이 물질대사를 합리적으로 규제하고 자신들의 공동의 통제하에 두는 것, 요컨대 최소한의 힘만 소비하여 자신의 인간적 본성에 가장 가치있고 가장 적합한 조건에서 이 물질대사를 수행하는 것이다. 그러나 이것은 여전히 필연성의 나라에 머무르는 것일 뿐이다. 이 나라의 저편에서 비로소 자기목적으로 간주되는 인간의 힘의 발전(즉 참된 자유의 나라)이 시작되는데, 그러나 그것은 오직 저 필연성의 나라를 기초로 하여 그 위에서만 꽃을 피울 수 있다. 노동일의 단축이야말로 바로 그것을 위한 근본 조건이다.(『자본』 제3권, M828)[15]

그러나 우리는 또한 자본가들이 경쟁의 강제법칙에 떠밀려 자신들의 계급적 재생산을 위한 방향과는 심각하게 불일치하는 방식으로 행동할 수도 있다는 것을 알고 있다. 만약 노동자들이 하나의 계급으로 조직되어 자본가들을 압박함으로써 그들의 행동을 변화시킨다면, 노동자들의 이런 집단적 힘은 자본가들이 어리석은 개인주의적인 이기심과 근시안적 안목으로부터 벗어나 자본가 자신들의 계급적 이해를 인식하지 않을 수 없도록 도와줄 것이다. 이것은 집단적 계급투쟁이 자본주의의 동학 내에서 하나의 균형추 역할을 할 수 있다는 것을 보여준다. 만일 노동자들이 전혀 세력을 이루지 못하고 있다면 자본주의체제는 붕괴되고 말 것이다. 왜냐하면 "뒷일은 난 몰라!"라는 자본가들의 개인적인 행태로는 자본주의 경제가 안정적으로 운용될 수 없기 때문이다. 자본가들을 자기파괴적인 길로 이끄는 경쟁의 강제법칙은 반드시 억제될 필요가 있다. 이것은 노동력 공급의 양과 질에 있어서는 물론 토지에 대한 초과착취와 자연자원에 대한 과도한 수탈과 관련해서도 마찬가지의 의미를 지니는 심각한 문제다.

그런데 여기에서 도출된 이 결론은 맑스가 혁명적 사상가로 알려져 있다는 점에서 본다면 난처한 것이다. 그런데 이 장에서 그는 자신의 논의를 처음 설정한 가정 — 즉 자본과 노동이 모두 교환의 법칙이라는 맥락에서 자신들의 권리를 추구한다는 가정 — 의 범위 이내로 제한했다. 이런 범위 내에서 노동자가 유일하게 도출해낼 수 있는 것은 하루 동안의 공정한 노동에 대한 공정한 하루치의 임금이라는 "소박한 대헌장"뿐이다. 거기에서는 자본가계급의 타도나 계급관계의 철폐가 있을 수 없다. 계급투쟁은 단지 자본-임노동관계의 균형추 역할을 할 뿐이다. 계급투쟁은 또한 너무도 쉽게 자본주의의 동학 내부로 통합되어 자본주의 생산양식을 지속해주는 긍정적인 힘으로 작용할 수 있다. 이것은 계급투쟁이 불가피한 것이면서 동시에 사회적으로 필요한 것이라는 의미를 전달해주기는 하지만, 자본주의의 혁명적 전복에 대한 전망에 대해서는 거의 아무것도 이야기해주지 않는다.

이 모든 것들의 정치적 의미를 우리는 어떻게 해석해야 할까? 나는 노동운동의 어느정도의 세력화가 자본주의가 효과적으로 기능하는 데 사회적으로 필요한 것이며 자본가들이 이 점을 빨리 인식하고 받아들일수록 자본가들에게는 더욱 이익이 된다는 생각에 동의한다. 이를 확인해주는 역사적 증거는 많으며, 한 예로 미국의 뉴딜에서처럼 국가가 노동조합에 힘을 부여하여 자본주의를 타도하는 것이 아니라 자본주의를 안정화하는 데 도움이 되도록 만든 경우를 들 수 있다. 노동력의 가치와 노동일의 길이를 둘러싼 투쟁은 순수하게 경제적인 이유는 물론 사회적·정치적 이유에 있어서도 자본주의를 어느정도 안정적으로 유지하는 데 반드시 필요하다. 1950~60년대 유럽에서 강력한 사민주의 정부가 나타난 것과 미국에서 자본과 임노동 간에 사회적 협약이 맺어진 것 모두 자본주의가 크게 성장하면서 이루어졌다는 점, 그리고 강력한 사회보장제도를 갖춘 북유럽 국가들이 최근 다른 나라들이 신자유주의로 전환한 이후에도 국제시장에서 자국의 경쟁력을 비교적 잘 견지해낸 점 등은 모두 아마도 우연이 아니었을 것이다. 맑스도 아마 이론적으로 볼 때 자본주의의 동학을 올바로 이해하기 위해서는 계급투쟁이 사회적으로 필요한 것임을 보여주는 이런 사실들이 이 문제에 침묵하고 있는 부르주아 경제학에서 다뤄져야 한다고 주장할 것이다.

그런데 노동일의 길이와 노동운동의 세력화를 위한 투쟁이 노동조합적 의식과 형태를 넘어 좀더 혁명적 요구로 발전할 수 있는 어떤 지점도 존재한다. 노동일이 8~10시간으로 제한되어야 한다고 말하는 것은 용인되지만, 만일 노동시간이 4시간으로 된다면 어떻게 될까? 그런 상황이 된다면 아마 자본가들은 가만있지 않을 것이다. 프랑스에서처럼 주당 35시간 노동과 연간 6주 휴가는, 다소 지나친 것으로 간주되어 자본가계급과 그들의 동맹세력들에게 노동법의 "유연성"을 훨씬 더 높여야 한다는 운동을 강하게 촉발했다. 여기에서 문제는 개혁이 과도해져 현실적으로 자본주의의 토대에 위협이 되는 지점이 도대체 어디쯤이냐는 것이다.

만일 계급투쟁의 균형점이 있다면 그것은 고정된 것이거나 알려진 것은 아닐 것이다. 그것은 계급간의 세력관계와 자본가들이 노동자들의 새로운 요구를 어느정도 유연하게 받아들일 수 있을지에 달려 있을 것이다. 예를 들어 노동일을 대폭 단축하면 자본가들은 단축된 노동시간을 보충하기 위해 노동강도를 강화하고 노동효율을 높이려 할 것이다. 사실 노동강도를 높은 수준으로 12시간 이상 유지하는 것은 불가능하다. 이와 관련된 좋은 예로는 1970년대 초 영국의 에드워드 히스(E. Heath) 정권하에서 벌어진 광부들의 파업을 들 수 있다. 당시 히스정부는 인력부족에 대응하기 위해 주당 작업일을 3일로 줄였는데 결과적으로 생산성은 작업일의 감소비율만큼 낮아지지 않았다. 히스는 또한 텔레비전 방송을 밤 10시 이후에는 금지했는데 이는 다음 선거에서 그가 패배하는 결과를 가져왔다(이로부터 9개월 후 흥미롭게도 출생률이 반짝 상승한 것으로 기억한다).

이 절을 마치기 전에 이 절의 내용이 현재 우리가 처한 조건과 어떻게 연관되는지를 몇가지 더 언급하지 않을 수 없다. 계급동맹의 형성을 포함한 계급투쟁의 동학이 맑스 시대 이후 지금까지 노동조건과 임금수준은 물론 노동시간의 결정에 중요한 역할을 계속해온 것은 분명하다. 그러나 그동안 어떤 시대나 지역에서는 맑스가 길게 서술했던 그 끔찍한 노동조건들이 상당히 많이 개선되기도 했지만, 그가 서술했던 전반적인 문제들(광산, 철강, 건설 같은 많은 산업부문에서는 기대수명이 사회적 평균보다 더 낮다는 등의 문제들)은 결코 해소되지 않았다. 신자유주의적 반혁명이 탈규제화를 강조하고 세계화를 통해 노동력의 조건을 훨씬 더 열악하게 만들어 갔던 지난 30년 동안, 맑스가 살던 시기에 공장감독관들이 생생하게 묘사했던 그런 노동조건들이 다시 부활했다. 예를 들어 1990년대 중반 나는 『자본』 강의에서 학생들에게 다음과 같은 과제를 냈다. 먼저 나는 그들이 각자 자신의 집으로부터 한통의 편지를 받았는데 그 편지에는 그들이 『자본』 강의를 수강하고 있는 것을 알고 있다고 하면서 그 책이 아마도 역사적으로는 의미가 있는 것이긴 하지만 거기에 기술된 노동조건들은 이미 오래 전에 모두 극복된 것이라는 내용이 담겨 있다고 상상해보라고 했다. 그런 다음 나는 학생들에게 공공기관(예를 들어 세계은행)의 보고서들을 발췌한 것과 주요 신문들(예를 들어 『뉴욕타임스』)에서 오려낸 기사들을 한묶음 주었다. 이 발췌문과 기사들에는 갭(Gap)의 옷들이 생산되는 중앙아메리카 공장, 인도네시아와 베트남의 나이키 공장, 동남아시아의 리바이스 공장 등의 작업조건이 서술되어 있었으며, 당시 어린이들에게 굉장한 인기를 끌고 있던 캐시 리 기포드(K. L. Gifford)가 자신이 월마트에서 길게 줄을 서서 겨우 사입는 인기의류들이 보잘것없는 임금에 고용된 온두라스 노동자들이나 수주일간 거의 임금을 받지 못하는 뉴욕의 악명높은 저임금작업장 노동자들이 생산한 것이라는 사실을 알고는 너무도 놀랐다는 기사 등이 실려 있었다. 학생들은 이에 대한 훌륭한 리포트들을 써냈다. 나는 그들이 이 리포트들을 자신들의 집으로 부치도록 제안했지만 그것은 그다지 잘 지켜지지 않은 것 같다.

애석하게도 조건은 더욱 악화되어왔다. 2008년 5월 이민단속국은 아이오와주의 한 정육포장공장을 조사하여 불법이민자로 의심되는 389명을 색출해냈는데 이들 중 몇몇은 노동연령에 미달되고 그들 중 대부분이 1주일에 6일간 매일 12시간씩 노동하고 있었다. 이들은 범죄인으로 취급되어 그중 297명이 5개월 이상의 감옥형을 받은 다음 강제추방되었다. 반면 회사의 악질적인 노동관행에 대해서는 그 실상이 대중에게 공개되어 도덕적 비난의 여론이 들끓기 시작하고 나서야 행정당국이 비로소 매우 느리게 조치를 취하기 시작했다. 내 강의를 수강한 학생들이 결론내렸듯이 오늘날의 사례 속에서도 얼마든지 많은 사례들을 맑스의 이 노동일에 관한 절 속에 아무런 가감없이 쉽게 끼워넣을 수 있다. 이것은 모두 신자유주의적 반혁명과 노동운동의 세력약화가 가져온 결과다. 슬픈 이야기지만 맑스의 분석은 오늘날의 노동조건에도 모두 그대로 적용되는 것이다.

잉여가치율과 잉여가치량

제9장은 전형적인 고리모양의 구조로 이루어져 있다. 그것은 하나의 물음으로부터 다른 하나의 물음이 도출되는 형태를 보인다. 맑스의 방법은 다시 약간 무미건조한 산술식을 나열한 다음에야 논의를 본격적으로 전개하는 방식으로 되돌아가 있다. 그는 자본가들이 각자의 사회적 권력이 자신들이 다루는 총화폐액에 의존하기 때문에 잉여가치량을 최대화하는 데 주력한다고 가정한다. 잉여가치량은 잉여가치율과 고용된 노동자수를 곱한 것에 의해 결정된다. 고용된 노동자수가 감소할 때 잉여가치량의 감소를 막으려면 잉여가치율을 높여야만 한다. 그러나 잉여가치율은 두가지 제약조건을 지니고 있는데, 하나는 하루의 길이가 24시간이라는 점이고 다른 하나는 앞에서 언급했던 사회적·정치적 장애요인들이다. 이런 한계를 돌

파하기 위해 자본가는 고용된 노동자수를 늘릴 수 있다. 그러나 그 것도 일정한 지점에 도달하면 새로운 제약조건을 만나게 되는데, 그 제약요인은 사용 가능한 총가변자본과 노동인구의 총공급량이다. 물론 여기에는 일차적으로 총인구라는 외연적 제약요인도 존재하 지만 사실 사용 가능한 노동력은 여러가지 이유로 이 총인구에 훨씬 못미친다. 이들 두 제약요인을 돌파하기 위해 자본은 잉여가치량을 늘리기 위한 전혀 다른 전략을 고안해내야만 한다.

새로운 내용으로 넘어가는 절들에서 종종 사용하는 방법인데, 맑 스는 여기에서 지금까지 사용된 개념과 앞으로 사용하게 될 개념에 대한 개요를 요약된 형태로 제시한다.

생산과정 내에서 자본은 노동〔활동하고 있는 노동력, 즉 노동자 그 자체〕에 대한 지휘권으로까지 발전했다. 인격화한 자본인 자본가는 노동자가 자신의 일을 질서정연하게, 충분한 강도로 수행하도록 감 시한다. 자본은 또 노동자계급이 자신들의 생활을 영위하는 데 필요 한 좁은 범위의 욕망보다 더 많은 노동을 수행하도록 강요하는 하나 의 강제관계로까지 발전했다.(M328)

잉여가치를 갈구하고 그것을 끊임없이 추구하는 의인화된 자본은

이전의 모든 생산제도에 비해 그 정력이나 무절제함 그리고 그 효 과에서 이들을 훨씬 능가한다. 자본은 일단 역사적으로 주어진 기술 적 조건들에 기초하여 노동을 자신에게 종속시킨다. 따라서 자본은

직접적으로 생산양식을 변화시키지는 않는다. 그러므로 지금까지 살펴본 형태와 같이 노동일의 단순한 연장을 통한 잉여가치의 생산은 생산양식 그 자체의 변화와는 아무 상관이 없는 것이었다.(M328)

그러나 이 모든 것은 논리적으로나 역사적으로나 이제 곧 변화하게 된다. "우리가 생산과정을 가치증식과정의 관점에서 고찰하면" 생산수단은 이제 "타인의 노동을 흡수하기 위한 수단"으로 바뀐다. 이제는 더이상 "노동자가 생산수단을 사용하는 것이 아니라 생산수단이 노동자를 사용하게 된다". 이 역사적·논리적 전도는 자본주의 생산양식을 이해하는 데 있어 놀라운 전환이 이루어지는 핵심부분에 해당한다. "노동자가 생산수단을 자신의 생산활동의 재료로 소비하는 것이 아니라, 오히려 생산수단이 노동자를 생산수단 자신의 생활과정의 효소로 소비하는 것이며, 자본의 생활과정은 자기 자신을 증식하는 가치로서의 자본의 운동일 따름이다"(M328/329). 이 모든 것은 자본가가 가지고 있는 생산수단의 가치(공장, 방추, 기계등에 응결되어 있는 죽은 노동)가 보전될 수 있는(잉여가치의 형태로 증식되는 것은 말할 것도 없고) 유일한 방법이 오로지 살아있는 노동이 공급해주는 것을 흡수하는 것뿐이라는 단순한 사실에서 비롯된 것이다. 따라서 "자본가의 의식" 속에서는 노동자가 오로지 그들의 노동력을 사용하여 자본을 증식시키기 위한 용도로만 존재하게 된다.

화폐권력의 축적은 본질적으로 무한하기 때문에 자본주의는 이를 가로막는 어떤 형태의 제약요인도 모두 싫어한다. 따라서 자본주의는 모든(환경적, 사회적, 정치적, 지리적) 제약요인들을 극복하거나, 혹은 이들을 극복할 수 있는 것으로 바꾸려고 끊임없이 노력한다. 이는 자본주의 생산양식에 결정적이고 특수한 성격을 부여하고, 그것의 발전이 가져오는 결과에 대해 독특한 역사적·지리적 성격을 부여한다. 이제 우리는 이 장에서 제기되었던 장애요인들을 자본이 어떻게 극복 가능한 것으로 바꿔냈는지 살펴보도록 하자.

제6편

상대적 잉여가치

상대적 잉여가치의 개념

제10장은 단순한 이야기를 다루지만 약간 복잡한 부분이 섞여 있다. 그렇지만 매우 쉬워서 내용을 잘못 읽을 가능성은 거의 없다. 첫 부분은 다음과 같이 시작한다.

상품의 가치는 상품 속에 응결된 사회적 필요노동시간에 의해 결정되고 이 가치는 생산성이 상승함에 따라 감소한다. "일반적으로 말해서 노동생산력이 높을수록 어떤 물품의 생산에 필요한 노동시간은 그만큼 작고 또 그 물품에 응결되어 있는 노동량도 그만큼 작으며 따라서 그 물품의 가치도 그만큼 작아진다"(M55).

하나의 상품으로서의 노동력의 가치는 온갖 역사적·문화적·사회적 요인에 의해 영향을 받는다. 그러나 그것은 또한 노동자들이 자신과 그 부양가족을 주어진 생활수준으로 재생산하는 데 필요한 상품들의 가치와 결합되어 있다.

노동력의 가치는 일정 총액의 생활수단의 가치로 귀착된다. 따라서 노동력의 가치는 이 생활수단의 가치, 즉 이 생활수단의 생산에 필요한 노동시간의 크기에 따라 변동한다.(M186)

따라서 다른 조건이 불변이라면 노동력의 가치는 노동자의 재생산에 필요한 상품을 생산하는 산업에서 생산성이 상승할 경우 감소할 것이다.

노동력의 가치를 저하시키기 위해서는 노동력의 가치를 결정하는 생산물, 즉 일상적인 생활수단의 범위에 속하거나 또는 그것을 대체할 수 있는 생산물이 생산되는 산업부문들에서 생산력이 상승하지 않으면 안된다.(M334)

자본가들에게 있어 이것은 노동자들이 (주어진 생활수준에서 고정되어 있는) 자신들의 필요를 충족시키는 데 필요한 돈이 감소했기 때문에 가변자본에 대한 투자를 줄일 수 있다는 것을 의미한다. 만일 노동일의 길이가 고정된 상태에서 자본가들이 가변자본에 대한 투자를 줄이게 되면 잉여가치율 m/v는 상승할 것이다. 그러면 노동일의 길이가 불변임에도 불구하고 자본가들은 보다 많은 양의 잉여가치를 얻게 될 것이다.

이 과정은 교환의 법칙을 조금도 위배하지 않고 진행된다. 물론 자본가들은 분명히 가능한 한 노동력을 그 가치보다 낮게 구매하려 할 것이고 그것은 그들이 얻는 잉여가치의 크기를 늘릴 것이다. "이런 방법이 임금의 실제 운동에서는 중요한 역할을 하는 것이 맞지만, 여기에서는 모든 상품이[따라서 노동력도] 가치대로 매매되는 것을 전제로 하기 때문에 이런 경우를 배제하기로 한다"(M333). 그래서 맑스는 여기에서 다시 한번 현실의 관행보다 시장의 논리와 고전경제학의 명제들을 우선적으로 수용하고, 이를 통해 고전경제학의 허구적 명제들이 그들 자신의 언어로 붕괴되는 것을 보여준다. 맑스의 이런 추론은 또하나의 특별한 결론을 만들어낸다. "필요생활수단을 공급하는 것도 아니고, 그것을 생산하기 위한 생산수단을 공급하는 것도 아닌 다른 생산부문들에서는 생산력이 상승하더라도 노동력 가치에 영향을 끼치지 않는다"(M334). 그러므로 생산성이 상승하여 가치재의 가치가 하락할 경우 그것은 상대적 잉여가치를 만들어내지 않는다. 상대적 잉여가치는 임금재의 가치가 하락할 경우에만 해당된다.

이것은 한가지 의문을 제기한다. 임금재를 생산하는 특정 산업부문의 개별 자본가들이 왜 생산성을 높여서 전체 자본가계급에 이익이 돌아가도록 하는 것일까? 이것은 오늘날 우리가 무임승차자(free-rider) 문제라고 부르는 것이다. 임금재 생산에 종사하며 기술을 혁신하여 임금재의 가격(그리하여 모든 노동력의 가치)을 하락시키는 개별 자본가는 그것을 통해 아무런 개별적 이익도 얻지 못한다. 그로부터 발생하는 이익은 전체 자본가계급에 돌아간다. 개별 자본가가 그렇게 해야 할 이유가 어디 있단 말인가?

상대적 잉여가치는 계급전략에 의해 만들어진 것일까? 맑스는 이 절에서 그렇게 이야기하고 있지 않은데, 앞에서는 계급전략에 의해 이루어진 한가지 경우를 언급한 바 있다. 즉 맨체스터 산업자본가들의 집단적 선동에 의해 이루어진 곡물법(수입 밀에 대한 관세부과) 폐지가 바로 그것이다. 값싼 밀의 수입은 빵가격을 하락시키고 이는 임금의 인하를 가능하게 한다. 이런 종류의 계급전략은 매우 중요한 역사적 의미를 띠는 것으로 드러난다. 이와 똑같은 논리가 오늘날 미국에서는 자유무역의 장점과 관련하여 이야기된다. 월마트 현상과 중국으로부터의 저가 수입이 열렬한 환영을 받고 있는데 이는 값싼 수입품이 노동계급의 생계비를 낮추기 때문이다. 지난 30년간 노동자들의 임금이 별로 오르지 않았음에도 불구하고 노동자들이 구입할 수 있는 상품의 양은 오히려 늘어났기 때문에(노동자들이 월마트에서 쇼핑을 함으로써) 이것은 별로 문제가 되지 않았다. 19세기 영국의 산업부르주아들이 값싼 수입품을 통해 노동력의 가치를 하락시키려 했던 것과 꼭 마찬가지 방식으로 오늘날 미국에서 값싼 수입품을 개방하려 하는 것은 노동력의 가치를 안정적으로 유지하려는 필요성 때문이다. 보호관세는 미국 내의 일자리를 유지하는 데는 도움이 될지 모르지만 물가를 상승시켜 결국 임금을 상승시키는 압력으로 작용할 것이다.

노동력의 가치에 개입하기 위한 많은 전략들이 국가에 의해 조직된 사례는 역사에서 흔히 찾아볼 수 있다. 예를 들어 왜 뉴욕주는 식품에 판매세를 부과하지 않는가? 그것이 노동력 가치를 결정하는 데 핵심적인 것으로 간주되기 때문이다. 때때로 자본가들은 집세의 규제나 저가의 주택(공공주택), 그리고 집세와 농산물에 대한 보조금 등의 정책을 지지하곤 하는데 이것 역시 노동력의 가치를 낮게 유지해주는 것이기 때문이다. 이처럼 우리는 국가기구를 통해 노동력의 가치를 낮추려는 계급전략이 과거는 물론 지금도 여전히 진행되고 있는 상황들을 종종 확인할 수 있다. 노동계급이 국가권력의 일부를 획득할 경우 노동계급은 그 권력을 자신들의 수입을 실질적으로 증가시키는 용도에 사용함으로써(많은 재화나 써비스를 국가가 직접 공급해주는 방식으로) 노동력의 가치를 올릴 수 있다(결과적으로 잠재적인 상대적 잉여가치를 그들 자신의 몫으로 도로 가져가는 것이다).

맑스는 이 절에서 이런 유의 이야기를 전혀 하지 않는데, 그것은 아마 자본가들이 노동력을 끊임없이 그 가치보다 낮게 구매하려고 하는 방법에 대해서도 전혀 다루지 않는 것과 같은 이유에서일 것이다. 의식적인 계급전략과 국가의 개입은 맑스가 만들어놓은 이론적 틀에서는 허용되지 않는다. 우리는 그의 이런 방식을 반드시 그대로 따라갈 필요는 없으며 특히 우리가 현실의 역사에 흥미를 느낄 경우에는 더더욱 그러하다. 그러나 그럼에도 불구하고 그는 자유시장의 허구적인 가정을 준수함으로써 매우 중요한 것을 얻어내고 있다. 즉 그는 개별 자본가들이 자신들의 혁신이 자본가계급 전체에 고루 돌아가는데도 불구하고 이런 혁신에 매진하는 방식과 이유를 보여주는 것이다.

"한 개별 자본가가 노동생산력을 향상시킴으로써 예를 들어 내의의 가격을 떨어뜨린다 할지라도, 그것이 반드시 그가 그만큼의 노동력 가치(즉 그만큼의 필요노동시간)를 줄이려는 목적을 염두에 둔 것이라고는 할 수 없다." 개별 자본가는 비록 결과적으로 자신의 행동을 통해 "전반적인 잉여가치율의 상승에 기여"하기는 하지만 전반적인 계급의식에 기초하여 행동하지 않는다. 그래서 맑스는 이렇게 경고한다. "자본의 모든 일반적·필연적인 경향은 그 현상형태와 구별되어야 한다." 이 구절은 앞으로 논하게 될 것에 대한 변죽이다 (무언가 물신성의 냄새가 난다). 그것은 도대체 무엇인가?

자본주의적 생산의 내재적 법칙이 자본의 외적 운동으로 나타나는 방식, 즉 경쟁의 강제법칙으로 관철되고, 그리하여 개별 자본가에게 강력한 유인으로 의식되는 방식을 여기서 고찰할 수는 없다. 그러나 천체의 외관상의 운동이 [현실적이긴 하지만 감각적으로는 느낄수 없는] 그 운동을 알고 있는 사람에게만 이해될 수 있듯이, 경쟁의 과학적 분석도 자본의 내적 본질이 파악될 때에만 비로소 가능해진다.(M335)

우리는 여기에서 그가 말하고 있는 것이 무엇인지 곰곰이 생각해볼 필요가 있다. 앞에서 여러분에게 경쟁의 강제법칙이 논의에서 등장하면 주의를 기울이도록 부탁한 바 있는데 여기가 바로 그런 부분이다. 그런데 맑스는 경쟁의 강제법칙이 지니는 의미를 그것이 반드시 필요한 부분에서도 약간 축소하려는 것처럼 보인다. 이 점에 있어 나는 단지 내 자신의 해석을 제공할 수 있을 뿐인데, 아마도 많은 사람들이 나의 이런 해석에 동의하지 않을 것이라는 점을 잘 안다.

수요·공급의 변동이 수행하는 역할과 경쟁이 수행하는 역할을 분석하는 맑스의 방식에는 닮은 점이 있다. 수요·공급의 경우 맑스는 이 조건들이 특정 상품의 가격변동을 결정하는 데 표면적으로 매우 중요한 역할을 수행한다는 것을 인정한다. 그러나 그는 수요와 공급이 일단 균형점에 도달하고 나면 그것들은 어떤 것도 더이상 설명하지 못한다고 주장한다. 수요와 공급은 내의가 왜 평균적 비율로 교환되는지를 설명할 수 없다. 이 문제는 전혀 다른 어떤 것, 즉 응결된 사회적 필요노동시간(혹은 가치)에 의해 설명되어야 한다. 이것은 수요와 공급이 중요하지 않다는 게 아니다. 왜냐하면 이들 없이는 균형가격이 존재할 수 없기 때문이다. 수요와 공급 관계는 자본주의 생산양식의 필요조건이긴 하지만 충분조건은 아닌 것이다. 특정 상품생산부문 내에서의 개별 자본가들간의 경쟁도 비슷한 역할을 수행한다. 그러나 경쟁은 이 생산부문 생산력의 일반적 수준의 변동에 의해 균형수준(상품의 평균가격 혹은 가치)을 다시 조정한다. 여기에서 맑스는 경쟁을 사회의 표면에서 일어나는 부수적인 현상으로 서술하지만, 교환 그 자체와 마찬가지로 경쟁을 고려하지 않고는 이해될 수 없는 보다 심오한 문제들이 존재하는 것도 사실이다. 이것은 맑스가 『경제학비판 요강』에서 취했던 입장이다. 즉 경쟁은 자본주의의 운동법칙을 규정하는 요소가 아니라

그것을 직접 실행하는 요소다. 그러므로 무한경쟁은 경제법칙의 진리에 대한 전제가 아니라 오히려 그 결과(즉 그 법칙의 필연성이 실현되는 현상형태)다. (…) 따라서 경쟁은 이 법칙을 설명하는 것

이 아니라 그 법칙을 보여주는 것이며, 그 법칙을 만들어내지는 않는
다.[16]

여기에서 이 과정이 어떻게 작동하는지를 살펴보기로 하자. "지
금까지 얻어진 결과만을 토대로 상대적 잉여가치의 생산을 이해하
기 위해서는 다음 사항에 주의하지 않으면 안된다"(M335). 한 상품
의 가치를 결정하는 "사회적 필요노동시간이란 주어진 정상적인 사
회적 생산조건 아래에서 그 사회에서의 평균적인 숙련과 노동강도
로써 어떤 사용가치를 생산하는 데 요구되는 노동시간이다"(M53).
만일 어떤 개별 자본가가 이 사회적 평균으로부터 벗어나서 무척 효
율적인 생산씨스템을 개발해 원래 1시간에 10개의 상품을 생산하던
것에서 20개를 생산하게 된다면 어떻게 될까? 이때 만일 단 한 사람
의 자본가만 그런 생산씨스템을 운용하고 다른 모든 자본가는 여전
히 원래대로 10개를 생산한다면, 이 한 사람의 자본가는 20개를 생
산해서 판매하면서도 판매가격은 10개의 사회적 평균가격에(혹은
그에 가깝게) 판매할 수 있을 것이다. "이 상품의 개별적 가치는 이
제 그것의 사회적 가치보다 낮다. 즉 이 상품은 사회적 평균조건 아
래에서 생산된 대다수의 같은 상품들보다 더 적은 노동시간을 필요
로 한다"(M336). 혁신적 자본가는 생산은 사회적 평균보다 훨씬 높
은 생산성에 따라 생산을 하면서도 판매는 사회적 평균가격에 따라
판매함으로써 초과이윤(즉 특별잉여가치)를 얻게 될 것이다. 이 차
이는 핵심적인 것이며 이는 개별 자본가에게 상대적 잉여가치의 형
태를 취하게 될 것이다. 이 경우 이 개별 자본가가 임금재를 생산하

든 사치재를 생산하든 그것은 전혀 문제가 되지 않는다. 그런데 이 자본가는 어떻게 해서 시간당 추가로 생산한 10개의 상품을 기존의 사회적 평균가격에 판매하게 되는 것일까? 이때 수요와 공급의 법칙이 작동하기 시작한다. 그리고 아마도 그 답은, 앞으로는 이 상품들이 기존의 가격대로 판매될 수 없을 것이라는 것이다. 가격이 하락함에 따라 다른 자본가들은 이윤의 감소를 만나게 된다. 즉 열등한 기술을 가진 자본가들로부터 우수한 기술을 가진 자본가에게로 잉여가치가 재분배된다. 따라서 열등한 기술을 가진 자본가들에게는 새로운 기술을 도입하고자 하는 경쟁적 유인이 증가한다. 그리하여 모든 자본가들이 이 새로운 생산씨스템을 갖추어 1시간에 20개의 상품을 생산하게 되면 이제 상품 속에 응결된 사회적 필요노동시간이 감소한다.

산업자본가에게 돌아가는 이런 형태의 상대적 잉여가치는 이 자본가가 다른 모든 자본가들에 비해 상대적으로 우월한 기술을 유지하고 있을 동안만 지속된다. 그것은 일시적으로만 존재하는 것이다.

새로운 생산방식이 일반화되고 따라서 저렴하게 생산된 상품의 개별적 가치와 사회적 가치 사이의 차이가 소멸하게 되면 그 특별잉여가치는 소멸해버린다. 가치가 노동시간에 의해 결정되는 법칙은 새로운 방법을 이용하는 자본가에게는 자신의 상품을 그 사회적 가치 이하로 판매하지 않으면 안되게끔 하고, 그리고 또한 이 법칙이 경쟁의 강제법칙으로 작용하여 그의 경쟁자들로 하여금 새로운 생산방식을 채택하지 않을 수 없도록 만들게 된다.(M337/338)

그렇다면 이 장에서 다루고 있는 상대적 잉여가치의 첫번째 형태는 하나의 계급적 현상이다. 그것은 자본가계급 전체가 얻는 것이며 노동력 가치를 둘러싼 계급투쟁의 조건이 허락하는 한 항구적인 것이다. 그러나 두번째 형태는 개별적이며 일시적인 것이다. 이 두번째 형태는 개인에게만 이익이 돌아가는 것이며 경쟁의 강제법칙을 통해 개별 자본가들이 어쩔 수 없이 추구해야 하는 것이기도 하다. 그 결과 언젠가는 모든 자본가들이 동일한 기술을 채택할 수밖에 없게 된다. 상대적 잉여가치의 이들 두 형태는 서로 무관한 것이 아니다. 왜냐하면 임금재 산업부문의 일시적 기술혁신은 물리적인 생활수준이 불변인 상태에서도 노동력의 가치를 하락시킬 것이기 때문이다. "따라서 상품의 가격을 떨어뜨리고 그럼으로써 노동자 자체의 가격을 떨어뜨리기 위해 노동생산력을 증대시키는 것은 자본의 내재적 충동이자 끊임없이 지속되는 경향이다"(M338).

그러나 당신이 조금만 사리를 깨친 자본가라면, 당신은 만일 당신이 우수한 기술을 유지하기만 하면 이 두번째 형태의 상대적 잉여가치를 계속 얻을 수 있다는 것을 알 수 있을 것이다. 이것은 약간 흥미로운 결과를 만들어낸다. 가령 그 새로운 기술이 하나의 새로운 기계라고 해보자. 맑스는 기계가 죽은 노동이기 때문에 가치를 생산할 수 없다고 주장했다. 그러나 만일 새로운 기계를 통해 당신이 특별잉여가치를 얻게 되면 어떻게 될까? 기계는 가치의 원천이 아니지만 개별 자본가에게 상대적 잉여가치의 원천은 될 수 있는 것이다. 그런데 이 기계들이 일단 일반화되고 나면 노동력 가치의 하락을 통해 모든 자본가계급에게서 상대적 잉여가치의 원천은 사라지고 만다. 이것의 결론은 독특하다. 즉 기계는 가치의 원천이 될 수 없지만 잉여가치의 원천은 될 수 있는 것이다.

맑스가 전개하는 논리로부터 우리는 개별 자본가들에게 기술혁신을 향한 경쟁의 엄청난 유인이 존재한다는 것을 알 수 있다. 누군가가 선두자리를 차지하여 당신보다 더 우수하고 효율적인 생산체제를 갖춤으로써 3년간 일시적인 잉여가치를 얻고 나면, 그제야 당신이 누군가를 따라잡거나 혹은 아예 누군가를 앞질러 이번에는 당신이 3년 동안 일시적 잉여가치를 차지하는 등의 앞서거니뒤서거니 하는 경쟁이 진행되는 것이다. 개별 자본가는 모두 새로운 기술로 일시적 잉여가치를 얻기 위해 경주하고 있다. 이것이 바로 자본주의에 의한 기술발전의 동학이다.

오늘날 기술변화를 다루는 대부분의 이론들은 이 특별잉여가치를 일종의 '신의 힘'(deus ex machina), 즉 체제 외부의 외생변수(말하자면 기업가 내부에 존재하는 천재적 자질 혹은 단순히 인간존재 내부에 존재하는 혁신능력)로 간주한다. 그러나 맑스는 늘 그렇듯이 이런 핵심사항을 외부의 힘 탓으로 돌려버리는 것을 싫어한다. 그는 여기에서 왜 자본주의가 놀랄 만한 기술적 동학을 내부에 지니는지 그 이유를 아주 간단히 설명하고 있다. 그는 또한 왜 자본가들이 기계가 가치의 원천이라는 물신적 견해에 사로잡혀 있는지, 그리고 왜 우리들 대부분도 역시 비슷한 물신적 개념에 사로잡혀 있는지를 설명한다. 그러나 맑스의 입장은 분명하다. 기계는 상대적 잉여가치의 원천이지 가치의 원천은 아니다. 자본가들은 잉여가치량에 관심을 기울이기 때문에, 그리고 일반적으로 절대적 잉여가치를 둘러싼 계급투쟁에 휘말리기보다는 상대적 잉여가치를 얻는 것을 더욱 선호하기 때문에, 그들이 "기술혁신"이야말로 이런 그들의 욕망에 대한 해답이라고 굳게 믿는 것은 충분히 이해할 만하다. 사실 우리도 이런 생각에서 벗어나기가 쉽지 않다.

한편 맑스가 (다른 곳에서 가볍게 언급하고 넘어가고 있긴 하지만) 충분히 다루고 있지 않은 또하나의 추론이 있다. 가령 노동자들이 빵만으로 살아가는데 이 빵의 생산비용이 생산성 향상 때문에 절반으로 감소했다고 가정해보자. 그리고 자본가들이 임금을 1/4만큼 인하했다고 가정해보자. 그러면 자본가들은 집단적으로 상대적 잉여가치를 획득하고 따라서 일반적 잉여가치율은 상승한다. 그러나 동시에 노동자들도 더 많은 빵을 구매할 수 있고 따라서 그들의 물리적 생활수준은 향상된다. 여기에서 제기되는 일반적인 물음은 생산성 증가로부터 발생한 이익이 두 계급 사이에 어떻게 배분되느냐다. 한가지 가능한 해답은(맑스는 불행히도 이것을 강조하지 않고 있다) 잉여가치율 m/v이 상승하더라도 노동자들의 물리적 생활수준──노동자들이 손에 넣을 수 있는 물적 재화(사용가치)로 계산된──은 상승할 수 있다는 점이다. 이 점은 매우 중요한데 왜냐하면 맑스에 대한 주요 비판 가운데 하나가 맑스가 잉여가치율이 계속 상승한다고 믿었다는 점에 초점을 맞추고 있기 때문이다. 이 비판은, 어떻게 그럴 수 있느냐고 반박한다. 노동자(적어도 선진자본주의 국가의 노동자)들은 오늘날 자동차를 비롯한 온갖 소비재를 누리고 있고 따라서 잉여가치율은 결코 증가하지 않고 있다는 것이다! 노동자들의 생활은 훨씬 더 나아진 것이 아닌가? 이런 반론에 대한 대답 가운데 하나는, 맑스의 논리적 전개에 따르더라도, 잉여가치율이 증가하거나 불변인 상태에서 노동자들의 생활수준은 지속적으로 증가할 수 있다는 사실이다. (또다른 하나의 대답은 전세계 노동계급 가운데 일부를 제국주의적 방식으로 착취하여 얻은 수익을 전세계 노동계급 가운데 다른 일부가 나누어 갖는다는 점과 관련되지만 그것은 여기에서 다룰 내용은 아니다.)

맑스가 이 점을 강조하지 않은 것은 애석한 일인데, 왜냐하면 만일 그가 그렇게 했다면 그에 대한 잘못된 일련의 이론적·역사적 비판들을 쉽게 해소할 수 있을 것이기 때문이다. 그 경우 또한 생산성 향상으로 얻은 이익을 어떻게 배분하느냐의 문제(계급투쟁의 역사에서 본질적인 부분을 차지한다)에 대해 우리가 보다 분명하게 초점을 맞출 수 있었을 것이다. 미국의 경우 생산성 향상으로부터 얻은 수익 상당부분은 남북전쟁 이후부터 노동자들에게 돌아갔다. 노동조합의 전형적인 교섭전략은 생산성 향상에 협조하는 대신 임금을 인상하는 것이다. 기술변화를 통해 얻는 이익이 널리 배분되면 설사 이때 자본가들이 잉여가치율을 높이더라도 기술변화에 대한 반대는 수그러들게 된다. 또한 자본주의 일반에 대한 정치적 반대도, 노동자들의 생활수준이 최소한 상승하고 있는 동안에는, 설사 그때 잉여가치율이 상승하고 있더라도 불협화음을 훨씬 적게 낼 것이다. 미국에서 벌어진 기이한 일은 최근 약 30년 동안 노동자들이 생산성 향상으로부터 발생한 이익을 전혀 배분받지 못하고 있다는 사실이다. 자본가계급은 그 이익을 거의 남김없이 독차지해버렸다. 이것은 신자유주의적 반혁명의 본질과 관련되어 있고 신자유주의 시대와 케인즈주의 시대(생산성 향상으로부터 얻은 이익을 자본과 노동이 보다 공평하게 배분하던)를 구별짓는 차이점이기도 하다. 잘 알려진 바와 같이 그 결과 신자유주의적 원리가 이식된 모든 나라들에서는 사회적 불평등의 수준이 크게 증가했다. 부분적으로 이것은 각 나라마다의 계급투쟁의 상황과 계급간 세력의 균형상태와 관련 있는데, 예를 들어 미국의 경우에는 값싼 수입품들(제국주의적 관행) 때문에 노동자들 자신이 자본주의적 제국주의의 혜택을 자신들이 보고 있다는 환상을 품게 하는 데 도움을 주었다. 그러나 이런 모든 것들은 맑스『자본』의 논의범위를 벗어나는 것이다. 그렇지만 이런 다양한 영역들로 그의 시각을 확장하는 것은 도움이 될 것이다.

제11장

협업

이 장의 3개 절은 자본가들이 상대적 잉여가치를 개별적으로 획득하는 다양한 형태들을 다룬다. 논의의 전반적 초점은 노동생산성을 높이는 온갖 종류의 방식들과 이런 방식들이 기계나 자동화(우리가 보통 기술이라고 생각하는 것)는 물론 조직형태(협업과 분업)들에도 의존한다는 점을 밝히는 것에 맞추어져 있다. 그런데 맑스는 가끔 이 전략들을 "생산력"이라고 부르다가 때로는 "기술"이라고도 부름으로써 마치 이 둘이 같은 것인 양 혼란을 불러일으키고 있다. 그는 분명 기술문제(하드웨어)뿐만 아니라 조직형태(말하자면 소프트웨어)에도 똑같이 관심을 기울인다. 맑스의 기술/생산력 이론은 '기계+조직형태'로 이루어져 있다고 보는 것이 옳다. 이 문제에 대한 그의 입장이 특별히 중요한 까닭은 최근에는 조직형태의 변화

(하청, 적기생산Just-In-Time체제, 분사 등)가 생산성 증가의 요구에서 주된 역할을 차지해왔기 때문이다. 월마트의 수익성은 주로 중국의 값싼 노동력 착취에 기반을 두고 있지만 그것의 조직형태의 효율성도 또한 많은 경쟁자들의 그것과는 확연히 구별된다. 이와 비슷하게 디트로이트를 물리치고 미국의 자동차시장을 석권한 일본의 경우에도 그 성공요인은 일본 자동차회사들이 채용한 새로운 하드웨어와 자동화는 물론 그것의 조직형태(적기생산과 하청체계)와도 밀접한 관련이 있다. 사실 (테일러주의로 알려진) 시간연구와 동작연구가 1900년대에 유행한 이후로 자본주의 생산체제의 하드웨어와 소프트웨어는 강력한 연계체제를 유지해왔다.

맑스는 기존의 장인과 수공업 직인의 기술적 조건하에서 생산성을 높이기 위해 자본이 두 조직형태(협업과 분업)를 어떻게 이용할 수 있는지를 살피는 것으로부터 시작한다. 조직형태에서 이루어진 이들 두 혁신은 자본주의의 역사 전체에 걸쳐 상대적 잉여가치 획득에 중심역할을 차지해왔으며 우리는 이 점을 결코 잊어서는 안된다. 그러나 노동과정에 관한 절——거기에서는 노동과정의 잠재적 존엄성을 강조하면서 이를 자본주의하에서의 그것의 소외된 형태와 대비했다——에서처럼 맑스는 협업과 분업 모두에 있어 그것들이 지니는 내부의 부정적 측면은 말하지 않는다. 그는 이것들이 노동자들에게 있어 잠재적으로 창의적이고 이롭고 즐거운 것이라는 견해를 피력한다. 협업과 잘 조직된 분업은 인간의 집단적 힘을 더욱 키워주는 놀라운 인간능력이다. 아마도 사회주의와 공산주의는 이것들을 매우 필요로 할 것이다. 맑스가 여기에서 보여주려는 것은 이들 잠재적 능력이 자본의 개별적 이익을 위해 자본에 의해 어떻게 이용되며, 그리하여 그것들이 노동자들에게 어떤 부정적인 영향을 미치는지에 대한 것이었다.

"동일한 하나의 생산과정〔또는 서로 다르지만 관련되어 있는 생산과정들〕에서 많은 사람들이 계획적으로 함께 협력하면서 일하는 노동의 형태를 협업이라고 한다." 여기에서 "계획"이라는 단어는 앞으로 중요한 의미가 있기 때문에 주의깊게 볼 필요가 있다. 예를 들어 협업은 생산규모의 확대를 가능하게 하고 이에 근거한 규모의 경제는 노동효율과 노동생산성을 증가시킬 수 있다. 이것은 전통적 경제학에서 많이 하는 이야기이고 그럼에도 맑스는 이를 받아들이고 있다. "여기서 문제는 단지 협업에 의해 개별 생산력이 증대된다는 점만이 아니라 그 자체 집단적이지 않으면 안되는 생산력이 창조된다는 점에 있다"(M345). 이 집단적인 힘은

대개의 생산적 노동에서는 단지 사회적 접촉만으로도 경쟁심과 활력이라는 독특한 자극이 주어져서 이로 인해 개별 노동자들의 작업능력이 높아지기 때문에, 12명이 함께 노동하는 144시간의 노동일을 통해서 생산하는 총생산물은 각기 12시간씩 따로따로 노동하는 12명의 노동자들이 생산하는 생산물의 합계보다 훨씬 크다.(M345)

게다가 "협업은 노동의 공간범위를 확대"시키기도 하고

생산범위를 공간적으로 축소시킬 수 있게 해주기도 한다. 이처럼

노동의 작용범위를 확대시키는 동시에 노동의 공간범위를 제한하는 것은 대량의 낭비를 막을 수 있게 하는데, 이 공간적 범위의 제한은 노동자를 한군데로 모으고 여러 노동과정을 통합하거나 생산수단을 집중시킴으로써 이루어내는 것이다.(M348)

여기에는 지리적 확장(작업이 넓은 공간에서 수행되는 것)과 지리적 집중(협업을 위해 노동자들을 특정 공간에 모으는 것) 사이에 흥미로운 긴장이 존재한다. 후자는 맑스의 지적처럼 노동자들이 함께 모여 조직되는 정치적 결과를 가져올 수도 있다.

그런데 그는 "결합노동일의 이 특수한 생산력은 언제나 노동의 사회적 생산력 또는 사회적 노동의 생산력이다. 이 생산력은 협업 그 자체에서 발생한다. 다른 사람과의 계획적인 협력을 통해 노동자는 자신의 개인적인 한계를 벗어나 자신의 유적(類的) 능력을 발휘한다"(M349). 이것은 맑스가 유적 존재에 대한 관심을 다시 보여준 하나의 경우인데 그는 원래 이 문제를 『경제학 철학 초고』에서 중점적으로 다룬 바 있다. 그런 점에서 협업에 대한 그의 이런 논의는 부정적 측면을 다룬 것이라고 보기 어렵다. 우리는 개인이라는 족쇄를 벗어던지고 유적 존재의 능력을 높여나간다. 이 능력이 충분히 발현되지 못하는 한, 우리는 여전히 유적 존재로서의 우리의 잠재력을 실현해나가야만 할 숙제를 지닌다.

그러나 만일 우리가 "소위 자본가"의 세계로 돌아가면 어떻게 될까? 일단 협업을 조직하기 위해 자본가는 상당량의 초기자본을 필요로 한다. 그가 필요로 하는 이 초기자본의 양은 얼마이며 그것은 어디에서 마련되는 것일까? 모든 생산부문에는 오늘날 우리가 대개 진입장벽이라고 부르는 것이 존재한다. 때로는 초기자본이 상당한 규모에 이를 때도 있다. 그러나 이 문제를 해결할 수 있는 방법도 있다. 맑스는 여기에서 중요한 한가지 구별을 제기한다. "앞서의 논의에서는 노동에 대한 자본의 지휘가 단지 노동자가 자신을 위해서가 아니라 자본가를 위해(즉 자본가 밑에서) 노동하는 데서 비롯된 형태적인 결과로서만 나타났다." 그러나 "이제 다수 임노동자들의 협업이 발전함에 따라 자본의 지휘는 노동과정 자체의 수행을 위한 필요조건(즉 하나의 현실적인 생산조건)으로 발전해간다"(M350). 이 구별은 자본에 의한 "형식적" 포섭과 "실질적" 포섭 사이의 구별이다.

이들간의 차이는 무엇을 의미하는가? 선대제도(先貸制度)하에서는 상업자본가가 원료를 노동자의 오두막집으로 가져다주고 나중에 완성된 생산물을 수집해온다. 노동자들은 감시받지 않으며 노동과정은 오두막집 안에서 이루어진다(여기에는 종종 가족노동이 포함되며 생계를 보조해주는 농업도 병행된다). 그러나 오두막집에 사는 사람은 화폐수입을 상업자본가에게 의존했으며 자신들이 만든 생산물을 소유하지 못했다. 이것이 맑스가 형식적 포섭이라고 했던 것이다. 그러나 노동자가 임금을 받기 위해 공장 안으로 들어오면 그때부터 노동자와 노동과정은 모두 자본가의 직접적 감독을 받게 된다. 이것이 실질적 포섭이다. 즉 형식적 포섭은 공장 바깥에서의 의존적 상태를 가리키며 실질적 포섭은 공장 안에서 자본가의 직접적 감독을 받는 것을 가리킨다. 후자는 초기비용(따라서 초기자본)이 더 많이 들어간다. 자본주의 초기에는 자본이 귀했고 따라서 형식적인 착취체계가 보다 유리했을 것이다. 그러나 맑스는 시간이 흐르면서 형식적 포섭이 실질적 포섭에 자리를 내주었다고 생각했다. 그렇지만 이것은 반드시 그런 것은 아니었다. 오늘날 계약노동이나 가내노동 같은 것들의 재등장은 일종의 형식적 포섭으로의 복원이 충분히 가능하다는 것을 보여주기 때문이다.

노동자들이 공장의 집단적 협업구조 속으로 들어오게 되면 그들은 자본가의 직접 지휘를 받게 된다. 모든 협력적 행동은 일정한 지휘체계를 필요로 하는데 이는 마치 지휘자가 오케스트라를 지휘하는 경우와 꼭 마찬가지다. 문제는 "자본에 종속된 노동이 협업화되면 이 협업의 지휘·감독·매개의 기능은 자본의 기능이 된다. 일단 지휘의 기능이 자본의 기능이 되면, 그것은 특수한 성격이 된다". 이 기능은 1분 1초가 모두 이윤의 요소라는 것을 인식하고 노동자로부터 최대한의 노동시간을 쥐어짜내는 것을 의미한다. 반면 "한꺼번에 고용된 노동자의 수가 증가함에 따라 그들의 저항도 커지며, 또한 이 저항을 억압하기 위한 자본의 압력도 필연적으로 커진다" (M350).

우리가 앞서 노동시장에서 보았던 자본과 노동 사이의 투쟁은 작업현장의 내부로 들어온다. 이것이 그렇게 되는 것은 협업이 자본의 힘에 의해 조직되기 때문이다. 한때 노동의 힘이었던 것이 이제는 자본의 힘으로 나타난다.

그러므로 그 노동들간의 관계는 관념적으로는 자본가의 계획으로서, 실제적으로는 자본가의 권위로서(즉 그들의 행위를 자신의 목적

에 종속시키려는 타인의 의지의 힘으로서) 그들에 대하여 마주 서 있다.(M351)

자본가의 목적은 "한편으로는 생산물의 생산을 위한 사회적 노동과정이고, 다른 한편으로는 자본의 가치증식과정", 즉 잉여가치의 생산을 확보하는 것이다. 이것은 "개별 노동자와 노동자집단을 지속적으로 직접 감독하는 기능을 특정한 유형의 임노동자에게 다시 양도하는" 특수한 유형의 노동과정으로 발전해간다. 자본가의 지휘를 받는 노동자 군대는 마치 실제 군대처럼 "산업장교(지배인)와 산업하사관(직공장)"을 필요로 한다. 노동자들에 대한 감독구조는 전제적이며 "순수하게 독재적인" 성격을 띤다. 여기에서 자본가는 여러가지 면에서 노동과정에 대한 지휘자로서의 독특한 역할을 하게 된다. "자본가는 산업의 지휘자인 까닭에 자본가인 것이 아니라, 자본가이기 때문에 산업의 사령관이 되는 것이다"(M352). 자본은 오로지 노동과정에 대한 지휘를 통해서만 생산(그리고 재생산)될 수 있다. 반면 노동자들은

동일한 자본과 관계를 맺으면서도 서로간에는 아무런 관계도 맺지 않는다. 그들의 협업은 노동과정에 들어가면서부터 비로소 시작되지만 노동과정에서 그들은 더이상 자기 자신의 소유자가 아니다. 노동과정에 들어감과 동시에 그들은 자본과 합쳐진다. 협업자로서 (즉 움직이는 유기체의 한 부분으로서) 그들 자신은 단지 자본의 한 특수한 존재양식에 지나지 않는다.(M352)

노동자들은 자신들의 인격적 속성을 잃고 단순한 가변자본으로 화한다. 맑스가 자본에 의한 노동자의 실질적 포섭이라고 했던 것은 바로 이것을 의미한다.

노동의 사회적 생산력은 노동자가 일정한 조건에 놓이면 무상으로 발휘되는데, 이런 조건을 부여하는 것은 바로 자본이다. 노동의 사회적 생산력은 자본에는 아무런 비용도 들이지 않는 것이고, 또다른 한편 이 생산력은 노동자의 노동 그 자체가 자본가의 소유가 될 때까지는 노동자에 의해 발휘되지 않기 때문에 자본의 타고난 생산력, 즉 자본의 내재적인 생산력으로 나타난다.(M353)

노동의 내재적인 힘(즉 협업의 사회적 힘)은 자본에 의해 수탈당하여 노동자를 지배하는 자본의 힘으로 나타난다. 강제적 협업의 사례는 역사적으로 풍부하지만——중세, 노예제, 식민지, 노예노동——자본주의에서 조직적 협업을 임노동과 결합시키는 것은 매우 독특한 방식으로 나타난다. 이것은 자본주의의 등장에 있어 결정적 역할을 수행했다.

동일한 노동과정에 비교적 다수의 임노동자를 동시에 사용하는 것은 자본주의적 생산의 출발점을 이룬다. 이 출발점은 자본 그 자체의 출현과 일치한다. 그러므로 한편으로 자본주의 생산양식은 노동과정이 하나의 사회적 과정으로 전화하기 위한 역사적 필연성으로 나타나지만, 다른 한편으로 노동과정의 이 사회적 형태는 그 생산력을 증대시킴으로써 노동과정을 한층 유리하게 착취하기 위하여 자본이 이용하는 하나의 방법으로 나타난다.(M354)

협업의 이와 같은 처음의 역할은 자본주의의 전체 역사에 걸쳐 지속된다.

단순한 협업은, 자본이 대규모로 운용되기는 하지만 분업과 기계가 아직 중요한 역할을 하지 못하는 그런 생산부문에서 늘 주요한 형태로 등장한다. 협업의 단순한 형태가 한층 더 발전한 다른 형태들과 나란히 특수한 형태로 나타난다 하더라도, 협업은 언제나 자본주의 생산양식의 기본형태를 이룬다.(M355)

협업 없는 자본주의 생산양식을 상상하는 것은 불가능하다. 물론 그 협업이란 것은 감독자들을 조직하고 지휘하는 것은 물론 노동계급을 독특한 위계적 구조로 분화시키는 자본가의 독재하에 이루어지는 협업일 뿐이다. 따라서 임노동자를 모두 **똑같은 하나**의 임노동자로만 생각하는 것은 잘못된 생각이다. 왜냐하면 노동계급은 오로지 잉여가치 생산이라는 목표만을 지향하는 협업조직을 구성하는 데 필요한 다양한 기능들에 따라 일정한 지위와 각기 다른 금전적 보상을 받는 다양한 계층으로 분화되어 있기 때문이다.

제12장

분업과 매뉴팩처

이 장에서는 분업을 다룬다. 맑스는 여기에서 기존의 수공업체계, 기존의 숙련, 기존의 작업도구와 기술 등이 그가 "매뉴팩처"라고 이름붙인 새로운 체계로 재편성되는 과정에 초점을 맞춘다. 이런 재편성과정은 두가지 방식을 통해 이루어진다. 하나는 "다양한 종류의 독립수공업 부문 노동자들이 동일한 자본가의 지휘를 받는" 하나의 작업장 속으로 통합되는 경우다. 그는 마차 제작의 경우를 예로 들고 있는데 그 작업은 바퀴, 좌석, 차체 등이 모두 따로따로 제작된 다음 조립되는 방식으로 이루어진다. 이것은 못이나 바늘을 만드는 작업과정과는 다르다. 못이나 바늘은 원료를 가공하는 작업으로부터 시작하여 일련의 연속적인 과정을 거쳐 최종적으로 완성된다. 그러나 전자나 후자 두 경우 모두 "처음의 출발점이 어떤 것이든, 그 마지막 모습은 똑같은 것, 즉 그 기관들이 인간으로 구성되는 하나의 생산 메커니즘으로 나타난다"(M358). 즉 사람들이 생산공간의 협업적 체계 속에서 서로간에 일정한 관계를 형성하게 되는 것이다.

그런데 그런 재편성은 원래의 숙련들을 그대로 내버려두지 않는다. "생산과정을 그 특수한 단계들로 분해하는 것은 이 경우 하나의 수공업적 활동을 다양한 부분작업으로 분해하는 것과 전적으로 일치한다"(M358). 생산과정을 하나의 전체로 보면, 그것은 보다 작은 부분들로 분해되어 이 각 부분들 —이것들이 하나로 이어지는 연속적인 작업들의 각 부분이든, 아니면 각기 전혀 이질적인 수공업 작업들이든— 을 담당하는 노동자들을 특화시킬 수 있게 된다. 그럼에도 불구하고 "각 부분작업의 토대는 여전히 수공업이다. 그 좁은 기술적 기초는 생산과정의 진정한 과학적 분해를 배제한다". 이것은 자본주의 생산의 발전을 가로막는 장애가 되는데, 내가 이미 말했듯이, 자본은 자신을 가로막는 장애들을 좋아하지 않으며 끊임없이 그것들을 극복하려 한다. 이 경우의 장애는

생산물이 통과하는 각 부분과정은 수공업적 부분노동으로 수행될 수 있어야 한다. 이처럼 수공업적 숙련이 여전히 생산과정의 기초를 이루기 때문에 모든 노동자는 제각기 단 하나의 부분기능만을 맡게 되고, 그의 노동력은 이 부분기능의 종신기관이 되어버린다.(M358/359)

그 결과 노동자들은 하나의 작업에서 다른 작업으로 옮겨갈 수 있

는 자유를 잃고 점점 더 단 하나의 숙련과 단 하나의 특정한 수공업 작업에만 매이게 되고 특정한 작업도구만 계속 사용하게 된다. "일생 동안 똑같은 하나의 단순작업에 종사하는 노동자는 자신의 신체 모두를 이 작업에 맞추어 자동적이고 일면적인 기관으로 전환시켜 버린다"(M359). 노동자가 작업도구를 통제하는가, 아니면 작업도구가 노동자를 통제하는가? 맑스는 분업체계 속에서 노동자를 사회적으로 특정한 작업에 묶어버리는 것은 노동자를 특정한 작업도구에 결합시켜버림으로써 그들이 자신들의 자유를 잃어버리게 만든다고 말한다. 그러나 이것은 항상 그렇게 되는 것은 아니다.

어떤 제품 하나를 생산할 때 거쳐야 하는 여러 부분과정을 혼자서 차례대로 수행해가는 수공업자는 장소와 용구를 번갈아가며 바꾸지 않으면 안된다. 한 작업에서 다른 작업으로 넘어가는 것은 그의 노동의 흐름을 중단시키고, 그의 노동일 가운데 약간의 빈틈을 만들어낸다.(M360/361)

그러나 자본은 노동일에 이런 빈틈이 생기는 것을 좋아하지 않는다. 왜냐하면 1분 1초가 모두 이윤의 요소이기 때문이다. 이런 빈틈들은 "그가 하루 종일 똑같은 하나의 작업을 계속해서 수행하면 줄어든다". 그러나 이것은 생산성을 떨어뜨릴 수 있는데 왜냐하면 "단조로운 노동이 계속됨에 따라 동작의 변화를 통해 회복되고 자극을 얻는 정신적 긴장능력이 파괴"(M360/361)되기 때문이다.

이것은 분업체계 속에서 한 사람이 평생 동안 하나의 도구에만 줄 곧 묶여 있는 것에 반대하며 노동과정에서는 다양성과 자극이 중요하다고 보았던 푸리에의 관점과 부분적으로 일치한다. 분업이 자본의 통제하에 조직되는 방식의 긍·부정적 측면은 많은 논란의 시발점을 이룬다. 이 논란은 자본주의 내에서조차도 아직 끝난 것이 아니다. Q/C(quality circles, 품질관리분임조)의 도입을 통해 노동과정의 효율과 생산성을 높이려는 시도와 노동과정의 단조로움을 극복하기 위한 작업과제의 다양화는 생산현장에서 자본주의 기업들이 벌이고 있는 많은 실험들의 핵심과제였다.

3절에서 맑스는 매뉴팩처의 두 형태——이종적(heterogeneous, 마차 제작이나 자동차 제작 같이 많은 기술들이 함께 사용되는) 형태와 유기적(organic, 못 제조의 경우처럼 연속적으로 이루어지는) 형태——를 보다 체계적으로 비교한다. 그런데 그는 여기에서 "전체노동자"라는 개념을 도입하는데 그는 이 개념을 다음과 같이 설명한다.

다양한 부분노동자들이 결합되어 이루어진 전체 노동자는 도구로무장된 그의 많은 일손 가운데 한명의 손으로는 철선을 만들고, 동시에 다른 손이나 도구로는 철선을 똑바로 펴며, 또다른 손으로는 그것을 자르거나 뾰족하게 한다. 이전에는 시간적인 순서에 따라 차례차례 이루어졌던 단계적 과정들이 이제는 같은 공간에서 동시에 이루어지게 된다.(M365)

생산성과 효율은 개별 노동자들에게 달려 있는 것이 아니라 전체

노동자의 적절한 조직화 여부에 달려 있다.

이것은 생산의 시간적·공간적 조직형태와, 노동과정 전반에 대한 시간적·공간적 재편성을 통해 얻어지는 효율에 대해 주의를 기울여야 할 필요성을 제기한다. 맑스는 시간의 **낭비를 줄임**으로써 생산성을 높일 수 있다는 점을 지적한다. 공간을 조직하는 방식을 합리화함으로써 우리는 동작비용을 절약할 수 있다. 그래서 전체적인 시공간 구조는 자본주의가 작동하는 조직적 문제가 된다. 일본이 1970년대에 노동과정에 도입한 거대한 혁신, 즉 적기생산이 바로 이것인데 그것은 시공간에 따른 재화의 흐름을 전체 체계 내에서 거의 아무런 재고도 발생하지 않도록 계획하는 것을 골자로 한 것이다. 이 혁신은 1980년대 일본 자동차산업에 강한 경쟁력을 안겨주었고, 일본 자동차산업은 다른 경쟁자들이 자신을 따라잡을 때까지 특별잉여가치를 누렸다. 이 체제의 약점은 그것이 혼란에 매우 취약하다는 점이다. 예를 들어 파업의 발생 같이 시공간의 전체 연결고리 가운데 하나가 끊기면 모든 고리가 정지되어야 하는데, 왜냐하면 이 혁신체계에서는 재고(在庫)가 전혀 없기 때문이다.

맑스는 여기에서 자본주의체제의 주된 조직적 측면이 시공간의 설정과 이해 여부에 달려 있다는 것을 분명하게 인식하고 있다. 자본가는 효율적인 시공간 생산체계의 계획을 고안해내야만 한다. 그러나 이것은 곧 시장에서 일어나는 일과 공장 안에서 일어나는 일을 구별해야 한다는 것을 의미한다. "한 상품에 소비되는 노동시간이 오로지 그 상품의 생산에 사회적으로 필요한 노동시간뿐이라는 것은 상품생산 전반에서 경쟁에 의한 외적 강제로 나타나는데, 그것은 피상적으로 말해 개별 생산자는 누구든지 상품을 그 시장가격으로 팔지 않으면 안되기 때문이다." 그러나 "매뉴팩처에서는 일정한 노동시간 내에 일정량의 생산물을 공급해야 한다는 것이 생산과정 자체의 기술적 법칙을 이루게 된다"(M366). 시장의 논리가 강제하는 것과 내부의 계획에 의해 수행될 수 있는 것 사이의 이 구별(모순)은 이어지는 뒷부분의 논의에서 결정적 역할을 한다. 그러나 여기에서 우리는 아직 수공업 직인노동과 장인노동을 다루고 있기 때문에 이 모순은 충분히 만개한 형태를 보이지 않는다. 그리고 다음과 같은 상당히 중요한 일반적인 언급이 나온다.

모든 기계의 기본적인 형태는 로마제국의 수차(水車)에서 전래되었다. 수공업시대는 나침반·화약·인쇄기·자동시계와 같은 위대한 발명을 남겼다. 그러나 대체로 기계는 스미스가 분업과 대비하여 거기에 부여했던 부차적인 역할을 수행했다.(M368/369)

즉 18세기 말경까지도 자본가들은 그들의 생산효율을 높이는 주된 방법으로 새로운 기계를 도입하는 문제에 그다지 큰 관심을 두지 않았다. 그들은 전반적으로 기존의 생산방법을 사용하고 그것을 재편성하는 것만으로도 만족해했다. 물론 나침반이나 화약 같은 혁신도 있었지만 자본주의는 노동과정 그 자체의 핵심에서 이루어지는 지속적 기술혁신의 동학을 아직 내부화하지 않았던 것이다. 그것은 기계와 대공업(제13장의 주제)의 등장과 함께 한참 더 지나서 이루어졌다.

노동과정을 자본주의적으로 재편성하는 것은 노동자들에게 심각한 영향을 미친다. "하나의 일면적 기능만 수행하는 관행이 지속되면서 그는 자연적으로 그리고 확실하게 이 기능을 수행하는 기관으로 전화하며, 또한 그와 전체 생산 메커니즘과의 관련은 그에게 기계의 일부분과 같은 규칙성을 강제로 부여한다." 노동자들은 분화되고 각자의 능력과 자질에 따라 분류된다. 그 결과 "임금이 각기 다른 노동력간의 위계구조"가 만들어진다(M370). 숙련노동자와 비숙련노동자 사이의 구별이 특히 두드러지게 된다.

위계적인 등급화와 함께 숙련노동자와 비숙련노동자의 단적인 구분이 나타난다. 후자에서는 교육비가 전혀 필요 없으며 전자에서는 단순화된 기능 때문에 수공업자에 비해 교육비가 감소한다. 두 경우 모두에서 노동력의 가치는 하락한다.(M371)

작업과제에 대한 자본주의적 재편성은 과거에는 복합적이었던 과제들이 단순한 과제들로 분해되어가면서 숙련이 저하하는 경향을 낳는다. 이것도 역시 고용된 노동력의 가치를 하락시키는 효과를 지닌다.

교육비의 소멸 또는 감소에서 생기는 노동력의 상대적 가치저하는 곧바로 자본의 더 높은 가치증식을 포함한다. 왜냐하면 노동력의 재생산에 필요한 시간을 단축시키는 것은 모두 잉여노동의 영역을 확대하는 것이기 때문이다.

그러나 "예외적인 경우는 노동과정의 분해로 말미암아 수공업 경영에서는 전혀 없었거나 또는 수준이 완전히 다른 새로운 총괄적 기능이 생길 경우다"(M371). 모든 노동과정의 재편성에는 대개 대다수 노동자들은 숙련이 저하하는 반면 훨씬 적은 소수의 노동자들은 오히려 숙련이 상승하는(예를 들어 조립라인의 엔지니어) 두가지 방향의 움직임이 있을 수 있다. 후자의 노동자들은 대개 다른 노동자들에 비해 권한도 크고 특혜도 받는다.

"매뉴팩처 내 분업과 사회적 분업"이라는 제목이 붙어 있는 4절은 중요한 의미를 지니고, 상당히 많은 함의를 내포하고 있다. 여기에서 맑스는 다시 작업장 내에서의 세부적 분업(사전에 계획된 구상과 자본가의 직접적인 감독하에서 이루어진다)과 시장에서의 경쟁을 통해 형성되는 분업을 구별한다. 이 두 형태는 완전히 상반된 출발점에서 시작하지만 서로 관련을 맺어간다. 맑스는 역사적 논의를 매우 간단하게, 전혀 충분하지 않은 형태로(이 점을 나는 말하지 않을 수 없다) 전개한다. "한 가족 안에서, 더 나아가 한 종족 안에서 성의 구별이나 연령의 차이에서〔즉 순전히 생리학적 바탕 위에서〕 자연발생적인 분업이 발생"한다. 이것은, 그의 다른 역사적 논의들과 마찬가지로, 별로 근거가 없는 지나치게 단순화된 논리다. 그는 이렇게 말한다.

생산물의 교환은 상이한 가족이나 종족·공동체가 접촉하는 지점에서 발생한다. 왜냐하면 문명 초기에 서로 자립적으로 대면하는 것은 개인이 아니라 가족이나 종족이기 때문이다. 공동체가 다르면 그것이 자연환경 속에서 만들어내는 생산수단이나 생활수단도 달라진다. 그에 따라 이들 공동체의 생산양식이나 생활양식 그리고 생산물도 달라진다.(M372)

교환관계는 서로 다른 재산과 자원, 그리고 서로 다른 생산물을 가진 공동체들 사이에서 발생한다. "이미 발전된(그 결과 상품교환에 의해 매개되는) 모든 분업의 토대는 도시와 농촌의 분리다." 그가 상정하는 도시·농촌 관계의 변증법은(내가 보기에 그의 이 주장은 옳다) 역사적으로 중요한 것이긴 하지만, 그는 그것이 어디에서 어떻게 진행되는지 자세히 다루지 않고 있다. 또한 "인구의 크기와 밀도"도 자본주의의 등장에 있어 중요하다(M373). 그는 이것이 "사회 내에서의 분업을 위한 물적 전제"라고 말한다.

그러나 이 밀도는 상대적인 것이다. 인구가 비교적 희박하면서도 교통수단이 발달한 나라는, 인구가 비교적 많지만 교통수단이 발달하지 않은 나라보다 인구밀도가 높으며, 이런 의미에서 예를 들어 미국 북부의 여러 주는 인도보다도 인구밀도가 높다.(M373)

시공간 관계의 상대성 이론에 대한 맑스의 이런 주장은 매우 혁신적인 것이다. 자본주의가 발전된 지리적인 지역은 고정된 것이 아니라 가변적인 것이며, 그것은 인구밀도는 물론 교통 및 통신기술의 발달과도 관련이 있다. 그의 핵심논점은 매뉴팩처 분업이 "사회 내에서의 분업이 벌써 일정한 발전수준에 도달해 있을 것을 필요로 하고, 또 거꾸로 매뉴팩처 분업은 사회적 분업에 반작용을 가하여 이것을 발전시키고 몇배나 복잡하게 만든다"(M374)는 것이다. 그는 생산과정의 내용이 점점 복잡해지는 것에 대해 말하고 있다. 그것은 어떤 한 사람이 하나의 물건을 만들던 단순한 상황에서 여러 사람이 그 물건의 각 부분을 각기 나누어 만든 다음 시장에서 이들 부분이 거래되어 최종적으로 다른 누군가가 그 부분들을 모두 조립하여 완성하는 상황으로 변화해가는 것을 의미한다. 이처럼 생산과정의 내용이 복잡해지면 그에 따라 지역적 특화의 가능성도 함께 증가한다.

특정 생산부문을 한 나라의 특정한 지방에 배속시키는 지역적 분업은 모든 특수성을 최대한 이용하려는 매뉴팩처 경영에 의해 더욱 더 촉진된다. 매뉴팩처 시대의 일반적 전제조건에 속하는 세계시장의 확대와 식민제도는 매뉴팩처 시대(우리가 주의를 기울여야 할 중요한 지점)에 사회 내에서의 분업을 위한 풍부한 재료를 제공한다.(M374/375)

그런데 사회 내에서의 분업과 작업장 내에서의 분업 사이에는 많은 "유사점과 관련성"이 있지만 양자는 "단지 정도의 차이뿐 아니라 본질적인 면에서도 구별된다"(M375)(이것은 맑스가 밝히고 있듯이 애덤 스미스의 이야기와 관련되어 있다).

사회 내에서의 분업은 여러 노동부문의 생산물이 매매됨으로써 이루어지고, 또 매뉴팩처 내의 여러 부분노동간의 연결은 갖가지 다른 노동력이 똑같은 자본가에게 구매되어 결합노동력으로 사용됨으로써 만들어진다. 매뉴팩처 분업은 한 자본가의 수중으로 생산수단이 집중되는 것을 전제로 하며, 사회적 분업은 서로 독립된 다수의 상품생산자들 사이에 생산수단이 분산되는 것을 전제로 한다. 매뉴팩처에서는 일정 수의 노동자무리를 일정한 기능들에 배치할 때 일정 비율의 철칙이 작용하지만, 상품생산자와 그들의 생산수단을 각 사회적 노동부문으로 배분하는 데에서는 우연성과 자의성이 복잡하게 작용한다.(M376)

후자의 경우 "각각의 생산영역은 끊임없이 서로 균형을 유지하려고"하지만 그것은 오로지 시장 메커니즘을 통해서만 균형을 달성한다. 그런 다음 그는 상품교환의 법칙으로 돌아가면서 그 이유를 설명한다. 즉 "다양한 생산영역이 끊임없이 균형을 유지하려는 이 경향은 이 균형을 끊임없이 파괴하려는 데 대한 반동으로만 작용한다"(M377). 즉 수요와 공급이 정상적인 상태에서는(여기에서 우리는 수요와 공급 메커니즘 없이는 아무것도 설명할 수 없다는 점을 유의해야 한다) 시장가격의 변동이 기본적인 가치관계(생산자들이 무엇을 얼마만큼 생산할 것인지를 결정하는 기준)를 위해 반드시 필요한 조정작용을 수행한다. 그 결과 "작업장 분업에서는 선험적으로 그리고 계획적으로 준수되는 규칙"이 "사회적 분업"에서는 어떻게 달리 작용하는지가 선명하게 드러난다. 즉 그 규칙은 사회적 분업에서는 시장의 가격지수 변동을 통해서만 지각될 수 있고 상품생산자들의 아무런 규율 없는 자의성을 압도하는 내적이고 말없는 자연필연성으로서 경험적으로만 작용한다. 매뉴팩처 분업은 자본가가 장악하고 있는 전체 메커니즘의 단지 구성원에 불과한 사람들에 대한 자본가의 무조건적인 권위를 전제로 한다. 반면 사회적 분업은 독립된 상품생산자들을 서로 대립시키는데, 이 상품생산자들은 경쟁이라는 권위〔즉 그들 상호 이해관계의 압박이 주는 강제〕이외에는 아무런 권위도 인정하지 않으며 이것은 마치 동물의 세계에서 만인에 대한 만인의 투쟁이 모든 종의 생존조건을 이루는 것과 같다.(M377)

이 구절에서 주의해야 할 부분은 가치관계를 지배하는 일정한 균형을 달성하는 데에는 수요와 공급의 법칙과 경쟁의 강제법칙이 모두 반드시 필요하다는 점이다.

맑스는 자본주의가 항상 "사회적 분업의 무정부성과 매뉴팩처 분업의 전제성(專制性)" 간의 모순 속에 서 있다고 결론을 내린다. 더구나 분업의 이 두 형태는 "서로가 서로를 전제(前提)로 하고 있다". 그런데 맑스는 이 결론부에 약간 논쟁적이고 상당히 정치적인 언급을 덧붙이고 있다.

그렇기 때문에 매뉴팩처 분업〔즉 세분화된 작업에 노동자를 평생동안 묶어두고 이들 부분노동자들을 자본의 통제 아래 무조건 예속시키는 것)을 노동의 생산력을 높이는 노동조직이라고 찬미하는 부르주아적 의식은 또한 사회적 생산과정에 대한 일체의 의식적·사회적 통제나 규제를 개별 자본가의 불가침적인 소유권이자 자유(그리고 자율적인 '독창성')에 대한 침해라고 목청 높여 비난한다. 공장제의 열광적인 옹호자들이 사회적 노동의 모든 일반적인 조직에 대해 그것이 사회 전체를 하나의 공장으로 만들어버릴 것이라는 말 외에는 달리 그것을 비난할 줄 모른다는 것은 매우 특이한 일이다.(M377)

이 구절은 조금 주의깊게 읽어야 할 필요가 있다. 자본가들은 자신들의 공장 내에서의 생산에 대한 계획적인 조직화는 사랑하지만 사회 내에서의 생산의 사회적 계획화에 대해서는 어떤 것이든 무조건 싫어한다. 그들은 계획이란 것이 도대체가 나쁜 것──특히 자본가들이 그 계획을 공격하는 이유는 그것이 바로 자신들의 그 끔찍한 공장들을 통해 세상을 개조하려 하기 때문이다──이라는 이데올로기적 불평들을 늘어놓는다. 그런데 계획에 대한 이런 비난은 토요타나 월마트 내에서 이루어지고 있는 일들과는 아귀가 맞지 않는다. 성공한 기업들은 전사적 품질관리(TQC)라는 복잡한 계획 기법, 투입-산출 분석, 그리고 최적화된 일정표와 디자인, 그리고 극히 세부적인 사항에 이르기까지의 정교한 계획 등을 사용한다. 그러나 자본가들이 사회적 영역에서의 계획에 대해 지니는 위선적인 태도를 맑스가 지적하는 것과, 상대적 잉여가치를 얻기 위해 사용되는 자본가들의 복잡한 기술들이 모든 사람의 물질적 후생을 추구하는 사회주의사회의 계획에 적합한 것일 수 있다는 것은 전혀 별개의 문제다.

요컨대 사회주의를 지향하여 세상을 하나의 중앙집권적인 경제(사실상 하나의 거대한 공장)로 바꾸는 것이 올바른 생각일까? 공장노동의 끔찍한 상태에 대한 맑스의 설명에 따르면 그렇게 하는 것은 명백히 문제가 있다. 그러나 만일 문제가 기술 그 자체에 있는 것이 아니라, 이 기술들이 모든 사람의 물적 필요를 충족시킬 수 있는 생산물을 충분히 생산하는 데 쓰이는 대신 자본가를 위해 상대적 잉여가치를 획득하는 데 사용되는 그 점에 있는 것이라면, 포드주의 생산체제를 쏘비에뜨 공업의 목표라고 옹호했던 레닌의 말은 훨씬 이해하기 쉬울 것이다. 이 문제는 나중에 다시 다루기로 한다.

생산조직의 복잡성 때문에 혹은 사적 소유관계와 위배되는 것이기 때문에 중앙집권적인 계획이 불가능하다는 주장은, 예를 들어 전자제품을 생산하는 대기업들에서 사용하고 있는 복잡한 생산기법과 노동성과에 대한 노동자들의 권리가 박탈된 조건에서는, 쉽게 사라지지 않을 것이 틀림없다. 시장제도의 (특히 환경문제와 관련한) 엄청난 비효율과 경쟁의 강제법칙이 보여주는 주기적 폭력성, 게다가 이 강제법칙으로 말미암아 갈수록 증가하는 작업장의 전제주의 등은 모두 시장의 조절능력에 대한 장점을 보여주는 것과는 거리가 멀다. 사적 소유제도와 경쟁의 강제법칙이 주어진 조건에서만 혁신이 가능하다는 생각은 논리적으로나 역사적으로나 모두 근거를 찾기 어려운 억지에 불과하다. 내가 생각하기에 맑스가 여기에서 가장 강조하려고 했던 부분은 자본에 의한 노동생산력의 수탈에 있다. 그는 협업과 분업의 이 모든 힘이 **노동계급**의 생산력이며 그것을 바로 자본이 수탈하고 있다는 점을 노동계급에게 반복해서 강조하고 있다.

갖가지 노동의 결합에서 생겨나는 생산력은 자본의 생산력으로 나타난다. 매뉴팩처는 이전의 자립적인 노동자를 자본의 지휘와 규율에 종속시킬 뿐만 아니라 노동자 자신들 사이에서도 하나의 위계적 구조를 만들어낸다.

그것이 노동자들에게 던지는 함의는 상당히 포괄적이다.

라플라타(La Plata, 아르헨티나와 우루과이의 국경을 이루는 강 이름——옮긴이) 유역 지방에서 동물의 모피와 지방을 얻기 위해 동물을 통째로 도살하는 것과 마찬가지로, 매뉴팩처는 노동자의 전반적 생산능력과 그 소질의 세계를 억압하고 단지 노동자의 일면적 기능만을 집중적으로 육성함으로써 노동자를 하나의 기형적인 불구로 만들어버린다. 각각의 특수한 부분노동이 각 개인들 사이에 분배될 뿐만 아니라 개인 그 자체가 분할되어 하나의 부분노동의 자동장치로 전화하며, 그리하여 인간을 그 자신의 신체의 단순한 한 조각으로 묘사한 메네니우스 아그리파(Menenius Agrippa)의 우화가 현실이 된다.(M381)

이런 신체정책은 노동자들을 그들 자신의 한 조각으로 만드는 것이다. "매뉴팩처 노동자는 자신의 자연적 속성을 박탈당하여(여기에서 맑스는 풍자적인 말투가 된다——하비) 어떤 자립적인 것도 만들 수 없게 되었으며, 이제 자본가의 작업장 부속물로서만 생산적인

활동을 전개하게 된다." 슬프게도

생산에 대한 정신적 능력이 많은 방면에서 소멸되고 그 때문에 한 방면에서는 그것이 오히려 확대된다. 부분노동자들이 잃어버린 것은 그들과 대립되는 자본에서 집적된다. 부분노동자들에게 물적 생산과정의 정신적 능력들이 타인의 소유로 (또 자신들을 지배하는 권력으로) 나타나는 것은 매뉴팩처 분업이 만들어낸 하나의 산물이다.(M382)

지적 노동은 특화된 하나의 기능이 되고, 정신적 노동은 육체적 노동과 분리되며, 정신적 노동은 점점 더 자본의 통제하에 들어가게 된다.

이 분리과정은 각 노동자들에 대해 자본가가 사회적 노동조직체의 통일성과 의지를 대변하는 단순협업에서 시작되어, 노동자를 부분노동자로서 불구로 만드는 매뉴팩처를 통해 더욱 발전하며, 과학을 자립적인 생산능력으로서 노동에서 분리시켜 자본에 봉사하게끔 만드는 대공업에서 완성된다.(M382)

이것이 가져오는 결과는 "노동자들의 빈곤화"와 "개인적 생산력"의 심각한 손실이다. 정치적·지적 주체성의 손실도 역시 피할 수 없다. 그리고 여기에서 맑스는 애덤 스미스를 인용하는데 이는 자신의 주장을 입증하기 위해서라기보다는 점차 현실로 드러나고 있는 사실에 대한 생생한 증언으로 활용하기 위해서다.

애덤 스미스는 다음과 같이 말하고 있다. "대다수 인간의 정신은 필연적으로 그들의 일상적인 작업을 통해 발전한다. 사소한 단순작업들을 수행하는 데 자신의 전 생애를 보내는 인간은 (…) 자신의 오성(悟性)을 사용할 기회가 없다. (…) 대체로 그는 한 인간으로서 더할 나위 없이 우둔하고 무지해진다." 스미스는 부분노동자의 우둔함을 묘사한 뒤 다음과 같이 계속한다. "그의 정체된 생활의 단조로움은 당연히 그의 정신적 용기마저 꺾어버린다. (…) 그것은 그의 육체적 에너지까지도 파괴하여 그가 자신이 참여하고 있는 세부작업 이외에는 어디에서도 힘을 활력있게 지속적으로 사용할 수 없게 만든다. 이리하여 특정 직종에서 그가 발휘하는 기능은 그의 지적·사회적·도전적 자질을 희생시켜 획득한 것처럼 보인다. 그런데 모든 산업화된 문명사회에서는 이것이야말로 노동빈민〔즉 국민 대다수〕이 필연적으로 처하게 되는 상태다."(M383)

맑스는 여기에서 부분적으로 스미스의 상황인식을 상당부분 받아들이는 경향을 보이는데, 나도 역시 다음과 같은 일반적 질문을 던져보는 것은 중요하다고 본다. 즉 일상적인 업무가 어느정도까지 우리의 용기를 꺾는 것일까? 내 생각에 이 문제는 상당히 광범위한 문제이며 단지 노동자들에게만 국한된 문제가 아니다. 신문기자, 방송인, 대학교수 등 우리는 누구나 이 문제를 느낀다(나는 이와 관련된 많은 개인적인 경험을 가지고 있다). 매순간 우리 주변에서 벌어지고 있는 군국주의, 사회적 불의, 억압 등에 대한 저항을 혐오하는 (사회 전반에 널리 퍼져 있는) 경향들은 일상의 업무로부터 비롯된 정치적 주체성과 정신능력은 물론 복잡한 부르주아적 억압조직과도 긴밀히 연관되어 있다. "정신적·육체적 불구 가운데 상당수는 사회 전체의 분업과 불가분의 관계가 있다"고 말하면서 맑스는 그가 "산업병리학"(M384)이라고 이름붙인 것을 만들어낸다. 우리는 여기에서 다시 위험한 길로 접어든다. 노동계급 전체가 병들었다는 것이 확실히 맞는 이야기일까? 그러나 이 모든 것이, 반응하고 생각하는 인간의 능력에 아무런 영향을 미치지 않는다고 생각하는 것은 지나치게 안이하다. 여러분 가운데 두개의 직업을 동시에 가져본(일주일에 80시간의 노동을 한다는 것을 의미한다) 사람이 있다면 그사람은 이 문제의 내용을 잘 알 것이다. 그런 조건에 있는 노동자들은, 노동자계급이라면 당연히 생각해야 한다고 여겨지는 문제들을 생각해볼(읽는 것은 말할 것도 없고) 시간이 거의(혹은 전혀) 없다. 그들은 가계의 적자를 메우고, 자녀들의 음식을 마련하는 것은 물론 다른 자잘한 집안의 허드렛일을 해나가기에도 너무 바빠서 노동 이외의 다른 일에는 틈을 낼 시간이 없다. 스미스는 이 논의를 극단적인 형태로 다루었고, 따라서 모든 사람들을 생각하고 조직하는 문제는 극소수 엘리뜨들의 일이자 임무이기도 하다는 불행한 결론에 도달했다. 그러나 맑스의 글 속에는 우리가 정치적으로 기를 쓰고 부인하는 어떤 것이 담겨 있다.

노동과정의 분업과 사회 전반의 분업을 재조직하는 것은 모두 맑스가 자본주의의 역사에서 "매뉴팩처 시대"라고 이름붙인 시기의 특징을 이룬다. 그러나 이 매뉴팩처제도는 한계를 지닌다. "매뉴팩처는 사회적 생산을 모든 범위에 걸쳐 장악할 수도 없었으며 그것을 근저에서부터 변혁할 수도 없었다. 그것은"(맑스는 정말 경의를 표하면서 말한다)

도시의 수공업과 농촌의 가내공업이라는 넓은 기초 위에 경제적 작품으로 우뚝 솟아 있었다. 매뉴팩처 자신의 협소한 기술적 기초는 그것이 일정한 발전수준에 도달하자 매뉴팩처 자신에 의하여 창출된 생산의 요구들과 모순에 부딪쳤다.(M390)

압박은 이 장애요인들을 뛰어넘었다. 물론 "사회적 생산의 규제적 원리였던 수공업적 활동을 폐기한" 것은 기계였다. 그리하여 우리는 다음 절로 넘어가는데 거기에서는 기계와 대공업의 조직형태가 주인공으로 등장한다.

제7편

기술은 무엇을 보여주는가

제13장

기계와 대공업

서문에서 나는 맑스가 자신의 방법론에 대해 거의 언급하지 않는다는 것을 지적한 바 있다. 따라서 그의 방법론은 가끔씩 덧붙여지는 언급들을 주의깊게 정독하면서 그의 실제 논의과정을 연구하는 방식으로 재구성되어야 한다. 이 장은 자본주의 생산양식의 성격에 대한 일반적 논의와 함께 이 방법론 문제를 다룰 수 있는 기회를 제공한다. 이 장은 좀 길긴 하지만 각 절이 논리적으로 배열되어 있다. 이 논리적 배열은 이 장을 읽기 전에, 그리고 읽은 후에 각기 두번 살펴볼 필요가 있다.

중요한 각주

먼저 이 장의 4번째 각주에서 시작하려고 하는데 이 각주에서 맑스는, 그가 종종 방법론적 서술을 사용할 때 취하는 비밀스런 형태로, 많은 개념들을 결합시켜 사실상 변증법적 유물론과 역사유물론의 일반적 틀을 제시하고 있다. 각주는 크게 세 부분으로 나뉘어 있다. 첫번째 부분은 맑스와 다윈의 관계에 초점이 맞추어져 있다. 맑스는 『종의 기원』(*On the Origin of Species*)을 읽었으며 다윈이 개괄적으로 다루었던 진화론적 재구성의 역사적 방법에 깊은 인상을 받았다. 맑스는 자신의 저작을 다윈의 방법을 어느정도 이어받는 형태로——자신의 저작에서는 자연사뿐만 아니라(자연사에 반대한 것이 아니라) 인간의 역사도 강조하는 형태로——구상했던 것이 틀림없다. 초판 서문에서 밝혔듯이 맑스의 목적은 "경제적 사회구성체의 발전"을 "자연사적 과정"으로 파악하는 데 있었다. 이런 시각에서 보면, 각 개인은 "설사 주관적으로는 사회적 관계에서 벗어나 있다고 할지라도 사회적으로는 사회적 관계의 피조물로 간주하기 때문에 이들 개인의 책임은 적다고"(M16) 간주된다.

각주에서 맑스는 먼저 "비판적 기술사"를 이야기하는데

만일 비판적 기술사가 있다면 그것은 대체로 18세기의 발명 가운데 한 개인에 의해 이루어진 발명이 얼마나 드문가를 보여줄 수 있을 것이다. 그러나 아직까지 그런 저작은 나오지 않았다. 다윈은 자연의 기술사, 즉 동식물이 자신들의 생활을 영위하기 위한 생산용구로서 자신들의 갖가지 기관들을 어떻게 형성해왔는가에 관심을 기울였다. 사회적 인간의 갖가지 생산기관의 형성사나 각 개별 사회조직의 물적 토대에 대한 형성사도 마찬가지로 관심을 기울일 만한 분야가 아닐까? 그리고 사실 이 분야가 더 쉬운 분야가 아닐까? 왜냐하면 비코(Vico)의 말대로 인간의 역사가 자연의 역사와 구별되는 까닭은, 전자는 우리가 만든 것이지만 후자는 그렇지 않기 때문이다.(M392, 주89)

비꼬(Vico)의 주장은 자연사는 신의 영역이며 신은 신비로운 방식으로 움직이기 때문에 그것은 인간의 인식범위를 벗어난다는 것이었다. 그러나 우리는 우리 자신의 역사를 분명히 알 수 있는데 왜냐하면 우리가 그것을 직접 만들었기 때문이다. 맑스는 앞서 기술변화에 대한 역사적 접근을 제기하면서 생산양식의 이행과 관련된 몇몇 핵심적 변화들을 지적한 바 있다. 제5장에서 인간을 '도구를 만드는 동물'로 규정했던 벤저민 프랭클린의 정의를 인용하면서 그는 계속해서 다음과 같은 이야기를 덧붙였다.

멸종된 동물의 신체조직을 인식하는 데 유골의 구조가 중요한 것과 마찬가지로 몰락한 경제적 사회구성체를 판단하는 데에는 노동수단의 유물이 똑같은 중요성이 있다. 무엇이 만들어졌느냐가 중요한 것이 아니라 어떠한 노동수단을 사용하여 어떻게 만들었느냐가 각 경제시대를 구분짓는다. 노동수단은 인간노동력의 발전수준을 측정

하는 바로미터일 뿐만 아니라 노동이 이루어지는 사회적 관계의 계기판이기도 하다.(M194/195)

그런 다음 각주에서 그는 이렇게 말하고 있다. "종래의 역사 저술은 모든 사회생활의 기초인 물적 생산의 발전[즉 사실상의 모든 역사]을 인식하지 못했다." 제12장에서 그는 이렇게 말한다.

모든 기계의 기본적인 형태는 로마제국의 수차(水車)에서 전래되었다. 수공업시대는 나침반·화약·인쇄기·자동시계와 같은 위대한 발명을 남겼다. 그러나 대체로 기계는 스미스가 분업과 대비하여 거기에 부여했던 부차적인 역할을 수행했다.(M368/369)

기술은 물론 사회적 생활양식 전반에 있어 근본적 변화를 알아차릴 수 있을 만한 인간의 진화과정이 존재해왔다는 생각은 맑스에게 매우 중요했던 것이 분명하다.

맑스는 다윈을 무비판적으로 읽은 것이 아니었다. 그는 엥겔스에게 보낸 편지에서 "다윈이 동물과 식물들의 틈바구니 속에서, 분업과 경쟁, 그리고 새로운 시장들의 개방, 발명, 그리고 맬서스적인 생존경쟁 등으로 뒤덮인 자신의 영국사회를 어떻게 보고 있었는지가 매우 궁금하다네"[17]라고 썼다. 맑스의 말대로 다윈의 문제는 지구의 얼굴을 바꿔나가는 인간행동의 역할에 대한 아무런 언급 없이 순수한 자연의 진화 그 자체만을 몰역사적으로 살펴보았다는 점에 있다. 맑스가 맬서스를 언급하고 있는 까닭은 다윈이 자신의『종의 기원』 서문에서 그의 핵심적인 생각 가운데 몇몇은 맬서스의 덕분이라고 밝히고 있기 때문이다. 맑스는 맬서스를 용납할 수 없었기 때문에 아마도 맬서스가 다윈에게 그런 영감을 주었다는 생각을 받아들이기 어려웠을 것이 틀림없다. 흥미롭게도 영국의 무자비한 산업 자본주의(다윈은 유명한 도자기산업 자본가이던 조시아 웨지우드J. Wedgwood의 딸과 결혼했고 따라서 경쟁과 분업 그리고 분업적 기능에 매우 친숙했다)와 직접 접촉할 일이 적었던 러시아의 진화론자들은 협업, 상호부조 등을 훨씬 더 강조했는데 이 개념들은 러시아의 지리학자 끄로뽀뜨낀(P. A. Kropotkin)이 사회주의적 무정부주의의 기초로 가져다 썼던 개념들이었다.

그러나 맑스가 다윈에게 감사를 표한 것은 다윈의 진화에 대한 접근방법이 역사적 재구성과 이론적 탐구로 향하는 길을 열어주는 과정이었기 때문이다. 맑스는 인간의 진화과정을 일종의 유행 같은 형태로 이해하는 데 전념했다. 맑스가 사물의 등장보다는 그것의 과정에 더 중점을 두었던 것은 바로 이 점과 관련있다. 기계와 대공업에 대한 이 절은 이런 맥락에서 기술의 역사에 관한 하나의 에쎄이로서 읽어야만 한다. 이 절은 수공업과 매뉴팩처의 세계로부터 자본주의의 산업적 형태가 어떻게 등장하는지를 다룬 것이다. 이 글이 나오기 전까지는 이런 종류의 역사를 쓰려고 한 사람이 아무도 없었고, 따라서 이 절은 이후에 과학사와 기술사라고 불리는 학문분야가 쏟아져나오게 만든 하나의 선구자적 업적을 이루었다. 이런 방식으로 읽으면 이 장의 논의는 훨씬 더 많은 의미를 지닌다. 그러나 다윈의 이론과 마찬가지로 여기에도 단순한 역사 이상의 내용이 많다. 여기에는 사회적 변화과정에 대한 이론적 논의가 들어가 있고 따라서 그 자체만으로도 논란을 거쳐야 할 내용이 많다.

각주의 두번째 부분은 짧지만 (내가 보기에) 매우 중요한 언급으로 이루어져 있는데 이것은 주의깊게 음미해볼 필요가 있다.

공학은 자연에 대한 인간의 능동적인 태도, 즉 인간생활〔따라서 인간생활의 온갖 사회적 관계와 거기에서 생겨나는 정신적 표상들〕의 직접적인 생산과정을 밝혀주고 있다.(M392)

맑스는 여기에서 한 문장 속에 6개의 개념적 요소들을 담고 있다. 먼저 기술(공학)이 있고, 자연과의 관계가 있고, 현실의 생산과정이 있으며, 그런 다음에는 약간 은유적인 형태로 일상의 생산과 재생산이 있다. 그리고 사회적 관계와 정신적 개념들도 있다. 이 개념들은 그저 정적인 개념으로 머물러 있지 않고, 인간의 진화를 이끄는 "생산과정"과 연결됨으로써 동적인 개념으로 움직인다. 생산과 관련해 그가 명시적으로 서술하고 있지 않은 유일한 요소는 자연과의 관계다. 자연과의 관계는 분명 시간이 흐름에 따라 함께 진화해왔다. 자연도 역시 (부분적으로 인간의 행동을 통해) 끊임없이 생산의 과정 속에 있는 존재라는 생각은 오래 전부터 존재해왔다. 그것을 맑스가 어떻게 변용하고 있는지는(제5장에 그 개요가 서술되어 있다) 나의 동료인 닐 스미스(N. Smith)가 『불균등발전』[18]에서 잘 정리했는데, 여기에는 시간과 공간의 자본주의적 생산과정이 이론적으로 체계화되어 있다.

그렇다면 우리는 이 6가지 개념요소들 사이의 관계를 어떻게 해석해야 하는 것일까? 암시적인 말투를 사용하긴 하지만 맑스는 이 물음에 대한 답을 비워둔 채로 남겨두고 있는데 이로 인해 불행히도 이 문제는 온갖 해석을 불러일으킨다. 맑스는 종종 자신의 아군과 적군 모두로부터 기술결정론자라고 치부되곤 하는데, 이는 곧 그가 생산력의 변화가 사회적 관계, 정신적 개념, 자연과의 관계 등등의 진화를 포함한 인간의 전체 역사과정을 주도해간다고 본다는 것이다. 예를 들어 신자유주의적 성향의 언론인인 토머스 프리드먼(T. Friedman)은 자신의 책『세계는 평평하다』[19]에서 자신을 기술결정론자라고 하는 비판을 기꺼이 수용한다. 그는 누군가가 그에게 이 책이 맑스의 입장과 똑같다고 지적하자(물론 이것은 잘못된 판단이다) 맑스에 대한 경의를 표하면서『공산주의자 선언』으로부터 상당히 긴 구절을 인용하면서 자신의 입장이 맑스의 입장과 같다는 것을 입증하려고 했다. 프리드먼의 책에 대한 논평에서 보수적 정치철학자 존 그레이(J. Gray)는 맑스의 기술결정론을 정의하면서 프리드먼이 사실상 맑스의 뒤를 그대로 따르고 있다고 주장했다.[20] 전반적으로 맑스에게 동조하지 않는 이들의 견해는 전통적 맑스주의 진영 내에서도 비슷한 양상을 보인다. 생산력이 역사의 주도적 요인이라는 명제를 가장 강력하게 표현하고 있는 사례로는 코헨(G. A. Cohen)의 책『칼 맑스의 역사이론: 하나의 변론』[21]을 들 수 있는데 여기에서 코헨은 분석철학의 관점에서 맑스의 모든 저작들을 조사하여 맑스 이론을 이와 같이 해석하는 입장을 옹호하고 있다.

나는 이런 해석에 동의하지 않는다. 그런 해석은 맑스의 변증법적 방법(코헨 같은 분석철학자들은 이 변증법적 방법을 쓸모없는 것으로 간주한다)과 일치하지 않는다. 맑스는 전반적으로 인과론적 용어를 되도록 사용하지 않으려 한다(『자본』에서 이런 경향을 보여주는 사례는 많다). 이 각주에서도 그는 기술이 무엇무엇을 "불러일으킨다"거나 "결정한다"라는 말을 쓰지 않고 기술이 무엇무엇을 "나타낸다"거나 혹은 자연과의 관계를 "드러낸다"라는 표현만을 쓰고 있다. 맑스가 기술연구(조직적 형태도 포함)에 심혈을 기울인 것은 사실이지만 그렇다고 해서 이것이 곧 그가 기술을 인류발전의 주도적인 요인으로 간주한 증거라고 할 수는 없다. 맑스가 말하고 있는 것은(많은 사람들은 나의 이런 해석에 동의하지 않는다) 기술과 그 조직적 형태가 정신적 개념이나 사회적 관계, 혹은 일상생활과 노동과정 등은 물론 자연과의 일정한 관계까지도 모두 내부화하고 있다는 점이다. 이런 "내부화" 덕분에 기술과 그 조직적 형태에 대한 연구는 필연적으로 다른 모든 요소들에 대한 많은 것들을 "나타내거나" "드러내는" 것이다. 거꾸로 이 모든 요소들은 기술의 본질과 관련된 어떤 것을 내부화한다. 예를 들어 자본주의하에서의 일상생활을 상세히 탐구하게 되면 자연, 기술, 사회적 관계, 정신적 개념, 생산의 노동과정 등과 우리와의 관계에 대한 많은 것이 "드러난다". 마찬가지로 현재 우리와 자연과의 관계에 대한 연구는 우리의 사회적 관계, 우리의 생산체제, 우리의 정신적 세계관, 우리가 사용하는 기술, 우리의 일상생활의 내용 등을 살펴보지 않고는 진전되기 어렵다. 이 모든 요소들은 하나의 총체를 이루고 있고, 우리는 이들간의 상호관계가 어떻게 작동하고 있는지를 이해해야만 한다.

이 방법은 세상을 이해하는 데 도움이 된다. 예를 들어 나는 남한의 한 신도시 디자인을 결정하는 심사위원회에 참여한 적이 있다. 우리 심사위원들 앞에는 온갖 디자인이 제시되었다. 심사위원회는 주로 엔지니어와 설계사들로 구성되었고, 일부 건축가들과 조형디자이너들이 함께 참여했다. 첫 토론은 후자의 위원들이 주도했는데 거기에서는 앞으로 우리가 결정을 내리는 데 적용할 기준을 정하기로 되어 있었다. 그 토론은 주로 새로 지어지는 건물들의 형태에서 원형과 입방체들이 지니는 상대적인 상징성의 크기와 현실적 함의에 집중되었다. 말하자면 결정기준은 주로 기하학적 성격과 상징적 성격이 중심이 되었던 것이다. 논의가 진행되던 중 나는 다음과 같은 질문을 제기했다. 어떤 신도시가 건설되고 있을 때 여러분이 알고 싶어하는 것은 무엇인가? 내가 알고 싶은 것은 다음과 같은 것들이다. 여기에서 새롭게 만들어질 (생태학적인 흔적 같은) 자연과의 관계는 무엇인가? 이 도시에서 실현될 기술은 어떤 것이며 그 이유는 무엇인가? 새로 형성될 사회적 관계는 어떤 것인가? 여기에서 이루어질 생산과 재생산체계는 어떤 것인가? 이 도시에서의 일상생활은 어떤 모습이 될 것이며 우리가 바라는 일상생활은 어떤 것인가? 그리고 이 도시에 적용될 정신적 개념과 상징들은 어떤 것인가? 여기에 건설될 도시는 민족적인 기념비로서의 성격을 갖는 것인가, 아니면 코스모폴리탄적 장소로서의 성격을 갖는 것인가?

다른 심사위원들은 이런 문제제기를 혁신적이고 흥미로운 것으로 여기는 것 같았다. 우리는 이 문제를 잠시 동안 논의했지만 결국 그것이 우리에게 주어진 시간 안에 다루기에는 너무 복잡한 문제라는 결론에 도달했다. 그러자 건축가 가운데 한 사람이 내가 제기한 6가지의 기준 가운데 정말 중요한 것은 정신적 개념들이라고 제안했고, 이는 다시 논의의 중심을 원형과 입방체의 건물형태가 지니는 상대적인 상징성의 크기 문제로 되돌려놓았다. 그런데 나중에 사람들은 내가 제기했던 것 같은 그런 흥미로운 사고방식이 어디에서 비롯된 것인지 물었다. 나는 그것이 바로 맑스의 『자본』 제13장의 네번째 각주에 있다고 말해주었는데 그것은 내 실수였다. 맑스의 이야기를 꺼낼 때는 전형적으로 두가지 유형의 반응이 있다는 것을 예상했어야 했던 것이다. 한가지 반응은 신경질적이거나 심지어 두려움을 보이기도 하는 것인데, 이는 맑스가 그처럼 명백하고 흥미로운 이야기를 했다는 사실을 인정하는 것이 곧 맑스에게 동조하는 것이나 마찬가지이고, 그것은 자신의 직업적(혹은 개인적) 관점에 비추어 끔찍한 일이었기 때문이다. 다른 하나는 나를 바보로 간주하는 것이었는데, 이는 내가 아무런 독자적인 생각 없이 맑스의 이야기를 앵무새처럼 되뇌인 것에 불과하고 더구나 그나마도 겨우 각주를 인용하는 낮은 수준이라고 생각했기 때문이다. 그래서 이야기는 여기에서 중단되고 말았다. 그러나 이것은 도시 디자인을 평가하고 도시 생활의 질을 비판하는 흥미로운 방법이다.

이 틀은 사적 유물론을 본질적인 방식으로 정립하는 것을 돕는데, 그것이 자본주의의 진화과정을 이해하는 맑스의 명시적 접근방법 중 대부분의 근거가 되고 있다는 점에 관해서는 증거가 많다(나는 이 증거들을 보여주고 싶다). 이 문제를 조금만 더 이야기하고자 한다. 이 6가지 요소가 하나의 단일한 공간 속에서 서로 밀접한 관련을 맺고 있는 하나의 사고의 틀을 가정해보기로 하자(아래 그림을 참고하라). 각 요소들은 내부에 각각 동적인 체계를 갖추고 있어 우리는 이들 각각이 인류의 진화과정에서 하나의 "계기"를 이루고 있다고 간주한다. 우리는 이 진화과정을 각 요소들 가운데 한 요소의 관점에서 살펴볼 수도 있고 혹은 이 요소들간의 상호관계(즉 기술 및 조직형태의 변화와 사회적 관계 및 정신적 개념들 간의 상호관계 같은)를 살펴볼 수도 있다. 우리가 사용하는 기술에 의해 우리의 정신적 개념들이 어떻게 변하는가? 현미경이나 망원경, 인공위성, 엑스선, 단층촬영 등을 사용하면서 우리는 세상을 얼마나 다르게 보게 되었는가? 우리는 우리가 가진 기술 때문에 오늘날 세상을 전혀 다른 방식으로 생각하고 이해한다. 마찬가지로 원래 어딘가의 누구는 망원경을 만드는 것이 흥미로울 것이라는 정신적 개념을 가지고 있었을 것이 틀림없다(맑스가 노동과정과 형편없는 건축가에 대해 이야기했던 부분을 떠올려보라). 그리고 그 사람이 그런 생각을 품었을 때 그는 렌즈를 가공하는 사람과 유리를 만드는 사람, 그리고 망원경의 생산을 통해 생각을 현실로 만들기 위해 필요한 모든 요소들을 찾아낼 수 있어야 했을 것이다. 기술과 조직형태는 하늘에서 저절로 떨어지는 것이 아니다. 그것들은 정신적 개념들로부터 만들어지는 것이다. 그것들은 또한 우리들의 사회적 관계로부터 생겨나는 것이며, 일상생활이나 노동과정의 현실적 필요에 대응하여 구체적으로 생겨나는 것이다.

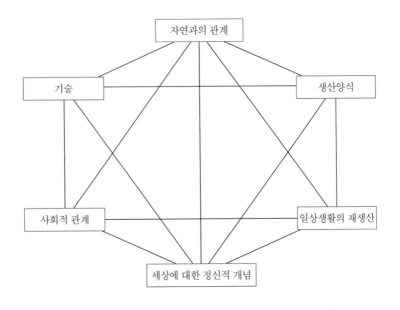

나는 맑스가 정립한 이 방식을 좋아하는데 이는 그것이 인과론적인 관점이 아니라 변증법적 관점에 따르고 있기 때문이다. 이런 사고방식은 『자본』 속에 스며들어 있고 이 책은 이런 틀에 따라 읽어야만 한다. 그것은 또한 하나의 비판적 기준을 제공해주기도 하는데 왜냐하면 우리는 맑스가 이 각기 다른 요소들을 얼마나 잘 결합하고 있는지에 따라 그의 업적을 분석할 수 있기 때문이다. 맑스는 정신적 개념과 사회적 관계, 그리고 기술들을 얼마나 정확하고 적절하게 결합하고 있는가? 일상생활의 정책 같이 그늘 속에 가려진 관점들이 존재하는가? 말하자면 이런 틀과 맑스의 실제 저작들 사이의 변증법적 관계는 보다 자세히 살펴볼 필요가 있는 것이다.

이제 정리를 해보자. 6가지 요소들은 인류의 진화과정 전반에 걸처 각기 다른 계기들을 이루면서 하나의 총체성으로 이해된다. 어떤 요소도 다른 요소를 지배하지 못하며, 이는 각 개별 요소 내부에 독자적 발전의 가능성이 존재할 경우에도 역시 그러하다(자연은 독자적으로 변화하고 진화해나가며, 사상이나 사회적 관계, 일상생활의 형태 등도 마찬가지다). 이 모든 요소들은 공동으로 진화해나가는 것들로서, 하나의 총체성 내부의 동적인 계기들을 이루면서 끊임없이 갱신과 변화를 수행해나가야만 하는 것들이다. 그러나 이때의 총체성은 각 계기가 다른 모든 계기들을 긴밀하게 내부에 포괄하는 헤겔적 의미의 총체성이 아니다. 오히려 그것은 르페브르가 '조화'(ensemble)라고 불렀던 것, 혹은 들뢰즈가 '집합'(assemblage)이라고 불렀던 것, 즉 열려 있는 변증법적 방식으로 공동으로 진화해나가는 요소들의 생태학적 총체성에 더 가까운 개념이다. 이 요소들간의 불균등한 발전은 인류의 진화과정에서 우연성을 만들어낸다(이것은 예측할 수 없는 돌연변이가 다윈의 이론에서 우연성을 만들어내는 것과 꼭 마찬가지다).

사회이론에 있어 하나의 요소를 다른 모든 요소의 결정요인으로 간주하는 것은 매우 위험한 일이다. 기술결정론은 환경결정론(자연이 모든 것을 결정한다), 계급투쟁 결정론, 관념론(정신적 개념이 모든 것을 주도한다), 노동과정 결정론, 혹은 일상생활의 (문화적) 변화가 모든 것을 주도한다는 결정론(이것은 호큰P. Hawken이 자신의 영향력있는 저작 『축복받은 불안』[22]에서 취했던 정치적 입장이다) 등과 꼭 마찬가지로 잘못된 것이다. 봉건제(혹은 다른 전자본주의적 형태)로부터 자본주의로의 이행과 같은 중요한 변화는 모든 계기들에 걸쳐 전반적으로 진행되는 변화의 변증법을 통해 이루어진다. 이런 공동의 진화는 시간과 공간에 따라 불균등하게 진행되기 때문에 그것은 온갖 국지적인 우연성 — 물론 이들 우연성은 진화과정에 관련된 요소들의 조합 내부에서의 상호작용과 세계시장의 발전과정에서 점차 증가하는 공간적(그리고 때로는 경쟁적인) 통합에 의해 제약을 받긴 하지만 — 을 만들어낸다. 아마도 자본주의의 토대 위에서 사회주의와 공산주의를 건설하려는 의식적인 노력이 실패한 가장 큰 이유는 지리적 특수성에 맞춰 이 모든 계기들에 정치적으로 개입해야 한다는 필요성을 인식하지 못했던 점에 있다. 혁명적 공산주의에 대한 유혹은 변증법을 단순한 인과론적 모델로, 즉 하나 혹은 둘의 계기가 모든 변화를 선도하도록(혹은 그렇게 생각하도록) 환원해버렸다. 물론 이런 접근방식은 실패할 수밖에 없었다.

얼핏 보면 각주의 세번째 부분은 두번째 부분에 대한 내 해석과 모순되는 것처럼 보인다.

이 물적 토대를 무시한다면, 어떤 종교사도 몰비판적인 것이다. 분석을 통해 종교적 환상의 현세적인 본질을 찾아내는 것은, 거꾸로 그때그때 현실의 온갖 생활관계들에서 그것의 종교적인 형태를 설명해내는 것보다 훨씬 쉬운 일이다. 후자가 곧 유물론적인(따라서 과학적인) 방법이다.(M392, 주89)

맑스는 자신을 과학자로 간주했고, 여기에서 그것이 곧 유물론적 입장을 취하는 것임을 확인하고 있다. 그러나 그의 유물론은 자연과학자의 유물론과는 다르다. 그것은 역사적 유물론이다. "역사적 과정을 배제하는 추상적·자연과학적 유물론의 결함은 그 대변인들이 자신들의 전문영역을 벗어나자마자 보여주는 추상적이고 이데올로기적인 견해에 의해 분명히 드러난다"(M392, 주89). 다윈의 진화에 대한 발견에는 결함이 있는데 이는 다윈이 자신의 이론적 작업에서 역사적 배경의 영향(그가 영국 자본주의로부터 끌어낸 비유들이 지닌 힘)을 무시하고 자신의 논의와 발견을 인류의 진화에 적용하고 통합시키는 데 실패했기 때문이다. 물론 맑스는 사회적 다윈주의(Social Darwinism)가 유명해지기 전에 이 글을 썼지만, 그는 사회적 다윈주의자들이 다윈의 진화론에 의지하여 자본주의를 "자연적인" 체제로 정당화했던 그 방식을 앞질러서 이미 비판하고 있었던 것이다. 다윈의 이론은 핵심적 비유들을 자본주의로부터 끌어냈을 뿐만 아니라 맬서스의 사회이론으로부터도 영향을 받았기 때문에 그것이 자본주의를 자연의 경쟁과정, 즉 생존경쟁과 적자생존 등과(끄로뽀뜨낀이 주목했던 상호협력은 무시하고) 전적으로 일치하는 것으로 간주했던 것은 당연하다.

맑스는 자연과학자들이 역사적 계기들을 이해하지 못하고 자신들의 방법론적 한계 때문에 인류의 역사를 그들의 세계관 속에 통합시키지 못함으로써 세계를 잘못 해석하는 오류에(잘될 경우 부분적인 오류에, 잘못될 경우 매우 심각한 오류에) 종종 빠져버린다고 지적한다. 가장 나쁜 경우는 그들이 중립적이고 객관적인 과학이라는 미명하에 자신들의 역사적·정치적 전제들을 은폐시키는 경우다. 이런 비판적인 관점은(맑스가 그 선구자다) 오늘날 과학계에서 하나의 판단기준이 되고 있는데, 과학계에서는 성적 구별이나 특성, 혹은 사회적 위계 등에 대한 사회적 비유를 자연과학에 마구잡이로 도입함으로써 자연세계의 실상을 잘못 이해하게끔 하는 온갖 오류들을 만들어내고 있으며, 심지어 이런 비유를 쓰지 않는 과학적 연구란 있을 수 없는 것처럼 여겨지기까지 한다.

그러나 여기에는 좀더 언급해두어야 할 훨씬 중요한 문제가 또 있다. 앞에서 나는 맑스의 연구방법과 서술방법에 대해 말한 바 있다. 즉 우리는 사물의 표면으로부터 출발한 다음 물신성 밑으로 파고들어가서 사회적 과정의 핵심적 움직임을 포착할 수 있는 이론적 개념들을 찾아낸다. 그런 다음 이 이론적 개념들을 다시 표면으로 끌어내어 일상생활의 움직임을 새로운 방식으로 해석한다. 이것이 바로 맑스가 각주에서 말한 "유물론적인[따라서 과학적인]" 방법이다. 우리는 이 방법이 적용된 사례를 노동일에 관한 장에서 이미 살펴본 바 있다. 즉 사회적 필요노동시간인 가치는 자본주의적인 노동시간을 내부화하고, 사회 표면의 광범위한 영역에서 타인의 노동시간에 대한 수탈과 관련된 사회적 투쟁을 불러일으킨다. "1분 1초가 이윤"이라는 사실 때문에 자본가들은 시간규율과 시간통제에 매달린다(또한 그것은 자본가들이 왜 작업속도를 높이기 위해 안달하는지 그 이유를 설명해준다).

그러나 저 깊은 곳에 위치한 가치론과 사회의 표면에서 노동일의 길이를 둘러싸고 벌어지는 (언제나 예측할 수 없이 들끓어오르는) 투쟁 사이의 관련성은 어떻게 이해해야 하는 것일까? M96으로 되돌아가서, 맑스는 거기에서 이 문제와 관련된 자신의 초기 저작『경제학비판』(*A Contribution to the Critique of Political Economy*)의 유명한 구절을 인용하고 있다.

일정한 생산양식과 언제나 그에 상응하는 생산관계, 즉 '사회의 경제구조는 법률적·정치적 상부구조가 그 위에 세워지고 일정한 사회의 의식형태가 그에 대응하는 현실의 토대'이며 또한 '물적 생활의 생산양식이 사회적·정치적·정신적 생활과정 일반을 제약한다'라는 것이 나의 견해다.(M96)

여기에서 그는『경제학비판』에 있는 이 구절의 뒷부분은 인용하지 않고 있는데, 이 뒷부분은 우리가 상부구조를 통해 정치적인 문제를 깨닫고 그것을 해결하기 위해 싸우게 된다는 것을 설명한다.

이것은 대개 '토대-상부구조' 모델이라고 불리는 것이다. 이 모델에서는 우리가 문제를 깨닫고 그것을 해결하기 위해 어떻게 투쟁하는지를 집단적으로 규정하는 정치적·법적 상부구조와 사유의 틀이 경제적 토대로부터 만들어진다고 생각한다. 이 명제는 때때로 결정론적인 것으로 해석되기도 한다. 즉 경제적 토대가 정치적·법적 상부구조와 이들 영역에서 이루어지는 투쟁을 **결정하고**, 경제적 토대의 변화가 사실상 정치적 투쟁의 성과를 결정한다는 것이다. 그러나나는 이 명제가 어떻게 결정론적(혹은 인과론적)인 것으로 해석될수 있는지 이해가 되지 않는다. 노동일에 관한 장이 말하는 내용은그런 것이 아니다. 거기에서는 계급연대나 경기변동의 가능성, 그리고 종잡을 수 없는 사회적 분위기의 변화 등이 이야기되고 있지만 그 결과가 어떻게 될 것인지 등 확실한 것은 전혀 존재하지 않는다. 그러나 타인의 노동에 대한 수탈 같이 결코 사라지지 않는 주제들은 깊이있는 논의가 꾸준히 진행되고 있다. 자본주의 내에서 동등한 권리들 사이의 경합 같이 궁극적 해결책에 결코 도달할 수 없는 문제도 끊임없이 다루어진다. 시간을 둘러싼 투쟁은 자본주의 생산양식에서 본질적인 것이다. 그것은 저 깊은 곳에 존재하는 이론이 이야기해주는 것이고, 이 문제는 상부구조에서 어떤 일이 일어나든 자본주의 자체가 타파되기 전에는 해결될 수 없다.

어떤 경우에도 생산력과 사회적 관계는 정치적·법적 상부구조를 통해 반드시 형태를 드러낸다. 우리는 이것을 화폐에서 볼 수 있는데, 화폐는 가치를 나타내는 것이면서 동시에 온갖 제도적·법적 장치를 갖추고 있으며, 그것은 또한 투쟁과 정치적 협상의 대상이기도 하다(사적 소유권의 법률적 장치도 이와 마찬가지다). 그러나 맑스는 또한 화폐(사적 소유권의 법률적 틀) 없이는 가치가 본질적인 경제적 관계로 존립할 수 없다는 것도 보여주었다. 모든 것은 화폐영역 내에서 계급투쟁의 동학에 따라 특수한 방식으로 결정되고, 이것은 가치론이 어떻게 작동하는지를 함축한다. 화폐는 정치적 상부구조에 속하는 것인가, 아니면 경제적 토대에 속하는 것인가? 분명 그대답은 둘 모두에 속해야 한다는 것이다.

마찬가지로 노동일에 대한 장을 읽고 노동일을 둘러싼 투쟁의 성과가 경제적 토대의 움직임에 의해 결정되었다고 말할 수는 없다. 더구나 노동일의 길이를 정치적으로 제한한 것은 부분적으로 자본가들로 하여금 잉여가치(즉 상대적 잉여가치)를 획득하기 위한 방법을 모색하도록 만들었다. 맑스는 분명 이 토대-상부구조 모델을 기계적으로(혹은 인과론적으로) 적용할 의도가 전혀 없었고, 그것을 변증법적으로 사용했던 것이다.

그러나 노동일의 길이를 둘러싼 투쟁의 영역에서 만들어진 "결과"가 1분 1초가 이윤의 요소라는 본질적인 사실(이것은 가치가 사회적 필요노동시간이라는 규정으로부터 도출된 것이다)로부터 만들어진 결과라는 것도 사실이다. 전자본주의 사회나 로마사회에서는 노동일의 길이를 둘러싼 집단투쟁이 존재하지 않았다. 자본주의 생산양식이 지배하는 곳에서만 이런 종류의 투쟁이 존재한다. 노동일(노동주, 노동년, 생애노동시간)의 길이 같은 의제는 자본주의의 심층적 구조로부터 표면으로 떠오른 것이다. 이 투쟁들이 어떻게 해결되는지는 당신과 나 그리고 다른 모든 사람들에게 달려 있다. 결국 이 투쟁은 어쩌면 자본주의 생산양식의 타파까지를 포함하는 방식을 통해 매듭지어질 것이다. 그럴 경우 사회는 1분 1초가 이윤의 요소가 아닌 방식으로 건설될 것이다. 그런 사회가 어떨지 당신은 생각할 수 있는가? 괜찮아 보이는가, 혹은 그렇지 않아 보이는가?

여기에서 이야기하고자 하는 요점은, 이런 일들이 진행되는 방식——정치적·법적 수단, 계급역학관계, 주도적인 정신적 개념 등을 통해——이 추상수준이 높은 심층적 개념(자본〔곧 가치〕의 유통 개념)과 무관한 것이 아니라는 점이다. 참된 과학적 방법은 이 심층적 개념들——이 개념은 우리 사회의 표면에서 어떤 일이 왜 그렇게 진행되는지, 그 이유를 설명해준다——을 파악하는 것이다. 우리는 노동일의 길이를 둘러싼 투쟁에서 그런 방법의 한 예를 보았다. 우리는 또 상대적 잉여가치를 둘러싼 투쟁에서도 역시 그런 예를 보았는데, 이 상대적 잉여가치는 자본주의가 왜 그렇게 기술적 역동성을 지녀야 하는지를 설명해준다. 경제성장이나 기술적 발명에 대한 가부간의 선택권은 우리에게 없는 것처럼 보인다. 왜냐하면 그것들은 자본주의의 본질적 구조로부터 강제된 것들이기 때문이다. 따라서 우리가 관심을 가질 수 있는 문제는 다음과 같은 것뿐이다. 즉 성장은 어떻게 이루어질 것인가? 앞으로 어떤 종류의 기술혁신이 이루어질 것인가? 이것은 우리로 하여금 자연과의 관계 같은 정신적 개념에 대한 함의를 고찰하도록 만든다. 만일 이들 함의가 마음에 들지 않는다면 이제 우리에게 남는 것은 오로지 이 문제들 가운데 일부(혹은 이 문제 전부)와 관련된 투쟁에 직접 참여하는 것뿐인데, 그것은 궁극적으로 우리로 하여금 가치관계 그 자체를 변화시켜야 한다는 결론에 도달하게 만들 것이다.

그런데 자본유통은 자본주의의 움직임을 주도하는 요인이다. 그러나 이 과정이 지속되기 위해서는 사회적으로 무엇이 필요할까? 예를 들어 이를 위해 필요한 정신 개념들을 살펴보자. 만일 여러분이 월스트리트에 가서 '성장은 나쁜 것이다, 당장 그것을 멈춰라'라고 씌어진 현수막을 본다면 그것은 여러분에게 반자본주의적인 정서를 불러일으키게 될까? 여러분은 그런 정서를 느낄 수도 있다. 그러나 여러분은 성장은 불가피하기도 하고 동시에 좋은 것이기도 하다는 생각 때문에 반자본주의나 반성장론에 반드시 공감하지 않을 수도 있다. 제로성장은 심각한 문제를 불러일으킨다. 일본은 근래

들어 불행히도 완전히 성장을 멈추어버린 나라가 되었다. 그러나 중국의 성장은 괄목할 만하고 중국사람들은 위대한 성공신화의 주역이 되었다. 도대체 어떻게 하면 우리도 그들을 본받을 수 있을까? 우리 모두는 즐겁게 둘러앉아 성장과 기술변화는 좋은 것이고, 이 둘 모두를 필요로 하는 자본주의도 틀림없이 좋은 것이라고 이야기한다. 이것이 바로 그람씨(A. Gramsci)가 종종 '헤게모니'라고 이야기했던 일종의 여론체계다. 이와 비슷한 문제는 제도적 장치와 관련해서도 등장한다. 자본주의는 효율적 작동을 위해 적절한 법적 장치를 필요로 한다. 중국인들이 점점 더 자본주의적인 길로 들어설수록 그들은 지금까지 사적 소유권을 인정하지 않았던 자신들의 법률체계를 유지하기 어려워질 것이다. 그러나 제도적 장치의 작동에는 우연적 요소와 관용이 상당히 폭넓게 존재하는 것도 사실이다.

1~3절 기계의 발달, 가치의 이전과 노동자들에 대한 영향

그러면 이제 마지막으로, 이 긴 장에서 수집된 자료들을 들춰보기로 하자. 나는 여러분이 각 절의 제목이 배열된 순서에 주의를 기울여보도록 권한다. 이 제목들은 공장제도의 발생과 기계의 사용에 대한 맑스의 연구가 지닌 논리적인 논의순서를 보여준다. 그런데 그는 아마도 노동의 노고를 덜어주기 위해 디자인되었으리라 여겨지는 기계의 발명이 사실은 전혀 그런 것이 아니라는 데 대한 놀라움을 표현한 밀(J. S. Mill)의 이야기에서 시작한다. 사실 기계는 대개 노동의 노고를 오히려 악화했다. 맑스 자신은 이에 전혀 놀라지 않는데, 왜냐하면 기계는 노동의 노고를 덜기 위한 것이 아니라 잉여가치를 생산하는 데 사용되는 것이기 때문이다. 즉 "그것(기계)은 잉여가치를 생산하기 위한 수단이다"(M391). 그런데 이것은 약간 아귀가 맞지 않는 이야기처럼 들리는데, 왜냐하면 맑스는 기계가 죽은 노동(불변자본)이며 가치를 생산할 수 없다고 주장했기 때문이다. 그러나 기계는 잉여가치의 원천이 될 수 있다. 임금재 부문의 생산성 향상에 의한 노동력 가치의 하락은 자본가계급에 상대적 잉여가치를 만들어주는 한편 가장 우수한 기계를 가진 자본가는 보다 높은 생산성을 갖춘 생산자에게 돌아가는 일시적인 특별잉여가치를 얻게 된다. 그래서 자본가들이 기계가 가치를 생산한다는 물신적 믿음을 품는 것은 전혀 놀라운 일이 아니다.

그런 다음 맑스는 도구와 기계의 차이점을 살펴본다. "도구를 단순한 기계라고, 기계를 복잡한 도구라고" 부르는 것과 이들간의 "본질적인 차이를 보지 못하"는 것은 본질적인 점, 특히 "역사적인 요소"(우연히도 이 요소는 그가 각주에서 상당히 목청을 높이는 요소다)를 보지 못하는 것이다(M392). 맑스는 "산업혁명"이라는 말을 처음으로 사용하고 그것을 자신의 역사적 재구성 작업의 중심으로 삼았던 사람들 가운데 한 사람이다. 그렇다면 이 산업혁명의 핵심요소는 무엇으로 구성되어 있는가? 그것은 단지 기술의 변화(즉 도구가 기계로 바뀐 것)에 불과한 것인가? 기계와 도구의 차이점은 단지 기계가 외부의 동력을 사용한다는 점뿐인가? 생산력의 변화에 따라 사회적 관계에도 급격한 변화가 일어나는가? 이 모든 의문에 대한 답은 다음과 같다.

산업혁명의 출발점이 된 기계는 오로지 1개의 도구만 취급하는 노동자를 하나의 역학적 장치 ──똑같은〔또는 같은 종류의〕많은 도구를 한꺼번에 사용하는 방식으로 작업하고 (어떤 형태이든) 단 하나의 동력원에 의해 움직여지는──로 대체했다. 이때의 기계는 아직 단지 기계적 생산의 한 요소로서의 성격만 갖는다.(M396)

그러나 이것은 노동자의 지위(사회적 관계) 변화에 기초한 것이다. 그것은 기계 그 자체만큼 중요하다. 노동자들은 꾸준히 동력을 공급할 수 있지만 어떤 점에 다다르면 외부의 원천으로부터 이 동력을 조달받을 필요성이 발생한다. 수력은 오래 전부터 사용되긴 했지만 그 사용범위가 지역적으로 제약되었다.

와트의 이른바 제2복동식(複動式) 증기기관이 출현함으로써 비로소 다음과 같은 동력기관이 발명되었다. 즉 그것은 석탄과 물을 소비하면서 스스로 동력을 만들어내는데, 그 힘은 완벽하게 인간의 제어를 받는다. 그것은 또한 장소를 옮겨다닐 수 있는 것이면서 동시에 이동수단이 되기도 하고, 수차처럼 농촌을 벗어나지 못하는 것이 아니라 도시에 자리를 잡을 수 있어 생산을 농촌으로 분산시키지 않고 도시로 집중시킬 수 있었다. 그것은 기술적으로 온갖 영역에 모두 응용되었고, 설치장소에서도 비교적 지역적인 제약을 받지 않는 동력기관이었다.(M398)

증기기관은 지역적으로 제약된 동력원에 대한 의존으로부터 자본이 벗어나도록 해주었는데 이는 석탄이 원칙적으로 어디로든 수송 가능한 상품이었기 때문이다. 그러나 이 발명에 지나치게 과도한 의미를 부여해서는 안된다. 왜냐하면 "증기기관 그 자체는 어떠한 산업혁명도 일으키지 못했다. 오히려 거꾸로 공작기계의 창조야말로 증기기관의 혁명을 필연적으로 가져왔다"(M396).

그리고 맑스는 언급하지 않고 있지만, 석탄은 당시까지 산업의 발전을 제약하고 있던, 토지사용과 관련된 첨예한 갈등(토지를 식량생산에 사용할 것인지, 아니면 땔감작물의 재배에 사용할 것인지)도 역시 해소해버렸다. 오랫동안 나무와 숯은 주된 연료였으며, 토지를 식량생산에 쓸 것인지 연료의 생산에 쓸 것인지를 둘러싼 경쟁은 이 두 요소의 가격을 모두 상승시켰다. 석탄과 함께 석탄기에 매장된 에너지를 채굴하는 것이 가능해졌고, 그다음에는 백악기에 매장된 석유가 그 기능을 이어받았다. 이것은 토지가 식량과 다른 형태의 원료생산에 사용되도록 만들어주었고 공업에서 값싼 연료를 쓸 수 있도록 도와준 것은 물론, 도시화와 우리가 지금 살아가는 방식 모두에 있어 온갖 새로운 의미를 가져다주었다. 흥미롭게도 최근에는 연료가 부족해지자 토지를 다시 연료(특히 에탄올)의 생산에 사용하는 방향으로 되돌아가는 경향이 나타나고 있는데 이는 당연히 식량과 다른 원료의 가격을 급속히 상승시켰다(식량소요사태나 기아의 증가 같은 온갖 종류의 사회적 결과들이 나타났다. 심지어 내가 매일 먹는 베이글까지도 가격이 30쎈트나 상승했다). 우리는 오늘날 자본축적을 가로막는 장애요인——18세기 후반에 화석연료로의 전환을 통해 자연과의 관계를 혁신함으로써 그렇게 성공적으로 극복했던——을 다시 만들어내고 있는 것이다.

그러나 산업혁명의 특성은 단순한 에너지 생산의 변동을 훨씬 뛰어넘는 것이었다. "매뉴팩처에 고유한 이른바 분업에 기초한 협업"은 "부분작업 기계들의 결합"으로 나타난다. 사회적 관계에서 중요한 진화가 이루어진 것이다.

> 매뉴팩처에서 노동자는 개별적으로 또는 조별로 나뉘어 각자의 수공업 도구로 각각의 부분노동과정을 수행해야만 한다. 노동자는 비록 노동과정에 통합되긴 하지만, 사전에 이미 각자가 그 노동과정에 숙달되어 있다. 이런 주관적 분업원리가 기계제 생산에서는 없어져버린다. 기계제 생산에서는 총노동과정이 그 자체 객관적으로(즉 노동자와는 무관하게) 고찰되고 그것을 구성하는 여러 단계로 분해된다. 그리고 각 부분노동과정을 수행하고 서로 결합시키는 문제는 역학이나 화학 등의 기술적 응용을 통해 해결된다.(M401)

그 결과 "서로 상이한 종류의 개별 작업기계들 또는 동일한 작업기계 집단으로 편성된 하나의 체계"가 진화하고 이것은 "그 총과정이 연속적이면 연속적일수록 점점 더 완전해진다"(M401).

이 구절에 대해서는 지적해두어야 할 이야기가 많다. 첫째는 생산과정의 연속성이 지닌 중요성인데, 이것은 자본유통의 연속성을 위해 그것이 필요하기 때문이며 기계는 바로 그것을 달성하도록 도와

준다. 둘째, 사회적 관계는 기술적 관계를 따라 변화한다는 점을 유념해야 한다. 셋째, 연속적 과정으로 이어지는 생산과정의 분석은 과학(예를 들어 화학)을 기술의 영역으로 가져오는 정신적 변화를 불러일으킨다. 말하자면 정신적 개념의 진화가 나타나는 것이다. 여기에서는 앞서 각주에서 검토된 요소들 가운데 최소한 세가지가 역할을 수행하고 있는데, 즉 석탄자원이 수력과 식물연료(1차적인 연료)를 대체해버림으로써 자연과의 관계와 지리적 요구와의 관계가 모두 변화하는 것이다. 우리는 이런 구절을 통해 맑스가 각주에서 벌인 논의가 어떻게 작동되고 있는지를 보게 된다. 서로 다른 요소들이 쉽게 함께 어우러져 인과관계가 아니라 공동진화에 대한 이야기를 기가 막히게 구성하고 있는 것이다. 그 결과 "전동장치에 의해 하나의 자동장치로부터 각 운동을 받아들이기만 하는 작업기계들의 편제"가 만들어지고, 이것은 "기계제 경영의 가장 발전된 모습을 갖추게 된다. 여기에서는 하나하나의 기계 대신 하나의 기계적인 괴물이 나타나는데"——우리가 이미 보았듯이 맑스는 이런 유의 이미지를 즐겨 사용한다——"그 괴물의 몸체는 공장 전체를 가득 채운다. 그 악마적인 힘은 처음에는 그 거대한 손발의 움직임이 거의 장엄하다고 할 정도로까지 지나치게 느려서 은폐되어 있지만, 이윽고 그 무수한 자체 작업기계들의 열광적 난무를 통해 폭발하게 된다". 그러나 맑스는 우리에게 "보깡쏭이나 아크라이트 또는 와트 등등의 발명이 이루어질 수 있었던 것은 오로지 이들 발명가들의 눈앞에 매뉴팩처 시대에 이미 만들어져서 전래되고 있던 상당수의 숙련된 기계노동자들이 있었기 때문"이라는 점을 일깨운다. 즉 새로운 기술은 필요한 사회적 관계와 노동자들의 숙련이 이미 갖추어져 있지 않을 경우에는 등장할 수 없는 것이다. 때때로 이들 노동자 가운데 "일부는 각기 다른 직업을 가진 독립수공업자들이었고 또다른 일부는 매뉴팩처에 모여 있던"(M402/403) 노동자들이었다.

그러나 진화과정은 스스로의 계기를 가지고 있었다. "발명이 증가하고 새로 발명된 기계의 수요가 증가함에 따라 한편으로는 기계제조가 다양한 독립부문으로 분화해나가고 다른 한편에서는 기계제조 매뉴팩처 내에서의 분업이 점점 발전해갔다." 사회적 관계는 변화의 홍수 속에 휩싸이게 된다. "그래서 우리는 매뉴팩처 내에서 대공업의 직접적인 기술적 토대를 본다. 이 매뉴팩처가 생산한 기계를 사용해 대공업은 자신이 장악한 생산영역에서 수공업 경영과 매뉴팩처 경영을 하나하나 몰아내버렸다." "어느정도의 발전수준에 도달하고 나자 기계제 경영은 이전의 방식에 따라 발전해오던 기존의 토대 그 자체를 뒤집어엎고 자신의 생산양식에 적합한 새로운 토대를 만들어내야만 했다"(M403). 말하자면 자본주의는 자신의 유통법칙과 좀더 잘 맞는 기술적 토대를 발견한 것이다.

내가 보기에 이것은 진화론적 주장이며 결정론적 주장이 아니다. 매뉴팩처와 수공업 시기에 등장한 자본주의가 직면한 모순은 당시에 주어져 있던 기술의 성격으로는 해결될 수 없었다. 따라서 새로운 기술의 결합을 촉구하는 압력이 거세어졌다. 맑스는 자본주의가 어떻게 해서 "자신의 생산양식에 적합한 새로운 토대를 만들어내야만" 하게 되었는지를 말해준다. 그러나 이 전체 과정은 순전히 특정 노동자 부류〔즉 고도의 숙련을 요구하는 작업내용 때문에 급속히 증가할 수 없고 매우 완만하게만 증가할 수 있는 그런 영역의 노동자 부류〕가 얼마나 증가하는지에 전적으로 달려 있었다. 그런데 일정한 발전단계에 도달하고 나면 대공업은 그 수공업적 토대나 매뉴팩처적인 토대와의 기술적인 충돌 또한 피할 수 없었다.(M403)

자본주의의 확장력은 한계에 봉착했다. 자본주의체제가 도달한 지점은, 자신의 발전을 도와줄 기계를 제작할 수 있는 숙련된 노동자가 필요하면서 동시에 자신의 기술적 토대가 이 기계들의 능력에 장애요소로 작용하게 된 지점이었다.

그러나 진화과정은 멈추기 어려웠다. "어떤 하나의 산업영역에서 나타나는 생산양식의 변혁은 다른 산업영역에서 변혁을 불러일으킨다." 그런데 여기에서 맑스가 "생산양식"이라는 용어를 사용한 것에 주의해야 한다. 그는 가끔 『자본』 첫 구절에서처럼 자본주의 생산양식과 봉건적 생산양식을 구별할 때 이 용어를 사용한다. 그러나 여기에서는 훨씬 더 특수한 의미, 즉 특정 생산영역의 생산양식이라는 의미로 이 용어를 사용하고 있다. 이 두가지 의미는 상호 연관되어 있다. 즉 특정 산업영역의 생산양식은 보다 넓은 의미의 자본주의 생산양식과 현실적으로 일치하는 새로운 기계형태를 만들어내고 있는 것이다. 그런데 여기에서 우리가 말하는 것은 특정 산업영역의 생산양식의 특수한 변화들과 이들 변화 사이의 역동적 상호관계에 관한 것이다.

이것이 우선 적용되는 곳은, 사회적 분업에 따라 고립되어 있어 각기 독립적인 상품을 생산하고는 있지만 그럼에도 하나의 총과정의 여러 단계로 얽혀 있는 산업부문에서다. 예를 들면 기계 방적은 기계 방직을 필요하게 만들고 이 둘은 다시 표백업·날염업·염색업에서의 기계적·화학적 혁명을 필요로 한다.(M404)

한 생산과정의 각 부분간의 스필오버(spillover, 어떤 요소의 생산활동이 그 생산부문이나 다른 생산부문의 생산성을 향상시켜 경제 전반의 생산성 향상을 가져오는 현상─옮긴이) 효과는 상호작용을 통해 각 부분들의 변화를 불러일으킨다. 또한 "공업이나 농업의 생산방식에서 일어난 혁명은 사회적 생산과정의 일반적 조건인 교통·통신수단의 혁명도 필요로 했다"(M404). 이것은 내가 맑스에게서 특별한 흥미를 갖는 또 다른 하나의 주제와 연결된다. 그것은 맑스가 『경제학비판 요강』에서 "시간에 의한 공간의 파괴"[23]라고 불렀던 개념의 중요성이다. 자본주의의 역동적 진화과정은 지리적 의미에서 중립적으로 이루어지지 않는다. 우리는 이미 도시화에 대한 그의 논의에서 이와 관련된 몇가지 힌트를 보았는데, 즉 증기기관을 통해 가능하게 된 집중과, 증기력을 통해 얻게 된 지역적 제약으로부터의 해방이 바로 그것이다. 세계시장의 연결도 변화를 겪게 된다.

그래서 완전히 혁신된 범선건조는 차치하더라도, 교통·통신사업은 하천기선이나 철도 또는 해양기선이나 전신체계에 의해 점차 대공업의 생산양식에 적합한 형태로 바뀌어갔다. 게다가 그것을 위해 단련과 용접·절단·천공 그리고 성형의 과정을 겪어야 했던 엄청난 양의 철 그 자체도 거대한 기계를 필요로 했고, 이런 기계를 만들어 내는 데는 매뉴팩처 방식의 기계 제작은 적합하지 않았다.(M405)

그리고 여기에서 논의의 마지막 연결고리가 등장한다.

이리하여 대공업은 그 특유의 생산수단인 기계 그 자체를 먼저 자신의 것으로 장악한 다음 그 기계를 통해 다시 자신의 기계를 생산해 야만 했다. 이리하여 비로소 대공업은 자신에 적합한 기술적 기초를 창출함으로써 자신의 발로 서게 되었다.(M405)

요컨대 기계의 도움을 받아 기계를 생산할 수 있는 능력이야말로 충분히 성숙한 역동적인 자본주의 생산양식의 기술적 토대인 것이 다. 다시 말해 공학과 공작기계산업의 성장은 자본주의 생산양식 일 반에 "적합한 기술적 토대"를 만들어낸 혁명의 마지막 단계다. "기 계로서의 노동수단은 인력 대신 반드시 자연력을 이용하고 경험적 숙련 대신 자연과학을 의식적으로 사용하는 물적 존재양식을 취한 다." 이것은 정신적 개념은 물론 이들 개념의 사용에 있어서도 혁명 을 불러일으킨다.

매뉴팩처에서 사회적 노동과정의 편제는 순전히 주관적이고, 부분 노동자의 결합으로 이루어진다. 반면 기계제 대공업은 하나의 완전

히 객관적인 생산유기체를 갖는데, 이것을 노동자는 이미 만들어진 물적 생산조건으로서 발견한다.(M407)

예를 들어 협업의 성격은 완전히 바뀌었다.

지금까지 이 장의 1절을 비교적 길게 다루었는데 그것은 급격히 확산되는 기술부문의 혁신이 공간적 관계와 자연적 관계는 물론 사회적 관계와 정신적 개념, 그리고 생산양식(구체적이고 특수한 의미에서의)에 이르기까지의 변화들을 어떻게 불러일으키고 또 그 변화에 기초해 있는지를 보여주기 위해서였다. (넓은 의미에서의) 자본주의 생산양식에 적합한 이런 새로운 기술체계의 등장은 앞서 각 주에서 언급된 모든 요소들이 공동으로 진화하는 하나의 진화과정에 대한 이야기를 이룬다.

2절에서 맑스가 제기하는 문제는 가치가 기계로부터 생산물에 어떻게 이전되는지에 관한 것이다. 상대적 잉여가치를 획득하는 다른 두 방식(협업과 분업)에서 자본은 우연적 비용 이외에는 아무런 비용도 들이지 않는다. 그러나 기계는 시장에서 구매해야만 하는 하나의 상품이다. 말하자면 이것은 단순히 작업장에서 분업을 재편성하는 것과는 전혀 다르다. 기계는 가치를 지니고 있으며 그 가치는 지불되어야만 하는 것이다. 어쨌든 기계 속에 응결된 가치는——물리적인 이전이 전혀 없더라도——"그것을 사용해 만들어진 생산물에" 이전되어야만 한다(M408). 앞서 맑스는 정액(定額)적 방식의 감가상각 개념을 제기한 바 있다. 즉 만일 기계의 수명이 10년이라면 기계는 그 기간 동안 매년 생산물에 10분의 1의 가치를 이전한다는 것이다. 그런데 여기에서 그는 기계의 도입에 있어 중요한 한가지 제약 요인을 도출하고 있다.

생산물의 가격을 낮추기 위한 수단이라는 측면에서만 본다면, 기계 사용의 한계는 기계 자체의 생산에 필요한 노동이 기계의 사용으로 대체될 노동보다도 적어야 한다는 점에 있다. 그러나 자본에서 이 한계는 더욱 축소된다. 자본은 사용되는 노동만큼 지불하는 것이 아니라 사용된 노동력의 가치만큼 지불하기 때문에, 자본에는 기계의 가치와 그 기계가 대체하는 노동력의 가치 사이의 차이가 한계로 주어진다.(M414)

여기에서는 (대부분의 경제학자들이 그러하듯이) 자본가들이 합리적 의사결정을 내린다는 것을 가정한다. 만일 기계가 매우 비싸거나 기계를 도입해도 노동을 거의 절약할 수 없다면 기계를 왜 구입하겠는가? 기계가 저렴하고 노동이 비쌀수록 기계를 도입할 유인은 더욱 커질 것이다. 따라서 자본가들이 해야 하는 계산은 기계구입에 들어가는 가치와 절약되는 노동의 가치(가변자본)를 비교하는 것이다. 기계 도입에 대한 한계는 경쟁의 강제법칙에 의해 전형적으로 주어진다. 기계를 비싸게 구매했지만 기계를 통해 노동을 거의 절약하지 못한 자본가는 사업에서 퇴출될 것이기 때문이다. 그런데 자본이 얼마만큼의 가변자본을 절약하느냐는 노동력의 가치에 달려 있다. "그렇기 때문에 오늘날 영국에서는 기계가 발명되어도 그것이 북미에서만 사용되는" 일이 발생한다(M414). 북미에서는 상대적으로 노동이 귀해서 노동비용이 높으며 따라서 기계를 도입하는 것이 의미가 있지만 영국에는 잉여노동이 존재하기 때문에 노동의 가격이 낮아서 기계를 도입할 유인이 적은 것이다. 기계 도입의 제약조건에 대한 이런 계산은 이론적으로나 실천적으로나 모두 매우 중요한 의미가 있다. 오늘날의 사례를 보면, 미국에서 매우 비싸고 복잡한 기계로 만들어지는 물건이, 중국에서는 값싼 노동이 풍부하게 존재하기 때문에 수작업으로 진행되는 소규모 작업과정들을 통해 만들어진다. 미국에서는 20명의 노동자를 고용해 1대의 매우 비싼 기계를 움직이는 데 반해, 중국에서는 수공업 도구를 사용하는 2000명의 노동자를 고용한다. 이 사례는 자본주의가 필연적으로 점점 더 많은 기계화와 점점 더 복잡한 기술로 나아간다는 생각과 부딪친다. 제약조건과 가치관계가 주어진 상태에서 기계기술의 도입은 갖가지 변동을 가져올 수 있다.

3절에서 맑스는 기계 도입이 노동자에게 끼치는 영향을 세가지 측면에서 살펴본다. 기계는 "자본에 의한 보조노동력의 점유, 여성노동과 아동노동"을 도와주었다. 기계기술은 수공업시대에 존재하던 숙련 토대를 완전히 파괴해버렸다. 그리하여 미숙련 상태의 여성과 아동을 고용하는 것이 훨씬 쉬워졌다. 그로 인해 많은 결과가 뒤따랐다. 우선 가계임금을 개인임금으로 대체하는 것이 가능해졌다. 후자는 하락했지만 여성과 아동이 작업장으로 들어감으로써 전체 가계임금은 그대로 유지될 수 있었다. 이것은 자본주의에서 흥미로운 주제이면서 동시에 지속적으로 이어지는 주제다. 미국에서는 1970년대 이후 개인임금이 실질임금 기준으로 거의 정체되거나 하락해왔는데, 가계임금은 여성의 노동 참가가 늘어나면서 증가하는 경향을 보여왔다. 자본가계급은 대략 한 사람의 임금으로 노동자 두 사람을 고용할 수 있었다. 1960년대 브라질의 경제기적도 이와 비슷하게 군부독재하에서 개인임금의 급격한 하락을 통해 달성된 것이었는데, 이 시기 가계임금은 여성과 아동을 작업장으로 몰아냄으로써 안정적 수준을 유지했다(아동노동은 철광산에서 급격히 증가했다). 브라질 대통령 메디씨(E. G. Médici)가 했던 그 유명한 이야기―"경제(이것은 사실 자본가계급을 가리키는 말이다―하비)는 잘되고 있는데 국민들은 매우 어려운 상태에 빠져 있다"―는 이와 관련된 것이다. 자본가들이 잉여가치를 얻기 위해 이런 해결책을 추구해온 역사적 증거는 꽤 많다.

이것은 또한 개인임금과 가계임금의 관계에 대한 의문을 불러일으킨다. 후자는 노동자계급의 재생산을 위해 필요한 것이다. 그런데 누가 이 재생산비용을 부담할 것인가? 많은 사람들이 지적했듯이 맑스는 남녀 문제에 별로 민감하지 않았지만, 한 각주 속에서 가계노동과 시장의 노동력 매매 사이의 관계가 중요하다는 점을 인정하고 있다. 여성이 노동력으로 사용되면

재봉이나 수선 따위처럼 가족 소비에 필요한 노동은 기성품의 구입으로 대체되어야 한다. 이리하여 가사노동의 지출이 감소함에 따라 비례적으로 화폐 지출은 증가한다. 따라서 노동자 가족의 생산비는 증가하여 그것이 수입의 증가분을 상쇄시킨다. 게다가 생활수단을 이용하거나 준비하는 과정에서 그것을 절약하거나 합목적적으로

운용하는 것이 불가능해진다.(M417)

가계임금에 대한 고찰을 통해 새로운 문제가 제기된다. 맑스가 살던 시기에는(그리고 특히 맑스가 사정을 잘 파악하고 있던 나라들에서는) 남성이 가계노동 전체의 공급자 역할을 수행하는 것이 일반적이었다. 그 결과 노동공급에 있어 "작업단(作業團)제도"(gang system)라고 하는 것이 만들어졌다. 즉 한 사람의 남성이 여러명의 아동, 아내와 여동생, 조카와 다른 친척 등의 노동력에 대한 공급 책임을 떠맡는 것이다. 프랑스의 노동시장에서 흔히 성행하던 작업단 제도는 가부장적 권위를 지닌 한 사람이 자신이 거느리는 모든 사람들의 노동을 지휘하고 그들 노동을 고용주에게 공급하는 것은 물론, 노동의 보수와 그 분배 문제까지를 모두 혼자서 담당했다. 이런 종류의 제도는 아시아에서도 흔히 볼 수 있었고 유럽이나 북미 거주민들 사이에서도 쉽게 볼 수 있는 것이었다. 이 제도의 가장 큰 문제점은 그때나 지금이나 맑스가 각주에서 지적하고 있는 바와 같이 그것이 아동매매를 자행한다는 점인데, 이는 노예매매와 거의 차이가 없다. 공장감독관(빅토리아 시대의 도덕성 — 맑스는 이것을 비판하지 않는다 — 으로 잔뜩 무장한 사람들) 보고서와 엥겔스의 『영국노동자계급의 상태』(The Condition of the Working Class in England)에 주로 의존하여 맑스는 "여성노동과 아동노동에 대한 자본주의적 착취에서 발생하는 도덕적 퇴행"(M421)과 이런 도덕적 퇴행을 교육을 통해 극복하려는 부르주아들의 미약한 노력들에 초점을 맞춘다. 공장법의 경우와 마찬가지로 개별 자본가들이 경쟁의 강제법칙에 의해 어쩔 수 없이 해야만 하는 것과 국가가 아동들을 교육시키려는 노력 사이에 모순이 발생한다. 그래서 맑스는 별로 적절한 방법은 아니지만 생활의 재생산과정과 관련된 문제들을 제기한다(이것은 앞서의 각주에서 약간 무시되었던 중요한 문제다).

두번째 소절에서는 "노동일의 연장"이 다루어진다. 사실 기계는 자본이 노동일을 연장할 수 있는 새로운 조건을 만들어냈을 뿐만 아니라 또 그렇게 노동일을 연장해야 할 "새로운 동기"도 만들어냈다.

> 그것은 자본으로서—이 자동장치는 자본이 되면서 자본가를 통해 의식과 의지를 갖게 된다—반항적이면서 동시에 탄력적이기도 한 인간의 자연적 제약을 항상 최소화하기 위해 억누르려는 충동에 사로잡히게 된다.(M425)

기계는 부분적으로 노동자들의 저항을 극복할 수 있도록 고안되어 있는데, "그러지 않아도 이 저항은 기계에 의한 노동이 외견상 용이한데다 여성과 아동이 훨씬 온순하고 다루기 쉽다는 점 때문에 벌써 감소되어 있다"(M425). 물론 이것은 빅토리아 시대의 전형적인 편견이다. 사실 여성은 전혀 온순하지 않으며 아동은 더더욱 그렇지 않다.

그런데 여기에서 문제의 핵심은 생산기간과 그 연속성이다. 기계는 실제 사용되는 것보다 더 급속하게 마모되기 때문에 가능한 한 기계를 빨리 사용하려는 강력한 유인이 존재한다. 먼저 "기계의 물리적 마모는 이중적이다. 하나는 그것을 사용함으로써" 이루어지고 다른 하나는 사용하지 않은 채로(즉 저절로 녹이 스는 것과 같이) 이루어진다. "그러나 기계는 물리적 마모 외에 이른바 도덕적 마모도 겪는다." 나는 이 용어를 볼 때마다 이상한 느낌을 받는다. 맑스가 여기에서 말하는 참뜻은 경제적인 폐기다. 만일 작년에 내가 어떤 기계를 200만달러를 주고 구매했는데 올해 내 경쟁자가 그 기계를 100만달러(혹은 금액은 여전히 200만달러라 하더라도 성능이 내 것보다 두배로 향상된 경우에도 역시 마찬가지다)에 살 수 있게 되었다면, 이 기계로 생산한 상품의 가치는 하락하고 나는 내 기계의 가치 가운데 절반을 상실하게 될 것이다. "그 기계가 아무리 아직 새 것이고 잘 가동되는 것이라 할지라도, 이미 그 가치는 사실상 그 기계에 투입된 노동시간에 의해서가 아니라 그것의 재생산 또는 좀더 우수한 기계의 재생산에 필요한 노동시간에 의해 정해진다"(M427). 이런 위험 때문에 자본가들은 가능한 한 자신들의 기계를 최대한 빨리(가능하다면 24시간 내내 사용하는 방식으로) 사용해버리려고 하게 된다. 이것은 노동일의 연장(혹은 앞으로 우리가 보게 되듯이, 교대제와 릴레이제도를 도입하려는 것)을 의미한다. 노동일의 연장을 염두에 둔 기계는 현실에서 노동일을 더욱 연장하도록 촉진하게 된다.

자본가는 기계와 사랑에 빠지는데 이는 그것이 잉여가치와 상대적 잉여가치의 원천이기 때문이다. "기술에 대한 갈망"이라는 물신성은 그들의 신념체계 속에 깊숙이 자리를 잡는다. 그러나 기계는 또한 "내적인 모순"의 원천이기도 한데 왜냐하면 "기계의 사용이 일정 크기의 자본에 의해 창출된 잉여가치의 두가지 요인 가운데 한 요인인 잉여가치율을 증가시키기 위해서는 오로지 다른 한 요인인 노동자수를 감소시키는 수밖에 다른 도리가 없기 때문이다"(M429). 그리고 자본가에게 가장 중요한 잉여가치량은 잉여가치율과 노동자수에 의존하기 때문에 노동절약적인 혁신은 자본가에게 별로 이익이 되지 않을 수도 있다. 이런 관점에서 보면 기술혁신을 통해 노동자들을 일자리에서 몰아내는 것은 실질적 가치생산자들이 생산영역에서 줄어드는 것이기 때문에 그다지 좋은 생각이 아닌 것처럼 보인다. 이 모순은『자본』제3권에서 많이 다루는데, 거기에서는 기술혁신의 동학이 경제를 불안정하게 만드는 요소이자 심각한 공황의 원인으로 간주된다.

그러나 자본가에게 가장 중요한 것은 계속적인 혁신이다. 특별잉여가치를 얻기 위한 경쟁적인 노력은 이런 모순보다 훨씬 더 중요하다. 경쟁의 강제법칙에 대응하는 개별 자본가의 행동방식은 자본가계급 전체의 이해와 반드시 일치하지 않는다. 그러나 그로 인한 사회적 결과는 노동에 있어서도 치명적인 것일 수 있다.

그것은 노동자계급 가운데 지금까지 자본의 수중에 들어가지 않았던 모든 계층을 자본에 편입시키고, 또 기계에 의해 밀려난 노동자들을 해고함으로써, 자본이 지시하는 법칙에 따르지 않을 수 없는 과잉 노동자인구를 창출한다. 그리하여 기계가 노동일의 관습적 장애와 자연적 장애를 모두 제거해버리는──근대 산업사에서 주목할 만한──현상이 일어난다. 그 결과 노동시간을 단축하기 위한 가장 강력한 수단이 노동자와 그의 가족의 모든 생활시간을 자본의 가치증식에 이용할 수 있는 노동시간으로 전화시키는 가장 확실한 수단으로 뒤바뀌는 경제학적 역설이 생겨난다.(M430)

이제 우리는 밀이 왜 옳았는지를 알게 된다.

세번째 소절은 명시적으로 노동강도의 문제를 제기한다. 지금까지는 대개 스치듯이 언급되던(예를 들어 사회적 필요노동시간의 정의에서처럼) 노동강도가 여기에서는 정면으로 제기된다. 자본가들은 기계기술을 사용해 노동강도와 노동과정의 속도를 변화시키고 규제할 수 있다. 노동일의 빈틈(노동이 이루어지지 않고 있는 시간)이라고 불리는 것을 줄이는 것은 자본의 핵심목표다. 노동일 가운데 노동자가 빈둥거릴 수 있는 시간이 얼마나 될까? 만일 노동자들이 자신들의 작업도구를 직접 장악하고 있다면 그들은 그 도구를 직접 올리고 내릴 수 있다. 노동자들은 자신들의 보조에 따라 작업을 할 수 있는 것이다. 그러나 기계기술이 도입되면 작업속도와 작업시간은 기계체계 내부에서 결정되고 노동자들은 (예를 들어) 조립라인의 속도에 따라야만 한다(채플린의 「모던 타임스」에서처럼 말이다). 사회적 관계는 역전되어 노동자는 이제 기계의 부속품이 된다. 산업부르주아들이 공장법과 노동일의 규제를 준수해야 한다는 사실을 받아들이게 된 1850년 이후 이루어진 중요한 진보 가운데 하나는 자본가들이 단축된 노동일을 노동강도의 증가로 벌충할 수 있다는 사실을 발견한 점이었다. 노동자를 노동과정의 부속물로 이렇게 재편하는 문제는 다음 장에서 논의의 중심이 된다.

제8편

기계와 대공업

앞장에서 나는 여러분에게 기계제에 관한 이 긴 편을 맑스의 각주를 기준으로 삼아 읽도록 안내했는데, 거기에서 "기술이 자연에 대한 인간의 능동적인 태도, 즉 인간생활〔따라서 인간생활의 온갖 사회적 관계와 거기에서 생겨나는 정신적 표상들〕의 직접적인 생산과정을 밝혀주는" 방식에 특별한 주의를 기울이도록 당부했다. 이 편을 읽는 동안 맑스가 이 각 "요소들" 간의 상호관계를 어떻게 연결하고 있는지를 주의깊게 살펴보면 상당한 흥미를 느끼게 될텐데, 맑스의 이런 작업은 자본주의에서의 기술진화를 이해하는 것뿐만 아니라 하나의 총체성(이들 상호적인 요소들의 조화 혹은 조합)으로 간주되는 자본주의 생산양식에 대해 기술진화 과정에 대한 이 연구가 무엇을 알려주는지를 보여주기 위해서다. 만일 여러분이 이 편을 이런 식으로 읽게 되면 여러분은 그 속에서 기술변화에 대한 단순한 하나의 이야기를 넘어 훨씬 더 풍부한 여러 해답들을 보게 될 것이다.

이 긴 편을 읽어나가면서(내용은 매우 쉬워 큰 어려움이 없다) 각 절들의 제목에 주의를 기울이면, 전체 논의의 흐름에 대한 감각을 유지하는 데 도움이 될 것이라는 점을 다시 한번 일깨워주고 싶다. 지금까지의 흐름을 한번 정리해보자. 1절에서 맑스는 자본주의가 수공업 및 매뉴팩처와 결합된 기술을 변화시킴으로써 독자적인 기술적 토대를 어떻게 발전시켰는지를 설명했다. 이 토대는 사실상 기계에 의한 기계의 생산과 다수의 기계를 공장제로 조직화함으로써 만들어졌다. 그러나 기계는 지불을 해야만 하는 상품이다. 그래서 기계의 가치는 기계의 수명기간 동안 불변자본으로 유통되어야만 한다. 만일 그 수명이 10년이라면 기계의 가치 가운데 매년 10분의 1이 생산물에게로 이전된다. 그러나 여기에는 하나의 제약요소가 있는데 그것은 즉 기계의 감가상각 가치가 기계에 의해 대체되는 노동의 가치보다 적어야 한다는 것이다. 이것은 지리적으로 불균등한 발전이 진행될 가능성을 만들어낸다. 만일 미국의 노동비용이 영국보다 높다면, 미국에서는 기계를 도입할 유인이 영국보다 상대적으로 높을 것이다. 서독에서는 강력한 노동조합의 교섭력 때문에 1980년대 중반 이후 고임금 상태가 지속되었는데 이는 기술혁신의 강력한 동기를 만들어냈다. 그리하여 서독경제는 기술적 우위를 통해 세계의 다른 지역들에 비해 상대적 잉여가치를 얻었지만 노동절약적 기술혁신은 구조적 실업을 만들어냈다.

3절에서 맑스는 노동자들에 대한 함의(기술과 사회적 관계 사이의 관련성)를 검토했다. 수공업적 숙련으로부터 기계 운전으로의 전환은 여성과 아동의 고용을 가능하게 만드는데 이것은 과거에는 불가능한 것이었다. 이것은 또한 개인노동(개인임금)을 가족노동(가계임금)으로 대체하는데, 그것은 자본가들에게는 비용의 절약을 가져다주고 가족구조와 남녀관계, 그리고 가사노동의 역할과 형태에 있어서는 광범위한 변화를 몰고 온다. 그런데 기계의 도입은 또한 노동일의 연장에 대한 유인을 만들어내는데, 이는 기계의 "도덕적 마모"(경제적 폐기) 문제와 새롭고 성능이 우수한 기계의 도입으로 인한 기존 기계의 가치하락에 대응해야 하기 때문이다. 이 문제로 인해 자본가들은 기계 속에 응결된 가치를 최대한 빨리 회수하려고 노력하는데 이는 가능하기만 하다면 기계를 하루 24시간 종일토록 가동하는 것을 의미한다. 기계는 또한 노동강도를 높이는 데 사용될 수도 있다. 자본가들은 노동과정의 연속성과 속도 모두를 통제할 수 있고 이를 통해 노동일의 틈새를 줄일 수 있다. 노동강도의 강화는 노동자들로부터 보다 많은 잉여가치를 쥐어짜내기 위한 자본가들의 중요한 전략으로 떠오른다. 이것이 지금까지의 이야기를 정리해본 것이다.

4~10절 노동자, 공장, 산업

기계제에 대한 나머지 7개 절은 기술진화의 검토를 통해 자본주의의 성격을 파악할 수 있는 우리의 안목을 외연적으로나 내포적으로 좀더 넓혀준다. 4절에서 맑스는 공장 그 자체를 검토한다. 여기에서 그의 주된 관심은 공장을 단지 하나의 기술적 존재라기보다는 하나의 사회체제로 간주하는 데 있다. 그런데 여기에서 약간 비판적인 단서를 하나 달아두고자 한다. 맑스는 공장제에 대한 그의 이해를 주로 두가지 원천에 의존하고 있다. 엥겔스가 직접 체험하여 전달해 준 맨체스터 유형의 산업주의(industrialism)는 비판적인 성격을 띠고 있었고, 이것은 배비지(C. Babbage)와 유어(A. Ure)의 저작들에 의해 보충되었는데, 이 두 사람은 당시 주도적인 친자본주의적 이념가들이면서 동시에 효율적 공장경영의 원리를 강력하게 지지하던 사람들이었다. 맑스는 맨체스터에서 벌어지던 일들을 마치 자본주의적인 산업주의의 궁극적 형태인 양 이를 일반화하는 경향을 보이고 있고, 또한 내 판단으로는 배비지와 유어의 생각을 약간 지나치게 받아들이고 있다. 만일 엥겔스가 버밍엄에 살고 있었다면 맑스의 이야기는 아마 상당히 달라졌을 것이다. 버밍엄의 산업구조는 소규모이면서도, 규모의 경제를 실현하는 방식으로 한군데 모여 있었다. 그것은 수공업적 성격을 보다 많이 가진 작업장들로 이루어져 있었고, 이들 작업장에서는 총, 보석, 그리고 다양한 야금생산물들을 만들어내고 있었다. 이 작업장들의 효율은 매우 높았던 것으로 보이고, 노동관계의 성격도 맨체스터 지역의 대규모 면방직공장들에서 나타나던 것과는 전혀 달랐다. 맑스는 자본주의적 산업주의에서 우리가 버밍엄 모델이라고 부르는 것에 대해 분명히 거의 알지 못했으며 따라서 자본주의 역사에서 오랜 기간 지속되었던 이 모델의 특성을 다루지 못했다. 1960년대 이후 남한의 산업주의는 맨체스터 유형에 가깝지만, 홍콩의 산업주의는 버밍엄의 유형에 보다 가깝다. 독일의 바이에른 지방, 제3의 이딸리아라고 불리는 이딸리아 중북부 지방, 그리고 이와 비슷하게 조직된 다른 산업지구들(씰리콘밸리는 조금 특수한 경우다)은 오늘날의 산업주의에 있어 매우 중요한 의미를 띠는데, 이것들은 중국의 주강(珠江)삼각지에 건설된 맨체스터 유형의 산업지구와는 상당히 다르다. 그런데 문제는 이 산업지구들이 모두 맨체스터의 공장들과는 다른 것들이라는 점이다. 공장제에 대한 맑스의 설명은, 그로서는 어쩔 수 없는 것이긴 했지만, 일면적인 것이다.

맑스는 이렇게 시작하고 있다.

작업도구와 함께 그것을 운전하는 기술도 노동자에게서 기계로 이전된다. 도구의 작업능력은 인간노동력의 인적인 한계에서 해방된다. 이리하여 매뉴팩처 분업이 기초해 있던 기술적 토대는 파괴된다. 그리하여 매뉴팩처의 특징을 이루는 전문화된 노동자들의 위계구조를 대신하여, 자동화된 공장에서는 기계의 조수들이 수행하는 노동의 균등화 또는 수평화 경향이 나타나며, 인위적으로 만들어진 부분노동자들간의 구별 대신 연령과 성(性)이라는 자연적 구별이 중요해진다. 자동식 공장에서 분업이 재현되는 한 그 분업은 먼저 전문화된 기계들 사이에 노동자들을 배분하고, 또 노동자의 무리 ─ 어떤 편제를 이루지는 않은 ─ 를 공장의 여러 부문으로 배분할 것이다.(M442)

노동자들은 하나의 기계에서 다른 하나의 기계로 옮겨갈 수 있다. 그들은 사실상 기계의 운전자가 된다.

여기에서 맑스는 공장제의 등장에 따른 탈숙련화——모든 노동이 점차 동질화됨으로써——를 논한다. 만일 당신이 이 기계를 다룰 수 있다면 당신은 저 기계도 다룰 수 있다. 자본주의 역사 전체에 걸쳐 계속되고 있는 탈숙련화의 중요성은 최근 중요한 논쟁(1970년대 이후 많은 논평과 연구를 촉발시킨 브레이버만H. Braverman의 『노동과 독점자본』[24]으로부터 시작된 논쟁)의 주제가 되어왔다. 또한 "공장의 모든 운동은 노동자로부터가 아니라 기계로부터 출발하는데" 이로 인해 "노동과정을 중단하지 않고도 끊임없이 인력을 이동시킬 수 있게 된다"(M444). 그 결과 노동자들은 평생동안 특정 기계를 돌보는 과업만 수행하게 된다. 말하자면 노동자의 작업과 함께 노동자와 사회적 관계가 변화하고 있으며 그 결과 노동자들은 기계의 단순한 부속품이 되어가는 것이다.

매뉴팩처나 수공업에서는 노동자가 도구를 자신의 수단으로 사용하지만 공장에서는 노동자가 기계의 수단으로 사용된다. 전자에서는 노동자에 의해 노동수단이 움직이고, 후자에서는 노동수단의 운동에 노동자가 따라가야만 한다. 매뉴팩처에서 노동자들은 하나의 살아있는 역학적 장치의 손발이 된다. 공장에서는 하나의 죽은 역학적 장치가 노동자들에게서 독립하여 존재하고, 그들은 살아있는 부속물로 이 역학적 장치에 결합된다. (…) 노동의 완화도 고문수단으로 바뀌어버리는데, 왜냐하면 기계는 노동자를 노동에서 해방시키는 것이 아니라 노동의 내용에서 해방시키기 때문이다. (…) 노동조건이 노동자를 사용한다. (…) 그러나 이것은 기계를 통해서야 비로소 기술적으로 명확한 현실성을 갖게 된다. 노동수단은 하나의 자동장치로 전화함으로써 노동과정 내에서 자본으로서(즉 살아있는 노동을 지배하고 흡수하는 죽은 노동으로서) 노동자와 대립한다. 생산과정의 정신적인 힘들이 육체노동에서 분리되고, 나아가 그 힘들이 노동에 대한 자본의 권력으로 전화한다는 사실은 이미 앞에서도 이야기한 바와 같이 기계의 토대 위에 세워진 대공업에서 완성된다.(M445/446)

말하자면 이제 정신적 개념들이 육체적 노동으로부터 분리된다. 정신적 개념은 자본가에게 존재한다──자본가들은 사물을 구상하는 사람들이다. 노동자들은 생각할 필요 없이 단지 기계를 운전하기만 하면 된다. 물론 이것은 현실에서 그대로 사실이 아닐 수도 있지만, 핵심요점은 이것이 바로 자본가계급이 밤낮으로 그렇게 만들려고 노력하는 구조라는 점이며 그 결과 정신적 개념과 사회적 관계, 일상의 재생산, 자연과의 관계 등의 모든 구조가 계급적 이해에 따라 변화하고 있다는 사실이다.

내용이 비어버린 개별 기계노동자의 세부기능은, 기계제를 통해 구체화되고 또 기계제와 함께 '고용주'의 권력을 이루는 과학이나 거대한 자연력 또는 사회적 집단노동 앞에서, 하잘것없는 부수적인 것이 되고 만다.(M446)

그런데 이 변화는 노동자들을 기계의 부속물로 전락시켜 이들이 자신들의 정신적 능력을 전혀 사용하지 못하고 자본가의 "전제권력"과 독재적 규율에 예속되도록 노동자들의 지위를 퇴락시킬 수 있는 바로 그 능력에 기초한다. 이제 숙련은 기계를 구상하는 엔지니어 같은 고도로 전문화된 극소수의 사람들에게만 존재한다. 그리하여 맑스가 앞서 지적하고 있듯이 여기에 대한 대응현상으로 "일부는 학문적인 교육을 받았고 일부는 수공업자 부류로서, 공장노동자의 범위에는 속하지 않고 다만 공장노동자와 섞여 있을 뿐인 상당한 고급노동자 부류"(M443)가 등장한다.

이런 종류의 변화는 저항을 불러일으키는데 특히 숙련노동자들에게 있어 더욱 그러하다. 이것은 5절 "노동자와 기계의 투쟁"의 핵심주제다. 이른바 러다이트운동(네드 러드Ned Ludd라는 가공의 인물의 이름에서 따온 명칭)은 노동자들이 자신들의 숙련 저하와 일자리 상실을 기계의 파괴를 통해 저항한 운동이다. 그들은 기계가 자신들의 경쟁자이며 자신들의 숙련을 파괴하고 자신들의 일자리를 불안하게 만드는 주범이라고 간주했다. 그런데 맑스는 이 저항의 정치적 진화과정을 다음과 같이 서술하고 있다.

19세기 최초의 15년 사이에 영국의 공업지구에서 이루어진 기계의 대량파괴, 특히 증기직기의 사용 때문에 발생한 기계파괴는 러다이트운동이라는 이름 아래 시드머스와 캐슬레이 지방의 반(反)자코뱅 정부에 가장 반동적인 강제수단을 쓸 수 있는 구실을 주었다. 노동자가 기계 그 자체와 그것의 자본주의적 사용 사이의 차이점을 구별해내고, 그리하여 자신의 공격대상을 물적 생산수단 그 자체가 아니라 그것을 이용하는 사회적 형태로 바꾸어야겠다고 깨달을 때까지는 상당한 시간과 경험이 필요했다.(M452)

이 구절은 주의깊게 되새길 필요가 있다. 맑스는 여기에서 문제의 본질이 기계(기술)가 아니라 자본주의(사회적 관계)라는 점을 말하려 한 것으로 보인다. 여기에서 암시되고 있는 것은(이것은 내가 보기에 틀린 것이다) 기계 그 자체는 중립적인 것이고, 따라서 이들 기계는 사회주의로의 이행기에도 사용될 수 있다는 것이다. 노동자들이 기계기술을 가장 혹독한 방식으로 사용하고 있던 자본가들을 별도로 겨냥하기 위해 기계를 무차별적으로 파괴하지 않았던 것은 역사적으로 사실이었던 것처럼 보인다. 그러나 이것은 맑스의 전반적 논의 방향(특히 내가 앞서 각주의 중요성을 언급하면서 기술과 사회적 관계는 서로 통합되어 있다고 지적한 부분)과 어긋나는 것처럼 보인다. 이 각주의 내용에 따르면 기계와 관련해서도 역시 문제점이 존재하는데, 이는 곧 기계가 일정한 사회적 관계, 정신적 개념, 그리고 생산방식과 생활양식 등을 내부화하는 방식으로 설계되고 만들어진 것이기 때문이다. 노동자들이 기계의 부속품으로 전락하고 있다는 사실은 분명 좋은 일이 아니다. 그리고 자본주의적 기계기술 때문에 노동자들의 정신적 능력이 박탈당하고 있는 것도 역시 좋은 일이 아니다. 그러므로 레닌이 포드주의 생산기술을 찬양하면서, 생산공장체계를 미국기업들이 만들어낸 방식과 비슷하게 만들고, 본질적으로 중요한 것은 혁명을 통해 사회적 관계가 변화했다는 점이라고 주장했을 때, 그는 이미 상당히 위험한 길로 접어든 것이었다. 이 구절에서 맑스 자신은 분명한 입장을 보이지 않고 있다. 다른 글에서 그는 자본주의가 자신의 토대를 발견했던 기술의 본질에 대해 훨씬 더 비판적 입장을 취하고 있다. 이 편에서 논의되고 있는 기술은 자본주의 생산양식에 적합한 기술이다. 이것은 우리에게 자동적으로 사회주의 혹은 공산주의 생산양식에 적합한 기술을 찾아내야 할 문제를 제기한다. 만일 우리가 자본주의 생산양식의 기술을 취하여 이것을 가지고 사회주의를 건설하려고 한다면 어떻게 될까? 우리는 또다른 하나의 자본주의를 얻게 될 것인데, 이것이 바로 포드주의 기술을 확산시킨 소련에서 벌어졌던 일이다. 맑스가 부르주아적 정의의 개념을 그대로 답습한 프루동을 비판했던 것과 똑같은 방식으로, 그는 여기에서 스스로 자본주의적 기술을 그대로 답습할 위험에 빠져 있다.

맑스를 변호할 수 있는 한가지 방법은 그가 자본주의의 등장과정을 어떻게 서술했는지 돌이켜보는 일이다. 매뉴팩처 시대에 자본주의의 발전은 후기 봉건제의 수공업과 매뉴팩처 기술(조직형태는 바뀌었다)에 의존해 있었고, 이것은 당시의 경제적 조건 때문에 그럴 수밖에 없었다. 자본주의가 독자적인 특수한 기술적 토대를 갖추게 되는 것은 한참 더 지나서였다. 이와 꼭 마찬가지로 사회주의도 혁명의 초기단계(즉 비상사태)에서는 자본주의적 기술을 사용할 수밖에 없고, 바로 그렇기 때문에 레닌이 혁명을 방어하고 생산을 회복하기 위해 가장 발전된 자본주의적 기술형태로 되돌아갔던 것은 적절한 판단이었다. 그러나 사회주의의 장기적인 혁명적 과업은, 내가 읽은 각주에 따른다면, 자연과의 관계나 사회적 관계, 그리고 생산 체계, 일상생활의 재생산, 정신적 세계관 등 모두에 있어 대안적인 내용을 갖추어야만 한다. 그리고 이것은 내가 보기에 기존의 현실 공산주의가 실패한 원인 가운데 하나였던 것 같다. 물론 이 문제는 공산주의에만 적용되는 문제가 아닌데, 왜냐하면 일정한 사회적·정 치적 목적을 실현하는 데 필요한 적절한 기술문제는, 여성주의자나 무정부주의자 혹은 환경주의자 등등 누구에게나 엄밀한 고찰이 필 요한 일반적 문제이기 때문이다. 결론적으로 기술은 사회적 총체성 속에 있는 다른 요소들과의 관계에 있어 중립적인 것이 아니다.

자본주의적 기술이 지니는 계급적 성격의 문제는 실제로 맑스의 책 속에서 확인된다. 그는 이렇게 말한다.

기계가 언제나 임노동자를 '과잉'으로 만들려고 하는 우세한 경 쟁자로만 행세하는 것은 아니다. 기계는 자본에 의해 고의적이고 공 공연한 형태로 임노동자에 대한 적대세력으로 선언되고 또 그렇게 취급된다. 기계는 자본의 전제에 반항하는 노동자의 주기적인 봉기 와 파업 등을 타도하기 위한 가장 강력한 무기가 된다. 개스켈에 따 르면 증기기관은 처음부터 '인간노동력'을 겨냥한 적수였으며, 이것 을 통해 자본가는 이제 막 시작된 공장제를 위기에 몰아넣으려는 노 동자들의 점증하는 요구를 분쇄할 수 있었다. 처음부터 단지 노동자 들의 반역을 잠재우기 위해 자본의 무기로 만들어진 1830년 이후의 발명들을 모아보면 그것만으로도 하나의 완전한 역사가 만들어진 다.(M459)

이처럼 자본가들은 새로운 기술을 의식적으로 계급투쟁의 무기로 개발한다. 이 기술들은 단지 노동과정 내에서 노동자들을 통제하는 것으로 사용될 뿐만 아니라 잉여노동을 만들어내는 것을 도와줌으로써 임금과 노동자들의 요구를 억제한다.

맑스는 여기에서 처음으로 기술에 의해 발생하는 실업의 개념을 도입한다. 노동절약적인 기술혁신은 노동자들을 일자리로부터 쫓아낸다. 실제로 지난 30년 동안 강력한 기술변화와 놀랄 만한 생산성 증가는 실업과 고용불안을 만들어냈고 이를 통해 노동자들을 정치적으로 통제하는 것을 보다 용이하게 만들었다.

아웃쏘싱과 멕시코 및 중국의 저임금 노동과의 경쟁은 그동안 미국 노동자들의 잘못 때문이라는 경향이 지배적이었지만, 실제 연구를 통해 밝혀진 바로는 감소된 일자리의 3분의 2가 기술변화 때문에 발생한 것이었다. 1969년에 내가 볼티모어에 왔을 때 베들레헴 철강회사의 종업원수는 2만 5000명이 넘었지만, 그로부터 20년 후에는 철강의 생산량은 변하지 않았는데도 종업원수는 5000명 이하로 줄어들었다. "노동수단은 노동자들을 때려죽인다"(M455).

기술이 계급투쟁의 무기로 사용된다는 주장을 구체적으로 입증하는 일은 어렵지 않다. 나는 프랑스의 제2공화정 시기에 공작기계 혁신가였던 한 공장주의 비망록을 기억하는데 그는 자신의 기술혁신에 대한 동기를 다음의 세가지로 밝히고 있었다. 첫째는 상품가격을 인하하여 경쟁력을 높이는 것. 둘째는 효율을 높여 낭비를 줄이는 것. 셋째는 노동자를 정위치시키는 것. 기술형태를 둘러싼 계급투쟁은 러다이트운동이 일어났던 때로부터 지금까지 자본주의 내에서 끝없이 이어지고 있는 현상인 것이다.

6절 "보상설"은 기술변화로 인한 총자본과 총노동 간의 관계를 집중적으로 다룬다. 만일 자본가가 노동자들의 고용을 줄여 가변자본을 절약한다면 이렇게 절약된 자본을 가지고 그들은 무엇을 할까? 만일 그들이 그것으로 사업을 확장한다면 남아돌게 된 노동 가운데 일부는 다시 흡수될 것이다. 이것을 근거로 당시의 부르주아 경제학자들은 보상설이라는 이론을 만들어내어, 기계가 총량적 관점에서는 실업을 만들어내지 않는다는 것을 입증하려고 했다. 맑스는 어느정도의 보상이 있을 수 있다는 점을 부인하지 않는다. 그러나 문제는 그것이 얼마나 되느냐다. 그것은 쫓아낸 노동자의 10%일 수도 있고 20%일 수도 있다. 그러나 쫓겨난 노동자가 반드시 모두 다시 흡수된다는 근거는 어디에도 없다. "기계는 그것이 도입되는 산업부문에서는 필연적으로 노동자를 쫓아내지만 다른 산업부문에서는 오히려 고용의 증가를 불러일으킬 수도 있다. 그러나 이 작용은 이른바 보상설과는 아무런 관련이 없다"(M466). 설사 대부분의 노동자들이 결국 다시 재고용된다고 하더라도, 재고용될 때까지의 과도기 문제가 여전히 존재한다. "이제까지 일정 산업부문에서 일하고 있던 노동자 가운데 일부가 기계에 의해 밀려나면 새로운 보충인력도 이 산업에 새롭게 밀려들어와 기존의 빈자리나 새로운 일자리를 메우지만, 이 과정에서 처음 밀려난 노동자들은 대부분이 영락해버리거나 그 수가 크게 줄어들어버린다"(M464). 게다가 적응의 문제도 존재한다. 즉 철강노동자가 하룻밤 사이에 컴퓨터 프로그래머가 될 수는 없기 때문이다.

  기계는 그 자체로서는 노동시간을 단축하지만 자본주의적으로 사용되면서 노동일을 연장하게 되고, 그 자체로서는 노동을 경감시키지만 자본주의적으로 사용되면서 노동강도를 높이게 되고, 그 자체로서는 자연력에 대한 인간의 승리이지만 자본주의적으로 사용되면서 인간을 자연력에 예속시키며, 그 자체로서는 생산자의 부를 증대시키지만 자본주의적으로 사용되면서 생산자를 빈민으로 만들기 때문에 부르주아 경제학자는 간단히 다음과 같이 단언한다. 기계를 그 자체로서 고찰하면 그런 명백한 모순들은 모두 일상적 현실의 단순한 허상에 지나지 않는 것으로, 그 자체로 보든 이론적으로 보든 전혀 존재하지 않는 것이 분명하다는 것이다.(M465)

  그러므로 기계는 언제나 그것이 자본주의적으로 사용되는 관계를 통해 살펴져야 한다. 그리고 자본주의적으로 사용한다는 것이 무차별적이고 노골적으로 억압적 형태를 띤다는 것에는 의문의 여지가 없다. 그런데 만일 기계가 "그 자체로서는" "자연력에 대한 인간의 승리"이며 잠재적으로 인간에게 도움이 되는 것일 수 있는 가능성(노동의 노고를 덜어준다거나 물질적 풍요를 증가시킨다거나 하는 등)을 지닌 것이라면, 여기에서 우리는 다시 자본주의적 기술도 "그 자체로서는" 별다른 교정 없이 그대로 혁명적 이행기에는 물론 대안적 사회조직의 토대로도 사용될 수 있다는 의심스러운 가정으로 되돌아가게 된다. 이 문제는 다시 한번 봉건제에서 자본주의로의 이행기와 자본주의에서 공산주의로의 이행기에 있어 작업조직 형태나 기술과 기계 등의 위상에 대한 물음을 불러일으킨다. 이것은 이 편에서 제기되고 있는 문제로서 오랫동안 깊이 생각해야만 할 중요한 문제다.

보상이 나타날 수 있는 또하나의 가능성은 기계의 도입이 기계제작 부문의 고용을 증가시킬 것이기 때문이다. 그러나 "노동수단 그 자체(즉 기계나 석탄 등)의 생산에 필요한 노동량은 기계의 사용에 의해 감소하는 노동량보다 반드시 적어야 한다"(M466). 그 다음으로는 원료채취산업 부문의 고용이 증가할 가능성이 또 존재한다. 그러나 면화의 경우를 보면 불행히도 미국에서는 임금노동자의 고용이 증가하는 대신 남부 노예노동이 증가하고 노동강도가 강화된 결과를 가져왔을 뿐이다. 그런데 이처럼 온갖 보상의 가능성이 모두 봉쇄되고 만다면, 본래의 문제 즉 자본가들은 남아돌게 된 그들의 자본을 도대체 어디에 쓸 것인지의 문제는 그대로 남는다. 그들은 노동력 가치가 하락하고 자신들이 고용하는 노동자들의 수가 감소함에 따라 이런 여분의 자본을 개인적으로는 물론 계급 전체로서도 모두 얻게 된다.

여기에서 제기되는 문제는, 비록 약간 불분명한 형태이긴 하지만, 부르주아들이 이 잉여자본들로 무엇을 할 것이냐의 문제다. 이것은 매우 크고 근본적인 문제다. 나는 그것을 '자본 잉여 흡수' 문제라고 부르고자 한다. 자본가들은 매일 하루가 끝날 때는 반드시 무엇인가를 증식시키려고(즉 잉여를 얻고자) 한다. 그런 다음 그들은 다음 날 이 잉여를 가지고 무엇을 할 것인지의 문제에 다시 봉착한다. 만일 그들이 이 잉여를 가지고 할 수 있는 무엇인가를 찾지 못하면 그들은 곤란에 빠진다. 『자본』 제2권과 제3권에서 다루는 중심문제가 바로 이것이다. 맑스는 여기에서는 아직 이 문제를 속속들이 분석하려고 하지 않지만 단지 몇가지 암시는 제시하고 있다. "기계가 가져오는 직접적인 결과는 잉여가치의 증가와 그 잉여가치를 나타내는 생산량의 증가 그리고 자본가계급과 그 일당이 소비하는 자산은 물론 바로 이들 사회계층 자체의 증가다"(M468). 그래서 "사치품의 생산이 증가하고" 동시에 외국무역의 확대를 통해 잉여생산물 시장도 함께 증가한다.

노동자수의 상대적 감소에 따른 생산수단이나 생활수단의 증가는 운하나 도크·터널·다리 등과 같이 그 생산물이 먼 장래에 비로소 결실을 맺는 산업부문에서 노동을 확대시킨다.(M469)

몇년간 아무런 결실을 가져다주지 않는 장기간의 인프라투자는 잉여자본을 흡수할 수 있는 수단이 될 수 있다. 나는 이런 방향의 논의를 이론화하여 『자본의 한계』를 집필했는데 거기에서는 지리적 확장과 장기간의 투자(특히 인공적인 환경공사부문)가 자본주의를 안정화하는 데 결정적 역할을 수행한다는 점을 밝히고 있다.

이어서

대공업 생산부문에서 지나치게 높아진 생산력은 나머지 다른 모든 생산부문에서 내포적으로나 외연적으로나 노동력 착취를 증가시키고 노동자계급 가운데 비생산적인 부문에 종사하는 노동자들의 비중을 갈수록 증가시킨다. 그리하여 지난날의 가내노예가 하인·하녀·종복 등과 같은 '하인계급'이라는 이름으로 갈수록 대량으로 재생산된다.(M469)

이들 비생산적 계급에는 다음과 같은 사람들이 포함된다.

지나치게 나이가 많거나 적어서 노동에 부적합한 사람들과 '생산에 종사하지 않는' 모든 부녀자와 소년·소녀·아동 그리고 이른바 '이데올로기적인' 신분에 해당하는 정부관리·목사·법률가·군인 등과 또 지대나 이자 등을 통해 타인의 노동을 소비하기만 하는 모든 사람들.(M469)

이 많은 사람들이 모두 잉여로 부양해야 할 사람들이다. 맑스는 잉글랜드와 웨일스의 1861년 쎈써스 통계를 인용하면서 "섬유산업과 금속산업에 고용된 사람들을 모두 합하면 103만 9605명이 되고" 광산업에 고용된 사람은 56만 5835명, 하인계급("근대적인 형태의 가내노예")에 해당하는 사람은 120만 8648명이라고 밝히고 있다(M470). 우리는 제조업에서 써비스업으로의 급격한 전환이 지난 반세기 동안에 이루어진 것으로 생각하는 경향이 있지만 이 통계가 말해주는 것은 써비스업이 전혀 새로운 산업부문이 아니라는 점이다. 물론 이들 둘간의 가장 큰 차이점은 맑스가 말하는 하인계급이 대부분 자본주의적 방식으로 조직되어 있지 않다는 점이다(대부분의 하인들이 집 안에 거주하고 있었다). 당시에는 "네일숍" "세탁소" "미용실" 같은 간판을 붙인 가게가 없었다. 그러나 이런 형태로 고용된 대다수의 노동자들은, 이들의 수가 고전적 의미의 공장노동자, 광산노동자 등에 비해 훨씬 많았음에도 불구하고, 대부분의 경제적 분석에서(맑스의 경우도 포함하여) 너무나 자주 무시되었다.

7절 "기계제 경영의 발전에 따른 노동자의 축출과 흡수. 면직업 공황"은 경기변동에 따른 고용의 주기적 변동을 다룬다. 맑스는 이렇게 주장한다. 이윤은 "그 자체가 가속적인 축적의 한 원천이 될 뿐만 아니라, 끊임없이 새롭게 형성되어 새로운 투자처를 구하는 사회적 추가자본 대부분을 이 유리한 생산영역으로 끌어들인다"(M474). 그러나 잉여자본이 이 새로운 유리한 영역으로 흘러들어가는 순간 그것은 "원료와 판매시장에 의해"(M474) 제한을 받는다. 여러분은 새로운 원료를 어디에서 조달할 것이며 여러분의 잉여생산물은 누구에게 판매할 것인가? 앞으로 보게 되듯이 이것들은 핵심적 물음이며 우리는 마지막 절 "반성과 전망"에서 이 물음들로 돌아올 것이다.

맑스가 여기에서 내놓는 해답은 인도(India)다! 여러분은 인도의 국내산업을 궤멸시키고 그 거대한 인구를 여러분의 시장으로 변모시키면서 그와 동시에 인도를 여러분 자신의 시장을 위한 원료생산자로 바꾼다. 이것이 바로 제국주의와 식민주의를 실행하는 것이며 지리적 확장을 이루는 것이기도 하다. 이 문제는 내가 공간적 해결이라고 부르는 해결책이다.

그 결과

기계제 경영의 본거지를 중심으로 새로운 국제분업이 형성되고, 이런 국제분업은 지구의 한 부분을 공업생산을 주로 하는 지역을 위한 농업생산지역으로 바꾸어버린다.(M475)

그런데 이 모든 것은, 지금까지의 논의에 비추어보면, 맑스의 이론적 논의범위에서 벗어나 있다. 그렇지만 이 절을 통해 분명히 알수 있는 것은 자본주의 생산양식 내에는 그 잉여자본을 지리적·시간적 확장을 통해 처분해야 할 사회적 필요성이 존재한다는 사실이다.

산업순환의 주기적인 변동은 자본주의의 특성이다.

공장제가 급속하게 엄청난 규모로 확장될 수 있게 되고 그것이 세계시장에 점점 더 크게 의존하게 됨으로써 생산은 필연적으로 열병처럼 과도하게 팽창하고 그에 따라 시장에서는 상품이 넘쳐나게 되어 시장이 조금이라도 수축하면 생산은 마비상태에 빠지게 된다. 산업의 생명활동은 활황-호황-과잉생산-공황-침체라는 연속적인 국면들로 전화한다. 기계제 경영으로 인하여 불확실하고 불안정해진 노동자들의 고용과 그들의 생활상태는 이제 이런 산업순환의 각 국면의 변동과 함께 일상적인 것이 된다. 호황기를 제외하고, 자본가들사이에서는 각자가 시장에서 차지하는 몫을 둘러싸고 격렬한 투쟁이미친 듯이 전개된다. 이 몫의 크기는 생산물의 가격이 얼마나 낮은지에 따라 비례한다. 따라서 노동력을 대체하는 개량된 기계나 새로운 생산방법을 사용하고자 하는 경쟁이 생겨날 뿐 아니라 노동력의 가치 이하로 임금을 억지로 인하함으로써 상품의 가격을 낮추려는 노력이 행해지는 시점이 반드시 등장한다.(M476)

경제의 주기적 운동에 대한 이 개괄적 서술은 이론적 구조를 갖추고 있지 않으며, 이런 운동을 만들어내는 정확한 메커니즘은 설명되지 않은 채로 남겨져 있다. 말하자면 맑스는 이론의 영역에서, 당시 영국경제에서 특징적으로 나타나고 있던 호황과 불황의 주기를 정식화하여 기술하는 것으로 이동하고 있는 것이다. 다음에 이어지고 있는 것은 영국 면방직업의 경기변동의 역사인데, 이것을 이야기하는 주된 목적은 단지 그 자신의 역사적 논점에 대한 직접적인 사례를 보여주기 위한 것으로 보인다. 그는 이 이야기 전체를 다음과 같이 정리하고 있다.

그리하여 영국 면직공업의 제1기에 해당하는 45년, 즉 1770~1815년에는 공황과 침체가 5년간밖에 안되었는데, 이때는 영국 면직공업이 세계를 독점했던 시기였다. 제2기에 해당하는 다음의 48년, 즉 1815~63년에는 불황과 침체의 시기가 28년이었던 데 비해 회복과 호황의 시기는 20년에 지나지 않았다. 1815~30년에 유럽대륙과 미국 사이에 경쟁이 시작되었다. 1833년부터는 아시아 시장의 확대가 '인류의 파괴'를 통해 강행된다.(M482)

각주를 통해 설명되고 있는 '인류의 파괴'란 말의 의미는, 인도에서 재배한 아편을 영국이 강제로 중국에 판매하면서 그 댓가로 중국의 은을 받았던 것을 가리키는 것으로, 그 은은 중국이 영국상품을 구매하는 데 사용할 것이었다.

8절 "대공업에 의한 매뉴팩처·수공업·가내공업의 혁명"에서 맑스는 서로 다른 노동제도가 경쟁을 하게 되면 어떤 일이 벌어지는지를 다룬다. 이 절은 몇가지 흥미로운 의문을 불러일으킨다. 맑스가 살던 시기에는 가내노동제도, 수공업제도, 매뉴팩처와 공장제가 모두 함께 존재하고 있었고 때로는 이들이 하나의 지역 속에서 그렇게 공존하고 있었다. 이들간의 경쟁이 벌어지면서, 이 제도들은 각자 약간의 변형을 겪게 되거나, 가끔 새로운 혼성형태를 만들어내기도 했는데, 모든 영역에서 노동자들의 상태를 (완전히 못견딜 정도는 아니었다 하더라도) 절대적으로 악화시켰다는 점에서는 공통된 결과를 가져왔다. 예를 들어 수공업 노동자는 역직기의 생산물과 경쟁하기 위해 5배나 더 열심히 일해야만 했다. 그러나 맑스는 궁극적으로 공장제가 최후의 승리자가 될 것으로 믿었던 것 같다. 내가 "같다"라고 표현한 까닭은 그가 명시적으로 그렇게 말한 것은 아니기 때문이다. 그러나 그는 자본주의가 필연적으로, 그리고 점차 공장제로 나아간다는 식의 목적론적 뉘앙스를 풍기는 말을 여러 곳에서 하고 있다. 전반적으로 비인간적 방식으로 조직된 착취체계(맑스는 공장감독관들의 말을 빌려 이에 대해 상세한 내용을 기술한다)에 매달린 낡은(혹은 혼성의) 노동제도들은 지속될 수 없을 것이라고 그는 말한다.

나는 이 부분을 좀 다른 방식으로(어쩌면 맑스의 본래 생각과 반대방향일 수도 있겠지만) 읽었으면 한다. 자본가들은 다양한 노동제도를 그대로 유지하기를 바랄 것이다. 만일 공장제를 통해 충분한 이윤을 얻을 수 없으면 그들은 가내노동제도로 되돌아가고 싶어 할 것이다. 만일 가내노동제도로도 충분한 이윤을 얻을 수 없게 되면 그들은 유사 매뉴팩처 제도로 가려고 할 것이다. 즉 맑스가 이 절에서 기술한 각 조건들을 일시적이며 과도기적인 것으로 간주하기보다는, 나는 오히려 그것들이 자본주의 생산양식에서 항구적으로 존재하는 모습(선택적 요소)들이라고 이해하고 싶은데, 왜냐하면 이 서로 다른 노동제도들간의 경쟁은 잉여가치를 얻기 위한 노동과의 투쟁에서 자본이 사용할 수 있는 무기가 되기 때문이다. 각 노동제도간의 경쟁이 빚어내는 끔찍한 결과들에 대한 맑스의 설명을 이런 방식으로 이해하는 것은 바로 지금의 세계에서 벌어지고 있는 일들을 보다 정확하게 이해하는 데 큰 도움이 된다. 영세사업장, 가내노동제도, 외주제도, 하청제도 등이 되살아난 것은 지난 40년간 세계적 규모의 신자유주의적 자본주의가 보여준 특징적인 모습이다. 그동안 공장제가 항상 자본에 이익이 되었던 것은 아니며 맑스는 그 이유에 대해 깊은 통찰력이 있었다. 다같이 대공장에 고용된 노동자들은 자신들의 공동의 이해도 함께 인식하게 되며 잠재적으로 강력한 정치세력이 된다. 1960년 이후 남한의 산업화는 대공장 노동제도를 만들어냈고 그것은 결과적으로 강력한 노동운동─1997~98년 경제위기를 통해 훈련을 받으면서 잠재적 정치세력으로 성장한다─을 만들어냈다. 홍콩의 노동제도는 열악한 가내노동과 하청구조에 의존한 것인데 여기에서는 노동운동이 거의 존재하지 않는다.

물론 여기에는 온갖 요소들이 함께 작용하지만, 중요한 것은 계급투쟁의 동학에서 노동제도의 선택 가능성이 자본에 있어 매우 중요한 역할을 한다는 점이다.

따라서 『자본』의 이 절은, 다양한 노동과정과 노동제도의 선택권을 갖춘 자본가가 이 선택권을 잉여가치 생산을 둘러싼 계급투쟁에서 어떻게 하나의 무기로 사용하는지를 보여주는 교훈적 이야기로 읽는 것이 매우 바람직하다. 대공장 노동자들은 열악한 영세작업장과의 경쟁을 통해 훈련받으며 반대로 영세작업장 노동자들도 이 경쟁을 통해 훈련받는다. 최근에 진행된 노동제도들간의 치열한 경쟁은 노동의 상태를 과거 1960~70년대에 비해 훨씬 더 악화시켜왔는데, 그 시기에는 자본주의 세계 가운데 대부분이 대공장제도로 조직되어 있었고 거기에서는 어느정도의 정치적 영향력과 정치권력을 가진 사회운동으로부터 지지를 받는 강력한 노동운동이 존재했다. 그래서 공장제가 결국은 다른 모든 노동제도를 밀어낼 것이라는 생각, 그리고 공장제로부터 비롯된 정치가 사회주의로 나아갈 것이라는 생각이 다시 고개를 들게 되었다. 1960년대에 『자본』을 읽었던 많은 사람들은 그런 목적론적 해석에 이끌렸다.

이제 맑스의 설명을 좀더 자세히 살펴보기로 하자. 가장 먼저 우리는 "수공업과 분업에 기초한 협업의 폐기"라는 소절을 만나는데 여기에서는 한 노동제도가 다른 노동제도를 대체하는 과정이 기술된다. 그 다음에는 매뉴팩처와 가내공업에 미친 영향이 검토되고 있다. 이 두번째 소절에서는 논의의 초점이 이 노동제도들의 궤멸이 아니고 그것들의 적응에 맞추어져 있다.

생산과정을 세부적인 단계들로 분해한 뒤에 드러난 문제들을 역학이나 화학 등〔즉 자연과학〕을 이용하여 해결하는 기계제 경영의 원리는 점차 사회 전반에 걸쳐 지배적인 원리로 자리를 잡아간다.(M485)

말하자면 기계기술과 연관된 정신적 개념들이 낡은 노동제도를 재조직화하는 과정에 스며드는 것이다. 과학과 기술은 19세기 들어 산업과 결합하기 시작해, 노동과정을 몇개의 세부과정으로 과학적으로 분해하여 이 과정들을 반복적 과정으로 변화시킨 다음 기계화했다. 그런데 이것은 우리가 세상을 이해하는 방식에 혁명을 일으켰고 그 결과 과학적 방법은 모든 노동제도(장인의 작업도 포함)에 도입될 수 있었다. 물론 이것이 낡은 사고방식이 지배적이던 모든 매뉴팩처와 가내공업에 자동적으로 도입된 것은 아니다. 그러나 만일 레이스산업에 대한 맑스의 설명(M490/493)을 조금이라도 참고한다면, 과학적·기술적 원리에 따라 재조직된 산업들에서 그것이 가져온 결과는 끔찍한 것이었다는 것을 알게 된다.

이제 가내공업의 형태는 사실상 "낡은 양식의 가내공업과는 그 이름 외에는 아무런 공통점이 없는" 것이 되었다. 그것은 이제 "공장이나 매뉴팩처 또는 선대상인의 한 부서〔외부에 존재하는〕로 전화했다". 이런 식으로 자본은 "눈에 보이지 않는 실"로 한꺼번에 조종하는 "또다른 하나의 노동자 부대"를 거느리게 된다. 그는 1000명의 공장노동자를 고용하고 있는 한 셔츠공장이 시골지역에 산재하는 9000명의 외부노동자를 고용하고 있는 사례를 든다. 이런 형태의 노동조직은 오늘날에도 똑같이 그대로 남아 있는데, 특히 아시아지역의 경우가 그러하다. 그에 대한 단 하나의 예로 일본 자동차산업은 자동차부품을 생산하는 광범위한 국내 하청업체들의 조직망에 의존해 있다. 이런 가내공업의 "근대적인" 형태는 "파렴치한 착취체계"를 주요한 특징으로 삼고 있는데, 이는 부분적으로 "노동자들의 저항능력은 그들이 분산될수록 더욱 감소하고" 또한 "고용주와 노동자들 사이에 약탈적인 기생충들이 끼어들기" 때문이다(M486).

온갖 노동제도의 광범위한 변화는 각기 그 특성에 따라 매우 복잡한 양상을 띤다. "사회적 경영방식의 변혁 ── 이것은 생산수단의 변화에 따른 필연적인 산물이다 ── 은 여러가지 복잡한 과도적 형태들이 마구 뒤섞인 가운데 이루어진다"(M496). 그러나(이 부분은 맑스가 목적론적 전망을 가장 분명한 형태로 표현한 부분이다) "이들 과도적인 형태가 매우 다양하다고 해서 공장제 경영으로 전화하는 경향이 은폐되는 것은 아니다"(M497). 그런데 이것은 하나의 경향일 뿐 법칙은 아니며, 맑스가 "경향"이라는 말을 쓸 때 그가 항상 염두에 두는 것은(이 점은 매우 중요하기 때문에 유념할 필요가 있다) 이 경향이 빚어내는 현실적 결과를 불확실하게 만드는 또다른 반대방향의 경향이 존재한다는 것이다. 그러나 여기에서 그는 이 반대방향의 경향이 무엇인지는 설명하지 않는다.

맑스는 "자연발생적으로 진행된 이 산업혁명이 부녀자와 소년·아동을 고용하는 모든 산업에 공장법이 확대됨으로써 인위적으로 가속화하는"(M498) 과정을 기술한다. 오직 대공장들만이 이런 규제를 지킬 수 있는 조건을 갖추고 있었다.

그러나 이 공장법이 매뉴팩처 경영을 공장제 경영으로 전화시키는 데 필요한 물적 요소들을 촉성재배하듯 급속히 성숙시키자, 그것은 다시 투하자본을 증대시켜야 할 필요성 때문에 소규모 장인들의 몰락과 자본의 집적을 촉진했다.(M501)

그리하여 대자본은 종종 온갖 규제제도(예를 들어 산업안전 및 보건분야 규제)에 대한 강력한 단속을 지지했고, 이로 인해 소규모 자본이 이런 규제를 감당하지 못할 경우에는 대부분의 사업영역이 대기업의 독무대로 남겨졌다. "규제적 포섭"이라고 불리는 이런 현상은 자본주의의 역사에서 오래된 하나의 특징적 모습이다. 기업들은 규제적 수단들을 장악하여 이를 경쟁을 막는 수단으로 사용한다. 1960년대 초 영국에서 미니쿠퍼스(Mini Coopers, 1959년 영국자동차사British Motors Corporation에서 개발해 2000년까지 생산된 소형차 모델—옮긴이)가 처음 출시되었을 때 미국은 규제제도를 이용해 이 차의 수입을 금지했는데, 그 방법은 이 차의 헤드라이트가 비추는 거리를 기준으로 그것보다 조금 더 먼 거리를 규제기준으로 삼은 것이었다. 자유무역의 실제 거리는 정확히 바로 그 거리만큼이었던 것이다.

몇몇 생산라인이 계절적 성격을 띠고 있는 경우 이것은 자본이 적응해야 할 또다른 일련의 문제들을 제기한다. 내가 『자본』을 예지력이 뛰어난 책으로 생각하는 이유 가운데 하나는 맑스가 정리한 당시의 자본주의 작동 경향이 오늘날의 자본주의 경향을 너무도 쉽게 설명해주고 있기 때문이다. 예를 들어 자본주의에는 1980년대가 되어서야 알려진 하나의 경향이 있는데, 그것은 '적기생산'이라고 알려진 일본식의 혁신이다. 맑스는 자신이 살던 바로 그 당시에 이미 수요와 공급이 계절이나 1년 단위로 (오늘날 유연적 생산방식이라고 부르는 것과 관련되어) 어떻게 변동하는지를 설명하고 있다. 그는 당대의 한 논평을 인용한다.

전국에 걸친 철도망의 확장 때문에 단기 주문의 습관이 크게 늘어났다. 이제는 구매자들이 글래스고와 맨체스터 그리고 에든버러에서 2주에 한번씩 우리를 찾아오고, 도매를 원하는 사람들은 우리가 상품을 공급해주는 시티(City) 지구(런던의 시내 구역 이름—옮긴이)의 선대상인들을 직접 찾아가기도 한다. 그들은 예전 관습처럼 재고품을 사러 오는 것이 아니라 곧바로 처리해야 할 상품을 주문한다. 몇해 전만 해도 우리는 늘 다음 시즌의 수요를 준비했지만, 지금은 다음 시즌의 수요가 얼마나 될지 아무도 예측할 수 없다.(M502)

그러나 이런 유연성을 확보하기 위해서는 운송과 통신분야의 적절한 인프라가 구축되어야 할 필요가 있었다. "이러한 주문습관은 철도와 전신의 보급과 함께 확대된다"(M502).

9절 "공장법(보건과 교육 조항). 영국에서의 일반화"는 흥미로운 몇가지 모순을 제기한다. 맑스는 이렇게 시작한다.

공장법(즉 사회가 그 생산과정의 자연발생적 형태에 가한 최초의 의식적이고 계획적인 반작용)은 이미 살펴보았듯이 면사나 자동 뮬 방적기, 전신 등과 마찬가지로 대공업이 낳은 하나의 필연적 산물이다.(M505)

공장법은 노동시간에 대한 규제뿐만 아니라 보건과 교육에 대한 부분도 이야기하고 있는데, 이 주제들은 대부분의 공장주들이 기를 쓰고 반대하던 것이었다.

로버트 오언이 우리에게 상세히 알려주고 있듯이 공장제에서 미래교육——일정 연령 이상의 모든 아동에게 생산노동을 시킬 때는 반드시 학업과 체육을 함께 시키도록 하는 것으로, 이것은 사회적 생산을 증대시키는 방법일 뿐만 아니라 인간의 전인적 발전을 위한 유일한 방법이기도 하다——의 맹아가 탄생했다.(M507/508)

자본에 의해 노동자들의 존엄성이 파괴되고 그 능력이 수탈당하는 이야기가 한창 진행되고 있는 절에서 왜 갑자기 "인간의 전인적 발전"에 관한 이야기가 나오는 것일까? 보건 및 교육 조치들에 대한 개별 자본가들의 반대가 자본가계급 전체의 관점에서 보면 불합리한 것일까? "앞에서 본 바와 같이, 대공업은 모든 사람을 제각기 하나의 세부작업에 일생 동안 붙들어매는 매뉴팩처 분업을 기술적으로 폐기시키고" "그 분업을 한층 기묘한 형태로——즉 공장에서 노동자를 한 부분기계의 (자의식을 가진) 부속물로 전화시키는 형태로(…)——재생산한다"(M508). 아동들에 대한 영향은 특히 치명적이다. 그러나 이런 모든 것 가운데 긍정적인 징후도 존재한다.

18세기까지만 해도 특정 작업은 비기(秘技)라고 일컬어졌으며, 그 비밀세계는 경험적으로나 직업적으로 자격을 갖춘 사람이 아니면 들어갈 수 없었다. 그러나 사람들에게 자신의 사회적 생산과정을 은폐하고 자연발생적으로 특화된 다양한 생산부문을 서로 비밀로 하거나 심지어는 각 부문의 기술을 전수받은 사람에게조차도 수수께끼로 만든 그 장막은 대공업에 의해 찢겨졌다.(M510)

근대 기술과학은 우리들의 정신적 세계관에 참된 혁명을 불러일으켰다. "사회적 생산과정의 잡다한 모습들──겉으로 보기에는 서로 아무런 관련도 없고 또 화석화한 것처럼 보이는──은 자연과학의 응용을 통해 의식적으로 계획화되거나 소기의 유용성을 따라 체계적으로 특화되었다"(M510).

그 결과 산업혁명은 정말로 말 그대로의 혁명이 되었다.

근대공업은 결코 어느 한 생산과정의 현존형태를 최종적인 것으로 간주하지도 않고 또 그렇게 다루지도 않는다. 따라서 이전의 모든 생산양식의 기술적 기초는 본질적으로 보수적인 것인 데 반해 근대적 공업의 기술적 기초는 혁명적인 것이다. 근대적 공업은 기계와 화학적 공정 등을 통해 생산의 기술적 기초와 함께 노동자의 기능과 노동과정의 사회적 결합을 끊임없이 변혁시킨다. 그리하여 그것은 사회 내의 분업을 끊임없이 변혁시키며, 또 대량의 자본과 대량의 노동자를 한 생산부문에서 다른 생산부문으로 계속해서 이동시킨다. 따라서 대공업의 본성은 노동의 전환, 기능의 유동화, 노동자의 이동 등을 그 조건으로 삼는다.(M510/511)

이 필연성은 중요한 모순을 만들어낸다. 부정적 측면에서 대공업은 "특화된 기능들로 화석화해버린 낡은 분업을 재생산"해내며 "노동자들의 생활상태에서 온갖 평온함과 안정성 또는 확실성을 없애버리고, 노동자들의 수중에서 노동수단은 물론 생활수단까지 끊임없이 탈취해버린다". 이것은 결국 "노동력의 무제한적 낭비 그리고 사회적 무정부상태가 빚어내는 파괴작용"을 가져온다(M511). 그러나 거기에는 긍정적 측면도 있다.

대공업은 자신의 파국을 통해 노동을 전환시키고 이에 따라 노동자의 가능한 모든 다면성을 일반적인 사회적 생산법칙으로 승인할 뿐 아니라 이 법칙의 정상적인 실현을 위해 온갖 사회적 관계들을 맞추고자 결사적으로 노력하게 된다. 이제 대공업은 변화하는 자본의 착취욕구를 위해 예비로 남겨진 〔그리고 자유롭게 이용될 수 있는〕 궁핍한 노동자 인구를 변화하는 노동의 필요에 맞는 인간으로 사용할 수 있도록 바꾸기 위해 필사적으로 노력하게 되는데, 이는 곧 하나의 사회적 세부기능을 담당하던 개인을 다양한 사회적 기능을 번갈아가면서 수행하는 전인적 인간으로 대체하는 것을 뜻한다.(M511/512)

자본주의는 유연하고 적응능력을 갖춘 노동과, 다양한 과제를 수행할 수 있고 변화하는 조건들에 유연하게 대응할 수 있는, 교육받고 다재다능한 노동력을 필요로 한다. 여기에는 심각한 모순이 자리한다. 즉 한편으로 자본은 퇴락한 노동, 무지한 노동, 마치 써커스의 고릴라처럼 자본의 명령에 아무런 이의를 달지 않고 복종하도록 훈련받은 노동을 원하면서도 이와 동시에 유연하고 적응력있고 교육받은 노동도 함께 필요로 하는 것이다. 이 모순을 아무런 "변혁" (M512) 없이 해결할 수 있는 방법은(특히 개별 자본가—이기심으로만 똘똘 뭉쳐 있는데다 경쟁의 강제법칙의 지배를 받는—가 그렇게 행동하기 어려울 경우) 무엇일까?

계급적 수준에서 집단적으로 대응하는 한가지 방법은 공장법에 교육조항을 집어넣는 것이었다. 맑스가 지적했듯이 (특히 개별 자본가들의 저항이 있을 경우) 이 조항들은 반드시 의무적인 것은 아니었다. 그렇지만 중요한 것은, 앞서도 말했듯이, 자본가와 지주가 지배하는 나라에서는 이 조항이 어쩔 수 없이 필요했다는 사실이다. 노동계급에 대한 "이론적이고 실제적인 기술교육이 노동자 학교에서 중요한 위치를 차지하도록" 조치되었다.

자본주의적 생산형태와 거기에 상응하는 노동자들의 경제적 상태는 이런 변혁을 불러일으키는 요인(즉 노동자 학교—옮긴이)은 물론 그런 변혁의 목표인 낡은 분업의 폐기와 정면으로 모순된다는 사실 또한 분명하다.(M512)

그래서 이제 잘 기억해두어야 할 점은 "한 역사적 생산형태의 갖가지 모순의 발전은 그 생산형태의 해체와 새로운 형성으로 가는 유일한 역사적인 경로"(M512)라는 사실이다.

이 핵심모순의 발전과정은 노동력 재생산과정의 변화를 이해하는 데 결정적으로 중요하다. 대공업은 "구래의 가족제도와 거기에 맞는 가족노동의 경제적 기초를 붕괴시키는 데" 중요한 역할을 수행했다. 그것은 또한 "낡은 가족관계 그 자체까지도 붕괴시켰고", 부모와 자녀 간의 관계를 완전히 뒤집어놓았으며 작업단제도(gang system)에서 드러난 것처럼 친권의 남용에도 족쇄를 채웠다. 사실 자본주의적 착취양식은 "친권에 맞는 경제적 기초를 폐기함으로써 친권의 남용을 유발한 것이었다"(M514). 그러나

이제 자본주의체제 내에서 낡은 가족제도가 해체되어 아무리 무섭고 혐오스러운 모습을 띠게 되더라도, 대공업은 가족의 영역 저편에 사회적으로 조직된 생산과정 내에서 부녀자와 소년·소녀 및 아동들에 대하여 결정적인 역할을 부여함으로써 가족과 남녀관계의 더 높은 형태를 위한 새로운 경제적 기초를 만들어낸다.(M514)

이제 맑스의 결론은

온갖 연령층의 남녀 개인들로 이루어진 결합적인 작업인력의 구성은, 그것이 비록 자연발생적이고 야만적인 자본주의적 형태를 띠고 있다 할지라도, (…) 적절하게 알맞은 조건이 주어지기만 하면 거

꾸로 인간 발전의 원천으로 돌변하고 말 것이 분명하다.(M514)

노동의 유동성과 유연성 그리고 적응력에 대한 요구는 남녀관계는 물론 가족관계도 모두 변화시킨다. 이런 종류의 압력은 오늘날 우리들에게도 여전히 이어지고 있으며, 맑스가 여기에서 말하는 모순의 온갖 부정적 측면들도 모든 곳에서 여전히 계속 남아 있다. 이것은 자본주의의 심장부에서 일시적이 아니라 영속적으로 존재하는 모순이다.

이처럼 부정적인 이미지로 가득 차 있는 이 긴 편의 마지막 부분에서, 우리가 갑자기 만나게 되는 것은 노동계급의 교육과 노동계급의 재생산조건의 (국가권력의 도움을 받은) 근본적 재구성과 관련된 어느정도 긍정적이고 혁명적인 가능성들이다. 자본은 노동의 유연성을 필요로 하고 따라서 노동자들을 교육시켜야 하는 한편, 낡은 가부장적인 제도들을 타파하게 된다. 그런데 이런 생각들은 사실 맑스의 『자본』 속에서는 충분히 다루어지지 않고 있다. 그러나 그가 이 부분에 이 내용들을 집어넣는 것이 중요하다고 여겼다는 점은 매우 흥미롭다. 노동일에 대한 정책이 자본을 자기파괴적 경향으로부터 구출했던 것처럼, 여기에서도 이 정책들은 자본주의체제 전체를 전복할 노동계급의 정치적 핵심내용을 포함하고 있다.

이어서 공장법에 대한 길고 자세한 검토를 마친 다음 맑스는 결론부에서 다시 한번 목적론적인 연기를 피워올린다.

공장법의 일반화는 노동자계급의 육체적·정신적 보호수단으로 불가피하게 이루어졌지만, 그것은 또다른 한편으로 이미 시사한 것처럼 영세한 규모로 분산된 노동과정들이 대규모의 사회적 단위로 결합된 노동과정으로 전화하는 것을 〔그리하여 자본의 집적과 공장제의 독점적인 지배가 확립되는 것도〕 일반화하고 촉진시켜주기도 한다. 공장법의 일반화는 자본의 지배를 아직 부분적으로 은폐하고 있는 낡은 형태와 과도적인 형태를 모조리 파괴하고, 그것들을 자본의 직접적이고 노골적인 지배로 대체시킨다. 따라서 공장법의 일반화는 또 이런 지배에 대한 직접적인 투쟁도 일반화시킨다. 공장법의 일반화는 개별 작업장에서는 획일성·규칙성·질서·절약 등을 강요하지만, 다른 한편으로는 노동일의 제한과 규제를 통해 기술에 강력한 압력을 행사함으로써 전반적으로 자본주의적 생산의 무정부성과 파국, 노동의 강도, 기계와 노동자 사이의 경쟁 등을 증대시킨다. 공장법의 일반화는 소경영과 가내공업 영역을 파괴함으로써 '과잉인구'의 마지막 도피처〔사회 전체 생산메커니즘의 안전판 구실을 해오던〕를 파괴해버린다. 공장법의 일반화는 생산과정의 갖가지 물적 조건과 사회적 결합을 성숙시키며, 또 생산과정의 자본주의적 형태가 지니는 모순과 적대관계뿐만 아니라 새로운 사회의 형성요소와 낡은 사회의 변혁의 계기까지도 함께 성숙시킨다.(M525/526)

10절 "대공업과 농업"에서는 "인간과 자연의 관계"가 다시 전면에 등장하는데 이것은 전체 논의과정에서 짧지만 매우 중요한 깜짝 출현 같은 역할을 한다. "농업영역에서 대공업은 그것이 낡은 사회의 보루인 '농민'을 소멸시키고 그들을 임노동자로 대체하는 경우에만 가장 혁명적으로 작용한다"(M528)(그리고 이것은 다시 농업지역에서 계급갈등을 불러일으킨다)고 맑스는 말한다. 합리적인 과학적 원리를 농업부문으로 확장하면 이는 동시에 농업과 매뉴팩처 간의 관계를 변혁하고 농업과 공업 간의 "더욱 진전된 새로운 종합(synthesis)을 창출해낸다". 그러나 잠재적으로 긍정적인 성격을 띠는 이 결과는

토지와 인간 사이의 물질대사—즉 인간이 식품과 의류의 형태로 소비하는 토양성분이 토지로 되돌아가는 것, 다시 말해 토지의 생산력을 지속시키는 항구적인 자연조건—를 교란시킨다.(M528)

이 문제는 도시화의 진전으로 더욱 촉진된다. 맑스는 이렇게 결론을 내린다.

자본주의적 농업의 모든 진보는 노동자와 토지를 수탈하기 위한 기술의 진보이고, 주어진 임대기간 동안 토지의 수확을 높이는 모든 진보 또한 토지생산력의 지속적인 원천을 파괴하는 진보이기도 하다. 예를 들어 미국처럼 한 나라의 발전이 대공업을 출발점으로 할 경우, 이런 파괴과정은 그만큼 더 급속히 이루어진다. 그러므로 자본주의적 생산은 모든 부의 원천이 토지와 노동자를 동시에 파괴함으로써만 사회적 생산과정의 기술과 결합을 발전시킨다.(M529/530)

기술, 자연, 생활의 생산 및 재생산 사이의 관계는 정신적 개념과

사회적 관계의 변혁이 긍정적인 가능성을 열어놓을 경우에도 항상 부정적인 방향을 함께 취한다. 맑스는 생산과정이 "비기(秘技)"에 감싸여 있던 사회로 되돌아가자고 말하는 것이 아니다. 그는 과학과 기술의 사용이 진보적 의미를 지닐 수 있다고 여겼던 것이 분명하다. 그러나 이 편의 큰 문제는 이런 진보의 가능성이 정확하게 어디에 존재하고 또 그것들이 사회주의 생산양식을 창출하기 위한 요구에 맞추어 어떻게 활용될 수 있는지를 그려내는 데에 있다. 맑스는 이 문제를 해결하지 않고 있으며 단지 그것을 제기한 다음 그 문제를 곰곰이 생각하도록 요구하고 있을 뿐이다. 기술과 작업조직의 변화는 갑자기 하늘에서 떨어진 것(deus ex machina)이 아니라 자연과 인간의 관계, 생산과정, 사회적 관계, 정신적 세계관, 일상생활의 재생산 등이 모두 함께 진화하면서 만들어내는 것이다. 이 편에서는 이 모든 "요소들"이 서로 약간의 편차는 있지만 함께 결합해 있다. 이 편은 이들간의 관계를 깊이 사색하는 하나의 에쎄이로서 읽을 수 있으며 또 그렇게 읽는 것이 마땅하다. 그런데 그런 방식으로 읽어보면 맑스 자신의 논지에 따라 맑스의 논의에 대해 문제를 제기할 수 있게 된다.

제9편

절대적·상대적 잉여가치로부터
자본의 축적까지

지금까지의 고찰에서는 절대적 잉여가치와 상대적 잉여가치가 획득될 수 있는 다양한 방식들에 대해 상당히 주의를 기울였다. 이런 식으로 개념을 이중화할 경우 맑스는 언제나 이중화된 개념을 다시 하나의 단일한 개념으로 통일하고 있다. 즉 여기에서도 궁극적으로는 단 하나의 개념인 잉여가치만 존재하고 그것의 두 형태는 서로를 제약하고 있다. 적절한 기술적·조직적 토대 없이는 절대적 잉여가치를 얻는 것이 불가능하다. 거꾸로 상대적 잉여가치도 절대적 잉여가치의 수탈을 가능하게 하는 노동일의 연장 없이는 아무런 의미가 없다. 둘의 차이는 단지 "잉여가치율을 높이려고 하는"(M534) 자본가들의 전략적 성격뿐이다. 종합명제(synthesis)의 지점으로 옮겨갈 때는 언제나 그렇듯이 맑스는 여기에서도 앞서 거론한 소재들을 다시 등장시켜 그것들을 앞에서와는 다른 방식으로 살펴봄으로써 자본주의의 성격을 새로운 방식으로 파악하게끔 한다. 제14장 "절대적·상대적 잉여가치의 생산"에 등장하는 새로운 시각은 다소 논쟁의 여지가 있어 주의깊게 살펴볼 필요가 있다.

첫번째 새로운 시각은 앞편들에서 이미 여러번 이야기되었던 집단적 노동자 개념과 관련된 것이다. 잉여가치는 이제 더이상 개별적 착취관계로 간주되지 않고 보다 넓은 개념으로, 즉 협업과 매우 세분화된 분업체계 속에서 노동자들이 집단적으로 잉여가치를 생산하고 자본가들이 이를 수탈하는 그런 총체적 구조를 통해 고찰된다. 이 개념의 문제점은 도대체 어디부터 어디까지를 집단적 노동자로 규정할 것인가 하는 것이다. 가장 단순한 방법은 공장을 하나의 전체로 보고 이 공장 안에 있는 모든 사람을 그렇게 지칭하는 것이다. 이 경우 여기에는 세탁부, 청소부, 창고관리인과 심지어 직업훈련생도 모두 포함되고, 이들 노동자 가운데 많은 사람들은 상품생산에 실질적으로 아무런 직접적 역할을 하지 않는 사람들이다.

이제는 생산적으로 노동하기 위해 자신이 모든 것을 직접 수행할 필요가 없어진다. 전체 노동자 가운데 한 부분이라는 사실만으로도〔즉 여러 부분기능 가운데 어느 하나를 수행한다는 사실만으로도〕충분하다.(M531)

그런데 노동은 대부분 공장에서 이루어지지 않으며 최근에는 아웃쏘싱이나 하청 혹은 재하청에 의존하려는 경향도 증가하고 있다.

그리고 상품을 판매하는 데 매우 중요하지만 대개 직접적인 생산활동과는 분리되어 있는 광고, 마케팅, 디자인 등의 기능은 어떻게 할 것인가? 아니면 아예 공장 내의 활동만으로 국한해야 하는 것일까? 정확한 정의를 내리는 것은 매우 힘들고, 사실 엄밀한 해답은 없는 것처럼 보이며, 바로 그렇기 때문에 이것은 논란의 불씨가 되고 있다. 그러나 그런 개념의 도움 없이는 자본주의의 동학을 향한 보다 거시이론적인 접근은 어려울 것이다. 그래서 맑스는 여기에서의 분석이 "전체의 관점에서 전체 노동자에 대해서만 진실이며" "개별적인 관점에서 고찰되는 전체 노동자 개개의 구성원에 대해서는 타당하지 않다"고 미리 못박아두고 있다.

맑스의 두번째 새로운 시각은, 생산적 노동을 보다 넓게 해석한 이 개념을 보다 좁게 규정한 개념과 비교하는 것으로, 그것은 곧 "자본가를 위해 잉여가치를 생산하는 노동자만을" 가리킨다. 그밖의 다른 모든 사람을 "비생산적"이라고 표현하는 것은 감정적 반발을 불러일으킬 위험이 존재하는데, 왜냐하면 그것은 마치 겨우겨우 살아가느라 죽을힘을 다해 일하는 모든 사람들을 비하하는 듯한 느낌을 주기 때문이다. 그러나 맑스는 곧바로 이어서 자본주의하에서는 "따라서 생산적 노동자가 된다는 것이 전혀 행운이 아니며 오히려 지독한 불운"(M532)이라는 점을 지적한다. "생산적"이라는 것에 대한 맑스의 개념은 규범적이거나 보편적인 것이 아니라 역사적으로 자본주의에만 해당하는 특수한 개념이다. 자본주의에 관한 한 잉여가치 생산에 기여하지 않는 사람은 모두 비생산적인 사람으로 간주된다. 그러므로 사회주의의 과제는 "생산적"이라는 개념을 사회적

으로 보다 책임있고 유익한 기준에 따라 다시 정의해야 할 필요가
있다.

그러나 자본주의적 조건하에서도 "생산적"이라는 개념을 어떻게
규정할 것인지의 문제를 둘러싸고 의문이 제기될 수 있다. 예를 들
어 여성해방론자들은 무상으로 이루어지는 가사노동이 노동력의
시장가치를 하락시켜 자본가들을 위한 잉여가치의 생산에 기여한
다고 주장한다. 맑스는 이 문제에 대해서는 언급하지 않지만 생산성
의 "자연적 토대"에 대한 의문을 제기하면서 다른 문제들에 접근할
수 있는 단서를 제공한다. 그는 생산성이 "자연적 조건과 결부되어
있다"고 말하는데, 이는 "토지의 자연적 풍요로움과 기후의 혜택이
크면 클수록 생산자의 생계와 재생산에 필요한 노동시간은 그만큼
적어지기"(M535) 때문이다. 다른 조건이 불변이라면 "잉여노동의 크
기는 노동의 자연조건, 특히 토지의 비옥도에 따라 변동할 것이다"
(M536). 그러므로 이와 꼭 마찬가지로 잉여노동이 사회적 조건(가족
노동의 생산성)에 따라서도 달라질 것이라고 말하지 못할 이유가
없다. 19세기의 환경결정론적 사고와 자연의 지배력에 대한 생각을
반영하는("자연은 '어린애를 걸음마용 끈에 의지하게 만들 듯이 인
간을 자연의 손에 의지하게 만든다'") 몇몇 구절들(이 구절들은 논
의의 주된 맥락에서 약간 벗어난다)을 건너뛴 다음 맑스는 "천혜의
자연조건(여기에 우리는 사회적 조건이란 말을 덧붙여도 좋을 것이
다──하비)이란 언제나 잉여노동[즉 잉여가치나 잉여생산물]의 가
능성만을 부여할 뿐이지 그 현실성을 부여하는 것은 아니다"(M537)
라고 말한다. 즉 자연(혹은 일상생활 조건과 가사노동)과의 동학적

인 관계는 잉여가치가 창출되고 수탈되는 사회적 과정과 계급관계를 만드는 필요조건이긴 하지만 충분조건은 아닌 것이다.

맑스는 우리에게 "자본관계는 오랜 발전과정의 산물인 경제적 토대 위에서 발생"하며 노동생산성은 "자연의 산물이 아니라 수천 세기를 포함하는 역사의 산물"(M535)임을 인식하도록 요구한다. 또한 그는 "(노동자가 자신의 한가한 시간을──하비) 다른 사람을 위한 잉여노동에 소비하기 위해서는 외적인 강제가 필요하다"는 점을 상기시키고 있다. 그리고 궁극적 모순은 "역사적으로 발달된 사회적 노동생산력과 마찬가지로, 자연의 제약을 받는 노동생산력도 노동과 한 몸을 이룬 자본의 생산력으로 나타난다"(M538)는 사실이다. 맑스에게 문제의 핵심은 언제나 옳든 그르든 끊임없이 진화하는 자본주의 생산양식의 총체성을 구성하는 각 요소들의 상호작용을 통해 자본이 노동으로부터 잉여가치를 수탈하는 독특한 모습을 포착해내는 데 있다. 만일 맑스가 여성해방론자들이 제기한 문제에 대해 언급을 했다면, 아마도 거의 틀림없이 그는 자연에 대한 인간의 관계에 대해 말했던 것과 똑같은 방식으로 가사노동의 문제를 제기했을 것이다(M417, 주121 참고).

생산적 노동의 개념을 확대하는 것과 축소하는 것, 이 두가지 새로운 시각은 서로 무관하지 않다. 이 둘을 함께 묶어서, 맑스는 주로 개별 노동자가 자신을 고용한 자본가에 의해 착취당하는 문제에 초점을 맞춘 개별적인 미시적 관점으로부터 하나의 계급이 다른 계급을 착취하는 문제가 중심이 되는 계급관계의 거시적 관점으로 옮겨간다. 앞으로 남은 뒷부분에서는 논의가 주로 이런 계급적 관점에서 진행된다.

흥미롭게도 모든 형태의 경제이론은 미시적 이론영역에서 거시적 이론영역으로 옮겨가는 데 있어 몇가지 문제점들에 부딪힌다. 부르주아 경제학은 이런 이동을 하지 않는데, 그 이유는 잉여가치의 원천에 대한 이론이 없기 때문이다(지금도 여전히 그렇다). 리카도는 이 문제를 전적으로 무시한 반면, 밀은 최소한 그것이 노동과 어떤 관련이 있다는 점을 알아채긴 했지만 그것이 무엇인지를 찾아낼 수 없었는데 이는 그가 노동이 받는 것과 만들어내는 것 사이의 차이를 알아낼 수 없었기 때문이다. 불쌍한 밀 같으니라고! "낮은 평지에서는 그저 한무더기의 흙도 작은 산처럼 보이게 마련이다. 오늘날 부르주아 계급의 그 낮은 천박함을 그들의 '위대한 정신'(밀을 빗대어 가리킨 말—옮긴이)의 눈금으로 측정해보는 것은 어떨까"(M541). 맑스의 잉여가치론은 이런 이동을 용이하게 하는 것이긴 하지만, 우리가 이미 보았듯이 그의 방법은 비판의 범위를 넘고 있지 않기 때문에 그의 사상으로부터 열매를 얻기 위해 우리는 스스로 쟁기질을 해야만 한다.

이어지는 두개 장은 특별한 문제를 제기하고 있지 않다. 제15장 "노동력의 가격과 잉여가치의 양적 변동"에서 맑스가 논의하고 있는 것은 단지 잉여가치가 세가지 변수에 의해 변동한다는 점이다. 그 세 변수는 노동일의 길이, 노동강도, 노동생산성이고 따라서 자본가는 결국 세가지 전술을 사용할 수 있다. 한가지 전술의 효력이 감소하면 그들은 다른 전술을 통해 이를 보완할 수 있다. 여기에서 강조되고 있는 것은 역시(맑스는 이 점을 자주 강조한다) 잉여가치를 추구하는 자본가들의 전략이 유연하다는 점이다. 그들은 만일 한가지 전술(노동강도의 증가)로 잉여가치를 추구할 수 없게 되면 곧바로 다른 전술(노동시간의 증가)을 채택하려고 한다. 내가 이 점을 특히 강조하는 까닭은 맑스가 경직된 개념에 사로잡힌 경직된 사상가로 자주 오해를 받기 때문이다. 제16장은 단지 잉여가치율에 대한 갖가지 정식들을 훑어보고 있다. 『자본』에는 이런 종류의 반복이 자주 등장한다. 읽다보면 가끔, 맑스는 우리가 정확한 요점을 파악하지 못할까봐 신경을 곤두세우고, 그래서 단지 요점을 확인시키기 위해 앞의 내용을 한번 더 반복해야 한다고 느끼고 있는 것처럼 보인다.

임금

임금을 다루는 제17장~제20장은 다소 짧은 장들로 이루어져 있고 내용도 그다지 설명이 필요없는 명료한 문제들로 이루어져 있다. 충분히 예상할 수 있듯이, 모든 논의의 출발점은 사회적 행동의 여지를 제공하는 것이 노동력의 가치가 아니라 그것의 화폐적 형태(즉 임금)라는 사실이다. 이것은 곧바로 사회적 표면에 드러나 있는 정치적 현상의 배후에서 사회적 관계를 은폐하고 있는 물신적 가면의 문제를 제기한다. 그런데 맑스는 "노동가치"(고전경제학이 늘상 사용하는 용어)와 "노동력의 가치" 사이에는 현격한 차이가 존재한다는 점을 일깨우면서 시작한다.

상품시장에서 화폐소유자가 직접 만나는 것은 사실 노동이 아니라 노동자다. 노동자가 판매하는 것은 자신의 노동력이다. 그의 노동이 실현되기 시작하면 벌써 그 노동은 그의 것이 아니고, 따라서 그가 판매할 수 있는 것도 아니다. 노동은 여러 가치의 실체이고 내재적 척도이지만, 그 자체가 어떤 가치를 갖는 것은 아니다.(M559)

어떻게 생각하면 이것은 동어반복처럼 보인다. 즉 그것은 가치의 가치에 대해 이야기하는 것처럼 보인다.

'노동의 가치'라는 표현에서 가치 개념은 완전히 소멸되어 있을 뿐만 아니라 그 대립물로 전도되어 있다. 그것은 마치 토지의 가치라는 말처럼 하나의 가상적 표현이다. 그러나 이 가상적 표현들은 생산관계 그 자체에서 생겨난 것이다. 그것들은 본질적 관계들의 현상형태를 표현하는 범주다. 사물들이 종종 현상 속에서 전도되어 나타난다는 사실은 경제학 이외의 다른 모든 과학에서도 극히 잘 알려져 있다.(M559)

말하자면 노동가치는 노동력의 가치라는 개념을 은폐하고, 따라서 노동력이 어떻게 상품이 되는지를 간과하게 만드는 물신적 개념이다.

고전경제학이 노동가치(잘못 이름붙인 개념)가 무엇에 의해 결정되는지의 문제를 해결할 수 있는 유일한 방법은 수요와 공급의 원리에 의지하는 것이었다. 이 원리는『자본』에 여러번 등장하지만, 맑스는 여기에서 가장 명확한 형태로 설명근거를 비판하고 있다. 고전

수요공급관계의 변동이 다른 모든 상품의 가격에 대해서와 마찬
가지로 노동의 가격에 대해서도 그 가격의 변동〔즉 일정한 크기를 오
르내리는 시장가격의 변동〕외에는 다른 아무것도 설명하지 못한다
는 사실을 금방 인식했다. 그런데 수요와 공급이 일치하면 다른 요인
이 불변인 한 가격의 변동은 멈추어버린다. 그렇게 되면 수요와 공급
마저도 이제는 더이상 아무것도 설명하지 못하게 된다. 그리하여 결
국 수요와 공급이 일치하면 노동의 가격은 수요공급의 관계와는 무
관하게 결정되는 노동가격, 즉 노동의 자연가격이 되는데, 이것이야
말로 원래 분석해야 할 대상이라는 것이 드러났다.(M560)

이 별개의 결정과정은 맑스가 이미 노동력의 구매와 판매에 대한
분석에서 이야기했던 내용이다. 그것은 주어진 사회의 주어진 시기
에 주어진 생활수준하에서 노동자를 재생산하는 데 필요한 상품들
의 가치에 의해 결정되는 것이었다. 노동력 가치 대신 노동가치를
계속해서 이야기하면 그것은 온갖 혼란을 유발한다. 그래서 맑스는
논의를 명확하게 이끌어나가기 위해 M561에서 잉여가치이론을 간
단히 다시 요약해서 설명한다.
　노동자들은 시간 단위나 일수 단위 혹은 개수 단위 등의 다양한
방법으로 보수를 받을 수 있다. 제18장은 시간급이 무엇인지, 그리
고 시간급이 어떻게 운영되는지를 이야기한다. 이 부분에는 특별히
문제가 될 만한 내용은 없고 단지 이것이 시장에서 작동되는 방식이

그 본질인 사회적 관계를 은폐하고 있다는 점을 잊지 않기만 하면 된다. 제19장은 성과급에 대한 내용인데, 이것은 개별 생산성을 기준으로 자본가들이 노동자들을 서로 경쟁하도록 만들 수 있는 유리한 점이 있다. 노동자들간의 경쟁이 치열해지면 생산성은 상승하고 임금은 하락하는데, 이때 임금은 노동력 가치 이하로도 하락할 수 있다. 반면 자본가들간의 경쟁은 임금을 상승시킬 수 있다. 그래서 결국 우리가 도달하게 되는 생각은, 자본가들간의 경쟁과 노동자들간의 경쟁을 통해 노동력의 가치를 적절하게 반영하는 실제 임금이 형성되는 균형점이 시장에 존재한다는 것이다.

임금에 관한 논의는 제20장에서 임금의 국가별 차이를 다루면서 끝을 맺는다. 맑스는 여기에서 잠깐, 지금까지 자본주의를 마치 하나의 폐쇄된 체제인 것처럼 간주하면서 분석하던 경향에서 벗어난다. 따라서 여기에는 세계체제 내에서의 불균등한 지리적 발전을 살펴볼 수 있는 여지가 주어져 있다. 그러나 여기에서 주어진 논의는 그것을 발전시켜나가기에는 너무나 짧다. 만일 노동력 가치가 주어진 생활수준에서 노동자를 부양하는 데 필요한 상품들의 가치에 의해 결정된다면, 그리고 이 생활수준이 그 나라의 자연조건, 계급투쟁 상태, 문명수준 등에 따라 달라진다면, 노동력의 가치는 지리적으로(여기에서는 나라별로) 매우 큰 편차를 보일 것이 분명하다. 예를 들어 독일의 계급투쟁 역사는 영국이나 에스빠냐와 다르고 임금도 역시 각 나라별로 차이를 보일 것이다(사실 각 나라 안에서도 다시 지역적으로 상당한 차이가 있겠지만 맑스는 여기에서 그 부분까지는 다루지 않고 있다). 마찬가지로 세계의 각 나라마다 임금재를 생산하는 산업의 생산성 차이는 노동력 가치와 임금률의 차이를 만들어낼 것이다. 생산성이 높은 나라에서는 명목임금이 낮더라도 이는 곧 실질임금이 높게 나타난다는 뜻인데(노동자들이 받는 임금으로 손에 넣을 수 있는 재화의 양이 많을 것이기 때문이다) 그 반대의 경우에도 이것은 마찬가지일 것이다. 그렇다면 이처럼 서로 다른 조건에 처한 나라들 사이에 교역이 이루어지면 어떻게 될까? 그리고 이들 서로 다른 나라 사이의 경쟁은 어떻게 될까? 맑스는 이 문제를 별로 깊이 다루고 있지 않은데, 이는 그가 주로 관심을 기울인 문제가, 각 나라별 임금재의 생산성 차이로 인해 명목임금과 실질임금이 어떻게 변동하는지의 문제였기 때문인 것으로 보인다. 그래서 그는 각 나라별(이것이 맑스의 비교 단위였다) 차이를 주로 자본주의의 발전 정도와 잉여가치를 수탈하는 방식에 초점을 맞추고 있다. 만일 맑스가 이 문제를 조금만 더 깊이 다루었다면 리카도의 비교우위론에 대한 심각한 물음에 도달했을 것이 거의 틀림없어 보이지만, 몇 가지 이유로 그는 이 논의를 더이상 진전시키지 않았다. 솔직히 이 임금에 관한 장들은 그다지 흥미진진하지 않다고 생각하는데, 그것은 여기에서 다루는 개념들이 매우 뜻이 명확하고 문체도 평이하기 때문이다.

제7부 자본의 축적과정*

제7부는 엄청나게 흥미롭고 깊은 통찰력을 담고 있는데, 왜냐하

면 맑스가 "자본 축적과정"을 전체적으로 다루는 곳이 바로 이곳이기 때문이다. 그가 여기에서 구축하고 있는 것은 자본주의 생산양식의 동학에 대한 "거시적" 분석이라는 이름에 가장 잘 어울리는 것이다. 이것은 두말할 필요도 없이 『자본』 제1권의 논의에서 가장 정점을 이루는 부분이다. 앞서 논의된 내용들이 모두 총동원되어 우리가 오늘날 자본주의 동학의 "모델"이라고 부르는 것들이 여기에서 만들어지고 있다. 그러나 제7부를 읽는 데 있어 매우 중요한 것은 여기에서 설정하는 가정들을 잊지 않는 일이다. 맑스의 결론은 보편적 명제들이 아니고 우연적 발견들(contingent findings)로서 그것들은 모두 그가 설정해둔 가정들에 기초한다. 이 점을 잊는 것은 극히 위험하다. 맑스의 저작들에 대한 너무도 많은 논평들이, 우호적인 것이든 적대적인 것이든, 그의 이런 가정들이 지니는 중요성을 무시함으로써 심각하게 잘못된 해석으로 빠져들어가고 있기 때문이다. 예를 들어 여기에서 제시되고 있는 가장 유명한 명제 가운데 하나로 프롤레타리아의 빈곤화 경향과 계급적 불평등의 심화 경향이 있다. 이 명제는 맑스의 가정에 입각해 있는 것으로, 이 가정들이 완화

제7부 하비가 텍스트로 사용한 펭귄판은 MEW판의 '편'에 해당하는 목차를 '부'(Part)로 분류해두었는데 하비는 이 목차를 사용하지 않고 임의로 이를 재구성하여 자신이 별도로 11개의 편을 설정하여 사용하고 있다. 그런데 여기에서는 갑자기 펭귄판의 제7부를 별도로 가져다 쓰고 있다. 따라서 이것은 앞부분에 제6부가 없이 하나의 독립된 목차에 해당하니 독자들께서는 혼동없기 바란다. 하비의 목차는 사실상 '장'을 중심으로 일관성을 보이고 있으므로 독자들은 그의 '장'에만 신경을 쓰면 될 것으로 보인다.—옮긴이

되거나 다른 내용으로 대체되면 그 명제는 반드시 지킬 필요는 없는 것으로 되어버린다. 나는 이 글에 있는 맑스의 명제들을 마치 그가 자신의 결론을 우연적 명제가 아니라 보편적 진리로 정립하고 있는 것처럼 간주하고, 이를 증명하거나 반증하려는 시도들을 보면 극도로 불쾌하다.

맑스는 제7부의 서문에서 자신의 가정을 제시하고 있다.

축적의 첫째 조건은 자본가가 자신의 상품을 판매하고 또 그를 통해 획득한 자본의 대부분을 다시 자본으로 전화시키는 일을 완수하는 데에 있다. 지금부터는 자본이 그 유통과정을 정상적인 방식으로 통과한다는 것을 전제로 한다. 이 과정에 대한 더욱 상세한 분석은 제2권에서 이루어질 것이다.(M589)

"정상적인 방식"이라는 말의 의미는 자본가가 자신들의 상품을 시장에서 그 가치대로 판매하고 그들이 획득한 잉여가치를 다시 생산에 투입하는 데 아무런 문제가 없다는 것이다. 그러므로 모든 상품은 자신의 가치대로 교환된다. 과잉생산도 과소생산도 존재하지 않는다. 모든 교환은 균형점에서 이루어진다. 특히 수요처를 발견하는 데에는 아무런 문제가 없다. 유효수요의 부족도 전혀 존재하지 않는다. 그런데 이것이 합리적 가정일까? 답은 전혀 그렇지 않다. 왜냐하면 여기에서는 공황을 가져오는 핵심요인 가운데 하나를 배제하고 있기 때문인데, 그 요인은 1930년대의 대공황 시기에 지배적 요인으로 작용하다가 케인스이론의 핵심이 된 것으로, 유효수요의 부족이 바로 그것이다. 맑스는 제2권과 제3권에서는 이 가정들을 포기하지만 여기 제1권의 앞으로 남은 3개 장에서는 굳게 견지하고 있다. 유효수요를 무시하는 가정을 설정함으로써 맑스는 자본주의의 동학을 정확하게 포착해냈는데 만일 이 가정이 없었다면 그것은 불투명한 형태가 될 수밖에 없었을 것이다.

두번째 가정은 잉여가치의 기업이윤(산업자본의 수익률), 상업이윤, 이자, 지대, 조세(맑스는 여기에서 조세는 포함시키지 않았다)로의 분할이 아무런 다른 효과도 일으키지 않는다는 것이다. 실제로는 자본주의의 생산자들은 자신들이 창출하여 수탈한 잉여가치를 다른 기능을 수행하는 자본가들과 나누어 가져야만 한다. "그러므로 잉여가치는 여러 부분으로 분할된다. 분할된 잉여가치의 조각들은 여러 부류의 사람들 손에 들어가며, 이윤·이자·상업이윤·지대 등과 같은 각기 자립적인 여러 형태를 취한다. 잉여가치의 이런 전화된 형태들은 제3권에서 다루게 될 것이다"(M589). 결국 맑스는 산업자본가 하나로만 이루어진 단일한 자본가계급을 가정하고 있는 것이다.『자본』제3권에서는 이자 낳는 자본, 대부자본, 상업자본, 토지소유자 등이 모두 자본주의의 전반적 동학을 이해하는 데 있어 중요한 요소들로 고찰된다. 그러나 여기에서는 이 요소들은 모든 고찰에서 제외된다. 그리하여 우리에게 남은 것은 극히 단순화된 자본축적 모델이며, 그것은 가정을 전제로 했을 때만 존재하는 모델이다.

그밖에 또하나의 암묵적 가정이 있는데 그것은 조금 뒤에 나오는 각주 속에서 명시적으로 모습을 드러낸다.

여기에서는 한 나라가 사치품을 생산수단과 생활수단으로 전화할 수 있게 해주고 또 그 역의 전화도 가능하게 해주는 수출무역을 배제하고 있다. 우리는 연구대상을 순수한 형태로(즉 혼동을 가져올 수도 있는 갖가지 부수적인 요인을 제거한 상태로) 파악하기 위해 온 상업세계를 한 나라로 간주하고, 또 자본주의적 생산이 이미 도처에서 확립되어 모든 산업부문을 지배하고 있다고 전제한다.(M607)

맑스는 자본이 "정상적인 방식"으로 유통되는 하나의 폐쇄된 체제를 가정한다. 이것은 매우 중요하면서 동시에 명백하게 제한적인 가정이다. 이제 우리에게 남은 것은 완전히 분해된 자본축적의 동학 모델이며 이것은 하나의 폐쇄된 체제에서 절대적 잉여가치와 상대적 잉여가치 이론으로부터 도출될 것이다. 이 모델은, 나중에 밝혀지겠지만, 자본주의의 특정한 어떤 측면을 매우 잘 드러내는 모델이다.

아래의 장들을 올바른 맥락에서 이해하기 위해서는 이것들을 『자본』 제2권 및 제3권의 내용과 비교해볼 필요가 있다. 제2권에서 다루는 문제는 제1권에서 불변으로 가정하고 있는 것으로서, 즉 시장을 찾아내고 이 시장들을 자본유통과정이 "정상적"으로 진행될 수 있는 균형상태로 만드는 데 따르는 어려움들이다. 그러나 제1권에서 변동하는 것으로 가정하는 것을 제2권에서는 불변으로 가정하는 것도 있는데, 예를 들면 절대적 잉여가치와 상대적 잉여가치의 생산, 기술 및 생산성의 급격한 변동, 노동력 가치의 변동 등이 바로 그것이다. 제2권은 기술수준이 불변이고 노동관계가 안정된 세계를 가정하고 있는 것이다. 이런 가정하에 제2권이 제기하는 문제는 (회전기간의 차이와, 수명이 다른 고정자본의 유통에서 파생되는 문제들을 모두 주어진 것으로 가정한 상태에서) 자본의 순조로운 유통이 어떻게 이루어지고, 생산된 잉여가치를 소비할 수 있는 시장을 어떻게 항상 찾아낼 수 있는지에 대한 것이다. 자본축적은 항상 확대가 이루어져야만 하는 것인데, 노동자들이 점점 더 빈곤해지고 자본가들이 재투자를 하고 있는 상황에서 자본가들은 어떻게 거기에 맞는 시장을 찾아낼 수 있는 것일까? 사실 제2권에는 빈곤화에 대한 언급이 전혀 없다. 핵심문제는 생산된 잉여자본을 흡수하는 데 도움이 될 노동계급의 "합리적 소비"를 보장하는 데 있다. 이런 모델로는 포드의 저 유명한 '8시간 노동과 시급 5달러 모델'(자본의 입장에서 임금을 "합리적으로" 소비해줄 것을 보장하는 사회적 노동자 집단이 지지하는 모델)이 해당될 것이다. 우리 미국사회는 오늘날 경제의 추동력 가운데 약 70%를 빚에 의존하는 소비주의에 의존하고 있는데 이것은 제1권이 아니라 제2권의 분석을 통해서만 완벽하게 이해할 수 있는 구조다.

그래서 제1권에서 이야기하는 균형조건과 제2권에서 이야기하는 균형조건 사이에는 중요한 모순이 존재한다. 만일 모든 일이 제1권의 분석에 따라 그대로 진행된다면, 그것은 제2권의 관점에서는 매우 나쁜 상황이 될 것이고 그 반대의 경우에도 역시 마찬가지다. 자본축적의 동학에 대한 이 두가지 서로 다른 모델은 동시에 진행되지도 않고 또 진행될 수도 없다. 이것은 제3권에서 다룰 공황의 불가피성에 대한 논의를 미리 알려주는 것이지만, 내가 "소비주의" 앞에

붙인 "빚에 의존하는"이라는 말은, 분배영역의 요소들(대부, 신용, 이자)이 자본주의의 동학에 있어 단순히 부수적 역할을 수행하는 것이 아니라 실제로는 매우 중심적 역할을 수행한다는 것을 알려주는 것이다. 신용카드의 사용과 최대한의 대출을 통해 부풀려진 모든 사람(정부를 포함)의 소비능력은 지난 반세기 동안 (지금 우리가 보고 있는 것과 같은) 세계 자본주의의 안정화에 핵심적 역할을 수행해왔다. 이들 가운데 어떤 것도 이하의 장들에서는 다루어지지 않고 있다. 그러나 맑스가 구축하여 분석하고 있는 고도로 단순화된 자본축적 모델은 놀라울 정도로 최근 신자유주의의 역사, 즉 탈산업화와 만성적인 구조적 실업, 그리고 계속 증가하는 일자리의 불안정성과 사회적 불평등의 확대 등의 특징을 잘 보여주고 있을 뿐만 아니라 그것을 심층적으로 이해하는 데에도 중요한 단서가 된다. 요컨대 우리는 지난 30년간 『자본』 제1권에서 이야기하는 세상에서 살아온 것이다. 제2권의 분석에서 제시된 유효수요의 문제는 과도한 신용제도를 통해 일시적으로 해소되어온 것이고 그것은 결국 파국을 예정하고 있었다.

제21장

단순재생산

제7부의 첫번째 장은 단순재생산의 특성을 지닌 가공의 자본주의를 분석한다. 잉여가치의 생산을 통해 자본축적은 어떻게 재생산되고 장기간 지속되는 것일까? 이 물음에 답하기 위해 우리는 자본축적을 "연속적인 관련 속에서 그리고 끊임없이 갱신되어가는 흐름 속에서" 고찰함으로써 "모든 사회적 과정이 곧 재생산이 되는" 관점에서 바라볼 필요가 있다. 또한 "만일 생산이 자본주의적 형태를 취한다면 재생산도 마찬가지로 자본주의적 형태를 취한다"(M591).

자본가들이 새로운 부로서 획득하는 것 가운데 일부는 이 체제를 재생산하는 데 투입되어야 한다. 그런데 이것은 잉여가치가 단순재생산 속으로 되돌아와서 다시 유통되어야 한다는 것을 의미한다. "이 단순한 반복 또는 연속은 이 과정에 어떤 새로운 성격을 각인하며 또한 그저 개별화된 과정처럼 보이는 이 과정의 피상적인 성격을 해소시켜버린다"(M592). 지금까지의 분석은 오로지 1회적 잉여가치의 생산하고만 관련된 것이었다. 그러나 그것을 시간의 흐름에 따라 연속된 과정으로 살펴보면 모든 것이 완전히 달라지게 된다.

즉 노동자 자신이 끊임없이 재생산한 생산물 가운데 일부가 다시 임금의 형태로 끊임없이 노동자에게로 되돌아오는 것이다. 물론 자본가는 노동자에게 상품가치를 화폐로 지불한다. 그렇지만 이 화폐는 단지 노동생산물이 전화된 형태에 지나지 않는다. 노동자가 생산수단의 일부를 생산물로 전화시키는 동안 그가 앞서 생산한 생산물의 일부는 화폐로 재전화한다. 오늘 또는 다음 반년 동안 그의 노동에 대해 지불되는 것은 바로 지난주 또는 지난 반년 동안 수행된 그의 노동이다. 화폐형태가 빚어내는 환상은 개별 자본가나 개별 노동자 대신 자본가계급과 노동자계급을 고찰하게 되면 금방 사라져버린다.(M592/593)

맑스의 생각에서 중심무대는 이제 개별적 계약에서 계급관계로 옮겨간다.

자본가계급은 생산물 ─ 노동자계급이 생산하고 자신이 취득하는 ─ 가운데 일부분(가변자본, 즉 임금 ─ 옮긴이)에 대한 화폐형태의 어음을 계속해서 노동자계급에게 제공한다. 노동자는 이 어음을 끊임없이 자본가계급에게 되돌려주고 자신의 생산물 가운데 자신에게 귀속되는 부분을 자본가에게 받는다. 생산물의 상품형태와 상품의 화폐형태가 이 거래의 진실을 은폐한다.(M593)

이것이 보여주는 이미지는 노동자계급 전체가 자본가계급과 관련된 하나의 "매점"(company store) 안에 있는 것과 같은 모습이다. 노동자들은 자신들이 판매한 노동력의 댓가로 화폐를 받은 다음 그들이 집단적으로 생산한 상품 가운데 일부를 구매하기 위해 이 화폐를 다시 지출한다. 이 매점관계는 임금제도에 의해 은폐되어 있고, 개별 노동자들에게만 초점을 맞춘 분석을 통해서는 파악될 수 없다. "가변자본"의 의미는 여기에서 또 한번 왜곡된다. 사실 자본가의 관점에서 보면 노동자의 신체는 자본의 일부를 유통시키는 중간수단에 지나지 않는다. 노동자는 계속 반복되는 W-G-W의 과정 속에 있다. 그런데 이제 우리는 이것을 단순한 직선적 관계로 보는 대신, 연속적이고 순환하는 것으로 보아야만 한다. 자본 가운데 일부는 노동자들이 상품 속에 가치를 응결시키고, 화폐임금을 받은 다음 그 화폐를 상품에 지출하여 자신을 재생산하고는 다시 돌아와서 다음 날 더 큰 가치를 상품 속에 응결시키는 과정을 계속 따라가면서 함께 흘러간다. 노동자들은 가변자본을 이런 방식으로 계속 유통시킴으로써 계속 살아간다.

이것은 몇가지 흥미로운 고찰을 불러일으킨다. 먼저 "우리가 자본주의적 생산과정을 끊임없이 갱신되는 흐름 속에서 고찰하면, 가변자본이 자본가 자신의 기금에서 투하되는 가치가 아니라는 것이 분명하게 드러난다". 자본가들은 노동이 모두 끝나고 나서야 자신들의 노동자들에게 임금을 지불한다. 그러므로 사실상 노동자들은 자신들의 노동력 가치에 해당하는 등가를 미리 자본가에게 선대한다. 그러나 노동자들이 나중에 지불을 받게 된다는 보장은 존재하지 않는다(예를 들어 그 사이에 자본가가 파산을 선언하는 경우가 그러하다). 최근 중국에서는 노동자들이 임금을 받지 못하는 경우가 매우 많은데, 특히 건설업 부문이 심하다. 그런데 맑스는 자본축적에 대한 우리의 해석을 훨씬 더 급진적으로 재구성하는 데 관심이 있다. 그는 "이 과정은 언제 어디에선가 시작되지 않으면 안된다. 따라서 지금까지의 우리 입장에서 본다면, 자본가는 언젠가 타인의 불불노동(不拂勞動)과는 무관한 어떤 본원적 축적을 통해 이미 화폐소유자가 되어 있다"(M594)고 지적한다. 이 개념은 제11편의 자본주의의 기원에 대한 논의에서 다시 다루어질 것이다. 여기에서는 단지 자본가든 누구든 자본축적과정을 시작하는 데 필요한 만큼의 자산(화폐든 혹은 다른 어떤 형태든)을 획득하는 어떤 본원적 계기가 존재해야만 한다는 점을 언급하고 있을 뿐이다. 그가 여기에서 제기하는 물음은 이 본원적인 자본이 어떻게, 그리고 누구에 의해 재생산되느냐다.

맑스는 한가지 예를 제시한다. 만일 한 자본가가 1000파운드스털링을 가지고 이것을 가변자본과 불변자본에 투자하여 200파운드스털링의 잉여가치를 생산했다면 자본가는 원래의 1000파운드스털링을 회수하는 것은 물론 이에 덧붙여 200파운드스털링을 갖게 된다. 그런데 그의 처음 자본은 노동자의 생산적 소비에 의해 보전되었을 것이고 잉여가치는 노동자의 잉여노동시간을 통해 만들어졌을 것이다. 다음해에 자본가가 다시 한번 1000파운드스털링을 투자하여 (잉여는 모두 소비했다고 본다) 새로운 200파운드스털링의 잉여가 치를 생산한다고 가정하자. 이렇게 해서 5년이 경과하고 나면 노동 자는 1000파운드스털링의 잉여가치를 생산하게 되고 이것은 자본 가의 처음 자본과 같은 크기를 이룰 것이다. 맑스는 여기에서 정치 적인 주장을 제기하는데, 즉 자본가는 (그가 그것을 어떻게 손에 넣 었든 상관없이) 처음에는 1000파운드스털링에 대한 권리를 갖고 있 지만 매년 200파운드스털링의 잉여가치를 5년간 생산한 후에는 처 음 자본에 대한 그의 권리가 소멸할 것이 틀림없다는 것이다. 맑스 의 계산에 따르면 자본가는 처음 자본을 모두 소비해버렸다. 지금 그의 수중에 있는 1000파운드스털링은 당연히 노동자의 것인데, 이 는 토지와 자신의 노동을 결합시켜 가치를 창출한 사람에게 소유권 이 귀속된다는 로크의 명제(여기에서 직접 인용하지는 않지만 맑스 가 이 명제를 염두에 두고 있었던 것은 분명하다)에 따른 것이다. 노 동자들은 잉여가치를 만든 당사자이고 따라서 그 잉여가치는 당연 히 그의 것이다.

이 정치적 주장은 중요한 것이긴 하지만 우리 마음속에 깊숙이 뿌 리내린 사고방식과 정면으로 부딪친다. 우리 모두는 5%의 이자율 로 우리가 예금통장에 넣어둔 원래의 돈이 몇년 지나고 나면 더이상 우리의 소유가 아니라는 이야기를 들으면 깜짝 놀랄 것이다. 우리가 보기에 자본주의는 황금알을 낳는 능력이 있는 것처럼 보인다. 그러 나 만일 맑스가 옳다면, 그런 자본주의의 능력은 어딘가의 누구에게 서 잉여가치를 뽑아내어 수탈해야만 발휘될 수 있다. 아마도 5%의 이자가 중국 꽝뚱성의 살아있는 노동을 착취하여 만들어진 것이라고 생각하는 것은 매우 불편한 일일 것이다. 우리의 법률적 상부구조는 원래의 소유권을 보존하고 이 권리를 사용하여 이윤을 얻을 수 있는 권리도 함께 보존하는 것을 엄격하게 지지한다. 그러나 그런 권리는 잉여가치를 뽑아내고 그 처분권을 유지하려는 자본의 계급적 힘에서 비롯된 것인데, 이는 노동력이 특수한 역사적 과정을 통해 노동시장에서 사고파는 상품이 되었기 때문이다. 여기에서 맑스가 말하고자 하는 함의는, 자본주의를 분석하기 위해서는 소유권에 대한 전반적 인식(즉 사람들이 권리와 재산에 대해 어떻게 생각하는지)은 물론 잉여가 자본에 의해 창출되어 수탈되는 물적 과정에 대해서도 분석할 필요가 있다는 것이다. 그리하여 결국 5년 후에는

그의 최초의 자본가치는 한푼도 남아 있지 않다. 그러므로 전혀 축적이 이루어지지 않는다 해도 생산과정의 단순한 연속[즉 단순재생산]은 어느정도 기간이 지나고 나면 필연적으로 모든 자본을 축적된 자본[또는 자본화된 잉여가치]으로 전화시킨다. 처음 생산과정에 투입될 당시의 자본은 그 소유주가 직접 노동하여 취득한 재산이라 할지라도, 일정 기간이 지나고 난 다음의 자본은 결국 등가 없이 취득한 가치[또는 타인의 불불노동이 물화한 것]──화폐형태를 띠건 다른 형태를 띠건──가 된다.(M595)

맑스의 사고방식을 반영하는 실제 계획에 관한 흥미로운 사례가 하나 있다(나는 그 계획이 실제로 맑스에 근거하여 입안된 것인지

의 여부는 알지 못한다). 루돌프 마이드너(R. Meidner)라는 스웨덴의 한 노동경제학자——그는 1960년대와 70년대 초 스웨덴을 고도의 복지국가로 건설하는 데 중요한 역할을 수행했다——가 나중에 마이드너안(案)이라고 알려진 계획을 제안한 적이 있다. 당시 스웨덴의 강력한 노동조합들은 인플레이션 압력에 직면하여 집단적으로 임금을 자제하도록 압력을 받고 있었다. 이 안은 임금 자제를 받아들이는 대신 이로 인해 자본이 얻게 되는 초과이윤(잉여가치)을 세금으로 거두어 노동자들이 관리하는 사회투자기금에 적립하고 이 기금으로 기업의 주식을 구매하도록 하자는 것이었다. 구매된 주식은 다시 거래될 수 없도록 되어 있었고, 시간이 지나감에 따라(맑스가 예로 들었던 5년보다 더 오래) 기업에 대한 통제권은 사회투자기금에 넘기도록 되어 있었다. 말하자면, 이 안은 말 그대로 시간을 두고 조금씩 자본가계급을 사들여(평화적으로) 자본가계급 대신에 전체 노동자계급이 투자결정에 대한 통제권을 행사하는 것이었다. 자본가계급은 이 안에 대해 공포에 가까운 반응을 보였다(이들은 즉각 소위 경제학 영역의 노벨상이라고 부를 수 있는 상——이 상은 실제 노벨상과는 아무런 상관이 없다——을 신자유주의자들인 하이에크와 프리드먼에게 수여했고, 반노동조합 씽크탱크를 설립하여 언론을 통해 격렬한 반대운동을 벌였다). 그러자 당시의 스웨덴 사민당정부는 겁을 집어먹고 이 안을 아예 실행해보려고 하지도 않았다. 그런데 이 안을 곰곰이 살펴보면, 이 안의 생각이 (물론 세부적인 면에서 훨씬 더 복잡하긴 하지만) 맑스의 주장과 대체로 일치하고, 동시에 그것이 자본가계급의 권력을 평화적으로 사들일 수 있는 방법을 제시하고 있다는 것을 알 수 있다. 그렇다면 이것을 좀더 생각하지 않아야 할 이유가 어디에 있단 말인가?

노동의 자본에 대한 매점관계와 결합시켜보면 맑스의 주장은 핵심적인 물음(불행히도 여기에서는 그 해답이 제시되어 있지 않다)을 제기함과 동시에 훨씬 더 깊은 고찰로 나아간다. "이 과정에 들어가기 전에 벌써 그 자신의 노동은 자신에게서 소외되고"——즉 그는 자신의 노동력의 사용가치를 자본가에게 양도했다——"자본가에게 점유당한 채로 자본에 통합되어 있기 때문에, 그 노동은 이 과정이 진행되는 동안 끊임없이 타인의 생산물로 대상화된다." 생산물도, 그 생산물 속에 응결된 노동도 모두 그의 것이 아니다.

그러므로 노동자는 끊임없이 객관적인 부를 자본〔즉 자신에 대해 외적이면서 자신을 지배하고 착취하는 힘〕으로서 생산하고, 자본가는 끊임없이 노동력을 주관적인〔즉 그 자신을 대상화하고 실현하는 수단에서 분리되어 추상적으로 노동자의 육체 속에 존재하는〕 부의 원천으로서 생산한다. 요컨대 노동자를 임노동자로서 생산하는 것이다. 이런 노동자의 끊임없는 재생산 또는 영구화는 자본주의적 생산에서 없어서는 안될 조건이다.(M596)

이 정식은 상당히 흥미롭고 복잡한 것이며 진지하게 살펴볼 가치가 있다. "노동자는 끊임없이 객관적 부를 자본으로서 생산하고" 이 객관적 부는 이제 노동자를 지배하는 외적인 힘이 된다. 노동자는 자신의 지배수단을 생산하는 것이다! 이것은 『자본』 전체에서 끊임없이 반복적으로 다루어지는 주제다. 이것은 인류가 자신을 지배하는 온갖 수단을 생산하는 경향이 있다는 일반적인 역사적 문제를 떠올리게 한다. 그러나 이 경우 자본가는 부의 **주관적** 원천을 만들어내는데, 그것은 추상적으로 "자신을 대상화하고 실현하는 수단으로부터 분리되어 노동자의 육체 속에 존재"한다. 자본가는 노동자를 가치를 생산할 수 있는 능동적인(그러나 동시에 소외된) 주체로 생산하고 재생산한다. 그리고 이것이 바로 자본주의 생산양식의 생존과 유지를 위해 필요한 사회적 필요조건이다.

　노동자는 생산적 소비에도 참여하고 개인적 소비에도 참여한다(이 둘의 차이는 앞에서 이미 보았다). 노동자들은 가변자본 가치의 등가(즉 그들 자신의 생계)를 생산할 뿐만 아니라 불변자본의 가치도 이전(즉 재생산)한다. 자신의 노동을 통해 노동자들은 자본과 임노동자 모두를 재생산하는 것이다. 분업과 기계제를 다룬 앞의 장들에서 우리는 노동자가 노동과정 내에서 어떻게 자본의 부속물로 필연적으로 전화하게 되는지를 보았다. 그런데 이제 여기에서는 노동자가 시장과 가정에서도 "자본의 부속물"로 전화하게 되는 것을 보게 된다. 이것이 가변자본의 유통이 지니는 참된 의미다. 즉 자본은 노동자의 신체를 통해 유통하고 노동자를 자본을 재생산하는 능동적 주체로 재생산하는 것이다. 그런데 노동자는 단지 한 사람의 개인으로만 재생산되어야 하는 것이 아니다. "노동자계급의 끊임없는 유지와 재생산은 자본의 재생산을 위한 지속적인 조건이다"(M598).

　이는 다시 많은 문제들과 관련되는데 맑스는 이 문제들을 대충 훑으면서 넘어가버리고 있다. 맑스는 당시 자신이 살던 시기의 계급재생산 정책이 아직 조악하고 단순하다고 생각했다. 그래서 그는 이렇게 말한다. "자본가는" 현실의 일상적 계급재생산과정을 "노동자의 자기유지본능과 생식본능에 안심하고 맡길 수 있었다. 단지 자본가가 신경써야 할 일은 노동자들의 개별적 소비를 되도록 반드시 필요한 부분에만 국한시키는 일"이었다(M598). 그러나 맑스는 여기에서 보다 깊은 분석이 필요한 주요 부분을 지나쳐버리고 있다. 노동계급의 재생산이라는 본질적이고도 커다란 문제는 생식과 자기유지, 그리고 계급 내부의 사회적 관계 등 많은 다른 문제들을 포괄하는데, 맑스는 이 문제들을 편의상 노동자 스스로 해결하도록 내버려두고 있고 이는 아마도 자본가들이 그렇게 그 문제들을 노동자들에게 맡겨두고 있다고 생각했기 때문인 것 같다. 그러나 실제로는 자본가와 지주들이 지배하는 나라에서도 사회적 재생산의 문제는 노동자들에게만 맡겨두는 경우가 절대 없으며, 이 문제에는 노동일의 경우와 마찬가지로(그보다 더하지는 않더라도 적어도 그와 비슷한 정도로) 최소한 그 나라의 계급투쟁 상태나 문명수준이 함께 개입한다. 공장법의 교육조항에 관한 앞서의 논의는 노동계급의 재생산과 관련된 정책에 국가가 어떻게 개입하는지를 보여준다. 또한 국가는 (콜레라가 늘 계급의 경계를 넘는 안 좋은 습성이 있다는 점에서) 공중보건 영역과 노동력의 재생산과 관련된 법적 권리, 인구정책 등등에 있어서도 항상 능동적 역할을 수행한다. 이런 종류의 문제들은 맑스가 이야기한 것보다 훨씬 더 세부적인 논의를 필요로 한다. 그러나 일반적 논점과 관련해서는 맑스는 문제를 제대로 제기하고 있다. 단순재생산은 기술과 관련된 문제가 아니다. 그것의 핵심문제는 계급

관계의 재생산이다.

이리하여 자본주의적 생산과정은 스스로의 진행을 통해 노동력과 노동조건의 분리를 재생산한다. 그리하여 그것은 노동자의 착취조건을 재생산하고 영속화한다. 그것은 노동자에게 끊임없이 자신의 노동력을 팔아서 살아가도록 강요하고, 자본가에게는 자신의 치부를 위해 끊임없이 노동력을 살 수 있도록 만들어준다. 자본가와 노동자가 상품시장에서 구매자와 판매자로 서로 만난다는 것은 이제 우연한 일이 아니다. 노동자들이 끊임없이 자기 노동력의 판매자로서 상품시장에 들어가고 자신의 생산물을 끊임없이 타인의 구매수단으로 전화시키는 것은 이 생산과정이 진행되면서 빚어내는 필연적인 현상이다. 사실 노동자는 자신을 자본가에게 판매하기 전에 이미 자본에 귀속되어 있다.(M603)

그리하여 맑스는 이렇게 끝맺는다.

이리하여 자본주의적 생산과정을 연속되는 과정으로[즉 재생산과 정으로] 고찰하면 그것은 단지 상품이나 잉여가치만을 생산하는 것이 아니라 자본관계 그 자체[즉 한편은 자본가, 다른 한편은 임노동자]를 생산하고 재생산한다.(M604)

제22장

잉여가치의 자본으로의 전화

여러가지 이유 때문에(이제 곧 살펴보겠지만) 안정되고 성장이 없는 상태의 자본주의 생산양식이란 개념은, 비록 절대적으로 불가능한 것은 아니지만, 거의 현실적 개연성이 없다. 제22장은 어제 획득된 잉여가치가 내일 새로운 화폐자본으로 왜 그리고 어떻게 전화하는지를 살펴본다. "확대된 규모의 자본의 생산과정"은 "다양한 연령층의 노동자계급이 해마다 자본에 공급하는 추가 노동력을 (…) 추가 생산수단에 결합"시키는 것을 의미한다. 이것이 그렇게 되기 위해 먼저 자본은 자신의 확대조건을 생산해야만 한다.

축적을 위해서는 잉여생산물 가운데 일부를 자본으로 전화시켜야만 한다. 그러나 기적이라도 일어나지 않는 한 자본으로 전화할 수 있는 것은 오직 노동과정에서 사용될 수 있는 물품(즉 생산수단)과 그밖에 노동자의 생활유지에 쓰이는 물품(즉 생활수단)뿐이다. 따라서 연간 잉여노동의 일부분은 투하자본의 보전에 필요한 분량 이상의 추가적 생산수단과 생활수단의 생산에 사용되어야만 한다. 한마디로 말해 잉여가치가 자본으로 전화할 수 있는 까닭은 바로 잉여생산물──그 가치가 곧 잉여가치인──이 이미 새로운 자본의 물적 성분들을 포함하고 있기 때문이다.(M606/607)

사치품이나 기타 쓸모없는 생산물(군용물자나 종교기념물 및 국가기념물)은 아무리 그런 것의 생산이 수익을 많이 내는 것이라 할지라도 일상적으로 생산되는 것은 아니다. 새로운 생산수단과 생활수단은 미리 생산되고 조직되어야 한다. 그럴 경우(그리고 오로지 그럴 경우에만) "단순재생산의 순환은 변화하며 (…) 하나의 나선으로 전화하는 것이다"(M607). 그런 경우의 또다른 모습은 (앞장의 분석을 전제로 할 때) "노동자계급은 자신의 금년 잉여노동을 통해 이듬해에 추가노동을 고용할 자본을 창조하게 된다. 이것이 이른바 '자본에 의하여 자본을 낳는다'라는 말의 의미이다"(M608).

그런데 이 과정의 능동적인 주체는 노동자다. 맑스는 계속해서 시장의 거래과정이 "상품교환의 법칙에 따르면서 자본가는 늘 노동력을 매입하고 노동자는 늘 그것을 판매한다면── 더구나 우리의 가정대로 노동력이 실제 가치대로 제값에 판매된다면"이라고 가정한다. 나는 다시 맑스 분석에서 이런 가정이 지니는 중요성을 강조해두고자 한다. "분명 상품생산과 상품유통에 따른 취득의 법칙이나 사적 소유의 법칙은 그 자신의 내적인(그리고 불가피한) 변증법에 따라 정반대의 결과를 가져올 것이다"(M609). 사적 소유의 근거가 노동과 토지의 결합에 의해 가치가 창출된다는 점에 있다는 로크의 명제가 뒤집어지는 것이다.

최초의 과정으로 나타난 등가물끼리의 교환은 완전히 뒤집어져 단지 외견상의 교환으로만 되고 말 것이다. 왜냐하면 첫째로 노동력 과 교환된 자본 부분 그 자체가 단지 등가 없이 취득한 타인의 노동 생산물 가운데 일부에 지나지 않기 때문이다.(M609)

그 결과 자본가와 노동자 사이의 교환관계는 오직 유통과정에 속 하는 피상적 형식──내용 그 자체와는 아무런 관계도 없이 내용을 신비화할 뿐인──에 지나지 않게 된다(M609). 맑스는 계속해서 다음 과 같이 강조한다.

끊임없이 되풀이되는 노동력의 매매는 바로 그런 형식일 뿐이다. 그 내용은, 자본가가 계속적으로 등가 없이 취득하는 타인의 노동── 이미 대상화되어 있는──가운데 일부를 계속해서 더 많은 타인의 노 동으로 전화시킨다는 데 있다. 처음에는 소유권이 자신의 노동에 기 초해 있는 것으로 나타났다. 적어도 이런 가정은 반드시 필요한 것이 었다. 왜냐하면 오직 동등한 권리를 가진 상품소유자들끼리만 서로 만나고 타인의 상품을 취득하기 위한 수단은 오로지 자신의 상품을 양도하는 데 있을 뿐이며, 자신의 상품은 노동을 통해서만 만들어낼 수 있기 때문이다. 소유는 이제 자본가의 입장에서는 타인의 불불노동〔또는 그 생산물〕을 취득하는 권리로 나타나고, 노동자의 입장에서는 자신의 생산물을 취득할 수 없는 조건으로 나타난다. 소유와 노동의 분리는, 외견상 양자의 동일성에서 출발했던 한 법칙의 필연적인 귀결인 것이다.(M609/610)

맑스는 여기에서 등가교환이 어떻게 해서 부등가물(즉 잉여가치)을 만들어낼 수 있는지, 그리고 원래의 사적 소유권의 개념이 어떻게 해서 타인의 노동에 대한 수탈의 권리로 뒤집어지는지의 문제로 되돌아간다(다시 한번!). 그런 다음에 이어지는 것은 벌써 몇번째인지도 알 수 없는 잉여가치 이론의 새로운 반복이다(만일 아직도 여기에서 무엇을 논하는지 확실히 알 수 없다면 M610/611을 꼼꼼히 읽어보기 바란다). 그런데 맑스는 다시 개별적 관점에서 도출될 수 있는 것이 계급적 관점에서 도출될 수 있는 것과 같지 않다는 점을 지적한다.

물론 우리가 자본주의적 생산을 끊임없이 갱신되는 흐름 속에서 고찰하고 개별 자본가와 개별 노동자 대신 전체〔즉 자본가계급과 그에 대립하는 노동자계급〕의 시각에서 살펴본다면 사태는 완전히 달라진다. 그러나 그럴 경우 우리는 상품생산과 전혀 다른 척도를 적용하게 될 것이다.(M612)

이것이 그런 까닭은 시장에서는 자유, 평등, 소유, 그리고 벤담이 만연해 있고 이것들은 노동과정에서 이루어지는 잉여가치의 생산을 보이지 않게 만들기 때문이다.

이 권리는 생산물이 생산자에게 귀속되던 최초의 시기—또한 교환이 등가물끼리 이루어지기 때문에 생산자가 자신의 노동을 통해서만 부를 획득할 수 있었던 시기—와 마찬가지로 자본주의 시대—즉 사회의 부가 갈수록 확대되고 타인의 불불노동을 취득할 수 있는 사람들이 그 사회적 부를 소유하게 되는 시대—에도 여전히 유효하다. 노동력이 노동자 자신에 의해 상품으로 자유롭게 판매되기 시작하면 이런 결과는 불가피해진다.(M613)

부르주아의 자유와 권리는 착취와 소외를 은폐한다. "상품생산이 그 자체의 내재적 법칙들에 의해 자본주의적 생산으로 발전해감에 따라 상품생산의 소유법칙은 자본주의적 취득법칙으로 전화한다"(M613). 『경제학비판』 서문의 용어를 빌려 표현한다면 사적 소유권이라는 개념을 이용하여 잉여가치의 수탈을 법적으로 정당화하는 상부구조의 조정이 이루어지는 것이다. 그러므로 맑스는 권리와 정의에 대한 부르주아적 개념들을 일반화하려는 모든 시도들에 대해 근본적으로 반대입장을 취한다. 그 개념들은 단지 자본을 보다 확대된 규모로 생산하기 위해 사회적으로 필요한 법적·이데올로기적·제도적 은폐물을 제공하는 것일 뿐이다.

부르주아적 권리의 개념에 의존해 있는 고전경제학은 온갖 종류의 "확대된 규모의 재생산에 관한 잘못된 견해들"(2절의 제목과 같다)을 만들어냈다. 먼저 자본의 축적과 축장(저축) 사이의 관계에 대한 개념이 극도의 혼동상태에 빠져 있다. 그러나 고전경제학이 "만일 비생산적 노동자가 아니라 생산적 노동자에 의한 잉여생산물의 소비를 축적과정의 특징적인 계기로 강조한다면, 그것은 맞는 이야기다"(M615). 맑스의 "생산적"이라는 개념에 따르면 이것은 어제의 잉여가치가 오늘은 좀더 많은 잉여생산물과 잉여가치를 창출하는 데 투입되어야 한다는 것을 의미한다. 그런데 이 과정은 현실에서 매우 파악하기 어렵게 되어 있다. 고전경제학은 오로지 새롭게 요구되는 추가적 노동(즉 추가적 가변자본, 다시 말해 임금지출의 증가)에만 주의를 기울인다. 그러나 맑스가 이미 멋지게 놀려댄 씨니어의 마지막 한시간의 예에서 본 것처럼, 고전경제학은 축적이 이루어질 때마다 매번 새로운 생산수단(불변자본)이 조달되어야 한다는 사실(이것은 원료의 채취라는 자연과의 관계의 변화를 포함한다)을 까맣게 잊어버리는 경향이 있었다. 이것이 맑스가 교정해야 했던 두번째 "잘못된 견해"였다.

이것은 우리에게 핵심적인 의문을 불러일으킨다. 즉 자본가들은 잉여가치를 손에 넣었을 때 왜 그것을 즐거움을 위해 소비해버리지 않는가? 사실 잉여가치 가운데 일부는 자본가의 수입으로 소비된다. 자본가계급은 잉여가치 가운데 일부를 자신들의 즐거움을 위해 소비한다. 그러나 그중 일부는 자본으로 재투자한다. 또하나의 의문은 자본가들이 잉여가치를 수입으로 소비하는 것과 그것을 자본으로 재투자하는 것 사이의 관계를 지배하는 것은 무엇인가? 여기에 대한 맑스의 답은 상당히 길지만 모두 인용할 만한 가치가 있다.

자본가는 인격화된 자본인 한에서만 역사적 가치와 역사적 존재권——리히노프스키가 재치있게 말했듯이 '날짜가 기록되지 않은'——을 갖는다. 단지 그런 한에서만 자본가의 일시적 필연성은 자본주의 생산양식의 일시적인 필연성 속에 포함된다. 그러나 또한 그런 한에서는, 사용가치와 향락이 아니라 교환가치와 그 증식이 자본가의 추진력 동기가 된다.(M618)

자본가들은 필연적으로 화폐형태의 사회적 권력을 축적하는 데 관심을 기울이고 따라서 그것을 자신의 유인으로 삼는다.

가치증식의 광신자인 자본가는 가차없이 인류에게 생산을 위한 생산[따라서 사회적 생산력의 발전]을 강요할 뿐만 아니라, 물적 생산조건——각 개인의 완전하고 자유로운 발전을 근본원리로 하는 더욱 높은 사회형태의 유일한 현실적 기초가 될 수 있는——의 창조까지 강요한다. 오로지 인격화된 자본으로 존재할 때만 자본가는 존중받는다. 이런 존재로서 그는 화폐축장자와 똑같이 절대적으로 부유해지고자 하는 욕망을 품는다. 그렇지만 화폐축장자에게는 개인적 광기로 나타나던 이것이 자본가에게는 사회적 메커니즘의 작용으로 나타나는데, 이 메커니즘 속에서 그는 하나의 톱니바퀴에 지나지 않는다. 더구나 자본주의적 생산의 발전은 필연적으로 한 기업에 투하되는 자본을 끊임없이 증대시키고, 또 경쟁은 자본주의 생산양식의 갖가지 내재적 법칙을 개별 자본가들에게 외적인 강제법칙으로 강요한다. 경쟁은 자본가에게, 자본을 유지하기 위해서는 그것을 끊임없이 증대시키도록 강제하고, 그는 오로지 누진적인 축적을 통해서만 자본을 증대시킬 수 있다.(M618)

맑스에 따르면 자본가는 진정한 자유를 누리지도 못한다. 불쌍한 자본가는 하나의 메커니즘 속에 위치한 부속품에 지나지 않으며, 그는 경쟁의 강제법칙이 그들에게 강요하는 바에 따라 재투자를 해야만 한다. 인격화된 자본으로서 그들의 심리는 오로지 교환가치의 증식(즉 화폐형태의 무한한 사회권력의 축적)에 집중되어 있기 때문에 화폐축적은 그들의 가장 간절한 열망의 물신적 목표가 된다. 이점에 있어 수전노와 자본가는 그대로 닮은꼴을 이룬다. 이 둘은 모두 사회적 권력을 갈구하지만, 자본가들의 사회적 권력은 그들이 자신들의 부를 끊임없이 유통에 흘려보내는 방식으로 그 부를 증식시켜서 얻어지는 것인 데 반해 수전노는 그 부를 사용하지 않는 방식으로 사회적 권력을 움켜쥐려고 한다는 점에서 서로 차이를 드러낸다. 그리고 만일 어떤 개별 자본가가 자신의 중심적 임무를 방기하려는 조짐을 조금이라도 보이는 날이면, 혹독한 경쟁의 강제법칙은 (다시 한번 이 체제를 유지시키는 핵심적 역할에 대한 논의를 살짝 건드리면서) 이 개별 자본가를 자본가의 대열에서 곧장 추방해버린다.

이런 현실에 대응하여 부르주아의 변호론자들은 하나의 고상한 허구를 꾸며낸다. 그들은 이렇게 말한다. 자본가들은 자본을 창출하여 (맑스도 인정하는 "보다 높은 사회형태"를 만들어내는) 자신들의 고귀한 임무를 수행하는데, 이것은 오로지 그들의 절욕이라는 노력을 통해서만 이루어질 수 있는 일이라는 것이다. 그러나 나는 뉴욕에서 살면서 그렇게 절제된 삶을 보여주는 자본가를 한번도 본 적이 없다는 점을 말하지 않을 수 없다. 그렇지만 맑스는 자본가들이 파우스트의 고민에 빠진다고 말한다. 그는 『파우스트』의 구절을 인용한다. "아, 그의 가슴에는 서로 떨어지고 싶어하는 두개의 영혼이 살고 있구나!"(M620) 그들은 한편으로는 경쟁의 강제법칙에 떠밀려 잉여가치를 축적해서 재투자해야만 하고, 다른 한편으로는 그것을 소비하고 싶은 열망에 시달리는 것이다. 그런데 후자를 억제하는 것은 자발적인 부르주아의 덕목으로 변모한다. 그래서 이윤은 이 덕목에 대한 보상으로 해석될 수도 있다. 재투자 또한 하나의 덕목이며 (예를 들어 그것은 일자리를 창출한다) 따라서 그것은 존경받아야 하고 보상을 받아야 한다. 부시가 대통령으로 재임하던 시기에 단행한 최상위층 부자들에 대한 감세조치는 절욕을 통해 일자리 창출과 경제성장에 기여한 이 고결한 투자자들에 대한 보상이라고 이야기되었다. 하지만 부자들이 자신의 자녀들의 졸업이나 자기 부인의 생일을 축하하는 파티에 1000만달러나 되는 돈을 쓰는 행태를 벌이곤 하는 사실은 이 이론과는 전혀 일치하지 않는 현상이 아닌가. 그렇지만 맑스는 다시 한번 맨체스터 자본주의의 이야기에서 강력한 인상을 받아, 자본가의 가슴속에 자리잡은 "두개의 영혼" 사이의 갈등이 점차 진화의 과정을 밟아갔다고 말한다. 초기 단계에서 자본가들은 실제로 소비에 대한 절제를 실천했다(그래서 영국의 초기 자본가들 사이에서는 퀘이커교의 이데올로기가 상당한 영향력을 발휘했다). 그러나 규모가 확대되는 누적적인 축적이 진행되면서 소비에 대한 절제는 느슨해졌다. 맑스는 1795년의 보고서를 인용해 맨체스터에서는 "1760년대가 (…) 대대적인 사치와 낭비의 시기"였다고 말한다(M621). 그런 상태에서는 "생산 및 확대된 규모의 재생산이 '금욕적' 자본가라는 저 놀라운 성자(즉 처량한 모습을 하고 있는 저 기사)의 어떠한 개입도 없이 이루어지고 있다"(M625).

경쟁의 강제법칙에 떠밀려, 그리고 화폐형태의 무한한 사회적 권력을 증대하기 위해 자본가들은 재투자를 하는데 이는 궁극적으로 이 방법만이 그들이 사업을 계속할 수 있고 자신들의 계급적 지위를 유지할 수 있는 길이기 때문이다. 여기에서 맑스는 자본주의 생산양식의 본질과 관련된 중요한 결론을 이끌어낸다.

축적할지어다, 축적할지어다! 이것이 모세와 예언자들의 말이다! "근면은 재료를 주고, 재료는 절약을 통해 축적된다." 그러니까 절약하라, 절약하라! 다시 말해서 잉여가치나 잉여생산물 가운데 되도록 많은 부분을 자본으로 재전환시켜라! 축적을 위한 축적, 생산을 위한 생산, 이 정식 속에서 고전파 경제학은 부르주아 시대의 역사적 사명을 말했다. 고전파 경제학은 부를 낳는 고통에 관해서는 한순간도 잘못 생각하지 않았지만, 그러나 역사적 필연을 한탄한들 무슨 소용이 있겠는가? 고전파 경제학에서 프롤레타리아가 단지 잉여가치를 생산하기 위한 기계로서만 간주될 뿐이라면, 자본가도 역시 잉여가치를 잉여자본으로 전화하기 위한 기계로 간주될 뿐이다.(M621)

이것은 극히 단순한 사실, 즉 자본주의는 항상 성장과 관련되어 있다는 것을 가리킨다. 자본주의 생산체제만큼 성장과 확대된 규모로의 축적과 관련되어 있는 체제는 없다. "축적을 위한 축적, 생산을 위한 생산"이 바로 그것이다. 매일매일 경제상태에 대한 신문기사를 한번 읽어보라. 거기에서 늘상 하고 있는 이야기가 무엇인가? 성장, 바로 그것이다! 도대체 성장은 어디에 있는가? 우리는 어떻게 하면 성장할 수 있는가? 낮은 성장은 침체이며 마이너스 성장은 불황이다. 1~2%의 성장(률)으로는 불충분하며 우리는 적어도 3% 정도를 필요로 하고, 4%가 되어야만 비로소 경제가 "건강하다"고 말한다. 최근 수년간 10%의 성장률을 유지하고 있는 중국을 보라. 눈부신 성장을 보인 후에 세계 자본주의의 병든 부분으로 전락하여 1990년대 내내 거의 0%의 성장에 멈춰 있는 일본과 비교해보면 중국은 우리 시대의 진정한 성공신화의 주인공이다.

이 지상명령에는 하나의 물신적인 믿음이 딸려 있는데 그것은 즉 성장이 지니는 덕목에 뿌리를 둔 하나의 이데올로기다. 성장은 불가피하며 성장은 좋은 것이다. 성장하지 않는다는 것은 곧 위기에 처했다는 것을 의미한다. 그러나 끝없는 성장은 생산을 위한 생산을 의미하고 그것은 또한 소비를 위한 소비를 의미하는 것이기도 하다. 성장을 방해하는 것은 모두 나쁜 것이다. 성장을 가로막는 방해요소나 제약요소는 제거되어야 한다. 환경문제? 그것은 너무도 나쁜 것이다! 자연과의 관계는 변화되어야 한다. 사회적·정치적 문제? 그것도 매우 나쁜 것이다! 비판은 억누르고 말을 안 듣는 놈들은 모두 감옥에 보내야 한다. 지리적 제약요인? 그것은 필요하다면 폭력을 통해서라도 부숴버려야 한다. 모든 것은 "축적을 위한 축적, 생산을 위한 생산"의 곡조에 맞추어 춤춰야만 한다.

맑스에게 이것은 자본주의의 성격 가운데 하나다. 분명 그는 자신의 가정 위에서 이런 결론에 도달했다. 그런데 이 가정들은 고전경제학 내에서 부르주아의 "역사적 사명"과 관련된 개념들과도 일치한다. 그것은 매우 중요하고 강력한 규제적 원칙들을 설정하고 있다. 자본주의의 역사는 끊임없이 성장으로 이어져왔는가? 그렇다. 자본주의적 위기는 성장의 부족 때문이라고 이야기할 수 있는가? 그렇다. 자본주의 세계 어디에서든 정책결정자들은 성장을 촉진하고 유지하는 데 온 정신을 쏟고 있는가? 그렇다. 여러분은 혹시 성장의 원칙에 대해 정말로 의문을 제기하는(행동은 말할 것도 없고) 사람들을 본 적이 있는가? 없다. 성장에 대해 의문을 제기하는 것은 무책임하고 쓸데없는 일이다. 오로지 매사에 삐딱하고 현실에 적응하지 못하는 괴상한 공상가들만이, 끝없는 성장이 (설사 그것이 환경, 경제, 사회, 정치 면에서 어떤 문제를 일으키더라도 상관없이) 나쁜 것이라고 말한다. 지구온난화라든가 환경파괴 같이 성장으로 인해 발생하는 많은 문제들은 분명히 알려질 필요가 있는 것들이긴 한데, 이 문제들에 대한 해답이 성장을 모두 중단하는 것이라는 이야기는 (경기침체가 환경에 대한 압력을 완화해준다는 명백한 증거들이 존재함에도 불구하고) 거의 들리지 않는다. 아니다, 그 대신 우리는 성장(즉 끝없이 확대되는 자본축적)을 계속할 수 있도록 새로운 기술과 새로운 정신적 개념들, 새로운 생활방식과 생산방식을 찾아내야만 한다.

이것은 다른 생산양식에는 없던 규제적 원칙이다. 과거에도 물론 제국들이 성장하고 사회적 질서가 일시적으로 확대된 적이 있었던 것은 분명한 사실이지만 이것들은 모두 곧 정체되거나 퇴락하거나 혹은 결국 사라져버리곤 했다. 예를 들어 소련이나 꾸바 같은 현실 사회주의에 대한 중요한 비판 가운데 하나는 이들의 성장이 불충분했고 따라서 미국을 중심으로 하는 서방의 어마어마한 소비주의와 성장의 성과들과 경쟁을 할 수 없었다는 것이다. 나는 여기에서 소련을 찬양하려는 것이 아니다. 나는 단지 성장하지 않는 것에 대한 우리의 반응(즉 경제성장이 정체되는 것은 결코 용납할 수 없다)이 얼마나 자동적인지를 지적하려는 것뿐이다. 바로 이 때문에 오늘날 우리는 온갖 종류의 끔찍한 환경 및 건강의 댓가(만연하고 있는 당뇨병이 바로 그 예인데, 공교롭게도 꾸바에서는 예나 지금이나 미국에 비해 이 병이 매우 희귀하다)를 지불하면서도 축적을 위한 축적을 충족시킨다는 명목으로 SUV, 코카콜라, 그리고 병에 담긴 생수 등이 대량생산되는 것이다. 그래서 18세기 중반 이후 자본주의의 특징을 이루면서 지속되고 있는 3%의 성장률은 앞으로 그대로 지속되기 어려우리라는 생각이 든다. 자본주의가 맨체스터를 중심으로 하는 주변 40평방마일과 그보다 더 작은 몇개의 지역들로 이루어져 있던 시절에는 3%의 성장률은 문제가 되지 않았지만, 오늘날 자본주의는 유럽과 북미, 남미 그리고 동아시아 대부분의 지역을 뒤덮고 있고, 게다가 인도, 인도네시아, 러시아, 남아프리카 등지에서 점점 더 깊이 뿌리를 내리고 있다. 이 모든 지역에서 앞으로 50년간 계속해서 3%의 성장률이 이루어질 경우 그 결과가 어떨지는 상상조차하기 어렵다. 이것은 맑스가 『경제학비판 요강』에서 했던 이야기——이제 자본은 물러나고, 보다 사리에 맞는 생산양식, 보다 그럴듯한 생산양식(비록 완전한 것은 아니라 할지라도)을 위해 자리를 양보해야만 할 때가 되었다——를 떠올리게 한다.

아무것도 생산하지 않고도 잉여가치를 얻을 수 있는 다양한 방법들이 존재한다. 생활수준을 낮춤으로써 노동력 가치를 하락시키는 방법이 그중 하나다. 실제로 맑스는 이와 관련하여 밀을 인용하고 있다. "만약 구매하지 않고도 노동을 얻을 수 있다면 임금은 필요없을 것이다."

그러나 만약 노동자들이 공기만 먹고 살 수 있다면 어떤 가격으로도 그들을 구매할 수 없을 것이다. 그러므로 그들에게 비용이 전혀 들지 않는다는 것은 수학적 의미에서 하나의 한계로, 끊임없이 접근할 수는 있으나 결코 도달할 수 없는 것이다. 그들을 이런 비용이 전혀 들지 않는 입장으로까지 끌어내리는 것이 자본의 끊임없는 경향이다.(M626)

그리고 맑스는 이렇게 할 수 있는 몇가지 방법을 들고 있는데, 예를 들어 노동자들의 음식을 값싼 것으로 바꿀 수 있는 조리법을 제공하는 것이 바로 그런 것이다. 나중에 이런 유형의 방법들은 예를 들어 러쎌쎄이지(Russell Sage)재단과 같은 곳에서, 그리고 사회사업가들에 의해 실천에 옮겨지는데, 즉 이들은 적절한 소비양식을 노동자들에게 교육하려고 했던 것이다. 그러나 사실 이런 방법은 유효수요의 문제를 불러일으키는데, 맑스는 여기에서 이미 모든 상품이 가치대로 판매된다고 가정하고 있기 때문에 이 문제를 고려하지 않고 있다. 불변자본을 절약하는 방법(폐기물을 줄이는 방법을 포함)도 역시 도움이 되며, 또다른 한편으로 자본가들은 끊임없이 "자연이 무상으로 제공해주는 것"(M630)을 찾기 위해 혈안이 되기도 한다. "새로운 자본의 개입 없이 축적이 증대되는 직접적 원천은 자연에 대한 인간의 직접적 작용이다"(M630). 다른 수단(동기부여, 작업조직)에 의한 사회적 노동생산성의 변화도 역시 무상으로 얻어지는 것이며, 낡은 기계를 그 수명보다 더 오래 사용하는 것과 과거의 자산(예를 들어 공사가 이루어진 기반시설 등)을 새로운 용도로 활용하는 것도 모두 도움이 된다. 끝으로 "과학과 기술은 현재 사용되고 있는 자본의 주어진 크기와는 무관하게 자본의 팽창력을 형성한다"(M632). 축적은 잉여가치를 자본화하지 않고도 이들 갖가지 수단을 이용하여 확대될 수 있다.

맑스는 제5절의 앞부분에서 지금까지의 논의를 이렇게 정리한다.

이 연구과정을 통해 명확해진 바와 같이, 자본은 결코 고정된 크기가 아니라 탄력성을 지니고 있으며, 특히 잉여가치의 수입과 추가자본으로의 분할에 따라 끊임없이 변동하는 사회적 부의 한 부분이다. 또한 앞서 보았듯이 현재 사용중인 자본의 크기가 일정하더라도 거기에 결합되는 노동력과 과학·토지(토지는 경제학적으로 인간의 도움 없이 천연적으로 주어진 모든 노동대상으로 이해해야 한다)가 이 자본의 탄력적인 힘을 이루고 있어 이들 힘은 일정한 범위 안에서 자본에 그 크기와는 별개의 영향력을 허용한다. 이 연구에서는 동일한 자본량이 각기 다른 영향력을 행사하게 만드는 유통과정의 갖가지 요인을 모두 무시했다. 우리는 (…) 현존의 생산수단과 노동력을 가지고 직접적이고 계획적으로 실현할 수 있는 좀더 합리적인 결합은 모두 무시했다.(M636)

맑스는 다시 한번 자본의 놀랄 만한 유연성과 기동성을 강조한다. 반면 "고전파 경제학은 이전부터 사회적 자본을 고정된 영향력 수준을 가진 하나의 고정된 크기로 이해하는 경향이 있었다". 벤담이라는 불쌍한 인간, 즉 "19세기 부르주아적 상식에 대한 무미건조하고 현학적이며 수다스러운 신탁자"(M636)였던 이 인간은 특히 자본주의가 노동기금을 어떻게 만드는지에 대한 고정된 개념이 있었다.

자본은 고정된 크기가 아니다! 이 점을 언제나 기억해야 하며 또한 이 제도는 매우 큰 유연성과 유동성이 있다는 점을 알고 있어야 한다. 자본주의를 비판하는 좌파진영은 이 점을 너무도 자주 과소평가해왔다. 자본가들은 어떤 방식으로 더이상 축적을 할 수 없게 되면 금방 다른 방법으로 축적을 수행하려 한다. 자본가들은 과학과 기술을 자신들을 위해 사용할 수 없게 되면 자연을 파괴하거나 노동자계급에게 새로운 조리법을 제공하려 한다. 그들에게는 헤아릴 수 없는 다양한 전술들이 개방되어 있으며 그들은 자신들만 사용하는 갖가지 아이디어의 기록들이 있다. 자본주의는 괴물이지만 그것은 경직된 괴물이 아니다. 자본주의에 대한 비판운동이 자본주의의 적응능력과 유연성, 그리고 유동성을 무시하는 것은 대단히 위험한 일이다. 자본은 물적 존재가 아니라 하나의 과정이다. 그것은 끊임없이 움직이며, 심지어 "축적을 위한 축적, 생산을 위한 생산"의 규제적 원칙을 받아들일 때에도 그러하다.

자본주의적 축적

제23장

자본주의적 축적의 일반법칙

여기 제23장에서 맑스는 제7편에서 설정한 가정을 그대로 유지한 채로 자본주의 동학에 대한 개괄적 모델을 작동시키고 있다. 즉 축적은 정상적으로 이루어진다(시장에는 아무런 문제가 없으며 모든 상품은 자신의 가치대로 거래된다. 단, 노동력을 다루는 1절은 예외다). 그리고 체제는 폐쇄된 체제다(외부와의 무역은 없다). 잉여가치는 생산에서 살아있는 노동의 착취를 통해 만들어진다. 그리고 잉여가치가 이자, 상업이윤, 지대, 조세 등으로 분화하는 것은 아무런 영향을 미치지 않는다. 이처럼 단순화된 축적과정의 모델에서, 모든 것은 이들 가정하에서 파악된다. 이 가정들이 폐기되면 제2권의 경우처럼 모든 결과는 달라진다.

제10편 자본주의적 축적 ● 475

자본의 가치구성에 대한 하나의 주석

이 장에서 맑스는 한가지 특수한 현실적 문제에 주의를 기울인다. 그는 자본축적이 노동계급의 운명에 끼치는 영향을 살펴보려고 한다. 이를 위해 그는 여기에서 노동력의 가치가 그 가치보다 아래위로 변동하는 것을 허용한다. 이 문제를 풀기 위해 그는 스스로 "자본의 구성"이라고 부르는 것과 관련된 개념적 틀을 설정하고 있다 (M640). 그는 다음과 같은 세가지 용어를 사용한다. 즉 기술적 구성, 유기적 구성, 가치구성이 바로 그것이다. 이 용어들은 매우 뒤늦게 논의에 끌어들여졌는데 이는 부분적으로 그가 모순과 위기를 다룬 제3권의 작업과정의 일부를 반영하기 위해서였던 것으로 보인다. 그래서 이 용어들은 이 절에서 그다지 많이 사용되지 않고 있으며 이것들 없이도 그의 논의는 충분히 이해할 수 있다.

만일 이 부분이 이해하기 어렵고 복잡하게 느껴진다면(실제로도 그렇다) 이 부분을 건너뛰어 다음 절로 넘어가도 무방하다. 그러나 이 용어들은 제3권에서 중요한 역할을 수행할 뿐만 아니라 맑스의 이론에서 자주 쟁점의 대상이 되어왔기 때문에 여기에서 잠깐 다룰 필요가 있다.

"기술적 구성"이라는 용어는 주어진 시간에 일정량의 사용가치를 상품으로 전화시킬 수 있는 노동자의 물리적 능력을 단순하게 표현한 것이다. 그것은 물리적 생산성의 척도다. 그것은 한 사람의 노동자가 한시간당 몇켤레의 양말, 몇톤의 강철, 몇덩어리의 빵, 몇갤

런의 오렌지주스 혹은 몇병의 맥주를 생산하는지를 나타낸다. 새로운 기술은 이 물리적 비율을 변화시키는데 예를 들어 한시간에 한사람의 노동자가 생산하는 양말이 10켤레에서 12켤레로 늘어나는 것이다. 기술적 구성의 개념은 명확하고 헷갈리지 않는다. 문제는 유기적 구성과 가치구성을 구분하면서 발생하는데 이들 둘은 모두 가치를 단위로 한다. 가치구성은 생산에 소비된 생산수단의 가치를 선대된 가변자본의 가치로 나눈 비율이다. 편의적으로 우리는 이것을 c/v로, 즉 가변자본과 불변자본의 비율로 나타낸다. 유기적 구성도 역시 c/v의 가치비율로 측정되는데 이것은 물리적 생산성의 변동으로 인해 발생하는 가치구성의 변화를 반영한다.

차이는 왜 발생하는가? 이것이 가리키는 함의는 가치구성의 변화가 물리적 생산성의 변화만이 아니라 다른 요인에 의해서도 발생할 수 있다는 것이다. 이런 비기술적인 유형의 변화는 앞장의 끝부분에 이미 나열되어 있기 때문에, 이것은 단지 그런 경우가 있을 수 있다는 의미로만 해석해서는 안된다. 우선 주의해야 할 것은 (자연이 주는 선물, 폐기물의 절약, 노동자들의 물리적 생활수준의 저하 같은) 이러한 변화가 투하된 불변자본과 가변자본 모두의 가치에 영향을 미쳐 그로 인해 c/v의 비율이 상승 혹은 하락할 수 있다는 점이다. 또다른 하나의 해석이 있을 수 있는데 그것은 (내가 알고 있기로는) 맑스가 명시적으로 논의하지는 않았지만 우리가 그의 논의를 따라 추론할 수 있는 것이다. 그것은 물리적 생산성의 변화가 어디에서 일어나는지의 문제와 관련된 것이다. 만일 내가 새로운 기계를 도입해 양말 생산의 물리적 생산성을 변화시킨다면, c/v(이것을 유기적 구성이라고 부르기로 하자)는 바로 회사 내의 나의 행동 때문에 상승하게 될 것이다. 그러나 이 비율은 내가 아무 짓을 하지 않을 경우에도 변할 수 있는데, 왜냐하면 (맑스의 가정에 따라 그 가치대로) 내가 구매하는 불변자본과 가변자본의 가치는, 노동력의 가치를 결정하는 임금재 산업에서의 생산성 변화나 내가 구매(불변자본 투입)하는 생산수단을 생산하는 산업의 생산성 변화에 따라 결정되기 때문이다. 이 경우 c/v(이것을 가치구성이라고 부르기로 하자)의 비율은 이들 두 산업부문의 물리적 생산성의 변화의 상대적 크기에 따라 (내 회사 내부에서는 물리적 생산성의 변화가 전혀 없었음에도 불구하고) 상승 혹은 하락하게 될 것이다. 이런 해석은 개별 자본가가 c/v를 변화시킬 수 있는 가능성과 개별 자본가의 통제를 벗어난 시장에서 c/v가 변화할 수 있는 가능성 사이의 차이점에 초점을 맞춘 것이다. 여기에서 이 해석을 계속 진행하기는 상당히 어려운데 왜냐하면 이 장에서 맑스는 자본가계급과 노동자계급 사이의 총량적 수준에서 논의를 진행하고 있기 때문이다. 한편 이 문제는 상대적 잉여가치 이론과도 관련이 있을 수 있는데, 왜냐하면 상대적 잉여가치 이론은 경쟁의 강제법칙에 떠밀린 개별 자본가가 상대적 잉여가치를 좇아서 움직임으로써 총량적 수준의 상대적 잉여가치를 생산하는 기술발전의 동학이 작동한다는 것을 설명하고 있기 때문이다.

이 모든 요인이 중요한 까닭은 맑스가 『자본』 제3권에서 이윤율 저하경향이 왜 발생하는지의 물음을 제기한 것과 관련있다. 리카도는 이 현상을 맬서스의 논리에 따라 설명했는데, 즉 그는 궁극적으로 토지에서의 수확체감의 법칙 때문에 농산물의 가격이 상승하고 이것이 이윤율을 제로 수준으로까지 끌어내린다고 말했다. 말하자면 문제는 자연과의 관계 속에 존재하는 것이다. (어딘가 다른 곳에서[25] 맑스는 이윤율 저하경향과 관련하여 리카도가 "경제학으로부터 도망하여 유기화학에서 피난처를 구하려 했다"고 힐난한 바 있다.) 맑스는 이 설명을 지워버리고 그 대신 자본주의 내부의 기술변화 동학(즉 상대적 잉여가치의 추구) 때문에 자본의 유기적(가치?) 구성 c/v가 상승하고 이것이 곧 장기적으로는 잉여가치율이 일정한 조건에서 이윤율 m/(c+v)의 하락을 가져올 것이라고 주장한다. 달리 말해 노동절약적 기술혁신은 능동적 가치생산자(즉 노동자)를 제거해버리고 따라서 (다른 조건이 불변이라면) 잉여가치의 생산을 보다 어렵게 만든다. 이 주장은 매우 명쾌한 것이어서 자본주의적 사회관계와 그 생산력의 발전이라는 틀 내에서 위기가 형성되는 동학을 설명해주는 뛰어난 장점이 있다. 하지만 불행히도 이 논의는 불완전하고 문제가 있는데, 왜냐하면 위에서 제시된 논의의 두번째 항목에서 맑스가 제시하고 있는 대로 c/v가 반드시 상승한다는 결정적인 이유는 존재하지 않기 때문이다.

이 장에서 맑스는 곧장 자본의 가치구성이 상승한다는 주장을 편다. 그는 자본가계급 전체의 관점에서 자본의 가치구성의 변동은 생산과 관련하여 직접적 측면과 간접적 측면을 모두 지닌다고 지적한다. 우리는 여기에서 기계와 공장에 대해서만 이야기하는 것이 아니라 철도, 도로, 기타 자본주의적 생산과 그 실현을 위해 필요한 예비조건을 제공하는 온갖 물리적 기반시설(인공적으로 건설된 환경)

도 모두 함께 포함해 이야기한다. 만일 이 예비조건들이 모두 충족된다면 고용된 노동자수와 불변자본(고정자본도 포함하여) 총량 간의 비율은 엄청나게 상승할 것이다. (맑스는 여기에서 한가지 점 ─ 다른 곳에서는 잊지 않고 있음에도 불구하고 ─을 빠뜨리고 있는데 그것은 즉 예를 들어 기반공사 같은 과거의 투자는 일단 투자금이 모두 회수되고 나면 자본주의적 생산이 진행될 때 마치 "자유재" ─ 마치 자연의 선물과도 같이 ─ 처럼 사용된다는 점이다. 물론 이것은 성가신 지주계급이 나타나서 여기에서 지대를 뽑아내기 시작하지 않아야만 그럴 것이다.) 비교적 단순한 수공업적 생산으로부터 보다 복잡하고 통합된 생산과정으로의 이동은 그 자체가 시간의 흐름에 따라 c/v가 상승하는 역사적 경향을 보여주는 것이다. 그래서 맑스는 이렇게 이야기한다.

가변자본 부분에 비해서 불변자본 부분이 점차 증가한다는 법칙은 이미 앞에서 논의되었듯이 상품가격의 비교분석을 통해 끊임없이 확인된다. 이것은 한 나라의 각기 다른 경제적 시기를 비교해보거나 동일한 경제적 시기의 여러 나라를 비교해볼 경우에도 마찬가지로 확인된다. 소비되는 생산수단의 가치(즉 불변자본 부분)만을 대표하는 가격요소의 상대적 크기는 축적의 진전에 정비례하고, 노동에 대해 지불되는(즉 가변자본 부분을 대표하는) 또다른 가격요소의 상대적 크기는 일반적으로 축적의 진전에 반비례한다.(M651)

그가 여기에서 분명하게 제시하고 있듯이 시간의 흐름에 따라 자본의 가치구성이 상승하는 법칙이 존재하며 이 법칙은 제3권의 이윤율 저하경향 이론에 있어 결정적 역할을 수행한다. 그러나 맑스는 기술변화로 인해 불변자본의 가치(물리적 크기와는 반대로)가 하락하는 경우가 있을 수 있다는 점을 알고 있다. 그래서 그는 이렇게 말한다. c/v의 상승이 그대로 나타나지 않는 이유는 "노동생산성의 증대에 따라 노동에 의해 소비되는 생산수단의 규모는 증대하는 반면, 그 규모에 비해서 그 가치는 저하하기 때문이다". 생산수단을 생산하는 부문의 생산성이 상승하는 결과

생산수단의 가치는 절대적으로는 증가하지만 그 규모에 비례하여 증가하지는 않는다. 그러므로 불변자본과 가변자본의 차이의 증대는 불변자본이 전화한 생산수단의 양과 가변자본이 전화한 노동력의 양의 차이의 증대보다 훨씬 적다.(M651/652)

아마도 자본의 가치구성이 상승한다는 "법칙"은 약간 수정되어야 할 것 같은데 그러나 그것의 방향 자체까지 바뀌는 것은 아닐 것이다. 자본축적과 상대적 잉여가치를 얻기 위한 노력은 "서로 누진적으로 자극을 주고받으면서 자본의 기술적 구성을 변동시키고, 이 변동에 따라 가변성분은 불변성분에 비해 점점 더 작아진다"(M653).

그런데 맑스가 자신의 논의를 보강하기 위해서는 경제 전체를 임금재 부문과 생산수단 부문으로 나눈 다음 이 두가지 부문의 물리적 생산성의 상대적 변화를 살펴보아야 한다. 그는 이 문제를 제2권의 마지막 부분(우리에게 알려져 있는 제3권의 초고를 끝낸 다음에 집

필)에서 다루긴 했지만 거기에서 그의 주된 관심은 (비록 이것이 전부는 아니라 할지라도) 시장이 어떻게 이들 두 부문을 균형상태로 유지시켜주는지의 문제에 집중되어 있었다. 결국 그는 제1권의 분석의 핵심을 이루고 있고, 또한 이윤율 저하를 다루는 제3권의 분석에서 결정적으로 중요한 기술변화의 문제를 제2권에서는 다루지 않고 있다. 가치구성의 개념은 언급되지 않는다. 그는 불비례에 의한 공황의 가능성(생산수단 부문에 비해 임금재 부문은 지나치게 그 수가 많다)과 과소소비에 의한 일반적 공황의 가능성(유효수요의 부족)은 열어두고 있지만 기술변화에 의한 이윤율 저하의 문제에 대해서는 아무것도 설명하고 있지 않다. 그러나 이후의 작업들에서 드러나고 있듯이, c/v의 비율이 안정적으로 계속 지켜지려면 두 부문(임금재 부문과 생산수단 부문) 사이의 기술적 변화가 일정한 패턴을 이루어야 하지만 이런 결과를 보장하는 메커니즘은 어디에도 존재하지 않는다. 그렇기 때문에 불비례로 인한 잦은 공황의 가능성과, 기술변화로 인해 발생하는 불안정성으로부터 주기적으로 공황이 발생할 수 있는 가능성은 마땅히 검토되었어야 할 중요한 문제들이다.

물론 우리는 여기에서 이 문제들을 모두 해결할 수 없다. 내 생각에는(여기에 동의하지 않을 사람도 많겠지만) 기술변화의 패턴이 공황을 불러일으킬 수 있는 불안정한 면이 있다고 본 맑스의 견해는 옳지만 가치구성의 상승과 이윤율의 저하에 대한 그의 설명은 적절치 않다. 그러나 이 장에서 전개되고 있는 논의의 주된 흐름은 가치구성 개념을 자세히 다루지 않고도 충분히 이해할 수 있다.

자본축적의 첫번째 모델

만일 자본가들이 어제 획득한 잉여가치 가운데 일부를 가지고 오늘 생산을 확대하는 데 투자한다면, 기술변화가 없다고 가정할 경우 이것은 더 많은 노동력을 필요로 할 것이다. 그러므로 이런 조건에서는 자본축적이 가져오는 첫번째 효과가 노동수요의 증가일 것이다. "그러므로 자본의 축적은 프롤레타리아의 증식이다"(M642). 추가적인 노동자는 어디에서 오며 노동수요의 증가는 어떤 의미가 있는 것일까? 일정한 점에 도달하면 수요의 증가는 임금의 상승을 가져온다. 그러므로 "누적적인" 축적은 보다 많은 자본이 사용되고 보다 많은 노동자가 고용되고 일정 지점에서 임금의 상승을 가져와서 노동력이 가치 이상으로 판매되거나(모든 상품이 가치대로 거래된다는 가정의 예외가 된다), 노동자의 생활수준이 상승하면서 노동력가치가 상승하는 결과를 가져온다. 그러나 이것은 단지 "임노동자가 스스로 만든 황금사슬이 (…) 자신을 조이는 힘을 조금 완화시키는 것"을 의미할 뿐이다(M646).

임금의 증가는 기껏해야 노동자가 수행해야 하는 불불노동의 양적 감소를 뜻할 뿐이다. 이 감소는 그것이 제도 자체를 위협할 정도까지는 결코 진행되지 않는다. 임금률을 둘러싼 격렬한 갈등을 무시한다면 (…) 자본축적에서 생겨나는 노동가격의 상승은 다음 두 경우 가운데 하나다. 첫째는 노동가격의 상승이 축적의 진행을 방해하

지 않음으로써 그 상승이 계속되는 경우다.(M647)

즉 자본가는 노동자를 더 많이 고용함에 따라 자신들이 동원하는 자본의 크기를 계속 증가시키기 때문에 노동의 가격을 어느정도 상승시킬 수 있다. 여기에서 잊지 말아야 할 점은 자본가가 일차적으로 관심을 기울이는 것은 이윤량이고 이 이윤량은 우리가 이미 제13장에서 보았듯이 고용된 노동자의 수, 잉여가치율, 노동강도에 의존한다. 잉여가치율이 하락할 때, 고용된 노동자수를 늘리면 실제 크기에 있어 자본가가 획득하는 이윤량은 증가할 수 있다. 따라서 이런 경우 임금의 상승과 자본축적 사이에는 아무런 모순이 없다. "둘째는"

노동가격이 상승한 결과 수익에 대한 유인이 저하되고 축적이 완만해지는 경우다. 축적은 감소한다. 그러나 축적의 감소와 더불어 그 감소의 원인, 즉 착취 가능한 노동력과 자본 사이의 불균형도 사라진다. 즉 자본주의적 생산과정의 메커니즘은 자신이 일시적으로 만들어낸 장애물을 스스로 제거한다.(M648)

여기에서 맑스의 모델은 극히 단순하다. 생산성이 불변일 때 자본축적은 노동수요를 증가시킨다. 이것이 임금의 상승을 가져올 것인지의 여부는 이용 가능한 인구의 크기에 달려 있다. 이들 인구 가운데 점점 많은 사람이 고용되면 임금은 상승할 것이고 이는 잉여가치율을 하락시킬 것이다. 그러나 잉여가치량은 계속 증가할 수 있는데 이는 고용되는 노동자가 늘어나기 때문이다. 일정한 지점에 도달하여 어떤 이유에서이건 잉여가치량이 감소하기 시작하면 노동에 대한 수요가 줄어들고 임금인상의 압력도 줄어들어 잉여가치율은 회복될 것이다. 그러므로 장기간에 걸쳐 보면 우리는 임금과 이윤율이 서로 반대방향으로 움직이는 것을 보게 될 것이다. 임금이 상승하면 축적이 느려지고 임금이 하락하면 이윤과 축적은 다시 회복될 것이다. 여기에서 맑스는 노동의 수요 공급과 축적의 동학 사이의 자동 조절체제를 그려내고 있다.

맑스는 이런 과정이 실제로 진행된 역사적 증거를 제시한다. 18세기 영국에서는 급속한 자본축적 때문에 임금이 상승하는 경향이 나타났다는 사실을, 이든(Eden)이라고 불리던 당시의 한 평론가가 밝혀냈다. 노동계급은 이미 매우 잘살고 있던 자본가계급과 함께 점점 상태가 좋아지고 있었다. 그래서 이든은 자본축적이 노동자들에게도 당연히 좋은 일이라고 선언하고 싶은 유혹을 참을 수 없었다. 그러나 맑스는 이 모든 것이 노동자를 자본가에게 예속시키는 황금사슬의 길이를 조금 늘리는 것에 불과하다고 말한다. 더구나 이런 생각은 일찍이 맨더빌(B. Mandeville)의 유명한 소책자『꿀벌의 우화』(The Fable of the Bees)에서 이미 거부되고 있던 것이었다. 맨더빌은 영국사회에 존재하는 "빈둥거리는 게으름뱅이들"을 원색적으로 비난하면서, 이런 게으름뱅이들이 있는 사회에서는 가난한 사람들이 절대적으로 필요하며, 이들은 더 가난할수록 더 좋은데, 왜냐하면 그들이 적게 먹고 적게 쓰면 그만큼 부자들을 위해 더 많은 것을 남겨둘 것이기 때문이라고 주장했다. 18세기 영국의 이런 기막힌 상태는 애덤 스미스와 휴머니스트들에게 심각한 우려를 품게 만들었는데 이들은 가난한 사람들이 항상 주변에 넘쳐나야 하고 이들이 부자들을 위해 반드시 그런 기능을 수행해야 한다는 생각을 받아들일 수 없었다. 스미스는 이런 우려에 대한 답으로 만일 시장 메커니즘이 효과적으로 작동하여 국부를 증가시킨다면 극빈자를 포함한 모든 사람이 궁극적으로는 잘살게 될 것이라는 점을 보여주려고 노력했다. 맑스에게 맨더빌이 중요했던 이유는 자본축적이 사전에 필요로 하는 조건이, 사용 가능한 인구가 있어야 하는 것은 물론 이들 인구가 충분히 빈곤하고, 무지하며, 억압받고, 절망적인 상태에 있어 어쩔 수 없이 자본주의체제에 저임금 노동으로 동원될 수 있어야 한다는 그 생각 때문이었다.

자본축적의 두번째 모델

축적의 두번째 모델에서는 사회적 노동생산성이 증가할 때 "축적의 가장 강력한 지렛대"(M650)가 어떻게 되는지를 분석한다. 기술적·조직적 변화가 생산성에 미치는 영향은 축적의 동학과 관련하여 중심적 위치에 있을 필요가 있다. 그래서 맑스는 앞에서 이야기된 방식으로 자본의 가치구성을 상승시키는 "법칙"에 대해 약간 길고 상세하게 설명한다. 그러나 "축적의 진전은 가변자본 부분의 상대적 크기를 감소시키지만, 그것이 가변자본 부분의 절대적 크기를 증가시키는 것을 결코 배제하는 것은 아니다"(M652). 왜냐하면 첫번째 모델에서 보았듯이 잉여가치율의 하락을 저지하기 위해 노동자를 더 많이 고용할 수 있기 때문이다.

노동생산성을 증가시키기 위한 수단인 협업의 적용, 새로운 분업과 기계, 과학, 기술의 사용 등은 일차적으로 이런 전과정을 움직이기 위한 화폐적 부의 1차적인(혹은 "본원적인") 축적이 충분히 이루어져 있는지에 달려 있다. 맑스는 "본원적 축적"이라는 이 용어를 도입하면서 제8편에 들어가기 전까지는 어떤 세부적 고찰도 모두 미루어두고 있다. "이런 축적이 어떻게 생겨났는지는 여기에서 아직 다룰 필요가 없다"(M652). 그런데 일단 축적이 시작되고 나면 생산성의 상승은 다시 자본의 집적과 집중에 의존한다. 오로지 이 방식을 통해서만 모든 가능한 형태의 규모의 경제가 실현될 수 있다. 부는 점차 소수의 수중으로 집적되는데 이는 축적이 매번 이루어질 때마다 자본가들은 화폐권력의 형태를 취하고 있는 자본을 보다 많이 갖게 되기 때문이다. 성장은 복리의 비율로 이루어지고 부와 권력의 집중은 (물론 고용되는 노동자수와 잉여가치율에 의해 제약을 받긴 하지만) 가속화된다. 그러나 이런 집적과정도 역시 새로운 생산라인에서 새로운 소규모 기업들의 창업에 의해 일부 상쇄될 수도 있다.

그러므로 축적과 그에 따른 집적은 많은 점으로 분산되어 있으며, 또한 기능하고 있는 자본의 증대는 새로운 자본의 형성과 낡은 자본의 분열이라는 현상이 서로 교차하면서 이루어진다. 그리하여 축적은 한편으로는 노동에 대한 지휘권과 생산수단의 집적의 증대로 나

타나지만 다른 한편으로는 다수 개별 자본들간의 상호반발로 나타난다.(M654)

"사회적 총자본이 다수 개별 자본으로 분열하고 그 개별 자본들이 서로 밀어내는 현상"도 반드시 고려되어야 한다. 이것은 맑스의 전형적 논의방식이다. 즉 서로를 상쇄하는 경향이 함께 작용하는 것으로 여기에서는 한쪽에 집적이 다른 한쪽에 분열과 분화가 존재한다. 이들간의 균형은 어디에서 이루어지는가? 누가 알겠는가? 집적과 분산 사이의 균형은 끊임없는 유동적 상태에 있는 것이 거의 틀림없다(이것은 기계제와 대공업의 진화에 대한 모든 목적론적 해석을 부정한다).

한편 다양한 방법(인수, 합병, 경쟁자에 대한 무차별적 파괴 등)을 거쳐 이루어진 자본의 집적은 집중으로 이어진다. 맑스는 집중의 법칙이 존재한다고 언급한다. 그러나 그는 여기가 이 법칙을 다룰 자리가 아니라는 점을 받아들이면서도 이 법칙들이 아직 충분히 밝혀지지 않았다는(이것은 목적론적 관점과 관련된 내용일 것이다) 의심을 남기고 있다. 그러나 집중을 향한 결정적인 경향은 분명히 존재하는데, 이것은 의심의 여지가 없이 "자본주의적 생산과 함께 형성된 완전히 새로운 하나의 힘, 즉 신용제도"(M655)에 의해 촉진된다. 이 부분은 아직 신용제도를 소개할 위치가 아니지만(신용제도는 잉여가치의 이자, 지대, 상업이윤으로의 분화가 아무런 영향을 미치지 않는다는 처음의 가정에 위배된다) 그는 약간의 예비적인 언급을 하지 않을 수 없다고 말한다.

신용제도는 처음에는 축적의 겸손한 보조자로 슬그머니 들어와서 사회의 표면에 분산되어 있는 크고 작은 양의 화폐수단을 개별 자본가(또는 결합자본가)의 손에 보이지 않는 실로 끌어들이지만, 얼마 지나지 않아 경쟁에서 새로운 가공할 무기로 변신하며, 그 결과 각종 자본의 집중을 위한 하나의 거대한 사회적 메커니즘으로 전화한다.(M655)

이 구절은 대단히 흥미를 끄는 것으로, 맑스가 살던 당시 쌩시몽의 결합자본 이론과 프랑스의 제2제정 시기의 뻬레르 형제(Péreire brothers)와 같은 은행가들의 실천에 대한 많은 내용을 담고 있다. 그것은 또한 오늘날의 자본주의의 모습과도 일치한다. 마이크로크레딧 같은 소액금융기관을 설립하여 먹이사슬 밑바닥의 부를 찾아내 그것을 모두 빨아들인 다음 이 부를 어려움에 빠진 국제금융기관들(세계은행과 IMF의 도움을 받는 모든 기관들)을 구제하는 데 사용하고, 또한 월스트리트의 자산게임과 매수합병게임에 사용하도록 하는 바로 그런 모습 말이다. "자본주의적 생산과 축적이 발전함에 따라 그에 비례하여 두개의 가장 강력한 집중의 지렛대, 즉 경쟁과 신용이 발전한다"(M655)고 맑스는 정확하게 관찰해냈다. 급속한 집중은 확대재생산을 통한 성장에 의해 진행되는 비교적 느린 속도의 집적을 뛰어넘어 완전히 새로운 형태의 생산성 증가를 수행하는 데 필요한 엄청난 규모의 금융을 달성할 수 있게 해주는 주된 수단이 된다. 집중은 생산규모를 급속하게 발전·확대시킬 수 있다. 집중이 없이는(혹은 다른 곳에서 그가 말했듯이 국가의 개입 없이는) 우리는 (예를 들어 철도나 항만 등 같은) 물적 인프라의 거대 프로젝트들이나 도시화(고정자본과 불변자본)를 도저히 수행할 수 없다.

따라서 집중의 적절한 수단들은 축적의 동학에 있어 매우 중요하다. 그러나 이것은 독점세력의 위협을 불러일으킬 뿐만 아니라, 고전경제학은 물론 오늘날의 신자유주의 경제학자들에게 너무도 소중한 교의——아무도 시장을 독점하거나 지배할 수 없도록 극도로 분산되고 개별화된 의사결정의 특징을 지니는 분권화된 시장경제라는 교의——와도 모순된다. 맑스가 여기에서 이야기하는 것은 시장경제가 설사 처음에는 서로 치열하게 경쟁하는 소규모 기업들로 출발한다 하더라도 그것은 거의 분명히 급속하게 변모하여 자본의 집중을 거쳐 결국 독점이나 과점의 상태로 될 것이라는 사실이다. 다른 곳에서 그가 언급하고 있듯이 경쟁의 결과는 항상 독점이다. 그러므로 자본축적과정은 시장이 완벽하게 작동한다는 이론과 본질적으로 맞지 않는 자본주의적 동학의 내부에 존재한다. 문제는 시장과 상대적 잉여가치를 얻기 위한 노력이, 자유롭게 작동하는 시장에서의 분권화된 의사결정을 파괴·궤멸하는 집중이 없이는 장기간 공존할 수 없다는 점에 있다. 맑스는 여기에서 이 점을 명시하지는 않지만 그것이 그의 논의에 포함된 중요한 하나의 함의라는 것은 틀림없다. 그러나 만일 집적에 대한 분석을 조금이라도 따른다면 집중의 과정도 아무런 상쇄요인이나 상쇄력 없이 전적으로 일방적인 것이 될 수는 없다. 불행히도 맑스는 여기에서 이 점을 거론하지 않지만 이 책의 다른 곳에서는 집중이 때때로 분권화에 의해 상쇄될 수 있음을 이야기할 것이다. 그렇기 때문에 우리는 집적과 분산, 집중과 분권화 사이의 관계를 살펴보아야만 한다. 그러나 그가 여기에서 소개하고 있는 것은 축적과정에 대한 하나의 시장동학으로, 이 동학에서는 이들 각 경향이 모두 논의에 포함되어야 하고 마치 우연한 역사적 사건처럼 간과되어서는 안된다. 그렇지만 이것은 그가 이 장에서 다루고 있지 않은 주제, 즉 노동자계급의 상태에 대한 영역으로 논의를 발전시킨다.

노동생산성의 상승(자본의 가치구성의 상승)은 노동수요에 다음과 같은 함의가 있다.

노동에 대한 수요는 총자본의 규모가 아니라 그 가변성분의 규모에 의해 결정되기 때문에 총자본이 증가함에 따라 노동수요는 ─ 앞서 상정했던 것처럼 ─ 총자본에 비례하여 증가하는 것이 아니라 오히려 점점 감소한다. 그것은 총자본의 크기에 비해 상대적으로 감소하고 또 이 크기의 증대에 따라 누진적으로 감소한다. 총자본의 증대에 따라 그 가변성분(즉 총자본에 결합되는 노동력)도 증대하기는 하지만 그 비율은 계속 감소한다.(M658)

이것은 자본축적이 ─ 물론 그 힘과 규모에 비례해 ─ "끊임없이 상대적인, 즉 자본의 평균적 증식욕구를 초과하는 과잉의 추가적인 노동자 인구를 낳는다"(M658)는 것을 의미한다. 이것은 우리가 오늘날 다운싸이징(downsizing)이라고 부르는 과정에 의해 이루어진다.

그리하여 노동인구는 자신이 만들어낸 자본축적에 의해 자신을 상대적 과잉상태로 만드는 수단을 점점 더 많이 산출해낸다. 이것이 바로 자본주의 생산양식에 고유한 인구법칙이다.(M660)

다시 한번 우리 자신을 지배하는 조건을 우리가 스스로 생산한다는 주제가 하나의 극단적 풍자의 형태로 등장하고 있다.

"인구법칙"을 언급함으로써 맑스는 맬서스와의 충돌을 피할 수 없게 되는데, 맬서스는 앞의 각주에서 이미 평가되었듯이 맑스가 호의를 보인 이론가는 전혀 아닐뿐더러 인구와 과잉인구에 대한 그의 일반이론은 논박이 필요한 이론이다. 맑스는 이렇게 말한다. "모든 특수한 역사적 생산양식은 각기 특유의 역사적 타당성을 갖는 인구법칙을 가지고 있다. 추상적인 인구법칙이란 인간이 역사적으로 전혀 간섭하지 않는 조건에서 단지 동식물에게나 존재하는 것이다"(M660). 맑스가 맬서스를 반대한 것은 맬서스가 실업을 자연적 현상으로 설명하고 빈곤의 발생을 인구증가와 자연자원에 대한 압력 간의 단순한 관계 탓으로 돌렸기 때문이다. 맑스는 인구증가가 잘못된 이론이라거나 자본축적에 있어 중립적이라고 보지 않았다. 사실 그는 다른 여러 구절들에서 급격한 인구증가가 지속적인 축적을 위한 필요조건이라고 이야기하고 있다. 그의 반론에서 핵심적인 부분은, 가난은 노동자계급이 (너무 많은 재생산을 함으로써) 스스로 만들어내는 것이라는 명제다(따라서 그 책임이 노동자 자신에게 있다는 것이다). 맑스의 관심은 인구가 얼마나 증가하든 상관없이 자본주의가 가난을 어떻게 만들어내는지를 보여주는 것에 있다. 그는 맬더빌의 경우에도, 자본주의 생산양식하에서는 가난한 사람들이 항상 우리 주변에 넘쳐나고 있다는 점에서 맨더빌이 옳다는 것을 스스로 입증했지만, 이것이 어떻게 해서, 그리고 왜 그렇게 되는지를 보여줌으로써 맨더빌을 논박했던 것이다.

자본주의는 노동자들을 일자리에서 쫓아내는 기술을 사용함으로써 상대적 과잉인구를 창출하여 빈곤을 만들어낸다. 항구적인 실업자의 저수지는 축적이 계속 이루어지기 위해 필요한 사회적 조건인 것이다.

그런데 잉여노동자 인구는 축적(즉 자본주의적 토대 위에서의 부의 발전)이 만들어낸 필연적인 산물이면서 동시에 거꾸로 자본주의적 축적의 지렛대 역할을 하기도 하며, 따라서 자본주의 생산양식의 존재조건이 된다. 그것은 언제든지 이용 가능한 산업예비군을 이루고, 이 산업예비군은 마치 자본이 자신의 비용을 들여 키우기라도 한 것처럼 완전히 절대적으로 자본에 속해 있다.(M661)

그러므로 축적의 주요 지렛대는 기술이 아니라 축적이 만들어내는 과잉인구의 저수지다. "이 과잉인구는 자본의 변동하는 증식욕구를 위해, 실제 인구증가의 제약과는 무관하게 언제든지 착취 가능한 인간재료를 만들어낸다"(M661).

일반적으로 산업예비군은 생산에 투입되었다가 뒤이은 침체기에는 쫓겨나는 형태로 노동시장에서 경기순환의 움직임을 보여준다. "이 산업순환의 부침은 스스로 과잉인구를 보충하기도 하고 또 그것을 가장 정력적으로 재생산하기도 하는 주요한 요인의 하나가 된다"(M661). 맑스는 이렇게 쓰고 있다.

이런 증가는 노동자의 일부를 끊임없이 '유리시키는' 단순한 과정〔즉 생산의 증가비율에 비해 상대적으로 사용 노동자 수를 줄이는 방법〕에 의해 창출된다. 따라서 근대산업의 전체 운동형태는 노동자 인구의 일부분이 끊임없이 실업자 또는 반실업자로 전화하는 과정을 통해 진행된다.(M662)

"경제학도 이제는 상대적 과잉인구〔즉 자본의 평균적 증식욕구를 기준으로 할 때의 과잉인구〕의 생산을 근대산업의 생활조건으로 이해하게 된다"(M662). 예를 들어 맬서스는 "과잉인구가 근대산업의 필연적인 결과라는 점을 인식하고 있었다". 그러나 그는 "자본주의적 생산에서는 인구의 자연적 증가가 공급해주는 이용 가능한 노동력의 양만으로는 결코 충분하지 않다. 이 생산이 자유롭게 운영되기 위해서는 이 자연적 한계에서 독립된 산업예비군이 반드시 필요하다"(M663/664)는 점은 보지 못했다.

이 과정이 몰고 오는 파급효과는 노동력 가운데 상당부분이 탈숙련화하고 기술변화를 통한 탈산업화 과정이 널리 진행되는 것인데, 이것은 우리가 지난 30년간 이미 익숙하게 보아온 바로 그 현상들이다. 이들 상대적 과잉인구의 존재는 대개 기존에 고용되어 있는 사람들의 초과노동을 유발하는데 이는 이들이 노동강도를 높이고 초과노동을 받아들이지 않으면 해고될 것이라는 위협을 받기 때문이다. 오늘날의 자본은 정규직 노동자들의 간접비용(건강보험료, 연금)을 부담하고 싶어하지 않기 때문에, 실업자의 저수지가 증가하고 있는 상황에서도 기존의 취업자들에게 그들의 의사와는 상관없이 초과노동을 강요하는 경향이 늘고 있다. 때로는 아예 초과노동이 취업의 전제조건이 되는 경우도 많다. 그리하여 결국 기존 취업자들은 초과노동과 초과착취에 시달리게 된다.

노동자계급 가운데 취업한 노동자들의 초과노동은 산업예비군의 대오를 팽창시키지만, 거꾸로 이 예비군은 다시 그들간의 경쟁을 통해 취업노동자계층에게 압력을 증가시킴으로써 취업노동자들이 초과노동을 하지 않을 수 없게 만드는 것은 물론 자본의 전제에도 굴종하도록 만든다.

이것은 "개별 자본가들의 치부수단"(M665)이 된다. 이것이 임금에 끼치는 영향도 매우 크다. "대체로 임금의 일반적 운동은 오직 산업순환의 주기적 변동에 따른 산업예비군의 팽창과 수축을 통해서만 규제된다"(M666). 임금의 움직임은 자본축적에 의해 주도된다. 이것은 자본축적 속도가 인구증가율(혹은 오늘날 많이 사용되는 표현으로 노동조합의 과도한 탐욕)에 따른 임금률의 변동에 의해 규제된다고 하는 주류적 관점과 모순된다. "경제학적 독단론"에 따르면 "임금의 상승은 노동자 인구의 가속적인 증가에 박차를 가하고, 이 증가가 계속되어 결국 노동시장은 공급과잉이 되고, 따라서 자본이 노동자 공급에 비해 상대적으로 부족해진다"(M667).

맑스의 모델에 따르면, 자본축적이 노동공급에 문제를 일으킬 때마다 자본은 기술혁신이나 조직혁신을 통해 사람들을 일자리에서 쫓아내고 그럼으로써 임금을 가치 이하로 떨어뜨리고 노동일을 연장하고 기존 취업자들의 노동강도를 높인다.

산업예비군은 침체기와 중간 수준의 호황기에는 현역 노동자군을 압박하지만, 과잉생산기와 폭발적 활황기에는 현역 노동자군의 요구를 억제하는 기능을 수행한다. 따라서 상대적 과잉인구는 노동의 수요·공급 법칙이 움직이는 배경을 이룬다. 그것은 이 법칙의 작용범위를 자본의 착취욕과 지배욕에 꼭 들어맞는 범위 안으로 밀어넣는다.(M668)

그렇기 때문에 "자본주의적 생산의 메커니즘은 자본의 절대적 증대에 따라 전반적인 노동수요가 거기에 맞추어 함께 증대하지 않도록 배려하고 있다"(M669). 이것은 "경제학의 거대한 변론사업"을 불러일으키는데, 즉 그것은 부르주아들이 명백히 노동계급을 희생시키는 일을 저지르고 있을 때도 이들의 행위를 정당화한다(M668). 이 변호론자들은 "실업자들이 산업예비군으로 묶여 있는 과도기 동안 겪어야 하는 궁핍과 고통과 몰락"을 장기적으로 자본주의적 축적이 가져올 온갖 좋은 점들을 위해 어쩔 수 없이 필요한 단기적인 희생일 뿐이라고 생각한다. 그러나 현실은 훨씬 더 좋지 않다.

노동에 대한 수요는 자본의 증대와 같은 것이 아니다. 즉 이들의 관계는 서로 독립된 두개의 힘이 상호작용하는 그런 관계가 아니다. 주사위는 위조되어 있다. 자본은 양면에 모두 영향을 끼친다.(M669)

즉 자본은 재투자를 하면서 노동수요를 만들어내지만, 자본은 또한 실업을 만들어내는 노동절약적 기술에 재투자함으로써 노동의 공급을 조절하기도 한다. 수요와 공급의 양면을 모두 조작할 수 있는 이런 능력은 전체적으로 시장이 작동하는 방식과 정면으로 모순된다.

기계가 도입되던 경우와 마찬가지로

노동자들이, 자신들이 더 많이 노동하여 더 많은 타인의 부를 생산할수록, 또 자신들의 노동생산력을 더욱 증대시킬수록, 자본의 가치증식 수단으로서의 그들의 기능도 점점 더 취약해지는 이유가 무엇인지에 대한 비밀을 알게 되는 순간, 그리고 그들이 자신들간의 경쟁 수준이 전적으로 상대적 과잉인구의 압력에 따라 좌우된다는 사실을 발견하는 순간, 그리하여 그들이 노동조합과 같은 조직을 통해 취업자와 실업자 간의 계획적인 협력을 조직하여 자본주의적 생산의 자연법칙이 그들 계급에게 주는 파멸적인 결과를 분쇄하거나 약화시키려고 시도하는 순간, 자본과 그 추종자인 경제학자들은 이것을 '영원한'(그리고 이른바 '신성한') 수요·공급 법칙에 대한 침해라고 규탄하게 된다.(M669/670)

노동력의 수요와 공급 양면을 모두 규제할 수 있는 자본의 능력에 의해 시장교환의 규칙들이 궤멸된 상황에서, 노동자들이 자신의 이해를 보호하기 위해 스스로 조직화하려는 모든 시도는 시장의 규칙을 어기는 행위라고 규탄을 받는 것이다!

맑스는 축적에 대한 두가지 모델을 만들었는데, 기술변화가 있는 것과 없는 것이 바로 그것이다. 자본가들은 두가지 선택을 할 수 있다. 즉 기존의 기술적 조건에서 축적을 하여 모델1로 들어가는 길이 하나 있고(경쟁의 강제법칙을 만나 어려움을 겪는다), 기술변화에 투자를 하여 모델2로 향할 수 있다. 두번째 모델의 의문은 무엇이 기술변화의 속도를 규제하는가 하는 점이다. 상대적 잉여가치 이론은 보다 높은 생산성을 가진 자본가에게 돌아가는 특별잉여가치를 얻기 위해 자본가들이 경쟁하는 바로 그 경쟁의 법칙에 의해 기술변화의 속도가 결정된다는 것을 보여주었다. 그러므로 그 한계는 부분적으로 경쟁의 강도에 의해 결정될 것이다(이것은 맑스가 강조하지 않았던 점이다). 그러나 외부의 한계도 역시 존재한다. 맑스는 앞서 새로운 기계기술을 도입하는 결정은 기계의 구입에 지출되는 가치와 기계를 통해 절약되는 노동력의 가치 사이의 비교를 통해 이루어진다고 밝혔다. 맑스는 이 점을 명시적으로 밝히지는 않았지만, 이것은 기술혁신이 이루어지는 한계가 임금이 충분히 떨어져 더이상 기계를 구입할 필요가 없을 때까지라는 것을 의미한다(19세기 영국이 미국에 비해 상대적으로 그러했다). 이 한계는 아마도 노동계급이 극단적인 빈곤상태에 영락했을 때 발생할 것이다.

상대적 과잉인구

이 장의 4절에서 맑스는 상대적 과잉인구의 상태를 살펴본다. 그는 세가지 유형을 구분한다. 유동적, 잠재적, 정체적 과잉인구가 바로 그것이다(M670). 그가 말하는 "유동적" 과잉인구란 이미 프롤레타리아화한 사람들로서, 정규직 노동자로 고용되어 있다가 어떤 이유 때문에 일시적으로 일자리에서 쫓겨나 있는 사람들이며, 이들은 축적 조건이 개선되어 다시 일자리로 돌아갈 때까지 실업기간 동안 어떻게든 생존해 있는 사람들이다. 오늘날의 개념으로 보면 유동적 과잉인구는 실업통계에 기록되는 실업자+불완전고용 노동자(혹은 실망실업자)와 거의 같은 의미다. 잠재적 과잉인구란 아직 프롤레타리아화하지 않은 사람들이다. 맑스가 살던 시기에는 이들은 특히 임노동제도에 아직 흡수되지 않은 농업인구를 가리키는 말이었다. 농민(혹은 토착농업)의 파괴와 농업세계의 프롤레타리아화는 많은 사람들을 임노동자로 내몰았다. 이것은 오늘날까지도 이어지고 있다(최근 수십년 동안 중국, 인도, 멕시코의 사례가 이것을 증언한다). 가족제도의 파괴를 통해 부녀자와 아동들을 임노동자로 만드는 것은 오늘날까지도 여전히 한 역할을 수행한다(개발도상국들에서는 여성들이 임노동의 핵심인력을 이룬다). 잠재적 과잉인구에는 쁘띠부르주아적 독립생산자들과 수공업자들도 포함되는데 이들은 모두 대자본에 자신들의 사업을 빼앗겨 노동시장에 어쩔 수 없이 밀려나온 사람들이다. 지난 50년 동안 미국에서 이루어진 가족농의 해체는 여기에 묶여 있던 노동력을 모두 노동시장에 풀어놓았다. 동네에서 조그만 가게를 운영하다 대형 슈퍼마켓에 밀려난 영세 자영수공업자들도 여기에 포함시킬 수 있을 것이다. 따라서 잠재적 과잉인구는 여러 유형의 쁘띠부르주아 생산자, 여성, 아동, 농민 같은 사람들로 구성된 매우 거대하고 다양한 범주다. 오늘날에는 프롤레타리아화로부터 벗어났다가 도로 합류한 그룹들도 여기에 포함된다. 의사들은 대개 자기들이 프롤레타리아의 일부가 아니라고 생각하지만, 의료인력들에 대한 프롤레타리아화는 매우 은밀하게 진행되고 있어 알아차리기 쉽지 않다. 고학력자들에 대한 프롤레타리아화도 역시 대학의 기업화와 신자유주의화가 점차 자리를 잡아가는 것과 함께 급속히 진행되고 있다. 맑스가 여기에서 우리의 주의를 환기시키고 있는 것은 프롤레타리아화의 동학이 얼마든지 변할 수 있으며 잠재적 과잉인구를 동원할 수 있는 방법이 매우 다양하다는 점이다. 이것은 분명히 상황에 따라 얼마든지 다양한 형태로 이루어질 수 있는 것이다. 게다가 유동적 과잉인구는 자본주의 조직영역 내에서만 존재하지만 잠재적 과잉인구는 지리적으로 매우 광범위하게 분산되어 존재한다. 그것은 잠재적으로 어디에나 존재할 수 있으며 제국주의나 식민지주의의 지정학적 정책에 의해 결정적 영향을 받는다.

세번째 계층은 정체적 과잉인구다. 이 계층은 불규칙적으로 고용되는 사람들로서 특히 매우 다루기 어려운 사람들이다. 정체적 과잉인구의 맨 밑바닥을 이루는 침전계층을 맑스는 "피구휼민의 영역"으로 표현하고 있는데 이 계층은 "부랑자·범죄자·매춘부 등 본래적인 의미의 룸펜프롤레타리아들"로서 맑스는 이들에게는 별로 관심을 보이지 않는다. 정체적 과잉인구의 나머지는 "노동능력이 있는 빈민들"과 "고아나 빈민아동들이다. 이들은 산업예비군의 후보자들로 (…) 대호황기에는 급속히 대량으로 노동자 현역군에 편입되는 사람들이다." 그다음으로는 "퇴락한 사람, 몰락한 사람, 노동력이 없는 사람 (…) 일자리에 적응할 수 없는 사람"들이 있는데 맑스는 이들을 "노동자 현역군의 상이군인 수용소"로 부르면서 이들은 대부분 임금노동력으로 사용할 수 없는 사람들이라고 말하고 있다 (M673). 이들은 윌슨(W. J. Wilson)이 "하층계급"(나는 이 명칭을 정말 싫어한다)이라고 불렀던 사람들이다.

이 장의 마지막 부분인 제5절은 상당히 긴데 여기에는 산업예비군(유동적 과잉인구와 잠재적 과잉인구를 모두 포함)에 편입된 사람들이 처해 있는 비참한 상황이 상세히 묘사되어 있다. 맑스는 영국(그리고 특히 농촌의 과잉인구들의 상태)에 주로 초점을 맞추는 한편, 도시화의 역할은 물론, 영국으로 이주한 아일랜드인들과 관련하여 잠재적 과잉인구의 활용이 이 경우 얼마나 자주 인종과 종교의 차이를 이용해서 이루어졌는지 ─ 자본가계급은 이것을 보다 확대하여 인종, 성별, 문화, 종교 등 온갖 분할통치 방식을 동원했다 ─ 에 대해 면밀히 살펴보고 있다. 이와 같은 사례는 오늘날에도 쉽게 찾아볼 수 있다. 미국의 푸에르토리코 노동자들의 오랜 역사는 19세기 영국의 아일랜드 노동자들의 그것을 꼭 그대로 빼닮았다. 우리는 또한 멕시코, 과테말라, 중국, 방글라데시, 인도네시아, 남아프리카 등지의 상황에 대한 이야기들도 쉽게 접할 수 있는데 이 나라들의 상황은 모두가 하나같이 맑스가 5절에서 묘사하고 있는 상황과 전혀 다르지 않은 끔찍한 것들이다.

맑스의 두번째 축적 모델은 주로 기술변화로 인해 만들어진 유동적 과잉인구에 의존하고 있다. 이들 유동적 과잉인구가 체계적으로 관리되는(예를 들어 실업자들이 어떻게 생계를 유지하여 건강한 상태로 노동력에 복귀하게 되는지 등의) 방식은 분명 매우 흥미로운 문제다. 그런데 유동적 과잉인구와 잠재적 과잉인구 가운데 누구를 활용하는 것이 자본주의에 더 유리한 것인지에 대한 전술적 판단의 문제도 또한 존재한다(정체적 과잉인구는 동원하기도 쉽지 않고 직접 노동을 시키기는 더더욱 어렵다). 유동적 과잉인구를 자유자재로 활용하는 데에는 많은 어려움이 따른다. 조금이라도 고용을 보장받은 강력한 노동자조직은 실업을 가로막을 수 있다. 새로운 기술과 새로운 생산체계는 그것이 확대되기도 전에 노동자들 자신의 저항에 부딪힐 수도 있다. 그리고 경우에 따라서는 실업이 초래할 정치적 결과가 매우 심각할 수도 있다. 예를 들어 1950~60년대에는 부분적으로 사회적 불안을 두려워하여 부르주아 기업가들 사이에서 실업의 발생을 싫어하는 분위기가 퍼지기도 했다. 그래서 잠재적 과잉인구가 더욱 선호되는 경향이 존재했다. 거기에는 두가지 방법이 있었다. 자본을 해외로 옮기거나 노동자를 수입하는 방식이 바로 그것이었다. 1960~70년대에 스웨덴에서는 실업률이 낮았고 유동적 과잉인구는 거의 존재하지 않았다. 강력한 노동조합 세력, 많은 사회적 규제, 강하게 뿌리를 내린 사회민주주의적 정치적 장치들 때문에 뽀르뚜갈, 유고슬라비아, 중부유럽 지역으로부터 노동자를 수입하는 것이 잉여가치를 만들어내는 데 결정적으로 중요한 수단이 되었다. 프랑스 자동차산업의 노동력 부족은 국가의 지원을 받은 북아프리카인들의 이민을 불러왔고 터키의 과잉노동력은 이 시기 독일 산업에 큰 도움이 되었다. 1960년대 미국의 이민법 개정도 역시 잠재적 과잉인구를 활용하는 데 큰 도움을 주었다. 멕시코의 과잉노동력은 미국기업들의 운영에 결정적인 도움을 주었지만, 이는 오늘날의 (합법, 불법 모두에 걸친) 이민을 둘러싼 골치아픈 논쟁을 불러일으키고 있다(예를 들어 과잉노동력의 부족은 미국 서부에서 추수기에 막대한 작물의 손실을 가져왔다).

오늘날 우리는 실업이 만연하고 잠재적 과잉인구가 풍부한 상황에 처해 있다. 이 범주들을 자본주의에서 노동에 대한 통제의 역사와 관련하여 생각해보는 것은 상당히 흥미로운 일이다. 유동적 과잉인구는 이들이 취업자들과 경쟁하기 충분한 건강상태를 유지할 수 있는 방법이 무엇인지에 대한 의문을 불러일으킨다. 한가지 답은 사회복지제도를 만드는 것이지만 이것은 최근의 신자유주의적 경향에 비추어보면 그 중요성이 낮아 보인다. 우파들은 노동자들이 자신들의 임금을 너무 높게 잡으면 실업이 발생한다고 주장한다. 즉 노동자들이 최저임금 이하의 노동을 거부함으로써 실업을 스스로 만들어낸다는 것이다. 복지가 지나치게 잘 갖추어져 있으면 언제나 이런 일이 쉽게 발생한다는 것이다. 따라서 실업을 없애는 가장 좋은 방법은 복지를 아예 없애는 것이다. 그러나 이것은 유동적 과잉인구가 예비노동으로 유지되는 것을 어렵게 만든다. 이민정책의 경우도 이와 비슷한 고민이 있다. 미국에서 이민을 규제하려는 모든 시도는 적당한 과잉노동력을 필요로 하는 기업의 이해와 충돌한다. 농업부문에서부터 마이크로쏘프트사에 이르기까지의 모든 산업은 규제적 이민정책에 반대하는 운동을 펼친다.

노동공급의 관리는 갈수록 점점 중요한 의미를 지닌다. 자본가계급의 이해는 산업예비군을 (유동적 과잉인구와 잠재적 과잉인구를 적절히 혼합한 형태로) 창출하여 지속적으로 유지하는 방식으로 노동공급을 관리함으로써, 임금을 낮게 유지하고 고용된 노동자들에게 해고를 위협하고, 노동자조직을 해체시키고 취업자들에 대한 노동강도를 강화하는 데 있다. 1970년대 이후 이 전략은 미국에서 상당한 성공을 거둔 것처럼 보인다. 왜냐하면 이윤율은 전반적으로 상승했음에도 노동자들의 실질임금은 (1990년대에 반짝 상승한 것을 제외하면) 거의 제자리걸음을 했기 때문이다. 이 시기는 미국 전체의 역사에서 괄목할 만한 생산성의 증가로부터 노동자들이 아무런 혜택도 받지 못한 최초의 시기다. 상대적 잉여가치를 추구하면서 얻은 모든 이익은 자본가계급에게 집중되어 이들은 엄청난 부를 집적한 반면 사회적으로는 불평등이 심화되는 결과를 가져왔다.

자유주의적 이상의 파괴된 꿈

우리는 제4편에서 상대적 잉여가치의 생산을 분석하면서 다음과 같은 사실을 알게 되었다. 즉 자본주의체제 내에서 노동의 사회적 생산력을 높이기 위한 모든 방법은 개별 노동자를 희생시키면서 이루어진다는 것, 그리고 생산의 발전을 위한 모든 수단은 생산자에 대한 지배와 착취 수단으로 전화하여 노동자를 한낱 부분인간으로 불구화 시킴으로써 기계의 부속물로 전락시키고, 그의 노동을 고통으로 채 움으로써 노동자의 정신적인 힘을 노동과정에서 소외시킨다는 것, 또한 이들 수단은 다시 그의 노동조건들을 왜곡시키고, 노동과정에 서 그를 비열하고 가증스러운 전제(專制)에 굴복시키며, 그의 생활시 간을 노동시간으로 전화시키고, 그의 처자를 자본의 저거노트 수레 바퀴(인도신화에 나오는 비슈누신이 때때로 변신한다고 알려진 8개의 바퀴가 달린 거대한 수레. 여기에서는 무자비한 착취의 굴레를 은유적으로 표현한 것이 다—옮긴이) 밑으로 밀어넣는다는 것 등의 사실을 알게 되었다. 그러 나 잉여가치를 생산하기 위한 모든 방법은 또한 축적의 방법이기도 하고, 축적의 모든 확대는 거꾸로 축적방법을 발전시키기 위한 수단 이 된다. 그리하여 자본이 축적되는 정도에 따라 노동자의 생활은 그 가 얼마를 지불받든〔즉 많이 지불받든 적게 지불받든〕상관없이 악 화되지 않을 수 없다. 끝으로, 상대적 과잉인구〔또는 산업예비군〕가 늘 축적의 규모 및 힘과 균형을 유지하게끔 하는 법칙은 헤파이스토 스의 쐐기가 프로메테우스를 바위에 못박은 것보다 더 단단히 노동 자를 자본에 못박아두고 있다. 그것은 필연적으로 자본축적에 따른 빈곤의 축적을 낳는다. 그러므로 한쪽 극에서의 부의 축적은 동시에 반대편 극에서의〔즉 자신의 생산물을 자본으로 생산하는 계급 편에 서의〕빈곤, 노동의 고통, 노예상태, 무지, 포악, 도덕적 타락의 축적 이 된다.(M674/675)

이것은 잘 알려진 프롤레타리아의 빈곤화 명제로서 그 빈곤화가 자본축적의 필연적 결과이자 조건이라는 것을 명시하고 있다. 이 명제에 대한 전형적인 반응은 우선 이 명제가 틀리다는 것, 그리고 오늘날 세계의 많은 노동자들은 100년 전에 비해 훨씬 잘살고 있다는 것, 또한 중국이나 홍콩의 열악한 작업장들의 노동조건이 매우 비참해서 그것이 아직도 사실일 수도 있지만 이런 것들은 보다 나은 물적 생활수준을 만들어나가는 과정에서 나타나는 과도적 문제들일 뿐이며 심지어 이들 나라에서도 이 명제가 틀렸다는 것이 이미 입증되기 시작하고 있다는 것 등이다. 이것은 맑스에 대한 비판가들뿐만 아니라 종종 맑스주의자들에게서도 제기되고 있는 이야기들 가운데 하나인데, 이들은 이 명제가 맑스의 경직된 예측 가운데 하나이며 이 예측은 역사적 자료를 통해 간단히 검증될 수 있는 것이라고 주장한다. 그리고 역사적 자료들이 이 명제를 대체로 지지하지 않는다는 점에서 맑스의 분석은 명백하게 틀렸다고 주장한다.

그래서 나는 어쩔 수 없이 이 글 전체에 걸쳐 있는 가정들을 여러분에게 일깨워줄 필요가 있다는 것을 느끼고 맑스의 이런 종류의 명제들은 절대적 명제가 아니라 처음에 설정된 제한적 가정에 주로 의존하는 우연적인 것이라는 점을 다시 한번 강조해두고자 한다. 이것은 『자본』제1권의 결론인데 이 제1권은 생산의 동학에만 주로 초점을 맞추고 있다. 모든 분석은 순전히 이 관점에서만 이루어지고 있다. 시장에서의 자본의 실현이라는 관점에서 집필된 제2권의 끝부분에서 우리가 만나게 되는 결론은 이 제1권의 것과는 완전히 다른 것이다. 거기에서 맑스는 유효수요의 문제(증가한 생산물을 소비할 돈을 누가 가지고 있는가)에 관심을 집중시키고 있다. 이 문제에 대한 대답의 일부는 그가 거기에서 묘사하고 있는 노동자 측의 "합리적 소비"라는 것에 놓여 있다. 그가 말하는 이 말의 의미는 두가지다. 첫째는 노동자계급이 소비에 사용할 수 있는 충분한 구매력을 가지고 있어야 한다는 것이다. 둘째는 노동자들의 소비행태가, 자본주의가 끊임없이 만들어내는 잉여생산물을 모두 흡수하는 방식으로 이루어질 것이라는 점이다. 그래서 제2권의 말미에서 맑스는 부르주아들의 자선행위가 노동계급에게 "적절한" 소비행태를 가르치는 데 집중되고 있는 방식들을 인용한다. (포드가 사회사업가들을 동원하여 자기 공장에서 실시한 주급 5달러/8시간 노동일 제도의 혜택을 받은 노동자들을 교육시켜 이들이 대폭 늘어난 임금을 술, 마약, 여성에게 소비하지 않고 현명하게 소비하도록 이끌었던 것이 바로 그런 방식의 대표적 사례다.) 이처럼 제2권 마지막 부분의 결론은 제1권의 그것과는 전혀 다르다. 만약 제1권 마지막 부분의 이야기가 전부라면 노동자계급은 자본주의적 생산물에 대한 소비수요의 (사회적으로 필요한) 중심역할을 수행할 수 없을 것이다.

그렇다면 제1권의 그 이야기의 목적과 요점은 무엇인가? 그것이 말하고 있는 것은, 만일 세계가 이런 방식으로 운영된다면 결국 노동자계급의 빈곤화라는 결과를 만들어낼 것이라는 내용이다. 이 결론이 옳다는 것을 증명하는 요소들을 볼 수 있는지의 여부에 대해 묻는다면 그 답은 분명 "그렇다"인데, 왜냐하면 우리는 인도네시아, 방글라데시, 베트남, 과테말라 등지의 공장들에서 이를 확인할 수 있기 때문이다. 이들 지역의 공장들에서는 잠재적 과잉인구가 극히 비참한 조건하에서 동원되고 있다. 거기에서 여러분은 맑스가 이야기했던 그런 "비참한 고통"들을 모두 직접 확인하게 될 것이다. 여러분은 세계의 많은 생산중심지들에서 현재 진행되고 있는 이와 비슷한 노동조건들에 대한 상세한 보고서들을 쉽게 접할 수 있다(이에 관한 NGO나 UN의 보고서들이 풍부하게 존재하며, 심지어 주류 언론들까지도 이 기가 막힌 실상들을 알리고 있다). 또한 지난 30년간 있었던 일(혹은 신자유주의적 정책들)을 상징적으로 알려주는 사실 가운데 하나는 소득불평등이 급격히 심화되고 억만장자들이 세계 곳곳(인도, 멕시코, 중국, 러시아 등지)에서 터져나왔다는 것인데, 한쪽에서는 부가 축적되고 다른 한쪽에서는 빈곤이 누적되어 오늘날 세계 자본주의의 상태를 잘 보여주고 있다.

그러므로 제1권이 비록 제한적이긴 하지만 어느정도의 진실을 기술하고 있다는 점을 정확히 인식하지 않고서는 제1권을 올바로 읽어내는 것이 어려운데, 이것은 특히 제1권의 이런 이야기를 1950~60년대 선진 자본주의 국가들의 상황과 비교해볼 때, 즉 노동자조직의 힘이 비교적 강하고 사회민주주의적인 경향이 지배적일 뿐만 아니라 생산과 분배 모두에서 국가의 개입이 보다 광범위하게 수용되고 있던 바로 그런 시기와 비교해볼 때면 더욱 그러하다. 그런 시기에는 합리적 소비의 문제가 더욱 전면에 부각되어 있었다. 노동자계급이 자동차를 구매하리라는 것을 어떻게 보장할 수 있는가? 그것은 바로 자동차가 사치품이 아니라 필수품이 되도록 도시와 교외를 건설했기 때문이며 또한 노동자들이 자동차와 교외의 주택 그리고 이런 생활양식에 맞는 모든 것들을 구입할 수 있도록 충분한 임금을 받았기 때문이다. 이 시기에는 제2권의 분석이 더 중요한 의미가 있는 듯했고 제1권의 결론은 약간 현실과 맞지 않는 것처럼 보였다.

그런데 이 가운데 많은 것들이 1970년대에 이루어진 신자유주의적 전환을 통해 뒤집어졌다. 세계 전체에 걸쳐 프롤레타리아의 대규모 증가가 이루어져 20억에 가까운 사람들이, 농촌과 농업경제의 파괴(라틴아메리카와 남아시아 지역의 경우)를 통해 그리고 정부의 직접적 정책(중국과 동아시아 지역에서 좀더 일반적인 현상)을 통해 기존의 경제적 토대를 박탈당하고 프롤레타리아로 전락했다. 이런 사태가 가져온 당연한 결과는 자본축적의 전통적인 중심지역의 노동자계급이 자신들의 몫을 더이상 늘리지 못하게 된 것이었다. 엄청나게 증가한 부는 전체 인구의 상위 1%(심지어는 상위 0.1%)에게 집중적으로 흘러들어갔다. 신자유주의적 구상의 추구는 우리를 제1권의 분석이 보다 중요한 의미를 갖는 세계로 데려다놓았다.

이 구상은 지배계급의 일부가 의도적으로 기획한 것이었다. 1979년 초 미국이 이자율을 기습인상한 사건이었던 '볼커 쇼크'(Volcker shock)는 대량의 실업을 만들어냈다. 그리고 이와 함께 이루어진 레이건정부의 노동조합에 대한 공격(1981년 항공관제사들의 파업에 대한 공격을 시발점으로 했다)은 명백히 노동자들을 다잡으려는 의도를 가진 것이었다. 영국의 경제학자 앨런 버드(A. Budd)는, 자신이 마거릿 새처의 수석 경제자문관으로 일하던 당시를 회상하면서, 나중에 주변 사람들에게 다음과 같은 부끄러운 고백을 했다. "인플레를 잡기 위해 긴축경제와 긴축재정을 집행했던 1980년대의 정책은 사실 노동자들을 공격하기 위한 하나의 핑계였다. 실업을 증가시키는 것은 노동계급의 힘을 약화시키기 위한 매우 바람직한 방법이었다. 그래서 (맑스의 용어를 빌리면) 자본주의의 위기를 설계하여, 산업예비군을 재창출함으로써 자본가들로 하여금 미증유의 이윤을 획득하도록 만들었던 것이다."[26] 레이건과 마찬가지로 새처도 1980년대 광부들의 파업을 폭력적으로 진압함으로써 노동조합에 대한 정치적 공격을 감행했다. 여기에서도 역시 그 목적은 노동자들을 다잡아 이윤을 보장하고 축적이 끊임없이 이루어지도록 하기 위한 것이었다. 맑스의 분석이 무서운 까닭은 이런 결과들이 모두 예측되었다는 것이며 맑스의 용어로 쉽게 설명될 수 있다는 것이다.

맑스가 제1권에서 했던 작업은 고전경제학의 용어와 이론을 그대로 사용하여, 만일 이들이 자신들의 공상적인 자유주의적 이상——완벽하게 작동하는 시장, 개인의 자유, 사적 소유권, 자유무역——을 정말로 실현한다면 세상이 어떤 모습이 될 것인지를 묻는 것이었다. 이런 모습으로 건설된 세상에서 어떤 일이 벌어지는지를 그는 한발한발 탐구해 들어간다. 애덤 스미스는 분권화되고 시장이 자유롭게 기능하는 세계에서는 국부가 증가하고 모든 사람이 보다 잘살게 되고 또 그렇게 될 수 있다는 것을 보여주려고 했다(물론 스미스 자신은 부가 공평하게 분배되는 문제에서 국가의 책임을 배제하지 않았다). 맑스는 순수하게 자유방임적 원칙에 의해 만들어진 세상이 스스로 한쪽에서는 부가 점점 더 축적되고 다른 한쪽에서는 빈곤이 점점 증가하도록 만들어나간다는 것을 보여준다. 그렇다면 도대체 이런 공상적 이상의 원칙에 따라 세상을 건설하기를 원하는 사람은 누구인가? 그 답은 너무도 명백하다. 부유한 자본가계급이 바로 그들이다! 그렇다면 누가 우리에게 공상적 자유시장의 장점을 설파하고, 우리를 오늘날과 같은 신자유주의적인 길로 밀어넣었는가? 놀랍고도 놀라운 일이다! 그것은 바로 늘상 자신들의 화폐권력을 이용하여 우리 모두에게 시장이 항상 옳고 맑스의 이론이 틀렸다고 설득하고 있는 부자들이 아닌가.

신자유주의적 구상(나는 이것을 『신자유주의: 간략한 역사』[27]에서 설명한 바 있다)은 자본가계급의 최상층부로 부가 보다 많이 축적되고 잉여가치가 보다 많이 수탈되는 것을 지향해왔다. 이 목적을 달성하기 위해 자본가계급은 제1권에서 제시하고 있는 자본축적 모델의 전형적인 길을 밟아왔다. 즉 임금을 인하하고, 노동자를 대체하는 기술변화를 통해 실업을 만들어내고, 자본의 권력을 소수의 수중으로 집중시키고, 시장의 수요·공급을 조절하고(우리가 앞서 보았듯이 자본은 시장의 수요와 공급 모두에 개입한다), 아웃쏘싱과 역외 이전을 활용하고, 세계 곳곳에 산재하는 잠재적 과잉인구를 동원하고, 가능한 한 복지수준을 축소시키는 등의 방법을 사용한다. 이것이 바로 신자유주의적 "세계화"의 참된 내용이다. 다른 모든 사람을 희생시켜 극소수가 엄청난 부를 축적하기 위한 사회적 필요조건이, 제1권의 분석에서 논한 것과 똑같은 방식으로 만들어져온 것이다. 물론 문제는 이런 종류의 신자유주의적 자본주의가 "모든 부의 원천인 토지와 노동자를 동시에 파괴함으로써만"(M530) 존속할 수 있다는 사실에 있다.

그러나 맑스의 분석과 일치하는 것은 이것만이 아니다. 맑스는 이 장에서 완벽한 자유시장의 조건에서는 자본의 집적과 집중이 필연적으로 증가한다는 것을 지적하고 있다. 흥미롭게도 이것 역시 지난 신자유주의하의 30년간 두드러지게 나타났던 현상이다(에너지, 제약, 언론계에서 이루어진 집중현상과 특히 금융권력 부문에서 급격히 증가한 집중현상을 주목할 필요가 있다). 시장의 과도한 자유는 언제나 과점과 독점을 보다 강화하는 경향을 만들어낸다(이것은 반독점법이나 국가의 매수합병 및 독점에 대한 감시활동——최근에는 대부분 무력화되어버렸지만——을 통해 확인된다). 부는 단순히 축적되기만 하는 것이 아니라 점점 강력해진 소수 자본가계급의 수중에 집중되는 것이다. 그러나 이것도 또한 문제를 불러일으킨다. 제2권에서 정의된 균형조건이 충족되지 않아(엄밀히 말해 바로 부의 양극화 때문에), 그것이 2008년에 터져나온 것 같은 끔찍한 공황을 만들어낸다면 어떻게 될 것인가? 오늘날 같은 부의 불균형이 있었던 시기가 미국의 역사에서 오로지 1920년대뿐이라는 사실과 우리가 2008년에 1929년과 똑같은 공황을 다시 만났다는 사실은 필시 전혀 우연한 일이 아닌 것이다.

내 생각에 맑스의 분석과 그의 방법이 발휘하는 위력을 확인시켜주는 시금석은, 그가 우리에게 (대개 자주 숨겨진 채 잘 드러나지 않는) 역사적 동학의 관점을 명확히 제시해주는 한편, 이와 함께 자신이 예측한 결과들을 직접 만들어내고 정당화하는 현실의 모순과 이데올로기들을 곧바로 제시하고 있다는 점에 있다. 오늘날 우리 주변의 경제학과들에는 얼마나 많은 씨니어들이 존재하는가! 그러므로 그의 가정에 입각한 명제들을 방어하고, 이 명제들이 이야기의 전부는 아니지만 여전히 결정적인 것이며, 또한 오늘날 자본주의 내에서 벌어지고 있는 일들을 쉽게 인식할 수 있는 관점을 제공하는 것이라는 점을 인식하는 것은 매우 중요하다. 그는 실제로 명확한 논리로 "자본주의적 축적의 절대적이고 일반적인 법칙"을 설명했다(그렇지만 물론 그는 "이것도 다른 법칙들과 마찬가지로 그 실현과정에서는 다양한 요인에 의해 변형된다"(M674)는 점을 인정하고 있다). 일반법칙은 자유로운 시장과 자유주의적 이상이 만일 실행된다면 우리를 어디로 데려갈 것인지를 명확히 보여주고 있으며, 신자유주의로의 이데올로기적 전환이 이 자유주의적 이상들을 온갖 새로운 옷으로 갈아입혀 그것을 실행시키려고 노력하는 순간, 그것은 사실상 맑스가 예측했던 바로 그 (모순으로 가득찬) 방향으로 우리를 이끌고 가버렸다. 우리는 맑스의 원문을 주의깊게 읽고 그의 방법을 신중하게 평가함으로써 (전혀 위로가 되진 않겠지만) 통찰력과 심오한 예지력을 얻을 수 있게 된다.

제11편

본원적 축적의 비밀

제24장 "이른바 본원적 축적"은 문체와 내용, 그리고 방법 모두에 있어 다른 부분과 상당히 다르다. 먼저 여기에서는 다른 부분들에서 채택되고 있는 가정이 받아들여지고 있지 않은데, 그 가정이란 제2장에서 제시한 것으로, 맑스는 거기에서 자유, 평등, 소유, 벤담이 지배하는 자유로운 시장이 작동하는 애덤 스미스의 이론세계——자유주의적 기구들이 정상적으로 작동하는 자유로운 환경에서 모든 상품의 교환이 이루어지는——를 받아들이고 있다. 스미스는 이런 세계가 실제 현실에는 존재하지 않는다는 것을 잘 알고 있었지만, 그는 어쩔 수 없이 편의상 이를 규범적인 경제이론을 정립하기 위해 필요한 가공의 조건으로 받아들였다. 맑스는 우리가 이미 보았듯이 이 모든 것을 그대로 받아들여 그것의 공상적 성격을 분쇄하고자 했다.

이런 전략적 방침에 따라 맑스는, 우리가 이미 앞장에서 본 것 같이, 우리가 자유주의적 시장활동을 하면 할수록 그만큼 더 빨리 두 가지 결과를 만나게 된다는 것을 보여줄 수 있었다. 두가지 중 하나의 결과는 덜 요긴하다. 하나의 단일한 세력이 시장을 마음대로 좌우할 수 없도록 되어 있는 분권화되고 분자화된 분산적 형태의 구조는 점차 보다 집중된 자본가 권력을 만들어낸다는 것이다. 경쟁은 항상 독점을 만들어내는 경향이 있으며, 경쟁이 치열하면 할수록 집중화의 경향은 더욱 급속해진다. 보다 중요한 다른 하나의 결과는 한쪽에서는 엄청난 부의 집중이 이루어지는(특히 집중화된 자본가들 쪽으로) 반면 다른 한쪽에서는 노동자계급의 빈곤과 어려움, 그리고 영락이 거듭하는 현상이다.

공상적 자유주의에 기초한 지난 30년 동안의 신자유주의 구상은 맑스가 예측했던 두가지 경향을 모두 그대로 따라갔다. 물론 지리적으로나 산업부문에 따라 세부적으로는 상당한 편차들이 존재하긴 하지만 여러 영역들에서 나타난 자본의 집중 정도는 매우 놀라운 것이었다. 부와 소득의 최상층부로 몰린 부의 엄청난 집적은 과거에는 결코 존재한 적이 없는 미증유의 것인 반면 세계 전체의 노동계급이 처해 있는 상태는 정체되거나 오히려 악화되었다는 사실에 대부분 공감했다. 예를 들어 미국에서는 상위 1%가 국민총생산과 국부에서 차지하는 비율이 지난 20년 동안 두배로 늘어났으며 상위 0.1%가 차지하는 비율은 3배로 늘어났다. 봉급생활자의 중위그룹과 CEO 간의 수입비율도 1970년대에는 30:1이던 것이 최근 몇년 사이에는 350:1 이상으로 뛰어올랐다. (1990년대 멕시코나 인도 같은) 신자유주의화가 진행된 곳에서는 어디서건 『포브스』의 세계 최고의 부자 명단에 이름을 올리는 억만장자가 갑자기 나타났다. 멕시코의 까를 로스 슬림(C. Slim)은 현재 세계 최고의 갑부 명단에 이름을 올리고 있는데 그는 1990년대 초 멕시코에서 신자유주의 물결이 몰아칠 때 등장한 인물이다.

맑스는 고전경제학의 전제들을 그들 자신의 용어로 분쇄함으로써 이런 정반대의 결론에 도달했다. 그러나 그는 고전경제학의 강력한 추상적 개념들을 비판적으로 사용하여 현실 자본주의의 동학을 창조적으로 검증하기도 했으며 그 결과 노동일을 둘러싼 투쟁과 산업예비군의 생활상태를 둘러싼 투쟁의 본질을 보여주기도 했다. 제1권의 분석은 "불평등한 것을 평등하게 다루는 것보다 더 불평등한 것은 없다"(토머스 제퍼슨의 말—옮긴이)라는 말의 근거를 설명해주는 하나의 복잡하면서도 정곡을 찌르는 해설서 역할을 한다. 우리 모두는 교환과 계약의 자유라는 이데올로기에 홀려 있다. 이 이데올로기는 부르주아 정치이론의 도덕적 우위와 헤게모니에 기초해서 자신의 정당성을 확고히하고 휴머니즘을 표방한다. 그러나 이 자유롭고 평등한 교환이 이루어지는 시장의 세계로 각기 다른 초기 부존(賦存, endowment)과 재산을 가지고 들어가면, 그 순간 그 불평등이 아무리 작은 것이었다 할지라도(계급적 지위라는 거대한 불평등은 말할 것도 없고) 그것은 점점 부풀려져 시간이 지남에 따라 영향력과 부, 그리고 힘에 있어 엄청난 불평등으로 발전해나간다. 여기에 자본의 집중화 경향이 가세하면 이것은 맑스가 단번에 뒤집어엎었던 스미스의 이상, 즉 시장교환의 보이지 않는 손이 만들어내는 "만인에 대한 혜택"과는 정반대의 모습을 만들어낸다. 이를 통해 우리는 시장에 기초한 신자유주의적 세계화가 진행된 지난 30년 동안 실제로 벌어진 일이 무엇인지를 뚜렷하게 인식하게 된다. 맑스의 결론은 자유주의와 신자유주의 이론의 기초가 되고 있는 개인의 자유에 대한 명제를 철저히 비판하는 것이다. 이 신자유주의적 개념들은 맑스의 관점에서 보면 틀렸을 뿐만 아니라 비현실적이고 사기와 현혹으로 가득찬 것이다. 앞서 살펴본 바와 같이 노동자들은 오로지 두가지 의미에서만 자유로운데, 즉 하나는 자신들의 노동력을 누구에게든 마음대로 판매할 수 있다는 의미에서, 그리고 다른 하나는 그들이 생산수단에 대한 어떤 형태의 통제로부터도 배제(해방)되어 있기 때문에 살기 위해서는 노동력을 팔 수밖에 없다는 의미가 바로 그것이다.

『자본』 제24장은 이 두번째 자유(해방)가 어떻게 만들어지는지에 대해 의문을 제기한다. 이 의문을 통해 우리가 만나게 되는 것은 약탈과 폭력 그리고 권력의 남용인데, 이것들은 모두 자본주의가 역사적으로 출발하던 시기에 노동력을 상품으로 해방시켜 이전의 생산양식을 제거하는 데 사용되었다. 『자본』 제23장까지의 논의들을 계속 지배해오던 가정들은 파멸적인 결과들과 함께 모두 내팽개쳐진다.

이미 본 바와 같이 자본주의는 본질적으로 자신의 가치보다 더 큰 가치를 생산할 수 있는 하나의 상품에 의존하며 그 상품은 바로 노동력이다. 맑스는 『자본』의 앞부분에서 이렇게 말하고 있다.

이 자유로운 노동자가 무엇 때문에 유통영역에서 화폐소유자와 대면하는가 하는 문제는 노동시장을 상품시장의 한 특수한 부분으로 찾아내는 화폐소유자에게는 관심 밖의 일이다. 그리고 당분간은 우리에게도 마찬가지다. 화폐소유자가 실천적으로 사실에 집착하듯이, 우리는 이론적으로 사실에 집착한다. 그러나 한가지는 분명하다. 자연이 한편으로 화폐소유자 또는 상품소유자를 만들어내고 다른 한편으로 자신의 노동력만을 소유한 자를 만들어내는 것은 아니라는 점이다. 이 관계는 결코 자연사적인 것도 아니며 또 역사적으로 모든 시대에 공통되는 사회적 관계도 아니다. 그것은 분명히 선행한 역사적 발전의 결과이며, 많은 경제적 변혁의 산물이자 일련의 낡은 사회적 생산의 구성체들이 몰락하면서 만들어내는 산물이다.(M183)

본원적 축적은 노동자들을 고용하기 위해 필요한 재산이 자본가계급의 수중에 축적되는 문제에 관한 것일 뿐만 아니라 바로 이 임노동의 역사적 기원에 대한 것이기도 하다.

따라서 제24장은 노동력이 어떻게 상품이 되는지(혹은 보다 일반적으로 말해 노동계급이 어떻게 형성되는지)를 중점적으로 다룬다. 이 문제에 대한 부르주아들의 모범답안은 로크와 스미스가 만들어낸 것인데 그 내용인즉 다음과 같다.

아주 옛날에 한편에는 부지런하고 현명하며 무엇보다도 검약한 뛰어난 사람들이 있었고, 다른 한편에는 게으름뱅이들로 자신의 모든 것 또는 그 이상의 것을 써버리는 쓰레기 같은 인간들이 있었다.

(…) 전자의 사람들은 부를 축적하고 후자의 사람들은 결국 팔 것이라고는 자신의 몸뚱이 외에 아무것도 없는 빈털터리가 되었다. 그리하여 이같은 원죄에서 아무리 일을 해도 여전히 자신의 몸뚱이 외에는 아무것도 없는 대중의 빈곤과 극소수 사람들의 부가 비롯되었으며, 이 극소수의 사람들은 아주 오래 전부터 이미 노동하기를 그만두었는데도 그의 부는 계속 증대해온 것이다.(M741/742)

이 모범답안은 봉건제로부터 자본주의로의 이행을 점진적이고 평화적인 것으로 묘사하고 있다. 그러나 맑스는 이렇게 논박한다.

현실의 역사에서는 정복과 압제·살인강도〔한마디로 말해 폭력〕가 중요한 역할을 수행한다. 그러나 이 온건한 경제학에서는 처음부터 목가적인 곡조가 넘치고 있다. 즉 처음부터 정의와 '노동'만이 유일한 치부수단이었다. 물론 그때마다 '금년'만은 예외였다는 단서가 붙었다.(M742)

이것이 그렇게 되는 까닭은 이 과정이 다음과 같은 것이기 때문이다.

자본관계를 만들어내는 과정은 노동자를 자기 노동조건의 소유에서 분리시키는 과정〔즉 한편으로는 사회적 생활수단과 생산수단을 자본으로 전화시키고, 다른 한편으로는 직접적 생산자를 임노동자로 전화시키는 과정〕 바로 그것이다. 따라서 이른바 본원적 축적이란 바로 생산자와 생산수단의 역사적 분리과정이다. 그것이 "본원적"인 것으로 나타나는 까닭은 그것이 자본 그리고 자본에 맞는 생산양식의 전사(前史)를 이루고 있기 때문이다.(M742)

하나의 역사적 사실로서, 본원적 축적의 역사는 "결코 목가적이지 않았다"(M742). 그것은 "피로 얼룩지고 불길에 타오르는 문자로 인류의 연대기에 기록되어 있다"(M743).

스미스나 로크의 설명과는 완전히 결을 달리하는 맑스의 설명은 몇가지 흥미로운 문제를 제기한다. 첫째, 상인자본과 대부자본 그리고 고리대자본은 단지 자본의 대홍수 이전의 낡은 형태들일 뿐인가, 아니면 생산자본이나 산업자본과는 별도로 독자적 역할을 수행하고 있는 것인가? 맑스는 앞에서도 이미 이들을 살펴보았는데, 즉 "상업자본과 마찬가지로 이자를 낳는 자본 역시 우리의 연구과정에서 파생적인 형태로 다루어질 것이다. 또한 동시에 왜 그것들이 역사적으로 자본의 근대적인 기본형태보다 먼저 나타났는가 하는 점도 밝혀질 것이다"(M179). 이 말이 던져주는 함의는 봉건제로부터 자본주의로의 이행이 바로 상인자본과 고리대자본이 생산자본 및 산업자본의 등장을 위한 길을 개척했던 바로 그 단계에서 이루어졌다는 것이다. 따라서 자본의 이 초기형태들이 봉건제의 해체과정에서 수행한 역할은 계속 연구되어야 할 부분으로 남아 있다.

둘째, 이 말의 의미가 일단 자본주의가 본원적 축적을 달성하고 나면, 그리하여 자본주의의 전사(前史)가 지나가고 성숙한 자본주의 사회가 등장하고 나면, 이제 맑스가 말한 폭력적 과정들은 거의 없어지고 자본주의의 작동에서는 더이상 필요없게 된다는 것일까? 이 문제는 뒤에서 다시 자세히 다루게 될 것이다. 그러나 앞으로의 논의과정에서 이 문제를 계속 기억하기로 하자.

본원적 축적에 대한 맑스의 논의에서는 앞부분(제2장)에서 가정했던 시장교환의 원칙들이 모두 포기되고 있다. 상호의존성도 없고 평등도 없다. 물론 화폐축적도 여전히 존재하고 시장도 존재하긴 하지만 현실의 과정은 앞부분과 전혀 다르다. 현실의 과정은 모든 계급으로부터 생산수단에 대한 통제권을 폭력적으로 빼앗는 내용으로 이루어지며, 이 과정은 처음에는 불법적 행동으로 그러나 영국의 인클로저처럼 궁극적으로는 국가의 행동에 의해 이루어진다. 물론 애덤 스미스는 국가가 전국민을 희생양으로 삼는 적극적인 대리인의 역할로 이해되는 것을 원하지 않았고, 따라서 그는 국가의 폭력이 결정적 역할을 하는 본원적 축적에 대해 아무런 말도 할 수 없었다. 만일 자본축적의 원천이 국가기구와 국가권력에 있다면 그가 어떻게 자유방임정책을 국부와 개인의 후생을 늘릴 수 있는 가장 중요한 수단이라고 옹호할 수 있었겠는가? 그래서 결국 스미스는 다른 고전경제학자들과 마찬가지로 본원적 축적에서 국가의 역할을 무시했던 것이다. 그러나 몇몇 예외가 존재하는데 가장 대표적인 사람이 (맑스의 지적에 의하면) 제임스 스튜어트(J. Steuart)다. 이 사람은 프롤레타리아화 과정에 있어 국가의 폭력이 절대적으로 중요한 역할을 수행한다는 것을 분명히 알고 있었고 그것이 필요악이라는 입장을 취했다. 페렐만(M. Perelman)의 책 『자본주의의 발명』[28]은 고전경제학 내에서 본원적 축적의 기원이 어떻게 다루어졌는지를 탁월한 방식으로 설명해준다.

제24장에서 맑스의 주된 관심은 16세기부터 시작되는 본원적 축적의 역사를 밝히고 이 과정이 어떻게 진행되었는지를 살펴보려는 것이다. 물론 그는 자신의 논의의 전제를 이렇게 밝히고 있다.

이 수탈의 역사는 나라마다 다른 모습을 보이며, 이 역사가 거쳐가는 각 단계의 순서와 역사적인 시기도 나라마다 차이가 있다. 그것이 전형적인 형태를 띠고 나타나는 곳은 영국뿐이고, 따라서 우리는 영국을 사례로 보고자 한다.(M744)

여기에서 "전형적"이라는 말의 의미는 자본주의로의 이행에 있어 세계의 모든 나라가 뒤를 따라야만 하는 하나의 모범적인 틀이라는 의미일까? 맑스는 나중에 이런 해석을 부인하고, 그가 영국을 단지 하나의 사례로만(비록 그것이 특수하고 선구적인 사례일 뿐이긴 하지만) 간주했을 뿐이라고 이야기했다. 이는 논쟁의 여지가 있는 문제인데 우리는 나중에 이 문제를 다시 다루게 될 것이다. 이 문제를 어떻게 생각하느냐는 또다른 하나의 문제(매우 중요한 문제이지만 대개 더이상 생각하지 않는다)와 관련하여 상당히 중요한데, 그 문제란 곧 사회주의에 도달하기 위해서는 본원적 축적과 자본주의의 긴 역사를 모두 반드시 거쳐야만 하는 것인가라는 문제다.

1~7절 본원적 축적

제24장의 각 절은 비교적 짧고 함의가 명확한 함의를 지니는 순서대로 배열되어 있다. 나는 이 절들을 간략하게 살펴보면서 몇가지 중요한 요소들을 지적해두고자 한다. 2절은 농업인구에 대한 수탈과 봉건적 족쇄들의 해체과정을 다룬다. 토지에 대한 수탈은 농민을 축출하는 일차적인 수단이었지만 봉건적 유제(遺制)의 해체는 화폐권력이 봉건적 질서 내부에서(그리고 그 질서에 대하여) 행사되기 시작하던 방식을 통해 (예를 들어 상인자본과 고리대자본에 의해) 이루어졌다. "새로운 귀족이 화폐가 권력 중의 권력이 된 새로운 시대의 주인공이 되었다"(M746).『경제학비판 요강』에서 맑스는 이것을 보다 명시적으로 짚는다. 거기에서 그는 화폐가 전통사회를 어떻게 해체시키는지, 그리고 이런 해체과정에서 화폐 그 자체가 곧 사회가 되는 과정을 자세히 기술하고 있다. 그래서 우리는 "사회"가 사람들간의 사회적 관계의 구조로 결정되던 세상에서 화폐가 사회를 지배하는 세상으로 옮겨간다. 사회적 권력으로 사용되는 화폐는 상품교환을 확대하면서 동시에 대토지 소유와 대규모 목양농장 같은 것을 만들어낸다(이런 생각은 화폐와 교환 일반을 다룬 앞부분의 절들에서 많이 거론되었다). 전통사회는 투쟁 없이 쉽게 굴복하지 않았으며 적어도 초기 단계에서는 국가권력도 그것을 존속시키려고 노력했는데 이것을 나중에 톰슨(E. P. Thompson)은 조악한 화폐권력에 대항하는 농민들의 "도덕 경제"라고 불렀다.

그러나 국가권력은 두가지 이유로 점차 굴복했다. 첫째는 국가 자신이 점차 화폐권력에 의존하면서 취약해졌기 때문이다. 둘째는 국가의 규제가 전통사회를 지켜내려고 한 바로 그 방식을 통해 화폐권력이 만들어지고 동원될 수 있었기 때문이다. 헨리 7세 치하에서는 화폐화와 프롤레타리아화의 과정을 막기 위한 여러 법령들이 통과되었다. 그러나 맹아기 자본주의의 새로운 권력이 요구한 것은 "이와 반대로 민중의 예속상태, 민중의 피용자로의 전화, 그리고 민중의 노동수단을 자본으로 전화시키는 것이었다". "민중에 대한 폭력적 수탈과정은 16세기에 들어서자 종교개혁과 그 결과인 대규모의 교회령 약탈로 말미암아 새롭고 놀라운 추진력을 얻었고"(M748/749) 그 이후로 전통적 사회질서의 저항은 수그러들기 시작했다. 전통사회를 전복하기 위해 앞장선 화폐권력을 불법화하는 대신 국가는 화폐권력과 연합했고, 프롤레타리아화 과정을 적극적으로 지원하기 시작했다. 이런 경향은 1688년 명예혁명과 함께 더욱 강화되었다고 맑스는 이야기한다.

'명예혁명'은 오렌지 공 윌리엄 3세뿐만 아니라 지주와 자본가적 치부가들을 지배자의 지위에 앉혔다. 그때까지는 조심스럽게만 자행되던 국유지의 약탈을 그들은 거대한 규모로 자행함으로써 새로운 시대의 막을 올렸다. 약탈된 땅은 증여되기도 하고 헐값에 마구 팔리기도 했으며, 어떤 때에는 직접적인 횡탈을 통해 사유지에 병합되기도 했다. 모든 것이 어떤 법률적 관례도 고려되지 않은 채로 자행되었다. 이처럼 거의 사기에 가까운 횡령으로 탈취된 국유지는 교회에서 약탈한 땅—공화혁명 시기에 없어지지 않았다면—과 함께 오늘날 영국과 과두지배 귀족 영지의 기초를 이루고 있다.(M751/752)

이를 기초로 보다 강력한 새로운 계급연대가 형성되었다. "새로운 토지귀족은 새로운 은행귀족과 이제 막 생기려는 대규모 금융업자 그리고 그 무렵 보호관세의 혜택을 받고 있던 대규모 제조업자들의 당연한 맹우였다." 말하자면 토지자본가, 상인자본가, 금융자본가, 산업자본가 들의 광범위한 연대를 통해 이루어진 부르주아계급이 형성된 것이다. 이들은 국가기구를 자신의 집단적 의지에 굴복시켰다. 그 결과 "법률 그 자체가 이제는 인민공유지의 강탈수단이—물론 대규모 차지농업가들은 법률 외에도 별도의 자잘한 사적 수단을 사용하긴 했지만—되었다".

이처럼 공유지에 대한 대규모 인클로저운동이 선봉에 선 가운데 이 시기 동안 공공자산에 대한 체계적 횡탈이 이루어졌다. "공유지에 대한 폭력적 횡탈은, 대개의 경우 경지의 목초지화를 수반하면서 15세기 말에 시작하여 16세기까지 계속되었다"(M752). 이런 상황은 구체제가 사라져가는 것에 대한 향수를 담은 중요한 문학들을 부수적으로 낳았다. 이것이 바로 "메리 잉글랜드"(Merrie England)의 파괴를 비통해하면서 골드스미스(O. Goldsmith)와 그레이(T. Gray)가 그려낸 비가의 세계다. 맑스는 비근한 한가지 사례를 들고 있는데, 그것은 스코틀랜드 하일랜드 지역의 대청소에 대한 사례로서 거기에서는 19세기 말까지 농민들의 소작지가 차례차례 횡탈당하고 있었다. 그는 특히 써덜랜드 여공작의 위선을 집요하게 꼬집고 있는

데, 즉 그녀는 반(半)불법적인 과정으로 하일랜드 지역에서 농민들을 추방하고 있던 시기에, "미국 흑인 노예제도에 대한 자신의 동정심을 피력하기 위하여 (…)『톰아저씨의 오두막』의 저자 비처 스토우(B. Stowe) 부인을 런던에서 열렬하게 환영"(M758, 주218)했던 것이다.

맑스는 종합적으로 이렇게 정리한다.

교회령의 강탈, 국유지의 사기적 양도, 공유지의 약탈, 횡탈적이고 무자비한 폭행에 의해 이루어진 봉건적 소유와 씨족적 소유의 근대적 사적 소유로의 전화, 이것들은 모두 본원적 축적의 목가적인 방법 가운데 하나였다. 그것들은 자본주의적 농업을 위한 영역을 점령하고 토지를 자본에 통합시켰으며 도시공업에 필요한 보호받을 길 없는 프롤레타리아를 만들어냈다.(M760/761)

3절에서는 토지에서 쫓겨난 이 모든 사람들이 무엇을 하게 될 것인지를 다룬다. 종종 그들은 일자리를 구할 수 없었고 그래서 그들은 (적어도 국가의 눈에는) 부랑자나 거지, 혹은 도둑이나 강도가 되었다. 국가기구가 여기에 대응한 방식은 오늘날까지도 여전히 계속되고 있는데 그것은 다음과 같다. 즉 이들을 붙잡아서 가두고 불량배로 분류한 다음 가혹한 형벌을 부과했다. "이리하여 폭력적으로 토지를 수탈당하고 쫓겨나 부랑자가 되었던 농민들은 기괴하고 무서운 법률로 말미암아 임노동제도에 필요한 훈련을 받도록 채찍을 맞고 낙인을 찍히고 고문을 당했다." 노동자들을 사회화하여 자본의 훈련소에 집어넣기 위한 폭력은 처음에는 드러내놓고 이루어졌다. 그러나 시간이 흘러감에 따라 "노동자에 대한 자본가의 지배는 온갖 경제적 관계에 의한 보이지 않는 강제를 통해 이루어졌다". 일단 프롤레타리아가 형성되고 나면, 눈에 보이지 않는 경제적 관계를 통한 강제가 주된 역할을 수행하고 공공연한 폭력은 자취를 감추는데 이는 이미 대중들이 임노동자로서, 즉 노동력 상품의 소유자로서 자리를 잡았기 때문이다. 그러나 "이제 막 성장하고 있던 부르주아"는 임금을 억제하고 어떤 형태로든 노동자들이 집단적으로 조직되는 것을 막기 위해 "국가의 권력"을 계속해서 필요로 했다(반노동조합법 혹은 당시에 단결금지법이라고 불렸던 것으로서 이 법은 노동자들이 조직을 결성하거나 심지어 모이는 것도 모두 금지했다) (M767). 맑스는 이것이 (사적 소유권에 기초한) 자유주의체제를 공고히하는 데 결정적인 도움을 주었다고 지적한다.

혁명의 파도가 높아지자, 프랑스의 부르주아는 노동자가 겨우 획득한 단결권을 곧바로 다시 그들에게서 빼앗았다. 1791년 6월 14일의 포고를 통해 부르주아는 모든 노동자 단결을 "자유와 인권선언에 대한 침해"라고 규정했다.(M769)

부르주아의 합법성은 이처럼 노동자들이 집단적으로 힘을 모을 수 있는 가능성을 금지하는 특수한 방식으로 사용되었다.

4절은 자본주의적 차지농의 생성을 다룬다. 맑스는 여기에서 베일리프(bailiff, 영주의 토지관리인 ─옮긴이)가 분익소작농이 되었다가 차지농으로 변신하여 지주에게 지대(화폐)를 지불하게 되는 과정을 매우 짤막하게 이야기한다. 이 화폐화 혹은 상품화 과정은 "토지에서의 농업혁명"에 기초한 것이었는데 이 혁명을 통해 자본은 토지에 대한 일정한 통제권을 손에 넣었다. 자본은 토지(즉 자연)를 거쳐서 순환하게 되었는데 이것은 그것이 가변자본으로서 노동자의 육체를 거쳐 순환하게 된 것과 똑같은 방식이었다. 맑스가 5절에서 다루는 이 농업혁명의 결과는 양면적 성격을 지닌다. 그것은 많은 노동을 해방시켰을 뿐만 아니라 과거에는 토지로부터 직접 조달되던 생활수단도 함께 해방시켰다. 그것은 식량공급을 상품화했던 것이다. 재화와 상품시장은 보다 커졌는데 이는 자급할 수 있는 사람들의 수가 줄어들었기 때문이다. 그리하여 시장교환이 확대되고 그와 함께 시장의 규모도 증대되었다. 그러는 사이에 자본은 인도와 영국에서 많은 부업적인 장인수공업과 가내수공업을 파괴했다. 이것은 보다 강력하고 더 큰 국내시장을 만들어냈다. 맑스가 보기에 16세기 이후 영국 국내시장의 성장은 자본주의 발전에 있어 중요한 요소를 이루었다.

그런 다음 6절에서는 산업자본가의 생성이 다루어지는데 산업자본가는 상인자본, 고리대자본, 금융귀족(대부자본)과 토지자본 들로부터 주도적인 역할을 넘겨받았다. 이 주도권의 이양은 처음부터 아프리카와 미국에서 있었던 식민주의 및 노예무역과 밀접히 결합되어 있었다. 봉건제하에서는 화폐자본의 양을 키워 산업자본으로 전화하는 데 장애요인들이 많았다. "농촌에서는 봉건제도가, 도시에서는 동직조합제도가" 임노동에 기초한 산업자본의 발전을 가로막고 있었다. 그러나 "이와 같은 제약은 봉건가신단이 해체되고 농민대중이 수탈당하여 그 일부가 축출되는 것과 동시에 사라졌다". 그러나 맑스는 선견지명을 발휘하면서 이렇게 지적한다.

새로운 매뉴팩처는 수출 항구에 건설되거나 아니면 오래된 도시와 그 도시의 동직조합제도 지배권 밖에 위치한 몇몇 농촌지역에 세워졌다. 그 때문에 영국에서는 이들 새로운 공업의 배양지에 대한 자치도시들의 격렬한 투쟁이 일어나기도 했다.(M778)

영국에서 산업자본주의는 오늘날 우리가 그린필드 지역(개발되지 않은 전원지대 — 옮긴이)이라고 부르는 곳에서 발달했다. 노리치(Norwich)나 브리스틀(Bristol) 같은 기업도시들은 고도로 잘 조직되어 있었고 정치적으로 동직조합세력을 제압하거나 분쇄하기가 매우 어려웠다. 시골의 그린필드 지역에는 이들을 제약할 아무런 규제장치들이 없었다. 즉 도시 부르주아도, 동직조합조직도 전혀 존재하지 않았다. 그래서 영국에서 이루어진 대부분의 산업화는 맨체스터와 같이 원래 촌락이었던 곳에서 이루어졌다(면직공업 도시들은 모두가 원래는 아주 작은 촌락들이었다). 리즈(Leeds)와 버밍엄(Birmingham)도 조그만 상업촌락으로 시작했다. 이것은 다른 나라들에서의 산업화 패턴과는 다른 것이다(물론 자본은 여전히 가능하기만 하다면 그린필드 지역으로 이동하려 하긴 하지만 말이다). 1980년대에 일본 자동차회사들이 영국으로 옮겨올 때, 이들은 기존의 노동조합조직률이 높은 지역을 피해서 새롭게 개발되는 지역으로 옮겨왔는데, 이들 지역에서 그들은 자신들이 원하는 것을 마음대로 (물론 반노동조합 정부였던 새처정부의 도움을 받아서) 할 수 있었다. 미국에도 이와 비슷한 경향이 존재한다. 법적 규제와 노동조합조직이 없는 지역을 찾는 문제는 지금도 여전히 자본주의의 지리적·공간적 관점에서 중요한 의미를 띤다.

식민제도와 노예무역의 역할은 모두 무시될 수 없는데, 왜냐하면 바로 이 수단들을 통해 부르주아들이 봉건세력을 앞지르고 전복했기 때문이다. 18세기 초 서인도제도의 노예농장이 나중에 영국의 공장제를 통해 다시 나타난 대규모 노동조직의 선구적 운영형태라는 근거있는 의견도 존재한다. "이런 방법 가운데 일부는 잔혹하기 그지없는 폭력을 통해 진행되었는데, 예를 들면 식민제도가 바로 그러했다"(M779). 식민지 원주민들로부터 부를 수탈해내기 위해 온갖 방법이 사용되었다. 예를 들어 "1769~70년에 영국인들은 쌀을 모조리 매점하여 터무니없는 가격이 아니면 팔지 않는 방식으로 폭리를 취함으로써 기근을 일으키기도 했다"(M781).

그러나 이런 방법들은 모두 봉건적 생산양식이 자본주의 생산양식으로 전화하는 과정을 촉진하고, 그 과도기를 단축시키기 위하여 국가권력(즉 사회의 집중되고 조직화된 폭력)을 이용했다. 폭력은 새로운 한 사회를 잉태하고 있는 모든 낡은 사회에서 그 산파 역할을 한다. 폭력은 그 자체가 하나의 경제적 힘이다.(M779)

그러나 우리는 화폐권력이 국가권력을 통제하기 시작할 수 있었

던 수단인 국채 및 공채 제도의 중요성을 인식하지 않고서는, 식민
제도를 촉진하는 하나의 조직적인 힘이었던 국가의 결정적 역할을
제대로 이해할 수 없다. 16세기 이후 화폐권력과 국가권력의 통합은
"근대 조세제도"와 국제신용제도의 등장을 신호로 시작되었다. 그
런 다음 이 제도에 뿌리를 내린 "은행귀족과 금융업자, 금리생활자,
중개인, 주식거래자, 증권투기자 등"(M783)이 중요한 권력을 행사하
게 되었다. 식민제도하에서 "유럽 밖의 지역에서 약탈과 노예화, 강
도 살인 등을 통해 노획된 재물과 보화는 곧바로 본국으로 유입되어
그곳에서 자본으로 전화한" 반면 "공채는 본원적 축적의 가장 튼튼
한 지렛대 가운데 하나"(M781/782)였다.

식민제도·국채·중과세·보호무역·상업전쟁 등 본래적인 매뉴팩
처 시대의 이런 맹아들은 대공업의 유년기에 거대하게 성장했다. 대
공업의 탄생은 헤롯 왕의 대규모 아동약탈과 같은 방식을 통해 축복
을 받는다.(M785)

이 "학살"은 기존의 도시들에서 멀리 떨어진 지역에 존재하는 풍
부한 노동력을 찾아내고 동원하려는 필요로부터 등장했다. 맑스는
필든(J. Fielden)을 인용하여 다음과 같이 말한다. "작고 민활한 손
가락이 무엇보다도 필요했다. 그리하여 금방 런던과 버밍엄 그리고
그밖의 여러 교구 구빈원에서 도제(!)를 데려오는 관습이 생겨났"
고 이들은 북부의 랭커셔(Lancashire)로 보내졌다(M786). 이어서 맑
스는 자신의 이야기를 덧붙인다. "면직공업은 영국에 아동노예제를

가져왔을 뿐만 아니라, 미국에는 원래 약간 가부장적이었던 노예경제를 상업적 착취제도로 전환시키기 위한 동기를 제공했으며" 따라서 이미 영국에서는 쇠퇴의 길을 밟고 있던 노예무역에 새로운 자극을 주었다(M787). "리버풀은 노예무역을 바탕으로 크게 성장했다" (M787).

자본주의 생산양식의 '영구적 자연법칙'을 해방시키고 노동자를 그 모든 노동조건에서 분리시키는 과정을 완성시키며, 또한 한쪽 극에서는 사회적 생산수단과 생활수단을 자본으로 전화시키는 한편, 다른 한쪽 극에서는 민중을 근대사의 훌륭한 작품인 임노동자(즉 자유로운 '노동빈민')로 전화시키기 위해서는 이러한 수고가 필요했던 것이다.(M787/788)

만일 화폐가 "뺨에 자연의 핏자국을 묻히고 이 세상에 태어난다면 자본은 머리끝에서 발끝까지의 모든 털구멍에서 피와 오물을 흘리면서 태어난다".

7절에서 맑스는 수탈과정이 매우 폭력적이며 고통스러운 것이었다고 주장한다. 봉건제는 투쟁 없이 순순히 해체된 것이 아니다. "사회의 태내에서는 이 생산양식을 질곡으로 느끼는 힘과 열정이 움직이기 시작한다." 봉건적 생산양식은

소멸하지 않을 수 없으며, 또 실제로 소멸한다. 그것의 소멸, 다시 말해 개인적으로 분산되어 있던 생산수단이 사회적으로 집적된 생산

수단으로 전화하고, 따라서 다수에 의한 소규모 소유가 소수에 의한 대규모 소유로 전화하여 결국 대다수 민중에게서 토지와 생활수단과 노동용구가 수탈되는 이 무섭고 고통스러운 민중수탈, 바로 이것이 자본의 전사(前史)를 이루게 된다.(M789/790)

이 전사에는 "일련의 폭력적인 방법이 포함되어 있으며" 그것은 "무자비하게 야만적인 행위들"로 이루어진 제도로 된다(M789/790). 그러나 자본주의적 발전과정은 일단 작동하기 시작하면 자신만의 독특한 논리(집중화 경향을 포함)를 갖는다.

하나의 자본가는 언제나 다른 많은 자본가들을 타도한다. 이 집중 [즉 다수 자본가에 대한 소수 자본가의 수탈]과 함께 갈수록 대규모 화하는 노동과정의 협업적 형태, 과학의 의식적·기술적 응용, 토지의 계획적 이용, 노동수단의 공동 사용, 결합적·사회적 노동을 생산수단 으로 사용함에 따른(…)(M790)

이 과정들은 "세계시장이 자본주의체제의 국제적 성격"을 이루 는 방향으로 진행된다. 바로 이를 통해

끊임없이 팽창하는, 그리고 자본주의적 생산과정 자체의 메커니즘 을 통해 훈련되고 결합되며 조직되는 노동자계급의 저항도 증대해간 다. 그런데 자본독점은 자신과 함께[또 자신 아래에서] 개화한 이 생 산양식의 질곡으로 작용하게 된다. 생산수단의 집중이나 노동의 사

회화는 마침내 자본주의적 외피와 조화될 수 없는 시점에 이르게 되는 것이다. 이 시점에서 외피는 폭파된다. 자본주의적 사적 소유의 조종이 울린다. 이제는 수탈자가 수탈당하게 된다.(M790/791)

무엇보다도 "소수의 횡탈자들에 의한 민중의 수탈"과 "소수의 횡탈자들에 대한 민중의 수탈" 사이에는 엄청난 차이가 존재한다.

혁명의 바리케이드를 불러내는 이 말은 『공산주의자 선언』의 말투를 그대로 닮은 것으로, 『자본』의 정치적 성격을 고스란히 담고 있다. 심오한 분석을 담고 있는 이 놀라운 저작의 가장 절정에 위치한 이 장이 혁명적 정신으로 되살아나도록 하는 하나의 정치적이며 논쟁적인 언급인 것이다.

마지막 장인 제25장은 식민이론에 대한 일련의 검토를 제공함으로써 앞장의 메시아적인 수사와 말투를 누그러뜨리는 흥미로운 장이다. 게다가 이 장은 현실의 식민지 경험이나 반식민지 혁명투쟁(식민지 원주민 대중에 의한 식민지 모국에 대한 수탈)의 전망에 대해서는 아무런 이야기도 하지 않는다. 이 장은 웨이크필드(E. G. Wakefield)라는 사람이 제기한 식민이론을 다루는데, 이 사람은 중요한 경제학자의 반열에 들어가는 사람이 전혀 아니며, 그가 식민화에 대한 책을 쓴 이유는 단지 뉴게이트 감옥에 수감되어 있을 당시한 부유한 가정의 딸을 꼬드기기 위한 것이었다. 뉴게이트에 있을 때 웨이크필드는 자신이 다른 죄수들과 함께 오스트레일리아로 이송될 것이라는 것을 알게 되었고 이것이 바로 그가 전반적인 문제들에 있어 오스트레일리아가 지니는 의미에 대해 생각하게 만든 동기였던 것이 분명하다. 그는 오스트레일리아의 실상에 대해서는 거의 알지 못했지만, 맑스가 매우 중요하게 여겼던 문제(즉 애덤 스미스에 대한 치명적인 반론이 되는 내용)를 알고 있었다. 웨이크필드가 알고 있었던 것은, 우리가 세상의 모든 자본──화폐, 노동용구, 온갖 종류의 원료들──을 오스트레일리아로 가져갈 수 있다 하더라도 만일 우리가 거기에서 우리를 위해 노동해줄 "자유로운"(두가지 의미 모두에서) 노동자를 찾지 못하면 우리는 자본가가 될 수 없다는 단순한 사실이었다.

요컨대 웨이크필드는 "자본이 물적 존재가 아니라 물적 존재에 의해 매개되는 사람과 사람 사이의 사회적 관계라는 점을 발견했던"(M793) 것이다.

오스트레일리아에서 노동자를 발견하기는 어려울 것이다. 당시에는 누구나 거기에서 쉽게 토지를 가질 수 있었고 독립적 생산자로 스스로 살아갈 수 있었다. 노동공급을 확보할 수 있는(따라서 자본주의의 전망을 얻을 수 있는) 유일한 방법은 국가가 개입하여 토지에 대한 가격을 인위적으로 설정하는 것이다. 이 인위적인 가격은 오스트레일리아에 도착한 사람은 누구나 토지를 얻기 위해 충분한 자본을 저축할 수 있을 때까지 임노동자로 일을 해야만 할 정도로 충분히 높게 책정되어야만 한다. 웨이크필드는 미국의 토지제도(홈스테드법)가 지나치게 자유롭게 개방되어 있어 이것 때문에 노동력의 가격이 지나치게 높아졌다고 생각했다(이것은 우리가 앞서 본 것처럼 노동절약적인 기술혁신이 보다 빨리 도입되게 만들었다). 웨이크필드는 만일 미국에서 자본주의가 살아남기 위해서는 자본주의 이전의 무자비한 전술로 도로 돌아가야 할 것이라고 예측했는데 이것은 정확하게 맞는 말이었다. 개척지의 변방에 있는 "자유로운 노동"과, 농지정책에 대한 기업(특히 철도)의 통제가 증가하는 것 ─ 이민자를 도시의 임노동자로 억류하는 것과 함께 ─ 사이의 갈등은 본원적 축적의 생생한 모습 바로 그대로였다.

우리의 관심을 끄는 것은 오로지 구세계의 경제학이 신세계에서 발견하여 소리높여 선언하고 있는 다음과 같은 비밀이다. 즉 자본주의 생산양식과 축적양식(따라서 자본주의적 사적 소유)은, 자신의 노동에 기초한 사적 소유의 절멸(즉 노동자의 수탈)을 전제로 한다는 사실이다.(M802)

만약 정부가 처녀지에 대해 수요·공급의 법칙과는 무관하게 인위적인 가격 ─ 이주자가 토지를 사들여 스스로 독립농민이 될 만한 돈을 벌 때까지는 지금보다 더욱 장시간 임노동을 하게 만드는 인위적인 가격 ─ 을 매긴다고 생각해보자.(M800)

맑스는 이것이 바로 웨이크필드의 식민계획의 "거대한 비밀"이며 그것은 또한 본원적 축적의 거대한 비밀도 함께 보여준다고 말한다. 이 계획들은 영국의회뿐 아니라 식민지 토지정책에도 큰 영향을 끼쳤다. "웨이크필드가 특히 식민지용으로 처방한 이 '본원적 축적'이라는 방법을 영국정부는 다년간에 걸쳐 실시했다"(M801).
맑스는 이 식민이론을 애덤 스미스의 근원적(혹은 본원적) 축적

이론을 논박하는 데 사용했다. 그러나 맑스의 이야기 가운데에는
『자본』이라는 책의 구조와 전체 논의에서 상당히 중요한 다른 문제
가 하나 있다. 제2판 후기에서 맑스는 자신과 헤겔의 관계를 이렇게
표현하고 있다. "헤겔 변증법의 신비적인 측면에 대해 나는 약 30년
전에 (…) 비판한 적이 있다"(M27). 그가 여기에서 말하고 있는 것은
상당히 긴 그의 저작인 『헤겔 법철학 비판』인 것이 거의 틀림없다.
거기에서 맑스는 자신의 비판을 헤겔 본문의 250번 단락에서 시작
하고 있다. 그런데 이 단락 이전의 내용들은 약간 놀라운 것이다. 사
전에 아무런 힌트나 이론작업 없이 헤겔은 자본주의의 내적 모순에
대한 논의를 곧바로 시작한다. 그는 어느 종류의 노동에 "속박되어
있는 계급의 예속성과 곤궁"을 지적하고 이것이 빈곤의 전반적 확
대와 하층빈민의 창출을 가져온다고 이야기한 다음, 다시 바로 이것
이 "또한 동시에 사회의 반대편 쪽에서는 소수의 수중으로 엄청나
게 편중된 부의 집적을 용이하게 해주는 조건을 만들어낸다"고 말
한다. 이 이야기는 『자본』 제23장의 내용과 매우 비슷한데, 맑스는
거기에서 한쪽에서는 부의 축적이 이루어지는 반면 다른 한쪽에서
는 노동자계급의 비참과 곤궁, 영락이 진행된다고 이야기한다. 헤겔
은 다시 이렇게 말한다. "따라서 부가 넘쳐나는데도 불구하고 시민
사회는 넘쳐나는 가난과 가난에 찌든 하층민들의 창출을 막기에는
충분히 부유하지 못한 상태가 된다." 그리고

이에 따라 시민사회 내부의 변증법은 시민사회로 하여금 자신의
국경을 넘어 다른 나라들(자신에게서 과잉생산된 재화가 오히려 부

족한 나라, 혹은 전반적으로 산업이 낙후된 나라)에서 자신의 시장과 자신의 필요생활수단을 찾도록 몰아간다.

그러므로 "성숙한 시민사회"는 식민지 개척에 나서지 않을 수 없게 되는데, "이 활동을 통해 그 사회는 자신의 국민 가운데 일부에게 새로운 땅에서 가족의 터전을 마련해주고, 그럼으로써 자신을 위한 새로운 수요를 창출하는 것은 물론 자신의 산업을 위한 새로운 영역도 함께 만들어낸다".[29]

"내부의 변증법"이라고 일컬어진 것은 사회적 불평등의 수준을 점점 더 증가시킨다. 게다가 헤겔이 자신의 보론에서 이야기하고 있듯이 "자연에 대해서는 인간은 어떤 것도 요구할 권리가 없다. 그러나 일단 사회가 만들어지고 나면, 빈곤은 금방 한 계급이 다른 계급에게 끼치는 해악의 형태를 취한다".[30] 계급갈등에 기초한 이 내부의 변증법은 시민사회로 하여금 식민주의 및 제국주의 활동이라는 "외부의 변증법"에서 그 돌파구를 찾도록 만든다. 이것이 내부의 문제를 해결해줄 것이라고 헤겔이 믿었는지의 여부는 분명하지 않다. 그러나 맑스는 이것이 해결책이 아니라는 것을 분명히 밝히고 있다. 『자본』의 끝에서 두번째 장──여기에서는 내부의 변증법이 만들어내는 궁극적인 결과가 수탈자에 대한 수탈이라고 결론을 내리고 있다──에서 다루는 문제는 식민지 건설에 의해 해결될 수 없는데, 왜냐하면 식민지 건설은 자본주의의 사회적 관계를 단지 보다 넓은 규모로 재창출하는 것에 불과한 것이기 때문이다. 자본주의 내부의 계급모순은 식민지 건설이라는 방법에 의해 결코 해결될 수 없으며,

마찬가지로 내부의 모순을 해결할 수 있는 공간적 해법이란 것도 존재하지 않는다. 우리가 오늘날 세계화라고 부르는 것은 단지 지금 여기의 문제를 보다 넓은 지리적 범위로 확대함으로써 "해결"하려는 일시적 미봉책에 불과한 것이다.

논평

맑스의 본원적 축적에 대한 설명에는 많은 논평이 필요하다. 우선 맑스의 설명이 지니는 혁신적이고 선구자적인 성격을 올바로 인식하고 평가하는 것이 중요하다. 맑스 이전까지는 어느 누구도 이처럼 체계적이고 정리된 방식으로 이 문제를 다룬 사람이 없었다. 그러나 으레 혁신적인 설명들에서 종종 볼 수 있듯이, 그것은 약간 과장되어 있으며 많은 문제들을 놓치고 있다. 맑스 이후 역사학자와 경제 사학자 들은 봉건제에서 자본주의로의 이행에 관한 연구를 무수히 수행했다. 이들 연구에서 합의된 것은 아마도 맑스가 말한 것들이 몇몇 나라들에서는 부분적으로 진실이었다는 점이다. 실제로 이들 지역에서는 극단적인 폭력이 사용된 사건들이 역사적으로 꽤 많았다. 식민제도의 역할(식민지의 토지 및 노동, 그리고 조세정책을 포함)도 부인할 수 없는 것이었다. 그러나 비교적 평화롭게 진행된 본원적 축적의 사례들도 존재한다. 강제로 토지에서 추방되기보다는 도시화와 산업화가 제공하는 일자리의 가능성이나 보다 나은 생활 전망 때문에 자발적으로 토지에서 이탈하는 사람들도 많았다. 도시의 임금이 매우 높아 농촌생활의 끔찍하고 열악한 상태로부터 벗어나기 위해 도시로 자발적으로 이동하는 경우도 적지 않았다(맑스가 말했던 토지의 강제적인 박탈과정이 없는 경우도 많았고, 이를 뒷받침해주는 역사적인 증거도 많다). 그러므로 본원적 축적의 이야기는 세부적으로 보면 맑스가 말하고 있는 것보다 훨씬 다양하고 복잡한 내용으로 이루어져 있다. 맑스가 지나쳐버린 중요한 동학적 측면도 있다. 예를 들어 오늘날에는 남녀의 성차별 문제가 매우 중요하게 여겨지는데, 이는 본원적 축적이 여성에게는 아예 권리를 부여하지 않거나, 여성의 지위를 하나의 재산이나 가구 식으로 격하하고 가부장적 사회관계의 부속품 정도로 간주하는 등의 내용을 포함하는 경우가 많았기 때문이다.

그런데 맑스는 여기에서 자본주의를 위해 꼭 필요한 것이었던 산업혁명과 농업혁명, 프롤레타리아화 과정, 상품화 및 화폐화 과정 등에 대해 대강의 그림을 그려놓고 있다. 그의 설명들은 이후의 모든 논의의 출발점이 되었고 바로 그런 점만으로도 그것은 창조적인 문제제기였다. 그것은 또한 자본주의가 성립하는 과정에 있었던 원초적 폭력과 격렬한 투쟁들——나중에 부르주아들이 기를 쓰고 부인하고 잊으려고 노력했지만 오늘날까지도 여전히 그 흔적을 보여주고 있는——을 우리에게 극적으로 일깨워주고 있기도 하다.

『자본』 전체에 걸쳐(그리고 다른 많은 저작들에서도 또한) 맑스는 본원적 축적과정을 자본주의의 전사(前史)로 분류하는 경향을 보인다. 이 전사가 일단 끝나고 나면, 그다음에는 "보이지 않는 경제적 관계의 강제"가 뒤를 잇는다. 『자본』에서 맑스의 정치적 의도는 이런 보이지 않는 강제가 우리에게 어떻게 작용하고 있는지를(특히 종종 우리 주변을 에워싸고 있는 물신적 가면을 쓰고 우리가 전혀 눈치채지 못하도록) 알리는 데에 있다. 그래서 그는 우리에게 다음과 같은 것들을 보여준다. 즉 앞서 이야기한 바 있듯이, 불평등한 것을 평등하게 다루는 것보다 더 불평등한 것은 없다는 것, 시장에서의 물건들 사이의 교환에서 전제되고 있는 평등이 우리를 현혹시켜 사람들 사이의 평등에 대한 믿음으로 이끌고 간다는 것, 사적 소유권에 대한 부르주아들의 교의와 이윤율이 마치 우리 모두가 타고날 때부터 인권을 부여받고 있는 것처럼 보이게 만든다는 것, 개인의 자유에 대한 환상이 시장의 자유와 자유무역에서 비롯된 것이라는 것(그리고 우리가 이런 환상에 기초하여 행동하고 정치적으로 이를 위해 투쟁하는 과정과 이유) 등을 보여주고 있다.

그러나 내가 보기에 본원적 축적이 옛날에 있었고, 일단 완료되고 나서는 그것이 현실적인 중요성을 잃었다고 생각하는 것은 정말 문제가 있다. 최근 나를 비롯한 여러 논평가들은 자본주의의 지리적 역사를 통해 본원적 축적의 연속성을 다룰 필요가 있다는 주장을 해왔다. 로자 룩셈부르크는 약 한세기 전에 이 문제를 확고한 의제로 제기한 바 있다. 그녀는 자본주의를 두가지 형태의 착취에 기초한 것으로 봐야 한다고 주장했다.

하나는 상품시장과 잉여가치가 생산되는 장소(공장, 광산, 농장)와 관련된 것이다. 이 관점에서 보면, 축적은 (가장 중요한 국면인 자본가와 임노동자 사이의 교환으로 이루어진) 순전히 경제적인 과정이다. (…) 여기에서는, 그 형태가 무엇이든, 평화와 평등이 지배하고, 축적과정에서 소유권이 타인의 재산을 수탈하는 것으로 전화하는 과정과 상품교환이 착취로 전화하고 평등이 계급적 지배로 전화하는 과정을 밝히기 위해 엄밀한 과학적 분석의 변증법이 요구된다.

맑스가 『자본』의 제1편~제7편에서 탁월한 형태로 보여준 것이 바로 이것이었다. 이어서 그녀는 이렇게 말한다. "자본축적의 또하나의 측면은"

(국제무대에서 이제 막 모습을 드러내기 시작하고 있는) 자본주의 생산양식과 비자본주의 생산양식 간의 관계와 관련된 것이다. 여기에서 사용되는 가장 일반적인 방법은 식민정책, 국제차관제도(이자 영역의 정책), 그리고 전쟁이다. 여기에서는 무력, 협잡, 억압, 약탈 등이 아무런 거리낌 없이 공개적으로 자행되고 있는데, 이런 정치적 폭력과 세력경쟁이 복잡하게 얽혀 있는 상황 내부에 존재하는 엄격한 경제적 과정의 법칙을 발견해내기 위한 노력이 필요하다.[31]

그녀는 이들 두 착취체제와 축적 사이에는 "유기적 관련"이 존재한다고 주장한다. 자본주의의 오랜 역사는, 끊임없는 본원적 축적과, 『자본』에서 기술된 확대재생산체제를 통한 축적 동학 사이의 역동적 관계를 중심으로 이루어져 있다. 그러므로 맑스가 본원적 축적을 대홍수 이전의 일로만, 즉 자본주의의 전사로만 한정한 것은 잘못된 것이라고 그녀는 주장한다. 만일 본원적 축적의 신선한 피를

(주로 제국주의적인 폭력을 통해) 끊임없이 공급받지 않았다면 자본주의는 이미 벌써 오래 전에 사라졌으리라는 것이다.

직관적으로 볼 때, (물론 그녀가 자신의 결론을 이끌어내는 내용 모두를 그대로 따를 필요는 없겠지만) 룩셈부르크의 이야기는 원칙상 적절하게 들린다. 무엇보다도 맑스가 묘사한 본원적 축적의 특수한 과정들, 즉 농민에 대한 수탈, 식민지·신식민지·제국주의 정책을 통한 착취, 국가권력을 이용한 자본가계급으로의 자산 할당, 공유지에 대한 인클로저, 국유지 및 국유자산의 사유화, 금융 및 대출의 국제체제, 국가채무의 부르주아화, 인신(특히 여성)매매를 통한 노예제의 음성적 부활 등——이 모든 것들은 오늘날 우리 시대에도 여전히 존재하고 있으며 여러 사례들을 통해 무대 뒤로 사라지기는커녕, 금융제도의 경우에서 볼 수 있듯이, 공적 자산을 가로채 사유화하는 사례는 오히려 옛날에 비해 더 난무하고 있다.

만일 우리가 영국의 "고전적" 사례로부터 자본주의의 세계적 규모의 지리적 역사로 눈을 돌려보면 그 연속성은 훨씬 더 뚜렷해진다. 룩셈부르크는 소위 중국의 아편전쟁을 그녀가 염두에 두던 과정의 한 사례로 들고 있다. 영국상품을 판매할 가장 큰 해외시장의 하나는 인도였는데, 인도사람들은 이 상품들의 댓가로 원료를 영국에 제공했다(맑스는『자본』에서 이 점을 이미 이야기했다). 그러나 원료로는 상품대금이 충분하지 않았다. 그래서 점차 인도산 아편을 중국에 판매하고 그 대금을 은으로 받아 이를 영국상품 대금으로 지불하는 데 사용하게 되었다. 중국이 전반적인 외국무역과 특히 아편무역에 대해 통제하려고 하자 영국군함은 창강(長江)으로 들어가서 중국함대를 거의 궤멸해버리고는 곧바로 조차항구를 개방하도록 강제했다. 룩셈부르크는 이런 식의 제국주의적 수단을 사용해야만 장기적으로 자본의 축적과 실현이 보장될 수 있다고 주장했다. 룩셈부르크의 저작에 따르면 본원적 축적의 연속성은 주로 주변부 지역, 즉 자본주의 생산양식이 지배적인 지역의 외부에 존재하는 지역에서 발생했다. 이런 모든 문제에서 식민주의와 제국주의 정책은 결정적으로 중요한 것이었다. 그러나 오늘날에 가까워지면서 주변부의 역할은 (특히 식민지 해방과 함께) 변화하게 되었고 본원적 축적의 형태도 점차 변화하는 것은 물론 자본이 지배하는 중심지역들에서 더 두드러진 모습을 보이기도 한다.

예를 들어 오늘날 중국을 한번 살펴보자. 중국은 마오 쩌뚱 치하에서 외부와의 관계를 최소화하면서 독자적으로 발전해왔다. 그러나 1978년 떵 샤오핑은 중국의 문호를 개방하고 중국경제를 혁신했다. 농업개혁은 농업부문에서 생산의 혁명을 불러일으켰을 뿐만 아니라 엄청난 양의 노동과 잉여생산물을 토지로부터 해방시켰다. 지난 30년간 중국에서 벌어진 일이 맑스가 이야기했던 본원적 축적에 해당하는 것이라는 점에 대해서는 의문의 여지가 없다. 그리고 중국의 개방이 최근의 세계자본주의를 안정화하는 데 도움을 주었다는 점에서, 룩셈부르크는 아마도 그것을 이미 간파하고 이런 새로운 본원적 축적이 자본주의의 생존에 매우 중요한 것이라는 점을 말했던 것으로 보인다. 그러나 이 경우에는 모든 과정이 외국의 제국주의적 개입에 의해 강제된 것이 아니고 중국정부와 그 집권정당인 중국공산당이 국부의 증대를 위해 반(半)자본주의적 방식을 택해 이루어진 것이다. 중국정부는 농촌인구를 바탕으로 엄청난 수의 저임금 도시 프롤레타리아를 만들어냈고, 외국자본을 처음부터 이들 프롤레타리아를 고용할 특정 지역과 도시들로 이동시켰으며, 시장과 국제무역 관계의 네트워크를 발전시켜 상품가치를 실현하는 것은 물론 국내시장도 함께 확대해갔다. 중국에서 그린필드 지역이 지니는 역할을 살펴보는 것도 매우 흥미롭다. 맨체스터가 겨우 수십년 만에 조그만 마을에서 대규모의 공업중심지로 변모해나간 것과 꼭 마찬가지로 선전(深圳)도 1980년 이후 그렇게 변모해갔다. 그 발전 패턴은 맑스가 묘사했던 것과 별로 다르지 않았는데, 단지 여기에서는 초기의 폭력수준이 거의 알려지지 않았다는 점(어떤 사람들은 이것이 효과적으로 은폐되었다고 주장한다)과 국가와 당의 힘이 철두철미하게 작용했다는 점이 다르긴 하다. 이 사례에 근거해보면 중국이 자본주의체제를 지속적으로 확대하기 위해 수행한 결정적 역할은 "축적을 위한 축적, 생산을 위한 생산"에 기여한 것이며, 그것으로부터 (a)본원적 축적과 흡사한 어떤 것이 오늘날의 자본주의 동학 내부에서 여전히 살아서 잘 작동하고 있고, (b)이것이 이처럼 계속 살아있는 것이 당연히 자본주의의 존속에 결정적으로 중요한 역할을 하고 있다는 결론을 피하기는 어려워 보인다.

그런데 본원적 축적의 연속성은 다른 곳에서도 어디에서나 쉽게 확인된다. 자연자원의 채취에 동원되는 폭력도 (특히 아프리카 전역에 걸쳐) 계속되고 있으며, 농민들에 대한 수탈도 라틴아메리카와 남아시아, 동아시아에서 여전히 활개를 치고 있다. 이들 가운데 없어진 것은 하나도 없으며 몇몇 경우에는 오히려 격렬한 갈등을 불러일으키면서 더욱 강화되었는데, 예를 들어 인도에서는 그린필드 지역에 "경제특구"(산업활동에 특혜를 부여한 지역)를 만들기 위해 농촌주민들을 토지로부터 축출하면서 큰 사회적 갈등이 유발되고 있다. 서벵골지역의 난디그람(Nandigram)에서는 산업개발을 위한 축출에 저항하는 농민들을 죽이는 사태까지 발생했는데 이는 17세기 영국에서 볼 수 있었던 본원적 축적의 "고전적" 사례를 다시 보는 듯하다. 또한 맑스는 국가채무와 새로운 신용제도의 등장을 본원적 축적의 역사에서 결정적인 것이라고 지적했는데, 여기에서 그가 이야기하던 것은 그 이후 비약적 발전을 통해 자본의 흐름을 규제하는 일종의 중추신경계로 활동하게 되는 무엇을 가리키는 것이었다. 월스트리트와 금융기관들(신용카드회사들)의 약탈적 전략은 다른 의미에서 또하나의 본원적 축적의 지표인 것이다. 맑스가 말한 약탈적 사례 가운데 어떤 것도 사라지지 않았으며, 몇몇 경우 그것들은 오히려 맑스가 살았던 시기에는 상상할 수도 없었을 정도로 더욱 번성해왔다.

오늘날 본원적 축적과 유사한 어떤 수단들을 사용해 지배계급을 부유하게 만들고 노동자들의 생활수준을 낮추는 기법은 매우 다양해지고 고도화되었다. 예를 들어 유나이티드항공사가 파산했을 때 파산법정은 이 회사가 사업을 회생시키기 위해 모든 연금채무로부터 면제되어야 한다는 데 동의했다. 유나이티드항공사의 모든 직원들은 한순간에 자신들의 연금을 모두 상실하고, 국가의 보험기금에 의존하게 되었는데 그것은 원래의 연금보다 훨씬 적은 금액만을 지급하는 것이었다. 은퇴한 항공사 직원들은 강제로 프롤레타리아로 전락하고 말았다. 전직 항공사 직원은 인터뷰에서 이렇게 말했다. "이봐요, 나는 67세랍니다. 나는 원래 매년 8만달러의 연금수입으로 행복하게 살아갈 수 있을 거라고 생각했는데 지금은 겨우 3만 5천달러만 수령하게 되었습니다. 결국 살아가기 위해 다시 일자리를 구해야 하는 처지로 되돌아가버렸습니다." 그런데 가장 큰(흥미롭기도 한) 문제는 도대체 이 돈들이 모두 어디로 가버렸는가 하는 것이다. 많은 노동자들이 자신들의 연금과 건강보험, 그리고 다른 복지혜택들을 박탈당한 바로 그 시기에 월스트리트의 경영진과 CEO들의 보수가 전반적으로 하늘 높은 줄 모르고 치솟았던 것은 결코 우연이 아니다.

1970년대 이후 자본주의 세계 전체를 휩쓸었던 민영화의 물결을 한번 살펴보자. 원래 많은 나라들에서 공공재로 공급되던 물, 교육, 의료보험에 대한 민영화는 자본주의의 작동방식을 극적으로 바꾸어놓았다(예를 들어 온갖 새로운 시장을 만들어놓았다). 국영기업의 민영화(거의 예외없이 이 민영화들은 자본가들에게 단숨에 엄청난 이윤을 안겨주는 가격에 이루어졌다)도 역시 이 기업들의 성장과 투자결정에 대한 공적인 통제를 철폐해버렸다. 이것은 사실상 많은 경우 국가에 의해 (초기 단계에서) 주도되었던 공유지에 대한 인클로저의 한 특수한 형태다. 그 결과 공공의 재산과 권리가 일반국민들로부터 탈취되었다. 한쪽에서 이런 탈취가 이루어지는 순간, 다른 쪽에서는 엄청난 부의 집중이 함께 일어난다.

『신제국주의』[32]와 『신자유주의: 간략한 역사』의 두 책에서 나는 바로 이런 과정을 통해 최근 자본가계급의 세력이 점차 강화되어왔다고 주장했다. 이 과정들을 본원적 축적이라고 부르기에는 조금 거리가 있는 것 같아서 나는 이들을 약탈적 축적이라고 부르고자 한다. 이 가운데 상당부분은 1950~60년대에 진행되었고 그것들은 특히 식민주의와 제국주의 전술을 통해, 그리고 천연자원에 대한 약탈을 통해 이루어졌는데, 이런 약탈적 축적은 자본주의의 중심지역들(특히 강력한 사회민주적 국가기구들이 존재하는 나라들)에서는 그다지 많이 이루어지지 않았다. 그러나 1970년대 중반 이후에는 상황이 모두 바뀌었다. 약탈적 축적은 자본주의 중심지역들에서도 점차 내부화해갔으며 세계체제를 통해 더욱 확대되고 심화되어갔다. 우리는 본원적 축적(중국의 경우는 이 범주에 해당할 것이다)이나 (위의 중심지역들에서 민영화의 물결을 타고 진행된) 약탈적 축적을 단지 자본주의의 전사에서나 있던 일로 간주해서는 안된다. 그것은 지금도 계속 진행되고 있는 일이며 최근 들어 세계자본주의가 자본가계급의 세력을 강화하는 방식으로 작동하는 데 점점 더 중요한 요소로 떠오른다. 거기에는 토지와 생계를 보장받을 권리를 빼앗는 것에서부터 과거에 격렬한 계급투쟁을 통해 노동계급이 어렵게 획득한 권리들(예를 들어 연금, 교육, 의료 등)을 삭감하는 것에 이르기까지 온갖 것이 다 포함될 수 있다. 아마존강 유역의 고무수액 채취 노동자들의 지도자였던 쉬꾸 멘데스(C. Mendes)는 토지를 자본화하려던 목장주, 대두 생산업자, 벌목업자 등에 맞서 원주민들의 삶의 터전을 보호하려다 살해당했다. 난디그람의 농민들도 자신들의 토지를 자본가들의 개발에 넘겨주려는 것에 저항하다 죽임을 당했다. 브라질의 '무토지 농민운동'(MST)과 사빠띠스따(Zapatistas)는 모두 자본이 탐을 내어 빼앗으려는 환경자원에 대해 자율권 및 자주권을 방어하기 위해 투쟁했다. 또한 미국에서 새로 설립된 민간주식기금들이 공공기업들을 불하받아 그 자산을 탈취하고 노동자들을 최대한 해고한 다음 이렇게 구조조정이 이루어진 회사를 시장에 다시 내다팔아 엄청난 이익을 벌어들인 일들을 한번 생각해보라 (그 댓가로 이 민간주식기금들의 CEO들은 천문학적인 보너스를 받는다).

약탈적 축적의 이런 온갖 다양한 형태들에 대항하는 투쟁의 사례는 무수히 많다. 생체약탈(biopiracy)과 유전자 물질·코드를 특허화하려는 시도에 대한 투쟁, 특구 지정을 통해 자본주의적으로 개발하려는 시도에 대한 투쟁, 뉴욕과 런던에서 재개발을 통해 고급주택가를 형성하면서 무주택자를 만들어내는 행위에 대한 투쟁, 미국에서 농업회사들을 위해 신용제도를 이용해 농민가족을 강제로 토지에서 몰아내는 행위들에 대한 투쟁 등 그 사례는 끝이 없다. 지금도 무수히 벌어지고 있는 이 약탈적 축적들의 사례는 최소한 표면적으로 보면 맑스가『자본』에서 묘사하고 있는 방식인, 작업장에서 잉여가치의 생산을 통해 이루어지는 살아있는 노동에 대한 착취와는 직접적인 관련이 없다.

그러나 이 두가지 과정 사이에는 공통점과 함께 상호보완적인 점도 있는데, 이것은 바로 룩셈부르크가 이들 사이의 "유기적 관계"라고 불렀던 것이 아닐까 싶다. 잉여가치의 수탈은 무엇보다도 약탈적 축적의 한 특수한 형태인데 왜냐하면 그것은 바로 노동과정에서 가치를 생산할 수 있는 노동자들의 능력을 양도하고 수탈하는 것이기 때문이다. 또한 이런 축적형태가 계속 이루어지기 위해서는 잠재적 과잉인구를 노동자로 동원하고 더 많은 토지와 천연자원을 자본주의적 발전을 위한 생산수단으로 활용할 수 있는 방법을 모색해야만 한다. 예를 들어 인도와 중국의 경우처럼 "경제특구"를 만들어 농민들을 토지로부터 몰아내는 것은 자본주의적 발전이 계속 이루어지기 위해 반드시 필요한 선행조건인데 이는 소위 도시의 슬럼지역 주민들을 밀어내는 것이 개발자본이 자신의 도시지역 사업을 확대하기 위해 반드시 필요한 조건인 것과 마찬가지다. 이처럼 특구 지정(혹은 비슷한 법률적 조치)을 통해 국가가 토지를 탈취하는 것은 최근 곳곳에서 널리 나타난다. 1990년대 서울에서 개발건축업자들은 도시의 토지들을 확보하기 위해 필사적이었고 이들은 1950년대에 도시로 이주해와서 무허가로 집을 짓고 살던 모든 사람들을 주거지에서 내쫓았다. 건설회사들은 조직폭력배들을 고용해 이들 주민에게 쳐들어가 집과 가재도구들을 큰 쇠망치로 산산조각냈다. 1990년대 동안 서울시의 많은 주민들이 거리로 나앉았으며 이들은 곳곳에서 국지적인 저항을 벌였다.

맑스는 확대재생산이 잉여가치가 축적되고 생산되는 메커니즘이라고 보는 경향이 있었지만 그것은 (자산을 직접 자본가계급의 수중에 재분배하는) 약탈을 위한 필요조건이 먼저 실현되지 않으면 지속될 수 없다. 나는 약탈에 의한 축적이 무시될 수 없다는 룩셈부르크의 견해에 동조하는데, 그런 점에서 연금에 대한 권리와 공유지에 대한 권리, 그리고 사회안전망(미국 전국민의 공동의 자산)에 대한 권리 등을 탈취하고 교육을 상업화하고 토지로부터 주민을 축출하고 환경을 약탈하는 것 등은 모두 자본주의의 전체적인 동학을 이해하는 데 매우 의미있다. 또한 교육 같은 공공자원을 상품으로 전화시키고 대학을 신자유주의적인 기업의 형태로 전화시키는 것(교과내용과 교과과정의 변화와 함께)은 중요한 이데올로기적·정치적 의미가 있으며, 더불어 그것은 이윤을 만들고 이윤을 획득하는 영역을 확대하기 위한 투쟁을 결코 멈추지 않는 자본주의적 동학의 징후이자 하나의 상징이기도 하다.

맑스가 묘사한 본원적 축적의 역사 속에는 토지로부터의 강제축출과 약탈에 대항하는 온갖 폭력적 투쟁이 있어왔다. 실제로 영국에는 폭력적 저항운동——예를 들어 수평주의와 급진주의(Diggers, 17세기 영국에서 경제적 평등을 주장한 개신교 운동. 평등주의와 거의 비슷한 정치적 이념을 추구함——옮긴이)운동——이 폭넓게 존재했다. 17~18세기에는 계급투쟁의 주된 형태가 작업장의 착취에 대항하는 것이기보다는 주로 재산의 약탈에 저항하는 것이었다. 세계의 많은 곳들에서는 오늘날도 여전히 이와 비슷한 상황이 이어지고 있다. 이것은 주어진 장소와 시간에 있어 자본주의에 대항하는 혁명적 운동의 핵심을 이루거나 앞으로 이루게 될 계급투쟁의 형태가 어떻게 될 것인지에 대한 물음을 불러일으킨다. 1970년대 이후 세계자본주의가 충분한 성장을 이룩하지 못했기 때문에 자본가계급은 자신들의 세력을 강화하기 위해 약탈적 축적에 더 많이 의존해왔다고 할 수 있을 것이다. 아마도 지금까지 상층계급이 자신들의 주머니를 넘쳐나도록 채워온 것은 바로 이 방법에 의해서일 것이다. 약탈적 축적의 메커니즘이 부활한 가장 뚜렷한 징후는 신용제도와 금융적 수탈——이것은 최근 미국에서 수백만명의 사람들이 공매처분을 통해 자신이 살던 집을 잃게 만들었다——의 역할이 확대된 것에서 찾아볼 수 있다. 여기에서 발생한 자산손실은 대부분 비교적 빈곤층에 속하는 사람들에게 집중되었고, 이것은 특히 클리블랜드와 볼티모어 같은 오랜 도시들의 여성과 아프리카계 미국인에게 심각한 영향을 끼쳤다. 그러는 동안, 이미 호황기에도 이 사업을 통해 엄청나게 부를 키웠던 월스트리트의 은행가들은, 금융위기 때문에 일자리를 잃었으면서도 다시 엄청난 액수의 위로금을 보너스로 거머쥐었다. 수백만명의 주택자산 손실과 월스트리트의 엄청난 수익 잔치라는 형태로 이루어진 재분배 효과는 오늘날 무자비한 약탈의 한 사례이자 동시에 합법적으로 이루어지는 전형적인 약탈적 축적을 보여준다.

약탈적 축적에 대항하는 투쟁은 전통적 프롤레타리아 운동 못지않게 중요하다. 그런데 이 프롤레타리아 운동들과 그에 관련된 정당들은 이 약탈문제들에 거의 주의를 기울이지 않거나 종종 그것들을 내용상 부차적이거나(이것들이 주로 소비, 환경, 자산가치 등의 문제에 초점을 맞추기 때문에) 프롤레타리아의 고유한 문제가 아닌 것으로 간주하는 경향이 있다. 반면에 세계사회포럼(World Social Forum) 참여자들은 약탈적 축적에 대항하는 문제에 훨씬 더 몰두하고 있으며 그래서 이들은 계급적 노동운동이 세계사회포럼 참여자들이 진지하게 생각하는 문제들에 관심을 기울이지 않는다는 이유로 이들에게 적대적인 입장을 취하는 경우가 많다. 예를 들어 브라질의 경우 약탈적 축적 문제에 주로 매진하는 단체인 '무토지 농민운동'(MST)은 도시에 기반을 두고 노동자 이데올로기에 보다 매진하는 노동당(룰라가 이끄는 PT당)과 어느정도 거리를 두고 있다. 그러므로 두 조직의 보다 긴밀한 연대 문제는 이론적으로나 실천적으로나 모두 심각하게 고려할 만하다. 만일 내가 생각하는 것처럼 이들 두가지 축적형태간에 유기적 관련이 존재한다는 룩셈부르크의 말이 맞다면, 우리는 이들 두 형태에 대응하는 두가지 저항형태간의 유기적 관계도 마땅히 생각해보아야 할 것이다. 피약탈자들로 이루어진 저항세력은, 그들이 자신들의 권리나 자산을 노동과정에서 수탈을 당했든 생계로부터 약탈을 당했든 상관없이, 각자 분리된 노선을 취할 것이 아니라 하나로 단합된 정치를 만들어내야만 한다. 맑스가 이 투쟁형태들을 자본주의의 전사에만 국한한 것은 잘못이었다. 그람씨는 이들 두 영역을 아우르는 계급적 연대의 건설이 지니는 중요성을 확실히 이해하고 있었고 그런 점에서는 마오 쩌뚱도 역시 마찬가지였다. 본원적 축적과 약탈적 축적이 오로지 자본주의의 전사에만 존재하는 것이라는 생각은 본명 잘못된 것이다. 그러나 물론 그것은 여러분이 스스로 판단할 문제이기도 하다.

반성과 전망

여러분이 일단 『자본』 제1권을 끝까지 읽었다면 처음으로 돌아가서 제1장부터 다시 읽는 것이 좋다. 그러면 여러분은 분명 조금 다른 느낌을 새롭게 받을 것이다. 이제 읽어나가는 것이 그다지 어렵지 않다는 것을 느낄 것이다. 나도 처음에 이 책을 다시 읽었을 때 흥미와 재미를 훨씬 더 많이 느끼면서 읽을 수 있었다. 과연 이 두터운 책을 끝까지 읽어낼 수 있을까 하는 긴장감으로부터 해방되어 나는 정말로 올맨(B. Ollman)이 "춤추는 변증법"이라고 불렀던 것과 내가 처음 읽을 때는 놓쳤던 것들(각주와 참고문헌)을 즐기면서 읽기 시작했다. 책 전체를 큰 틀에서 대충 한번 훑어보는 것도 상당히 유용하다. 그것은 몇몇 주제들에 대한 이해도를 높이는 데 도움을 줄 것이다. 시험문제를 출제할 때 나는 종종 기본개념을 제시하고 학생들에게 이 기본개념들이 책 전체의 구조 속에서 어떻게 삽입되고 도출되고 있는지 그 논리적 구조에 대해 논평하라고 요구하곤 한다. 또한 물신성 개념을 몇번이나 책 속에서 만났는지를 묻기도 한다. 상품과 화폐는 의문의 여지가 별로 없다. 그러나 자본가들은 왜 기계를 물신화하는가, 그리고 노동에 내재된 온갖 힘들(협업, 분업, 정신적 능력과 힘)은 어떻게 해서 순수한 자본의 힘으로 나타나는가?(그리고 "나타난다"라는 말은 항상 물신적 계기의 신호로 사용되는가?) 그리고 이런 물음의 뒤를 이어 온갖 주제들이 제기될 수 있는데, 즉 예를 들어 소외(이 주제의 경우 본원적 축적의 끝부분에서 시작하여 책 전체를 거슬러 올라가면서 한번 검토해보라), 과정과 사물의 관계, 논리와 역사의 교차관계(혹은 혼동?) 등이 바로 그러하다.

그런데 나는 여기에서 맑스가 제2권과 제3권을 비롯한 다른 저작들에서 제기했던 몇몇 논의들을 제1권에서 설정한 논리적 틀의 함의를 확장하는 방식으로 살펴보고자 한다. 이 방식은 적절한데 왜냐하면 내가 처음에 제시했듯이 맑스는 제1권의 논의 가운데 많은 부분을 하나의 이론적·개념적 토대로 설정하여 이를 다른 영역에 확대적용하려는 의도가 있었기 때문이다. 곳곳에 산재하는 자본주의의 모순과 이 모순들이 위기를 예고하는 가능성들을 드문드문 언급함으로써 그는 자신이 무슨 의도를 가지고 있는지를 알려주고 있다. 이것들은 또한 자본가계급의 정치가 어떤 모습을 하고 있는지, 그리고 정치투쟁의 몇몇 핵심영역이 앞으로 어떻게 될 것인지에 대한 정치적 의미도 알려준다.

『자본』제1권은 자본유통과정을 다음과 같은 형태로 살펴본다.

$$G — W \quad {}^{A}_{Pm} \quad \cdots\cdots P \cdots\cdots W — (G+\triangle G)$$

출발점은 화폐이고, 자본가는 이 화폐를 시장에 가지고 가서 노동력(가변자본)과 생산수단(불변자본)의 두가지 상품을 구매한다. 그와 동시에 자본가는 작업조직의 형태와 기술을 선택하고 노동과정을 통해 노동력과 생산수단을 결합시켜 상품을 생산한 다음 이를 시장에서 판매하여 원래의 화폐액에 이윤(잉여가치)을 더한 금액을 회수한다. 경쟁의 강제법칙에 떠밀려 자본가는 어쩔 수 없이 잉여가치 가운데 일부를 보다 많은 잉여가치를 창출하는 데 사용하게 된다. 축적을 위한 축적, 생산을 위한 생산은 부르주아의 역사적 사명이 되고 자본은 자신의 한계 혹은 도저히 뛰어넘을 수 없는 장애요인을 만나기 전까지는 끊임없이 생산을 증대해간다. 자신의 한계 혹은 어쩔 수 없는 장애요인을 만나게 되는 순간 자본은 축적의 위기를 맞게 된다(요컨대 생산의 증대를 멈춘다). 자본주의의 지리적 역사는 이런 위기들이 산재해 있는 모습을 보여주는데, 때로는 국지적 형태로, 때로는 각기 다른 시기(예를 들어 1848년, 1929년, 2008년)에 전반적으로 나타나기도 한다. 자본주의가 오늘날까지 존속되고 있다는 사실은, 자본축적의 유동성과 유연성 ─ 맑스는 이 점을 계속해서 여러번 강조한다 ─ 이 자신의 한계를 극복하고 장애요인을 회피할 수 있도록 만들어주었다는 것을 말해준다.

자본의 흐름을 자세히 살펴보면 우리는 이 흐름에 심각한 혼란과 위기를 유발할 수 있는 몇가지 요인들이 있다는 것을 알 수 있다. 이 요인들을 하나씩 살펴보기로 하자.

(1) 최초의 화폐는 어디에서 오는 것인가?

이것은 맑스가 주로 본원적 축적의 설명을 통해 답을 제시하려 했던 물음이다. 본원적 축적은 이 책 전반에 걸쳐 곳곳에서 여러번 제기되고 있으며 제24장에서는 직접 그 기원을 다루고 있다. 그런데 어제 창출된 잉여가치 가운데 점점 더 많은 부분이 새로운 자본으로 전화하게 되면, 오늘 투자되는 화폐 가운데 점점 더 많은 부분은 어제의 잉여가치로부터 나온 것이 된다. 그렇지만 그렇다고 해서 본원적 축적이 여전히 계속 진행됨으로써, 그리고 내가 근대적인 변형으로 "약탈적 축적"이라고 불렀던 것으로부터, 추가적인 화폐의 증가가 발생할 수 있는 가능성이 배제되는 것은 아니다. 만일 오늘 자본의 확대를 가져올 수 있는 원천이 오로지 어제 있었던 축적뿐이라면, 우리는 시간이 흘러감에 따라 틀림없이 각 개인의 수중에서 화폐가 점점 집적되는 것을 보게 될 것이다. 그러나 맑스가 지적한 것처럼 집중이라는 방법도 존재하는데, 이것은 주로 신용제도의 도움을 받아 진행되며 대량의 화폐권력을 매우 신속하게 한꺼번에 가져다준다. 주식회사나 다른 기업조직 형태의 경우에도 엄청난 규모의 화폐권력을 몇몇 이사나 관리자들의 통제하에 끌어모은다. 매수와 합병은 역사가 오래된 사업이며 이런 활동은 새로운 약탈적 축적(민간주식펀드들에서 볼 수 있듯이 기업의 자산을 탈취하고 노동자를 해고하는 등의 행태)을 불러일으킨다. 또한 대자본이 소자본들을 몰아내는 온갖 술수들도 존재한다(이것은 맑스가 선견지명을 가지고 지적했듯이 대개 국가적 규제의 도움을 받아 이루어진다). 대기업(대형 슈퍼마켓과 기업농)을 위해 영세자영업자들(동네 구멍가게나 가족농)을 희생시키는 약탈적 행위들은 대개 신용메커니즘의 도움을 받아 진행되는 것으로 매우 오랜 역사를 가지고 있다. 이처럼 기업조직의 형태나 구성, 투자에 사용될 자본의 대량의 집적, 집중 등의 문제는 전혀 사라진 것이 아니고 지금도 여전하다. 또하나 중요하게 지적되어야 할 것은 진입장벽과 관련된 문제다(제철소를 짓고 철도를 건설하고 항공노선을 신설하는 등의 활동들에는 생산이 시작되기 전에 이미 엄청난 규모의 초기자본 지출이 요구된다). 예를 들어 비교적 최근에야 나타나기 시작한 현상인데, 영국과 유럽대륙을 잇는 해저터널 같은 대규모의 인프라 프로젝트를 국가가 아니라 민간자본 컨소시엄이 수행할 수 있는 가능성이 등장한 것이다. 맑스가 기계제를 다룬 장에서 지적했듯이 이런 인프라 프로젝트들은 자본주의 생산양식이 본격적으로 발전함에 따라 점차 그 필요성이 늘어난다. 자본의 집중화와 분권화 과정은 각 자본분파들간의 경쟁영역은 물론 자본과 국가 간의 경쟁영역(예를 들어 독점권력의 규제 문제)을 결정해준다. 화폐권력의 대규모 집중은 계급투쟁의 동학은 물론 자본주의의 발전궤도에 온갖 함의를 제공한다. 다른 조건이 불변이라면 그것은 특권적 자본가계급(집중을 통해 더욱 세력을 강화하기도 한다)──이들은 자신이 가진 순수한 화폐권력을 통해 시간이 흘러감에 따라 소생산자들과 임노동자들은 가질 수 없는 통제권을 자연스럽게 갖게 되기 때문에 얼마든지 기다릴 수 있는 능력이 있다──에게 많은 힘들을 부여해준다. 그러나 독점권력의 증가는, 자본활동을 규제하는(특히 기술혁신을 강제하는) 경쟁의 강제법칙의 힘을 약화해 경기침체를 가져올 수 있는 모순점도 함께 지닌다.

(2) 노동력은 어디에서 오는가?

맑스는 제1권에서 이 부분에 많은 주의를 기울이고 있다. 본원적 축적은 노동력을 상품으로 만들어 시장에 투입하지만, 그 이후 기술수준이 불변인 상태에서 생산을 확대하는 데 필요한 추가노동은 앞서 노동절약적인 기술변화를 통해 이미 방출된 유동적 과잉인구나 산업예비군의 침전물 가운데 잠재적 과잉인구나 정체적 과잉인구를 동원하는 방식으로 공급된다. 맑스는 자본축적이 지속적으로 이루어지기 위해서는 농업노동자나 농민을 시골에서 동원하거나 이전에 축출되었던 여성이나 아동을 노동력으로 활용하는 것이 결정적으로 중요하다고 여러 차례 언급했다. 그런데 그러기 위해서는 끊임없는 프롤레타리아화의 과정이 있어야만 하는데 이것은 곧 자본주의의 지리적 역사에 등장하는 이런저런 수단에 의한 본원적 축적이 끊임없이 이루어져야 한다는 것을 의미한다. 그러나 예비노동력은 기술도입에 의한 실업을 통해서도 만들어질 수 있다. 맑스는 지속적인 축적이 지속적인 잉여노동력을 필요로 한다는 것을 보여주었다. 이 산업예비군은 축적과정의 앞부분에 자리하면서 어느정도 그것의 징후를 미리 알리는 역할을 수행한다. 노동력은 언제나 충분히 그리고 언제든지 이용 가능한 형태로 존재해야만 한다. 그것은 또한 이용 가능한 것이어야 할 뿐만 아니라 훈련되어 있고 적절한 자질을 갖추고 있는 것이기도 해야만 한다(즉 숙련을 갖추고 있어야 하고 필요할 경우에는 유연하기도 해야 한다).

만일 어떤 이유로 이 조건들이 갖추어지지 않을 경우 자본은 지속적인 축적에 있어 심각한 장애에 봉착하게 된다. 노동의 가격이 상승할 수 있으며(이는 노동가격의 상승이 축적의 동학과 충돌하지 않기 때문이다) 지속적 축적을 향한 욕망과 능력이 저하할 수도 있다. 노동공급 부문에서의 심각한 장애요인 — 이것은 절대적으로 노동력이 부족한 조건 때문에 발생할 수도 있고, 강력한 노동자조직의 등장(노동조합과 좌파정당) 때문에 발생할 수도 있다 — 은 자본축적의 위기를 만들어낼 수 있다. 이런 장애요인에 대한 한가지 명확한 답은 재투자를 거부함으로써 자본이 사실상 파업을 벌이는 것이다. 이것은 고의적으로 축적의 위기를 조장하여 노동력을 마음대로 다루기에 적당한 실업을 만들어내기 위한 것이다. 그러나 이 해법은 노동에게는 물론 자본에게도 비용이 많이 든다. 자본가들은 분명 다른 대안을 선호할 것인데, 즉 정치적으로 이 문제를 해결하는 것이다. 만일 노동이 지나치게 잘 조직되어 있고 너무 강력하다면, 자본가계급은 정부기구를 이용하는 방법을 찾게 되는데 정부기구를 장악하는 방법에는 두가지 사례가 있다. 하나는 1973년 칠레에서처럼 쿠데타를 일으켜 아옌데를 살해하고 사회주의적 대안을 분쇄하는 방법이며, 다른 하나는 미국과 영국에서 레이건과 새처(칠레의 삐노체뜨 또한)가 했던 것처럼 정치적 수단을 사용하여 노동자조직을 박멸하고 좌파정당들을 척결하는 방법이다. 이것이 장애물을 돌파하는 한가지 방법이다. 또다른 하나는 자본의 유동성을 높이는 방법인데, 이는 지난 30년간 멕시코와 중국에서 진행된 것처럼, 쉽게 프롤레타리아화할 수 있는 주민들이 존재하는 곳으로 자본을 이동시키는 것이다. 개방적 이민정책이나 심지어는 국가가 직접 조직하는 이민전략(많은 유럽 국가들에서 1960년대 말경까지 시행)도 역시 또하나의 대안이 될 수 있다. 그러나 노동공급의 장애를 돌파하려는 이 방법은 조직노동자들(그리고 보다 일반적으로 보면 대중의 일부도 여기에 동조한다)로 하여금 일자리를 해외로 이전하는 데 반대하도록 만들고, 개방적 이민정책에 반대하도록 만드는 것은 물론, 국내의 노동계급들 사이에서 이민반대운동을 본격적으로 불붙이는 결과를 빚어내기도 한다.

노동공급 정책의 모순적인 측면은 노동력의 가치(주어진 생활수준──이것 자체는 다시 계급투쟁 상태에 의해 민감한 영향을 받는다──에서 노동력을 재생산하기에 충분한 임금재의 공급조건에 의해 결정된다)는 물론 노동력의 건강과 숙련, 그리고 교육 등의 문제를 둘러싸고 발생한다. 자본가의 계급적 이해는 (대개 '뒷일은 난 몰라'라고 표현되는 개별 자본가들의 이해와는 반대로) 노동력가치를 낮게 유지하기 위해 값싼 임금재를 공급하고 노동공급의 질적 향상을 위해 보조금을 지급하는 문제로 모아질 수 있다. 이때 후자의 문제는 국가의 군사적 이해와도 맞물려 상당히 중요한 의미를 띨 수 있다. 이처럼 노동공급정책은 온갖 세분화된 문제들과 연관되어 있다. 이들 문제는 모두 자본주의의 역사적·지리적 발전에 있어 계급투쟁의 핵심쟁점이 되어왔다.

이로부터 몇몇 맑스주의자들은 독특한 공황이론을 만들어내기도 했다. 공황론 가운데 소위 이윤압박설이라는 것은 노동과정과 노동시장에서 끊임없이 발생하는 노동문제와 계급투쟁에 근거한 이론이다. 즉 이들 관계가 더이상의 자본축적을 가로막을 경우, 자본이 이 장애요인을 극복하거나 회피할 수 있는 어떤 방법(혹은 아마도 하나의 방법보다는 여러 방법의 혼합)을 찾아내지 못하면 공황이 발발한다는 것이다. 글라인(A. Glyn, 그가 써트클리프B. Sutcliff와 공동으로 집필한 『영국 자본주의, 노동자와 이윤압박』[33]을 보라)같은 연구자들은 1960년대 말과 70년대 초의 현상들(특히 유럽과 북미)을 이윤압박설을 보여주는 가장 대표적인 사례로 해석한다. 노동력에 대한 관리와 노동조직 및 노동공급 측 사이의 정치가 다시 정치를 지배했던 것은 틀림없는 사실이다. 그리고 자본주의의 존속이 이 잠재적인 축적의 장애요인을 지속적으로 극복하거나 회피하는 데 달려 있었던 것도 역시 사실이다. 그러나 지금(2008년)은 도처에 예비노동력이 넘쳐나고 노동계급에 대한 정치적 공세로 거의 어디에서나 노동자들의 저항이 극히 미미한 수준으로 줄어들어 이윤압박의 징후는 거의 찾아보기 어렵다. 2008년 공황은 간접적 의미 외에는 이윤압박의 틀로 설명할 수 있는 부분이 거의 없다.

(3) 생산수단의 취득

자본가들이 시장에 갔을 때, 그들은 생산의 확대를 위해 잉여의 일부를 재투자하는 데 필요한 추가적인 생산수단(추가적인 불변자본 요소)을 거기에서 찾을 수 있어야만 한다. 생산수단에는 두가지 종류가 있다. 하나는 생산과정(코트를 만들 때 에너지와 옷감이 사용되는 과정과 같은 것으로 맑스가 "생산적 소비"라고 불렀던 것)에서 사용되는 (이미 인간의 노동이 들어간) 중간생산물이며, 다른 하나는 기계와 고정자본 설비들, 즉 공장건물과 물적 인프라(수송체계, 운하, 항구, 기타 생산이 이루어지는 데 필요한 온갖 물적 존재들) 등이 바로 그것이다. 생산수단(불변자본)의 범주는 매우 광범위하고 복잡하다. 사실 이런 물적 투입물과 조건들이 충분히 존재하지 않을 경우 그것은 지속적 자본축적을 가로막는 심각한 장애요인이 된다. 자동차산업은 철강을 추가적으로 투입하지 않고는 결코 확대될 수 없다. 우리가 오늘날 '상품연쇄'(상품이 원료에서부터 중간제품을 거쳐 최종 완제품에 이르기까지 무수히 많은 중간단계의 상품들로 연계되어 구성된다는 개념 ―옮긴이)라고 부르는 것 가운데 한 부분의 기술혁신이 생산의 전반적인 확대를 가져오기 위해서 다른 부분에서도 함께 혁신이 이루어져야 한다고 맑스가 지적했던 것은 바로 이런 이유 때문이었다. 면직산업의 혁신은 면화생산(면화에서 씨를 뽑는 조면작업), 운송, 통신, 화학적·공업적 염색기술 등등의 혁신을 모두 필요로 한다.

이로부터 우리는 자본주의 생산양식 전체의 복잡한 투입·산출구조로부터 '불비례 공황'이라고 불리는 것의 가능성을 도출할 수 있다. 맑스는 제2권의 끝부분에서 크게 두 부문(생산수단을 생산하는 산업부문과 노동자들의 임금재를 생산하는 산업부문)으로 이루어진 경제(나중에 그는 여기에 사치재 부문을 추가함으로써 그 구조를 보다 복잡하게 만들었다)에서 이런 형태의 공황이 어떻게 발생할 수 있는지를 상세히 다루고 있다. 맑스는 여기에서 이윤율이 가장 높은 곳으로 이동하는 자본의 경향이 전제된 조건에서는 균형이 자동적으로 이루어질 수 없다는 점과 점점 누적되는 불비례가 자본주의의 재생산체계를 붕괴시킬 수 있다는 점을 보여주었다(이 점은 나중에 모리시마 미쩌오森嶋通夫 같은 경제학자들이 수행한 훨씬 복잡한 수학적 연구들에 의해 확인되었다). 오늘날 우리도 에너지 부족이나 가격상승이 자본주의의 동학에 명백하게 영향을 미치는 것을 보고 있다. 이런 장애요인들은 자본주의체제 내에서 끊임없는 관심의 대상이 되고 있으며, 이런 장애요인을 극복하거나 회피하기 위한 지속적 필요성은 정치적 행동의 주된 요인이 되고 있기도 하다(정부의 ― 특히 물적 인프라에 대한 ― 보조금과 계획, 연구개발 활동, 매수 합병을 통한 수직적 통합 등의 예가 있다).

(4) 자연의 희귀성

이 모든 것 뒤에는 맑스도 제1권에서 여러 차례 제기하고 있는 보다 심오한 문제가 숨겨져 있다. 그것은 우리와 자연 간의 신진대사와 관련된 문제다. 다른 모든 생산양식과 마찬가지로 자본주의도 풍부한 자연의 혜택에 의존해 있으며, 맑스가 지적했듯이 토지의 고갈과 지력 저하는 장기적으로 집단적 노동력의 파괴와 똑같은 중요성을 지니는데 왜냐하면 이 두 요소는 모든 부의 생산의 원천이기 때문이다. 그러나 오로지 자신들의 단기적 이해에 따라서만 행동하는 개별 자본가들은 경쟁의 강제법칙에 내몰려 토지와 노동에 대해 '뒷일은 난 몰라'라는 입장을 취하려는 성향을 버리지 못한다. 이것이 아니더라도 끊임없는 축적의 진행은 소위 자연자원의 공급을 확대하도록 엄청난 압력을 가하는 한편, 폐기물량의 불가피한 증가는 그것을 무해한 수준에서 흡수해낼 수 있는 생태체계의 능력과 밀접한 관련을 맺는다. 여기에서 자본주의는 다시 점점 더 피하기 어려운 장애요인을 만나게 된다. 맑스는 이렇게 지적하고 있다. 자본주의는 "오로지 원료와 판매시장에 의해서만 제한을 받는 하나의 탄력성〔즉 하나의 돌발적이고 비약적인 확대능력〕을 획득한다" (M474).

그런데 자연에서 만날 수 있는 이런 장애요인들은 온갖 방식을 통해 때로는 극복할 수도 있고 때로는 회피할 수도 있다. 예를 들어 자연자원은 기술적·사회적·문화적 평가기준이 있고 모든 자연자원의 부족 문제는 기술적·사회적·문화적 평가기준의 변화를 통해 완화될 수 있다. 제13장 '기계와 대공업'의 도입부 각주에 정리되어 있는 자연과의 변증법은 이런 변화 가능성의 범위를 알려주고 있는데 여기에는 자연 그 자체의 생산까지도 포함되어 있다. 자본주의의 지리적 역사는 이 점에 있어 자본주의가 얼마나 놀라운 유동성과 유연성을 지녔는지를 보여주고 있으며, 따라서 우리와 자연 간의 신진대사 관계에 있어 극복될 수 없거나 우회할 수 없는 절대적 한계가 있다고 주장하는 것은 잘못된 것일 수 있다. 그러나 이것은 이 장애요인들이 때로는 심각한 것이 아니라거나 그것의 극복이 아무런 환경문제의 위기를 일으키지 않고 이루어질 수 있다는 의미는 아니다. 자본주의의 많은 정책들은 (특히 최근에는 더욱) 맑스가 자연의 무상의 선물이라고 불렀던 것들이 자본이 언제든지 마음대로 사용할 수 있는 것일 뿐만 아니라 미래의 용도를 위해 지속되기도 해야 한다는 것을 보여준다. 이런 문제들과 관련된 자본주의적 정책 내부의 갈등은 가끔 매우 첨예할 수 있다. 한편으로 지난 50~60년간 미국의 지정학적 입장은 값싼 석유를 계속해서 보다 많이 확보하고자 하는 욕망에 의해 지배되어왔다. 세계의 모든 유전이 채굴되도록 개방되어야 한다는 확신은 미국으로 하여금 중동지역이나 다른 지역들의 갈등에 개입하도록 만들었고, 자연과의 관계에 대한 중요한 사례 가운데 하나인 에너지정책은 국가기구 내에서 가장 중요한 문제로 자주 등장한다. 그러나 또다른 한편 석유를 값싸게 유지하는 정책은 급속한 석유고갈의 문제를 만들어낼 뿐만 아니라, 인류의 생존을 점차 위협하고 있는 지구온난화와 대기오염 문제(지표면의 오존, 스모 그, 대기중의 미립자 문제 등)를 일으키고 있다. 에너지 다소비형의 도시개발을 통한 마구잡이식 토지이용은 자동차산업의 성장을 위해 필요한 자연자원을 지속적으로 고갈시키는 또다른 문제를 불러오고 있다.

『자본주의, 자연, 사회주의』(*Capitalsm, Nature, Socialism*)라는 잡지를 창간한 오코너(J. O'Connor)가 이끄는 몇몇 맑스주의자들은 자연으로부터 비롯된 이런 장애요인을 "자본주의의 제2의 모순"(물론 제1의 모순은 자본-임노동의 모순이다)이라고 부른다. 오늘날 이런 제2의 모순이 노동문제 못지않게(비록 더하지는 않겠지만) 중요한 정치적 관심을 받고 있는 것은 틀림없는 사실이며 자연——자본주의(도시화)의 계속적인 발전을 위해 필요한 토지와 원료의 지속적인 원천이자 쓰레기의 매립장소이기도 해야 하는——과의 관계에 있어서의 위기라는 개념에 초점을 맞춘 정치적 관심과 동력의 영역이 점차 확대되고 있는 것도 분명한 사실이다.

오코너는 자신의 글에서 이 자본주의의 제2의 모순이, 1970년대의 노동운동과 사회주의 운동의 패배 이후, 제1의 모순을 대체하고 반자본주의 운동의 최선두 첨병 역할을 하게 되었다고 말한다. 나는 이 문제와 관련된 정치가 어떻게 되어야 할 것인지의 문제는 여러분의 판단에 맡기고자 한다. 그러나 맑스가 『자본』 제1권에서 제기하고 있는 논의의 틀에 따른다면, 자연과의 관계에 있어서의 장애요인들은 가볍게 생각하거나 부차적 문제로 간주해서는 안된다는 것이 분명하다. 오늘날 자연의 장애요인들은 점차 더욱 커지고 있으며, 이 장애요인들을 성공적으로 극복하기 위해(적어도 당분간 지속적인 자본주의적 축적의 틀 속에서도) 광범위한 대응책들(새로운 친환경기술의 개발과 이들 친환경제품을 생산하는 산업의 확대 등)이 요구되고 있는 것도 분명하다.

(5) 기술문제

자본과 자연의 관계와 자본과 노동의 관계는 모두 조직형태와 기술(하드웨어와 쏘프트웨어)의 선택에 의해 매개된다. 제1권에서 맑스는 조직과 기술의 변화가 어디에서 비롯되며, 왜 자본가들이 불가피하게 가치를 생산할 수 없는 기계를 물신화하는지를 이론적으로 가장 잘 다듬어 정리하고 있다(개별 자본가든 자본가계급 전체이든, 기계가 바로 그들에게 잉여가치를 가져다주는 살아있는 원천이기 때문이다). 그것은 곧 지속적 조직동학과 기술동학의 이론으로 정리된다. 맑스는 이렇게 말한다. "근대 공업은 결코 어느 한 생산과정의 현존형태를 최종적인 것으로 간주하지도 않고 또 그렇게 다루지도 않는다. 따라서 이전의 모든 생산양식의 기술적 기초는 본질적으로 보수적인 것인 데 반해 근대적 공업의 기술적 기초는 혁명적인 것이다"(M510/511). 이것은 맑스의 저작 전체에 있어 하나의 지속적인 주제다. 『공산주의자 선언』에서도 그는 이렇게 지적하고 있다.

부르주아는 생산도구와 그에 따른 생산관계와 사회 전체의 관계를 끊임없이 혁신하지 않고는 존속할 수 없다. (…) 생산의 끊임없는 혁신, 모든 사회적 조건의 지속적인 교란, 항상 계속되는 불확실성과 동요는 부르주아 시대가 다른 시대와 구별되는 중요한 특징이다.

그런데 상대적 잉여가치의 생산에 기초하여 경쟁의 강제법칙이 등장하는 것도 바로 이 부분이다. 이것이 주는 함의는(맑스는 이 함의를 몇가지 이유로 깊이 다루려 하지 않았다), 경쟁의 강제법칙을 약화하는 것은 (제23장에서 묘사하고 있는 바와 같이 자본의 독점과 집중을 통해) 모두 기술혁신의 속도와 형태에 영향을 미치게 될 것이라는 점이다. (러다이트운동 같은) 광범위한 저항이나 현장에서의 태업 같은 계급투쟁의 측면도 역시 설명될 필요가 있는 부분이다. 맑스가 지적했듯이 기술변화에 대한 유인은 자본의 입장에서 노동에 대항할 무기를 갖추기 위한 열망에서 비롯되기도 한다. 노동자들이 기계의 부속품으로 전락하면 할수록, 그리고 그들의 독점적인 숙련이 기계기술에 의해 훼손되면 될수록, 그들은 자본가의 자의적인 권위에 더욱더 취약해질 것이다. 기술 및 조직 혁신의 실제 역사가 보여주는 하나의 물결 같은 모습을 감안하면 제1권에서 이루어지고 있는 풍부한 분석에도 불구하고 이 동학에 대한 분석은 좀더 이루어져야 할 것처럼 보인다.

이 문제는, 맑스가 제1권 제23장에서 자본의 유기적 구성 및 가치구성의 논의를 전개하면서 제3권에서 드러내는 견해—자본의 가치구성이 상승하는 불가피한 경향은 이윤율 저하의 필연적 경향(혹은 법칙)을 예고하고 또한 장기적으로 축적과정에서 공황의 조건을 만들어낸다는 견해—를 이미 염두에 두고 있었던 것이 틀림없다는 점 때문에 더욱더 중요한 의미가 있다. 맑스가 보기에 여기에서 가장 강조되어야 할 부분은 자본이 자신의 내적 본성 속에서 하나의 결정적 장애요인을 만날 수밖에 없다는 사실이다.

이윤획득 가능성의 위기는 오로지 상대적 잉여가치를 끊임없이 추구하기 위한 기술동학의 불안정한 결과 때문이다. 논의를 간추리자면 자본가는 상대적 잉여가치를 추구하기 위해 노동절약적 기술을 채택하고 노동이 많이 절약될수록 가치는 적게 생산되는데, 이는 노동이 곧 가치의 원천이기 때문이다. 물론 착취도를 높이거나 생산의 확대를 통해 해고된 노동자를 다시 재고용하는 방식으로 이 문제를 보완할 수 있는 가능성이 존재하는 것도 분명 사실이다. 또한 내가 제10편에서 주장했듯이 자본의 가치구성이 상승하는 경향이 필연적이고 불가피하다는 것을 의심할 만한 이유들도 여럿 존재한다. 실제로 맑스는 제3권에서 많은 "상쇄요인들"을 열거하고 있는데, 여기에는 노동착취도를 높이는 것, 불변자본의 비용을 떨어뜨리는 것, 외국과의 무역, 신기술 채용의 유인을 감소시키는 산업예비군의 대량 창출(제1권에서 지적한 부분) 등이 포함된다. 『경제학비판 요강』에서 그는 이 상쇄요인들에 다시 불변자본의 가치절하, 물적 인프라 건설 부문으로의 자본의 흡수, 새로운 노동집약적인 생산라인의 개설, 생산의 독점화 등을 추가하고 있다. 내 견해(아마도 소수파 견해일 것이다)는 이윤율 저하경향 논의가 맑스가 주장했던 방식으로 작동하지 않는다는 것인데, 내가 왜 그렇게 생각하는지에 대해 나는 『자본의 한계』[34]에서 자세하게 다루었다.

그러나 조직형태 및 기술의 변화가 자본축적의 동학을 불안정하게 만드는 심각한 효과가 있다는 점, 그리고 기술 및 조직형태의 끊임없는 혁신을 강제하는 힘들에 대한 맑스의 탁월한 설명이 신기술의 채용을 둘러싼 계급투쟁 및 대중투쟁의 내용과 공황의 형성과정에 대한 이해수준을 한단계 높여주고 있다는 점에는 의문의 여지가 없다. 공황의 경향은 (M392의 주89에서 논하고 있듯이) 노동관계, 그리고 자연과의 관계는 물론 자본주의 발전과정에서 함께 발전하는 다른 모든 요소들을 통해 나타난다. 또한 직접적으로 자본축적의 동학을 불안정하게 만드는 요인들도 있다. 그 요인들에는 이전의 투자들(기계, 생산설비, 인공 축조물, 통신망)의 가치가 모두 보전(감가상각)되기 전에 이들의 가치를 절하시켜버리는 것, 노동력의 질에 대한 요건을 급격하게 변화시킴으로써 기존 노동력의 자격과 능력은 물론 이런 능력을 창출하기 위한 사회적 인프라에의 투자를 쓸모없이 만들어버리는 것, 일자리가 만성적으로 불안해지고 각 산업부문별로 불균등한 기술발전 때문에 불비례 공황의 발생 가능성이 높아지는 것 등이 있다. 또한 세계적 규모의 생산과 소비에 총체적 혁신을 가져올 시간과 공간 관계(수송 및 통신부문의 혁신)의 급격한 변화, 자본유통 속도의 갑작스런 증가(우리가 이미 경험하고 있듯이 금융시장에서의 전산거래는 심각한 문제들을 만들어낸다) 등이 거기에 해당된다. 그리고 자본의 가치구성의 상승이 이윤에 영향을 미칠 수 있는 경우들도 존재한다.

(6) 노동과정에 대한 자본가의 통제력 상실

맑스는 잉여가치의 창출이 가치가 생산되는 작업장에서 노동자를 지휘하고 통제할 수 있는 자본가의 능력에 기초해 있다는 점을 강조하기 위해 무척 고심했다. 노동과정의 "노동의 불"에 대한 지휘와 통제는 항상 저항을 받는다. 노동통제의 "전권"을 확보하기 위해서는 노동관계의 위계적 권위구조를 성공적으로 조직하는 것은 물론 강제와 설득을 적절히 혼합해야만 한다. 사실 이 통제구조가 조금이라도 훼손되면 그것은 하나의 위기를 예고하는 것이며, 맑스는 자본가들이 필연적으로 의존하는 가치생산을 중단 혹은 저하할 수 있는 노동자들의 숨겨진 힘을 강조한다. 자본이 만들어놓은 통제장치들에 따르지 않는 것과 노동을 거부하는 노동자들의 힘은 계급투쟁의 동학에서 너무도 중요한 의미를 갖는다. 이것은 (뜨론띠Tronti와 네그리 같은 이론가들이 '자율주의적' 맑스주의의 전통에 따라 강조하는 것처럼) 그 자체만으로도 하나의 위기를 강제한다. 물론 노동자들의 이런 힘은 이들이 생활을 영위해야 한다는 사실과 만일 이들이 (토지의 경작 같은) 다른 생존수단이 없을 경우 임금이 없으면 매우 큰 고통을 겪는다는 사실 때문에 제약을 받는다. 그러나 자본유통과정의 생산영역(즉 노동과정) 내부에 잠재적 한계가 존재한다는 사실은 결코 무시될 수 없다. 그렇기 때문에 개별 자본가는 물론 자본가계급 전체는 노동규율과 노동통제의 적절한 형태를 확보하기 위해 주의를 깊이 기울인다.

(7) 실현과 유효수요의 문제

일곱번째 잠재적 장애요인은 새로운 상품이 시장에서 교환을 통해 자신의 가치를 화폐로 실현하는 마지막 단계에서 등장한다. 제2장에서 이미 지적했듯이 W-G의 전화는 항상 화폐의 일반성이 상품의 특수성으로 전화하는 것보다 훨씬 더 문제가 많다. 먼저 충분한 숫자의 사람들이 사용가치로 생산된 상품을 필요로 해야만 한다. 맑스는 만일 어떤 물건이 쓸모가 없다면 그것은 가치를 지니지 않는다고 말한다. 쓸모없는 상품들은 가치를 상실할 것이고 자본유통과정은 완전히 중단될 것이다. 따라서 가치의 실현을 위한 첫번째 조건은 사람들의 필요와 욕망이 무엇인지에 주의를 집중하는 것이다. 맑스가 살던 시기에 비해 오늘날에는, 사람들이 품은 필요나 욕망을 시장에 맞는 사용가치로 만들어내기 위해 광고산업을 포함하여 엄청난 노력이 기울여진다. 그러나 여기에서 내가 말하는 것은 단순한 광고 이상의 것이다. 여기에서 요구되는 것은 일상생활의 전체 구조와 과정(M392의 주89에 나오는 일상생활의 구성요소들의 재생산)을 사용가치들이 일정하게 유지될 수 있도록 만들어내는 것에 있다. 예를 들어 2차대전 이후 미국에서 교외거주 스타일이 등장하면서 이와 관련된 새로운 필요와 욕망이 어떻게 개발되었는지를 살펴보도록 하자. 우리는 오늘날 차와 가솔린, 고속도로, 교외의 넓은 집은 물론 잔디깎는 기계, 냉장고, 에어컨, 커튼, 가구(집 내부와 외부의 가구 모두), 실내의 오락기구(TV)를 비롯해 이런 일상생활을 유지하기 위한 온갖 설비들의 필요에 대해 이야기한다. 교외에서의 생활은 이런 모든 것들의 소비를 필요로 한다. 교외주거지역의 개발은 이 사용가치들의 수요를 만들어낸다. 맑스는 "이런 방식으로 새로운 욕망을 불러일으키는 것"이 자본축적의 연속성을 위한 중요한 전제조건을 이룬다고 말한다(M121). 새로운 욕망을 만들어내는 정책은 그 자체만으로도 흥미를 불러일으키고, 시간이 흘러감에 따라 점차 중요성을 더해가며, 그 결과 오늘날에는 "소비자 감성"이야말로 끝없는 자본축적을 위해 가장 결정적 요소라는 것이 당연한 사실로 받아들여진다.

그런데 이 모든 사용가치들에 대한 구매력은 어디에서 오는 것일까? 이 과정의 종점에는 분명 어딘가에 있는 누군가가 구매를 위해 별도의 화폐량을 가지고 있어야만 한다. 만일 그렇지 않다면 유효수요의 부족이 발생하고 소위 "과소소비"—생산된 상품을 흡수할 지불능력을 가진 수요가 불충분한 상태(제3편을 볼 것)—로 인한 공황이 발생할 것이다. "판매시장의 규모"에 의해 제기되는 장애요인은 극복되어야만 한다(M474). 유효수요 가운데 일부는 노동자들의 임금소비액으로 표현된다. 그러나 가변자본은 유통중인 자본총액보다는 항상 적기 때문에 (교외주거 스타일의 경우를 포함하더라도) 임금재의 구매로는 총가치의 실현에 결코 충분하지 않다. 그렇지만 제1권의 분석에서 상정하는 방식대로 임금이 삭감되면 그것은 분명 가치의 실현을 보다 어렵게 만들 것이 틀림없고 또한 과소소비 공황의 중요한 한 요인이 될 수 있다(이것은 『자본』 제2권에 나오는 이야기이기도 하다). 바로 이것이, 뉴딜정책이 — 많은 사람들이 당시의 공황을 주로 과소소비에 의한 공황으로 간주하고 있는 상황에서—노동조합의 결성이나 노동자계급 사이에서 유효수요를 늘리기 위한 갖가지 전략들을 지지하는 방향을 취하고, 2008년에 미국정부가 소비자들의 유효수요를 늘리기 위해 대부분의 납세자들에게 600달러의 세금환급을 단행했던 바로 그 이유다. 노동자들의 실질임금을 인상하는 것(따라서 프롤레타리아의 빈곤화 경향은 상쇄된다)은 지속적 자본축적에 반드시 필요한 것이긴 하지만, 명백한 이유로 자본가계급은(물론 개별 자본가는 말할 필요도 없고) 이런 해법을 시행하는 것을 별로 달가워하지 않는다.

그러나 노동자들의 수요는, 비록 그것이 가치의 실현에 매우 중요한 토대이긴 하지만, 실현의 문제를 결코 해결할 수 없다는 것이 분명하다. 로자 룩셈부르크는 이 점에 깊이 주의를 기울였다. 먼저 그녀는 별도의 추가적 수요가 금의 공급증가로부터(혹은 오늘날의 경우 중앙은행이 그냥 화폐를 더 많이 찍어냄으로써) 발생할 수 있다는 점을 제기했다. 이것은 단기적으로는 분명 도움이 될 수 있지만(2008년 금융위기 동안에 그러했듯이, 충분한 유동성을 공급하는 것은 지속적인 자본유통과 자본축적을 유지시키는 중요한 도구다), 장기적으로는 결국 인플레이션이라는 또다른 위기를 만들어낸다. 룩셈부르크의 해답은 자본주의체제 외부에 존재하는 잠재적이며 동원 가능한 수요를 상정하는 것이었다. 이것은 자본주의 생산양식에 아직 흡수되지 않은 사회를 제국주의적으로 병합함으로써 본원적 축적을 계속하는 것을 의미했다.

자본주의로의 이행과정과 본원적 축적기에는 봉건제 내부에 축장되어 있던 부가 (상업자본에 의한 다른 세계의 약탈과 수탈을 병행하면서) 이 역할을 수행할 수 있었다. 물론 시간이 흘러감에 따라 봉건계급이 가지고 있던 이 축장된 부("금준비"〔gold reserve〕라고 부를 수 있다)는 점차 고갈되었고 구매력을 창출할 수 있는 농민들의 지대 납부를 통해 지주귀족들의 소비를 받쳐주는 능력도 역시 소진되었다. 산업자본주의가 유럽과 북미에서 자리를 잡아감에 따라 인도, 중국, 그리고 기존의 선진적 비자본주의 사회구성체들에 대한 부의 약탈은 점점 더 (특히 19세기 중반에 이르면서) 기승을 부렸다. 이 시기는 특히 동아시아와 남아시아(어느정도까지는 남미와 아프리카까지 포함)로부터 막대한 부가 자본주의 중심국가의 자본가계급에 이전된 기간이었다. 결국 자본주의가 성장하고 지리적으로 확대되어감에 따라 이런 수단에 의해 체제를 안정할 수 있는 능력은 (19세기 중반 고도로 발전된 제국주의 기간 동안에는 그런 수단들이 한때 전적으로 충분한 것이었지만) 점차 감소되었다. 1950년대 이후, 그리고 1970년대 이후에는 더욱 뚜렷하게, 이런 종류의 제국주의적 정책능력——자본의 실현을 위한 새로운 영역(새로운 시장)을 찾아나감으로써 전반적으로 체제를 안정하는 역할을 수행해나가는——은 눈에 띄게 감소해왔다.

가장 중요한 답은——이것은 룩셈부르크가 지적하지 않았던 것이긴 하지만 맑스의 논의로부터 논리적으로 추론되는 것이다(맑스는 이 답을 직접 다루지는 않았는데 이는 그가 제1권의 가정에 따라 실현 공황의 문제를 배제하고 있었기 때문이다)——자본가의 소비 속에 존재한다. 우리가 이미 보았듯이 자본가의 소비는 두 부분으로 이루어진다. 즉 잉여가치 가운데 일부는 수입으로 소비되고(예를 들어 사치재), 다른 일부는 경쟁의 강제법칙에 의해 나타나는 재투자전략을 통해 생산의 확대에 투입된다. 여기에서 우리는 실현과정의 한 계기로서 맑스가 "생산적 소비"라고 불렀던 것의 필요성을 보게 된다. 이것은 잉여가치 생산이 점점 증가하는 자신의 화폐수요를 스스로 해결해야 한다는 것을 의미한다. 어제 생산된 잉여생산물의 수요는 내일의 잉여가치 생산의 확대에 의존하는 것이다! 어제 벌어들인 잉여가치에 의해 이루어지는 오늘의 자본가의 소비는 어제 생산된 잉여생산물과 잉여가치가 판매될 시장을 형성한다. 이것은 유효수요의 부족으로 인한 과소소비 공황을 수익성있는 투자기회의 부족으로 전화한다. 말하자면 자본유통과정의 마지막 단계에서 부딪히는 실현문제에 대한 해법은 유통과정의 첫 단계로 돌아가서 생산을 더욱 확대하는 데 달려 있다. 즉 지속적 성장의 논리로 떠넘겨지는 것이다.

(8) 신용제도와 자본의 집중

자본유통과정이 완결되기 위해서는 두가지 근본조건이 실현되어야만 한다. 첫째, 자본가가 어제 벌어들인 화폐를 축장해서는 안된다. 그들은 즉각 그 화폐를 도로 유통에 풀어넣어야 한다. 그러나 맑스가 쎄이의 법칙을 비판하면서 주장했듯이, W-G의 뒤를 이어 곧바로 G-W가 반드시 따라와야 한다는 강제적 필연성은 존재하지 않으며, 이런 비대칭성 때문에 화폐 및 금융공황의 가능성은 지속되며, 또한 소비되지 않음으로써 잉여가치의 실현이 이루어지지 않을 수 있는 가능성이 존재한다. 제2편에서 우리는 화폐를 푸는 것보다는 축장해야만 할 여러가지 상황들을 살펴보았는데, 이 부분은 과소소비 공황의 가능성에 대한 맑스와 케인스의 생각이 완전히 일치하는 부분이기도 하다. 케인스는 국가가 주도하는 전술적인 화폐 및 금융관리 기술들을 이용하여 이 어려움을 비켜가려고 했다.

둘째, 지속적 자본유통이 보장되기 위해서는 오늘과 어제 사이의 시차가 연결될 필요가 있다. 이 시차는, 맑스도 제3편에서 말했듯이, 신용화폐의 등장과 계정화폐(회계장부에서 대차관계를 통해 상쇄되는 화폐—옮긴이)의 사용을 통해 해결될 수 있다. 단순화해 말한다면 대부자와 차용자 간의 조직화된 관계를 나타내는 신용제도는 자본유통과정에 들어와 생기를 불어넣는 기능을 수행한다. 다른 조건을 무시한다면 신용제도는 유효수요 문제를 자본유통 내부에서 해결할 수 있는 주요 수단이 된다. 그러나 이 과정에서 신용제도는 이자의 형태로 잉여가치 가운데 일부를 자신의 몫으로 요구한다.

『자본』제1권에서만도 여러 곳에서 맑스는 암묵리에 신용제도의 중요한 역할을 인식하고 있었지만, 제7부에서 자본-임노동관계 문제의 핵심이라고 간주했던 것을 도출할 때는 분배문제(지대, 이자, 조세, 상업이윤)를 분석에서 배제할 필요가 있다고 여겼다. 이것은 자본주의 동학 가운데 몇몇 중요한 측면들을 제시하고 해명하는 데는 도움이 되었지만, 그 대신 자본유통과정에서 결정적으로 중요한 한가지 요소를 옆으로 밀쳐두는 결과를 가져왔다. 불행히도 맑스는 제2권의 대부분에서도 이 요소를 계속 밀쳐두었는데(예를 들어 이 요소의 존재가 장기 고정자본 투자와 관련되어 있다는 단서를 달아 놓으면서), 이것은 룩셈부르크가 제2권의 끝부분에 제시된 축적의 재생산표식이 실현과 유효수요의 문제를 해결하는 데 실패했다고 정확하게 지적하는 결과를 가져왔다. 맑스는 제3권의 비교적 뒷부분에 가서야 비로소 신용제도의 역할을 전반적으로 검토하기 시작하는데, 솔직히 말해 신용제도를 다룬 이 장들은, 비록 암시적인 내용들이 많이 포함되어 있긴 하지만, 상당히 뒤죽박죽인 형태를 이루고 있다(나는 이 장들의 내용을 『자본의 한계』 제9장과 제10장에서 정리해내느라 너무도 힘이 들었는데, 솔직히 고백하자면 그때는 거의 미칠 것 같았다). 그러나 그는 『경제학비판 요강』에서는 "전체 신용제도, 그리고 이들 신용제도와 연계된 과잉거래 및 과잉투기 등은 모두 유통과 교환영역의 장애요인을 극복해야 할 필요성에 기초해 있다"[35]고 잘 지적하고 있다.

자본주의가 계속 팽창하기 위해서는 어제 생산된 잉여생산물의 수요를 계속 창출해낼 필요가 있다. 그런데 어제 생산된 잉여생산물과 그것을 흡수할 내일의 소비 사이의 간극을 메우기 위해서는, 즉 실현의 문제가 해결되기 위해서는—특히 오늘날처럼 자본주의적 발전이 세계적 규모로 이루어지고 있는 조건에서는—역동적이고 팽창적인 신용제도가 필요하다. 이 잉여생산물의 흡수는 잉여가치 생산의 계속적인 확장(재투자)과 자본가들의 수입의 소비라는 두가지 방법을 통해 이루어질 수 있다. 장기적으로 볼 때 자본가들이 자신의 수입을 소비하는 것은 스태그플레이션으로 이어질 것이라는 것이 쉽게 드러난다(이것은 맑스가 제21장에서 다룬 "단순재생산" 모델이다). 따라서 오로지 잉여가치 생산의 지속적 확장만이 장기적으로 작동 가능한 경우인데, 이것은 자본주의의 존속을 위해 끊임없는 성장이 이루어져야 하는 사회적 필요성 때문이다.

만일 맑스가 이 점을 다루었다면 그는 여기에서 틀림없이 경쟁의 강제법칙이 자본주의의 존속을 위한 절대적 필요조건을 보장해주는 하나의 수단에 불과하다고 했을 것이다. 달리 말해 자본주의의 존속을 위해서는 어제 생산된 잉여생산물을 흡수할 수단으로 내일의 잉여가치 생산의 팽창이 계속 유지될 수 있도록 경쟁의 강제법칙이 지속될 필요가 있는 것이다. 따라서 예를 들어 과도한 독점화를 통해 이런 경쟁의 강제력이 조금이라도 완화되는 것은 그 자체로서 자본주의적 재생산의 위기를 만들어낼 것이다. 바란(P. A. Baran)과 스위지(P. M. Sweezy)는 『독점자본』(*Monopoly Capital*, 디트로이트에 있던 3대 자동차회사 같은 독점업체들의 중요성이 점차 증가하고 있던 1960년대에 집필되었다)[36]에서 바로 이 점을 지적했다. 자본의 독점과 집중화 경향은 바란과 스위지가 명확하게 예측했듯이 필연적으로 1970년대에 출몰한 스태그플레이션의 위기(실업의 증가와 인플레이션의 가속화가 동시에 발생한다)를 만들어냈다. 이 위기에 대한 대응은 신자유주의 반혁명이었고 그것은 노동세력을 무력화하는 것은 물론 자본주의적 발전법칙을 "집행하는" 경쟁의 강제법칙을 온갖 방법을 통해 사실상 해체했다.

그러나 이 과정은 그리 단순한 구조로 이루어진 것이 아니다. 먼저 이 과정의 전제조건은 내일의 잉여가치 생산이 팽창하기 위해서는 모든 장애요인들(예를 들어 자연과의 관계)이 작동하지 않아야 하고 생산의 확대가 이루어질 수 있는 여지가 충분히 존재해야 한다는 것이다. 이것은 예를 들어 조금 다른 종류의 제국주의를 의미하는데, 즉 그것은 세계의 다른 지역으로부터 가치나 자산을 직접 탈취하는 것이 아니고, 세계의 다른 지역을 새로운 자본주의적 생산형태를 시작하는 장소로 사용한다. 그래서 이제 상품수출이 아니라 자본수출이 핵심문제가 된다. 이 점에 있어 (이들 지역의 시장에 대한 지배를 통해 이 지역의 부를 수탈해갔던) 19세기의 중국·인도와, 미국과 (어느정도까지는) 오세아니아 지역, 라틴아메리카 지역(이 지역에서는 새로운 부를 생산하는 자본주의적 발전이 무제한적으로 급속히 이루어졌고, 이를 통해 자본주의의 중심 모국에서 생산된 잉여생산물을 실현하고 흡수하는 공간을 제공했는데 예를 들어 19세기에 영국에서는 미국과 아르헨띠나에 자본과 기계류를 수출했다) 사이에는 차이점이 있다. 물론 오늘날 중국은 이제 생산을 위한 엄청난 양의 자본을 흡수하고 있으며 이를 통해 원료는 물론 기계류와 다른 소재적 투입물에 대한 엄청난 유효수요를 만들어내고 있다.

그러나 이 해법에는 두가지 문제점이 있는데, 이 둘은 모두 자본축적의 연속성을 가로막는 장애물을 회피하는 바로 자신들의 그 행위로부터 다시 장애물을 만들어낸다. 첫번째 문제는 자본유통과정이 투기적 성격에 의해 이루어진다는 단순한 사실로부터 발생한다. 즉 그것은 내일의 팽창이 어떤 장애요인(계속적인 실현의 장애요인을 포함하여)도 만나지 않을 것이고 따라서 오늘의 잉여생산물이 모두 잘 실현될 수 있을 것이라는 믿음에 기초해 있다. 투기적 요소——이것은 예외적이거나 여분의 요소가 아니라 기본적인 요소를 이룬다——의 의미는 예상과 기대(케인스는 이것을 잘 이해하고 있었다)가 자본유통의 연속성에 본질적인 요소라는 것이다. 맑스가 제3권에서 자본주의적 팽창이 신뢰와 신용에 기초해 있다는 점에서, 황금(즉 실질적인 화폐적 기초)에 기초해 있는 "가톨릭적인 것"이기보다는 "프로테스탄트적인 것"이라고 지적한 것은 바로 이 점을 염두에 둔 것이다. 투기적 기대가 언젠가는 감소할 것이라는 것은 당연하고 이는 곧 위기를 불러일으킬 것이다. 이 점에서 케인스의 『일반이론』을 다시 읽어보면서, 그 책의 전체 논의 가운데 통화 및 재정정책의 기술적 해법이 기대와 예상의 심리학에 비해 매우 보잘것없는 일부분에 불과하다는 점을 확인해보는 것은 상당히 흥미롭다. 이 체제에서는 믿음이야말로 본질적인 것이며, 2008년에 나타난 것 같은 신뢰의 상실은 치명적 위험이 될 수 있다.

두번째 문제는 화폐와 신용제도 내부로부터 발생한다. "독립적인" 금융공황이 발발할 가능성(맑스는 제3장에서 이 점을 지적하고 있긴 하지만 더이상 깊이 다루지는 않았다)은 도처에 존재한다. 본질적 문제는 화폐형태 그 자체의 모순——가치의 표현으로서의 사용가치, 즉 일반성(추상성)의 표현으로서의 특수성(구체성)과 사회적 힘의 사적 점유 사이의 모순(제2장을 참고할 것)——에 있다. 맑스는 쎄이의 법칙을 논의하면서 화폐를 축장해두고자 하는 지속적 욕망이 존재하고, 만일 보다 많은 사람들이 이처럼 화폐를 축장하면 자본유통의 연속성이 중단될 가능성이 더욱 커진다는 사실을 지적한다. 그런데 사람들은 왜 화폐를 축장하려고 하는가? 한가지 이유는 그것이 사회적 힘의 한 형태이기 때문이다. 그것으로 의식과 명예를 살 수 있는 것이다! 맑스는 『경제학 철학 초고』에서 이렇게 말하고 있다. "만일 내가 못났으면 (…) 나는 내 힘으로 가장 어여쁜 여인(혹은 가장 잘생긴 남자)을 살 수 있다."[37] 만일 내가 머리가 나쁘다면 나는 머리가 좋은 사람들을 살 수 있으며 내가 다리가 불구라면 나는 나를 움직여줄 사람을 구매할 수 있다. 이 사회적 힘을 가지고 여러분이 무엇을 할 수 있을지를 한번 생각해보라. 이처럼 사람들이 화폐에 목을 매는 데에는 (특히 불확실성이 증가한 경우) 너무나 많은 이유들이 존재한다. 보다 많은 사회적 힘을 얻기 위해 이 화폐를 유통에 흘려보내는 것은 하나의 믿음의 행위이거나 혹은 안전하고 믿음직한 기구—여러분 개인의 돈을 거기에 저축해두면 다른 사람이 그것을 유통에 투입하여 더욱 많은 화폐를 만들어내도록 하는 기구(물론 이것이 바로 은행이 해야 할 일이다)—의 창출에 의해 이루어진다.

그런데 이 문제로부터 파생되는 많은 문제들이 가치표현의 영역으로 확대되어가면, 이제 화폐의 표지(화폐의 안정성을 보장하는 국가의 힘)나 화폐의 품질에 대한 신뢰의 상실(인플레이션)은 보다 직접적인 양적인 문제들("화폐기근"이나 2008년에 발생했던 것과 같은 지불수단의 동결 등)을 밀어내버린다.

호경기에 도취되어 딴에는 개화한 듯한 자부심을 품게 되었던 부르주아들은 바로 조금 전까지도 화폐란 공허한 그림자에 불과하다고 단언하고 상품이야말로 화폐라고 설명했다. 그런데 이제는 "화폐만

이 상품이다!"라고 외치는 소리가 세계시장을 뒤덮는다. 사슴이 신선한 물을 찾아서 울듯이 세계시장의 영혼은 유일한 부인 화폐를 찾아서 울부짖는다. 공황기에는 상품과 그 가치형태(즉 화폐)의 대립이 절대적인 모순으로까지 고양된다.(M152)

2008년 갑자기 발발한 공황을 이보다 더 잘 표현한 글을 어디에서 찾을 수 있겠는가!

신용제도의 핵심에는 주관적 기대나 예상과 결합되어 있는 일련의 기술적·법률적 측면들(이들 가운데 상당수는 단지 그 운영규칙 덕분에 쉽게 실패하거나 나쁜 방향으로 왜곡될 수 있다)이 존재한다. 자본주의가 계속 확장되어감에 따라 신용제도는 세계적 규모의 자본축적 동학을 지휘하고 통제하는 일종의 중추신경체계로서 그 역할을 더욱 제대로 발휘하게 된다. 그것은 신용수단에 대한 통제가 자본주의의 작동에 있어 매우 중요해진다는 것을 의미하며 이는 곧 신용제도가 맑스·엥겔스가 『공산주의자 선언』에서 이미 인식하고 있었던 지위, 즉 신용수단을 핵심수요의 한 당사자(물론 이것은 노동계급이 국가를 통제한다는 것을 전제했을 경우의 이야기다)인 국가의 수중에 집중시키는 바로 그 지위를 갖게 된다는 것을 의미한다. 만일 이 기능이 주화와 (훨씬 더 중요한) 지폐의 품질과 관련된 국가의 핵심적 기능(제3장에서 이미 이야기된 기능)에 추가된다면, 국가와 금융권력의 어떤 연합이 나타나는 것은 불가피하다. 이 모순적 연합은 신용수단을 개인적 수취자들에게 지출할 수 있는 무제한적 예비권력을 가진 중앙은행(국가가 통제하는)의 탄생을 통해 이루어졌다.

노동력의 수요와 공급 양 측면 모두에 영향을 미칠 수 있는 것과 똑같은 방식(제8장 참고)으로 자본은 신용제도를 통해서도 생산과 실현의 양 측면에 모두 영향을 미칠 수 있다. 예를 들어 최근 미국에서는 주택구매 희망자들에 대한 자유로운 신용공급과 함께 토지개발업자들에 대한 자유로운 신용공급의 증가가 주택과 도시개발에 폭발적 호황을 만들어냈다. 이런 방식을 통해 실현문제는 해결된 것처럼 여겨졌다. 단 하나의 문제는 실질임금이 함께 오르지 않아(제1권의 분석이 예측하는 것처럼, 1980년대 이후 신자유주의정책이 지배하면서 생산성 상승으로 얻어진 이익은 노동자들에게 분배되지 않고 거의 모두 상층계급에게만 집중되었다) 보통의 주택소유자들은 점점 늘어나는 부채(2008년 미국의 가구당 부채는 1980년에 비해 3배로 증가했다)를 갚을 능력이 점차 감소했다는 점이다. 그로 인한 부동산시장의 붕괴는 너무도 뻔한 일이었다.

그런데 최근의 위기에 대한 분석은 신용제도의 핵심적 역할 가운데 또 한가지를 암시한다. 맑스가 신용(그리고 고리대)의 역할이 본원적 축적을 통해 봉건영주들로부터 부를 수탈해내는 데 있다고 지적했던 것과 똑같은 방식으로 신용제도는 취약계층의 재산으로부터 부를 수탈해내기에 매우 적합한 위치에 자리잡고 있다. 약탈적 대출제도(약탈적 축적의 한 형태)는 사실상 담보물의 유실을 가져오고 이것은 자산을 낮은 가격에 인수하여 대량으로 처분할 수 있도록 만들어줌으로써 장기적으로 자본가계급의 부를 늘려준다. 2006년에 시작된 담보물 유실의 물결은 무엇보다도 경제위기에 취약한 아프리카계 미국인들에게 엄청난 자산가치의 손실을 가져다주었다. 신용제도를 통한 "약탈적 축적"의 이 두번째 계기는 자본주의의 동학에서 중요한 의미가 있다. 그것은 예를 들어 1997~98년 동아시아 및 동남아시아로부터 월스트리트로의 엄청난 부의 이전을 가져왔는데, 이런 부의 이전은 유동성 동결을 통해 온갖 멀쩡한 기업들을 파산시켜 이 기업들을 헐값에 외국 투자자들에게 매각한 다음, 이 기업들이 회생한 후에 엄청난 이익을 붙여 다시 매각하는 방식으로 이루어졌다. 1930년대 미국에서 일어난 가족농에 대해 신용이 주도한 일련의 공세도 비슷한 방식으로 소농들을 희생시켜 농업적 부를 소수 기업농의 수중에 집중시켰는데 이 소농들은 담보물 유실을 통해 자신들의 재산을 헐값에 포기할 수밖에 없었다. 계급투쟁 그리고 자본가계급 세력의 힘의 축적은 오늘날 존재하는 미로 같은 신용제도의 틀 속에서 온갖 가능한 경로를 통해 이루어지고 있다.

맑스는 신용제도를 실현문제와 관련시켜 그 세부적 문제까지 모두 충분히 다루지 않았다. 이 문제는 맑스의 미완의 과제 가운데 하나로서, 그것을 완성하기 위해서는 아직 많은 작업이 필요하며 특히 오늘날처럼 금융 및 신용시장이 매우 복잡하여 이 분야에 직접 종사하는 담당자나 이해당사자들조차 많은 부분이 어떻게 돌아가는지 분명히 알지 못하는 상황에서는 더더욱 그러하다. 그러나 제1권의 논의와 관련하여 흥미로운 것은, 맑스가 상품유통으로부터 자본유통으로 넘어가는 과정에서, 대부자와 채무자 간의 관계와 정부가 규제하는 화폐를 지불수단으로 사용하는 문제를 어쩔 수 없이 스스로 제기하고 있다는 사실이다. 그는 또한 생산과정과 지불 사이의 시간

구조도 화폐유통의 핵심문제로 제기했는데, 이 시간구조는 자본유통과 자본축적이 연속적으로 진행되기 위해서는 신용을 필요로 한다. "신용화폐는 지불수단으로서의 화폐의 기능에 그 근원을 두고 있다"(M141)[38]고 맑스는 지적한다. 이것이 바로 내가 제1권을 주의깊게 연구하면 맑스의 다른 부분에서 이야기되고 있는 많은 부분을 함께 알 수 있게 된다고 말했던 그 의미다. 그것은 또한 빠진 부분이 무엇이며 따라서 좀더 연구되어야 할 부분이 무엇인지를 밝히는 데에도 도움이 된다.

자본유통 일반

자본유통을 하나의 전체로서 고찰하면 자본이 모든 계기들을 자유로이 연속적으로 통과하는 것을 가로막는 무수히 많은 장애요인들이 각기 독립적이지도 않고 체계적으로 통합되어 있지도 않다는 것이 분명하게 드러난다. 이 장애요인들은 자본유통과정의 총체성 내부에 존재하는 서로 다른 계기들이 하나의 조화를 이루고 있는 형태로 파악된다. 그런데 공황에 대한 맑스주의 이론의 역사에는 공황을 일으키는 자본주의 생산양식의 명백한 성향을 설명해주는 단 하나의 지배적이고 배타적인 이론을 모색하는 경향이 존재해왔다. 전통적인 3가지 이론적 흐름은 이윤압박설, 이윤율저하경향설, 과소소비설이며, 이들은 대개 서로의 이론을 격렬하게 비난하는 방식으로 구분된다. 어떤 사람들 사이에서 "과소소비설"이라는 용어는 욕설(당신은 케인스주의자이고 "진정한" 맑스주의자가 아니다라는 의미)이 되어버렸으며, 로자 룩셈부르크의 열성분자들은 이윤율 저하경향에 이론적 중심을 두는 사람들이 그녀의 사상을 무시한 데 대해 격분한다. 최근에는 몇가지 분명한 이유로 공황의 원인을 환경과 금융 문제에서 찾고자 하는 움직임이 상당히 커졌고 "별로 중요하지 않은 것"으로 여겨지던 이 문제들이 이제는 공황의 원인으로 가장 일차적인 주목을 받고 있다.

『경제학비판 요강』이 논하는 자본축적의 한계와 장애요인 간의 관계에 대한 극히 흥미로운 논의("모든 한계는 극복될 수 있는 하나의 장애요인으로 나타난다"[39])와 함께 제1권의 분석정신에 비춰볼 때, 위에서 논의된 한계와 장애요인들 — 이것들은 어느것이나 모두 자본유통의 연속성을 지체하거나 중단할 수 있으며 따라서 가치파괴의 공황을 발생시킬 수 있다 — 은 모두 자본유통을 중단시킬 수 있는 것들로 간주해야 한다. 또한 하나의 장애요인이 다른 장애요인으로 대체될·수 있는 가능성을 이해하는 것도 매우 중요하다. 예를 들어 실업을 전방위적으로 확대함으로써 노동공급의 위기를 완화하려는 움직임은 틀림없이 유효수요의 부족 문제를 불러일으킬 수 있다. 그리고 다시 유효수요 문제를 해결하기 위해 신용제도를 노동계급에 확대할 경우 이는 궁극적으로 화폐품질에 대한 신뢰의 위기(이것은 인플레 위기, 즉 갑작스런 신용공급의 제한과 그로 인한 금융공황을 가리킨다)를 불러일으킬 수 있다. 또한 맑스가 자주 언급하는 자본주의의 발전이 지니는 유동성과 유연성을 염두에 두면서, 다른 장애요인을 희생시켜 하나의 장애요인을 신속하게 해결하는 경우와, 따라서 공황이 다양한 역사적·지리적 상황에서 발생할 수 있는 여러가지 방식이 존재한다는 사실을 함께 인식하는 것도 중요하다.

정리하자면 잠재적 장애요인은 다음과 같다. (1) 생산에 착수할 수 있는 초기자본의 양을 충분히 확보할 수 없는 문제('진입장벽' 문제), (2) 노동부족 혹은 노동조직의 경직성으로 인해 이윤이 압박을 받을 가능성, (3) 분업구조 내부의 각 부문의 발전이 서로 불비례적이고 불균등하게 진행될 가능성, (4) 자연자원의 고갈과 토지 및 환경의 질적 저하로 인한 환경적 위기, (5) 경쟁의 강제법칙과 노동의 저항으로 인한 불균등하고 과도한 기술변화가 빚어내는 내구연한의 불균형과 축소, (6) 자본의 지휘와 통제하에 이루어지는 노동과정 내부에서의 노동자들의 경직성과 저항, (7) 과소소비와 유효수요의 부족, (8) 신용제도――신뢰의 분위기와 함께 복잡한 신용장치들과 조직화된 국가권력에 의존하는――내부에서 발생하는 화폐 및 금융위기(유동성 함정, 인플레이션, 디플레이션). 자본유통과정 내부에 존재하는 이들 각 지점들에는 어디에나 모순(즉 공개적 모순으로 터져나올 수 있는 적대적 성격)이 존재한다.

그런데 자본주의하의 공황의 발생과 해결에 대한 분석은 여기에서 끝나지 않는다. 우선 세계적 규모의 자본주의적 발전이 시간적·공간적으로 전개되면서 만들어내는 온갖 문제와 함께 불균등한 지리적 발전의 동학은 극도의 긴장을 유발하면서 진행되는데, 이는 자본이 처음에는 자신의 동학에 적합한 물적 혹은 사회적 인프라의 지리적 구조를 만들어낸 다음 곧바로 그다음에는 이것을 파괴하여 또

다른 지리적 구조를 다시 만들어내야만 하기 때문이다. 세계적 규모에서 이루어지는 도시화의 동학적 변화는 이 과정을 극적으로 보여준다. 파국적인 전쟁을 포함한 숱한 지정학적 갈등은——그리고 이 갈등들이 영토적 권력의 특수한 성격에서 비롯됨으로써(제1권에서 자주 언급되는 국가와 기구 그리고 정책들에 대한 내용들은 이론으로 정리될 필요가 있지만 신용제도와 마찬가지로 이론으로 정리되고 있지 않다)——자본의 유통과 축적이 지속되기 위해 필요한 요건과는 논리적으로 별로 상관이 없다. 최근 이루어지고 있는 생산의 세계화와 탈산업화는 엄청난 양의 창조적 파괴를 포함하고 있는데, 이것들은 대개 때로는 국지적인, 때로는 한 대륙 전체를 휩쓰는 (1997~98년 동아시아와 동남아시아를 강타한 것 같은) 위기를 통해 만들어진다. 게다가 허리케인이나 지진을 포함한 외부적 돌발사태가 공황을 유발할 수 있는 가능성도 배제할 수 없다. 9·11사태 이후 뉴욕은 물론 미국 전역에서 거의 모든 활동이 정지되었을 때, 유통의 중단은 너무도 위협적이어서 사태 발생 이후 일주일도 되지 않아 정부는 모든 힘을 총동원하여 국민들에게 신용카드를 꺼내 쇼핑을 하라고 내몰았다.

현실 공황의 역사에 대한 맑스주의적 연구의 정신은 이 모든 가능성을 열어두고 있어야 한다. 케인스는 1930년대의 공황을 주로 유효수요의 부족 때문이라고 봤는데 이 해석이 기본적인 점에 있어서는 옳았다. (그러나 그는 아마도 계급적인 입장 때문인지 이 공황이 1920년대에 임금억제를 통해 폭발적으로 확대된 소득불평등——역사적으로 최근까지는 다시 나타나지 않았다——과 관련된 것이라는 점을 지적하지 않았다.) 이것은 사람들이 지속적인 축적능력에 신경을 곤두세우느라 화폐를 축장하기 시작함으로써 더욱 악화되었다. 화폐를 축장하는 사람들의 수가 늘어날수록 체제는 더욱 엉망이 되어갔다. 케인스가 유동성 함정이라고 불렀던 것이 바로 이것이다. 축장된 화폐를 끄집어내기 위한 방법이 강구되어야 했고 한가지 해법은 정부가 적자재정에 의한 지출을 확대함으로써 자본유통을 다시 활성화하는 것이었다(또다른 한가지 해법은 전쟁을 일으키는 것이었다). 한편 글라인(A. Glyn) 같은 사람들이 선진 자본주의 국가들에서 1960년대 후반 겪었던 어려움이 이윤압박과 깊은 관련이 있다고 본 것도 기본적인 측면에서는 옳은데, 당시 이 나라들에서는 노동력 부족과 강력한 노동자조직이 축적에 브레이크를 걸고 있었던 것이 분명하다. 이와 함께 진행된 과도한 독점화 경향은 생산성의 저하를 가져옴으로써 (미국의 베트남전쟁과 관련된) 국가의 재정위기와 더불어 장기간의 스태그플레이션을 유발했는데, 이것은 노동에 대한 억압과 경쟁의 강제법칙을 회피하는 방법을 통해서만 그 해법을 찾을 수 있었다. 이 경우 공황은 한가지 장애요인으로부터 다른 장애요인으로 옮겨갔다가 다시 되돌아왔다. 자연과의 관계도 수익성에 영향을 미치는데 이것은 특히 자연자원에 대한 지대(이자와 함께 제1권에서는 다루어지지 않았던 범주)가 급격히 상승할 경우 더욱 그러하다.

여기에서 나의 주안점은 공황의 역사를 조망하는 데 있는 것이 아니고, 맑스의 저작을 통해 통찰력있는 시각을 얻기 위해서는 도식적 태도보다는 유연한 태도를 취할 필요가 있다는 점을 알리는 데 있다. (독립적으로 발생하긴 하지만 서로 무관하지 않은 지정학적 투쟁들에 반대하는 입장에 있는) 공황이론의 내적 동학에 대한 나의 견해는 자본유통과정 내부에서 부딪치는 다양한 한계와 장애요인들에 대한 분석에 기초해 있다. 즉 이 장애요인들을 정치적으로나 경제적으로 극복하거나 회피하기 위한 다양한 전술들에 대한 연구는 한 곳에서 극복되거나 회피된 장애요인이 다른 곳에서 새로운 장애요인이 나타나도록 만드는 과정에 대한 면밀한 검토 등에 기초해 있는 것이다. 그리하여 여기에서는 자본주의가 끊임없이 공황을 일으키고 동시에 부분적으로 그것을 해결해나가는 것이 연구의 대상이 된다.

그런데 여기에는 보다 깊은 문제가 숨겨져 있다. 축적을 위한 축적과 생산을 위한 생산, 그리고 지속적 성장률을 달성하기 위한 끊임없는 욕망은, 1780년경처럼 산업자본주의의 핵심이 맨체스터를 비롯한 몇몇 소수의 역동적인 중심지의 활동에 의해 이루어지고 있던 시기에는, 모두 매우 잘 달성되었다. 그러나 오늘날 우리가 맞닥뜨리고 있는 현실에서는, 즉 예를 들어 매년 3%의 성장률을 달성하기 위해서는, 중국과 나머지 동아시아와 동남아시아 국가들은 물론, 계속 성장을 확대해가고 있는 인도와 러시아, 동유럽, 또한 신흥개발의 대열을 이루고 있는 중동지역과 라틴아메리카의 국가들, 집약적인 자본주의적 발전을 이루고 있는 몇몇 아프리카 국가들, 그리고 전통적 자본주의의 중심국가들인 북아메리카, 유럽, 오세아니아 등의 국가들이 모두 포괄되어야만 한다. 미래에도 이런 지속적 성장률을 유지하기 위해 필요한 축적과 물량이동의 규모는 실로 상상을 초

월하는 놀라운 것이 될 것이다.

공황은 자본주의의 시공간적 논리에 따른 심층부의 변화가 표면으로 터져나온 현상이다. 심층부의 지층은 지금 움직임이 활발해지고 있고 그래서 공황이 보다 자주 그리고 보다 강력하게 발발할 가능성은 점점 더 커지고 있다. 공황이 발발하는 방식과 형태, 그리고 지역과 시기를 예측하는 것은 거의 불가능하지만, 공황이 보다 자주 그리고 보다 강력한 형태로 발발하리라는 것은 거의 확실하다. 그런 점에서 2008년의 공황은 비록 하찮은 것까지는 아니더라도 별로 특별하지 않은 보통의 사건에 불과하다. 공황을 발발하게 만드는 압력은 자본주의 동학의 내부에 존재하는 것이기 때문에(그렇다고 해서 이 말이 세계적 규모의 파국처럼 외견상 외부적으로 터져나오는 사건들을 배제하는 것은 아니다), 그렇다면 맑스가 잠깐 언급했던 것처럼, "자본주의가 몰락하고 보다 고도의 사회적 생산에 자리를 비켜주는"[40] 것에 관한 보다 진일보한 논의가 가능한 것 아닐까?

그러나 이것은 말하기는 쉬워도 실천하기는 어렵다. 이것은 당연히 정치적 프로젝트의 구상을 포함한다. 이를 위해 우리는 알아야 할 모든 것을 알고, 맑스가 이야기했던 모든 것을 이해할 때까지 기다릴 수는 없다. 맑스는 제1권에서 우리가 행동해야 할 명제를 만들어내는 방식으로 우리의 현실에 대한 거울을 비춰주고 있으며, 계급정치·계급투쟁이 우리의 행동의 중심이 되어야 한다는 점을 분명히 했다. 이 말은 그 자체로서는 특별히 혁명적인 것이 아니다. 그러나 지난 사반세기 동안 우리들 대부분은 계급은 무의미한 것이며 계급투쟁이라는 개념은 너무 낡은 개념이라서 단지 연구실에 앉아 있는

학자들의 연구대상에 지나지 않는다는 이야기가 횡행하는 세상에서 살아왔다. 그러나 『자본』을 조금이라도 진지하게 읽어보면 우리는 곧 우리의 정치적 구호 속에 '계급투쟁'을 써넣고 그것의 북소리에 맞추어 행진하지 않고서는 우리가 어디에도 도달할 수 없다는 것을 깨닫지 않을 수 없게 된다.

그러나 이 말이 지금 우리가 서 있는 이곳에서 어떤 의미가 있는지를 보다 정확하게 정의할 필요가 있다. 맑스는 자신이 살던 시기에 종종 무엇을 해야 하는지, 어떤 종류의 정치적 연대가 의미가 있을지, 어떤 종류의 목표와 구호가 만들어져야 하는지에 대해 정확한 구상이 없었다. 그러나 그는 이런 불확실성 속에서도 우리가 행동하지 않을 수 없다는 것을 알려주었다. 대개 맑스에 대한 비판들은 예를 들어 자연, 성별, 인종, 종교 등(혹은 무엇이든간에)의 문제를 계급적 문제로 환원하려 하는 것에 반대하며, 그런 환원을 받아들일 수 없다고 여긴다. 여기에 대한 내 답변은 전혀 그렇지 않다는 것이다. 물론 이 다양한 영역들의 투쟁은 명백히 중요한 것이며 그 자체로서 올바로 평가되어야 한다. 다만 내가 지적하고 싶은 것은 이 문제들 가운데 중요한 계급적 차원을 내포하고 있지 않은 문제는 드물며, 계급문제의 해결은 반인종차별 정책이나 친환경 정책에 있어 비록 그 충분조건은 아닐지라도 필요조건인 것은 분명하다는 것이다.

예를 들어 소위 써브프라임 모기지 사태가 볼티모어시에 미친 영향을 한번 보자. 터무니없이 많은 수의 흑인가구와 홀몸부모(주로 여성)가 이끄는 가구들이 생활권(때로는 약탈적 축적의 사악한 계급전쟁을 거쳐서 재산까지도 함께)을 박탈당했다. 이런 상황에서는 계급범주로부터 벗어나는 것은 물론 그것의 중요성을 부인할 수도 없다. 우리는 계급적 담론을 이야기하거나 계급전쟁과 관련된 정치적 전술을 논의하는 것을 두려워하거나 신경을 곤두세워서는 안된다.

물론 침묵을 지키는 것이 바람직한 이유도 존재한다. 계급은 기존의 세력들 어느 누구도 진지하게 생각하는 것을 원치 않는 하나의 범주다. 『월스트리트저널』은 계급전쟁 같은 것은 모두 국가가 곤경에 처해 힘을 합쳐야 할 때는 무조건 포기해야만 하는 것이라고 통렬하게 조롱했다. 지배계급은 자신과 관련된 중심 문제, 즉 자신의 부와 권력을 증대하기 위한 자신의 계급전략에 대해 공개적으로 논의하는 것을 한번도 원한 적이 없다.

맑스가 반복해서 강조한 것 가운데 하나는 온갖 모호한 개념들로 둘러싸인 계급 개념이 이론과 실천 모두에 있어 반드시 필요하다는 점이다. 그러나 이 범주를 사용하기 위해서는 아직 해야 할 일이 많다. 예를 들어 『자본』을 읽으면서 떠오르는 의문 가운데 하나는 본원적 축적을 둘러싸고 벌어지는 투쟁(그리고 약탈적 축적)과 작업장이나 노동시장에서 벌어지는 전형적 형태의 계급투쟁 사이의 관계에 대해 어떻게 이야기할 수 있는지의 문제다. 이 두가지 형태의 투쟁을 서로 관련지어 생각하는 것은 언제나 쉽지 않다. 그러나 약탈에 대항하여 벌어지는 엄청나게 다양한 형태의 투쟁들——비록 이 가운데 상당수는 시대착오적인 님비(not-in-my-backyard)정책의 화석화된 한 형태에 불과하기도 하지만——을 무시하기는 어렵다. 이 커다란 두가지 투쟁형태가 각기 분리되는 것은 정치적으로 옳지 않다. 맑스가 '노동일'에 관한 장에서 이야기하고 있는 것은 중요한 것은 바로 연대이며 연대 없이는 어떤 것도 달성할 수 없다는 것이었는데, 이는 자본가계급이 온갖 수단(나머지 우리 모두를 희생시키는 수단을 포함하여)을 다 동원해서 자본을 축적하기 때문이다. 자본가들은 돈에 파묻힐 정도로 부유하지만 다른 모든 사람들은 어렵거나 고통을 받고 있다. 맑스는 새로운 생산양식의 건설을 위해 싸워서 이 계급의 특혜와 권력을 타파해야만 한다고 말한다.

그런데 제1권에서는 또한 한 생산양식을 다른 생산양식으로 대체하는 것이 지루하고 복잡한 과정이라는 점도 이야기한다. 자본주의는 깔끔한 혁명적 전환을 통해 봉건제를 밀어낸 것이 아니다. 그것은 낡은 봉건사회의 틈새를 뚫고 생겨나 때로는 힘이나 폭력, 약탈과 점령을 통해, 때로는 사기와 협잡을 통해 재산을 획득함으로써 봉건제를 조금씩 조금씩 밀어냈다. 봉건제와의 전체 전쟁에서 최종적으로 승리를 거두긴 했지만 잦은 소규모 전투에서는 패배한 적도 많았다. 그러나 약간의 힘을 갖게 되자 자본주의는 기술, 사회적 관계, 정신적 개념, 생산체제, 자연과의 관계, 일상생활의 패턴 등에 있어 봉건제하에서 오랫동안 유지되어오던 이 요소들에 대한 자신의 대안을 일단 만들어나가야만 했다. 이들 각 구성요소는 사회 전체 구조 내부에서 불균등하게, 하지만 공동으로 진화해나가면서(제4장 3절 참고) 점차 자신의 고유한 기술적 기반을 구축하는 것은 물론 자신의 신념체계와 정신적 개념, 안정된 자신의 사회적 관계, 자신만의 흥미로운 시공간적 리듬, 자신만의 독특한 일상생활 패턴, 그리고 자신만의 생산과정 등을 정립해갔다. 그리하여 그것은 이것이야말로 바로 자본주의라고(물론 자신의 불가피한 모순에 대응하느라 끊임없이 변하는 것이긴 하지만) 말할 수 있게 되었다.

나는 이 책을 시작하면서 여러분에게 맑스를 맑스 자신의 방식대로 읽도록 노력해달라고 권했다. 그렇게 읽어보면 본래 내가 여러분에게 그려주려 했던 개념적 지도를 이해하기가 한결 용이해질 것이다. 나는 이 방식이 맑스를 올바로 읽는 방식이라고 설득하려고 했던 건 아니었다. 단지 여러분이 스스로 의미를 찾고 해석해나가도록 길을 열어주려고 했을 뿐이다. 많은 이들이 이런 나의 방식에 대해 전반적으로 혹은 부분적으로 달리 생각할 수도 있다. 아마 여러분도 그럴 수 있을 것이다. 이와 더불어 두번째 핵심과제는 맑스의 세계관을 지적으로나 정치적으로 무대의 중심으로 불러냄으로써 그것을 둘러싼 담론과 토론의 공간을 열어주는 데 있었다. 맑스의 저작은 역사의 쓰레기통에 던져넣어버리기에는 아까운, 우리 시대의 위험에 대해 너무도 중요한 많은 이야기를 담은 책들이다. 최근에 일어났던 사건들을 보면 지금은 우리가 주어진 지혜의 "상자 바깥으로" 나와서 생각할 필요가 있다는 것이 분명해진다. 앙리 르페브르(H. Lefébvre)는 1968년 사태를 다룬 『폭발』(The Explosion)에서 이렇게 말했다. "사태는 예측을 거부하고 있다. 그것이 역사적인 한 그것은 계산을 뒤집어엎고 있다. 그것은 심지어 그것의 발생 가능성을 대비한 전술들마저도 전복시키고 있다." 사태는 "지식인들을 편안한 의자에서 끌어내 모순의 파도 속으로 뛰어들도록 만들고 있다".[41] 자본주의의 내적 모순과 이 내적 모순을 너무도 명료하게 해명해준 그 탁월한 변증법 학자의 저작을 주의깊게 들여다보기에 이

보다 더 좋은 시기가 어디에 있겠는가!

　정신적 개념들이 자신들의 마음대로 세상을 변화시킬 수는 없겠지만, 맑스가 스스로 고찰했듯이 이념은 역사의 물적 동력이다. 맑스는 그 투쟁에서 우리가 보다 잘 싸울 수 있도록 하기 위해『자본』을 썼다. 그러나 거기에는 쉬운 길이 없으며 특히 "학문을 향하는 길에는 평탄한 길"이 없다. 그래서 브레히트(B. Brecht)는 이런 글을 남기고 있다.

　세상을 변화시키기 위해서는 많은 것들이 필요하다.
　분노와 불굴의 의지, 학문과 불타는 열정,
　민첩한 주도적 행동, 오랜 심사숙고,
　냉정한 절제, 무한한 인내,
　특수한 경우와 조화에 대한 이해.
　오로지 현실 속에서의 학습을 통해서만 우리는 현실을 변화시킬 수 있는 가르침을 얻을 수 있다.

20여년 전『자본』의 번역과 인연을 맺었을 때부터 계속 따라다니던 고민이 있었다. 명백히 고전의 반열에 들어가는 이 책을 일반인들과 강독을 하는 방법이 없을까 하는 것이었다. 많은 독자들이 이 책을 읽고 싶어하면서도 막상 대부분이 혼자서는 너무 읽기 힘들다는 푸념을 털어놓곤 했기 때문이다. 그런데 그것은 사실 뜻밖의 일은 아니었다. 무엇보다 나 자신도 처음 이 책을 접했을 때 물신성 부분에서 막혀 더이상 읽어나가지 못하고 마치 악보에서 도돌이표를 만난 것처럼 앞부분에서만 제자리를 맴돌았던 기억이 선명하기 때문이다. 그래서 이 문제는 늘 언젠가 해결하고 싶었던 문제로 내 주변을 떠나지 않고 있었다──이미 대중적으로 읽히고 있는『논어』나『노자』처럼『자본』을 읽게 할 수는 없을까?

그런데 작년 봄 독일에서『자본』의 번역을 마무리하고 돌아온 직후 창비에서 전화가 한통 걸려왔다. 맑스의 해석에 지리학적 개념을 적용한 학자로 유명한 데이비드 하비의 이 책을 번역해보지 않겠느냐는 제안이었다. 일단 PDF파일로 먼저 받아 책을 훑어보고 나서 나는 이 책이 내가 오래 고민해오던 문제, 즉 일반인을 상대로 한『자본』강독의 하나의 실천적 사례인 것을 알게 되었다. 독일에서 새롭게 안고 돌아온 몇가지 문제가 있어서 시간을 쪼개기에 넉넉한 편은 아니었지만 나로서는 피할 수 없는 소중한 작업이었다. 무엇보다『자본』의 강독에 대한 그의 강의 경험이 나에게는 꼭 알아보고 싶은 궁금한 사항이었기 때문이다.

이 책은 하비가 서문에서 밝히고 있듯이 그가 일반인을 대상으로 한 강의를 녹취한 것이다. 이 책의 가장 중요한 특징은 맑스의『자본』을 다른 해설자의 이야기를 거치지 않고 일반 독자들이 스스로 읽어나가도록 안내하고 있다는 점에 있다. 독자들이『자본』을 직접 읽어야 하는 이유에는 여러가지가 있다. 그중에서도 가장 먼저 손꼽을 수 있는 것은 도대체 이 책에 대해서는 풍문이 너무나 많다는 것이다. 그런데 이들 풍문은 막상 조금만 이성적인 눈으로 살펴보면 이치에 닿지도 않는 터무니없는 것들이 섞여 있는데다 완전히 서로 상충되고 모순된 것들이 뒤엉켜 있는 경우도 많다. 이런 잘못된 풍문은 맑스와 그의 주저인 이 책에 대한 섣부른 예단을 불러일으켜 이 책에 담겨 있는 소중한 지적 유산들이 올바로 전달되는 것을 가로막고 있다. 그래서 이 책을 다른 사람의 해설 없이 독자들이 스스로 읽어나가는 것은 매우 중요하다. 하비도 이 점을 특히 강조하고 있다.

2008년 세계공황이 발발한 이후 유럽을 비롯한 세계 곳곳에서는 자본주의 이후의 대안 논의와 관련하여 맑스와 그의 주저인『자본』에 대한 관심이 급격히 증가하고 있다. 그러나 우리나라만은 유독 이런 세계적인 동향에서 벗어나 있는 듯한 느낌이다. 마이클 쌘델의 정의론이 선풍적인 인기를 끌고, 이미 시효가 끝난 경제학인 케인스주의의 향수를 불러일으키는 장하준의 책이 베스트쎌러의 반열에 오른 것에 반해 정작 맑스의『자본』에 대한 일반 대중의 관심은 그다지 높아진 것 같지 않기 때문이다. 여기에는『자본』에 대한 그릇된 풍문과 함께 다른 여러가지 요인도 함께 작용했겠지만 무엇보다도 이 책이 아직 우리나라 대중과 거리를 좁히지 못한 것이 가장 큰 요인이 아닐까 싶다.

나는 하비의 이 책이 그런 거리를 좁히는 데 어느정도 기여할 수 있을 것으로 기대한다. 사실 나는 하비의 이 책을 번역하는 과정에서 용기를 얻어 일반 독자들과『자본』의 본문을 직접 함께 읽어나가는 강의를 준비했고 이번 학기부터 동아대학교에서 강의를 진행하고 있다.『자본』은 물론 쉽게 읽어나갈 수 있는 책이 아닌 것이 분명하지만 그렇다고 해서 읽기를 포기하기에는 너무나 아깝고 소중한 지적 유산을 많이 품고 있는 책이다. 특히 2008년 공황 이후 대안적 경제체제에 대한 갈증이 한결 심해진 지금은 더욱 그러하다. 그래서 나는 하비의 이 책이 많은 일반 독자들에게『자본』을 스스로 읽어나가는 용기를 불러일으키는 계기가 되기를 간절히 바란다.

하비의 책에서 한가지 아쉬운 점은 그의 강의가『자본』제1권에 한정되어 있다는 점이다. 아마도 그의 강의가 지니는 시간적 제약 탓이라고 여겨진다. 공황과 관련된 내용이 많이 나오는 제3권과 이를 제1권과 이어주는 제2권에 대한 내용이 빠진 것은 아쉬운 부분이다. 하지만 일반 독자들이 스스로 『자본』과 만나는 일차적인 계기를 만들 수 있다는 점에서 이 책은 그것만으로도 충분한 의의를 가질 수 있으리라 생각된다. 제1권을 스스로 읽은 독자가 제2권과 제3권에 도전하는 것은 그다지 어려운 일이 아닐 것이기 때문이다.

번역과정에서 발생한 약간의 기술적인 문제를 밝혀둘 필요가 있겠다. 무엇보다도 하비가 대본으로 삼은 『자본』(펭귄판)은 본문의 쪽수를 확인할 수 있는 번역본이 국내에 없기 때문에 하비가 인용한 『자본』의 본문 면수는 모두 옮긴이가 한글로 번역한 도서출판 길의 MEW 면수로 바꾸었다. 용어에 있어서도 몇가지 사소한 문제들이 있었는데 이것들은 모두 편집방침이나 본문 속에서 자세히 밝혀두었고 하비가 독자적으로 사용한 개념들은 기존 국내의 다른 번역들에서 사용한 용어를 가급적 그대로 따랐다.

언제나 그렇듯이 책을 만드는 작업에는 그늘에서 수고하시는 분들의 노고가 함께 녹아들어 있다. 무엇보다 편집과 식자작업이 바로 그것인데 이 자리를 빌려 편집과정에서 꼼꼼한 교정과 윤문을 맡아주신 박대우 선생과 식자작업을 해주신 익명의 작업자분께 마음 깊이 감사를 드리고 싶다.

2011년 봄 부산 아미산 자락의 연구실에서
옮긴이 강신준

1) Karl Marx, *Capital: A Critique of Political Economy*, Volume I, trans. Ben Fawkes(London: Penguin Classics 1990).

2) David Harvey, *The Limits to Capital*(London: Verso, 2006).

3) 맑스가 인용한 아리스토텔레스의 인용구 출처는 *Nicomachean Ethics*, Book V, chapter 5.

4) 『경제학비판 요강』, 524면.

5) David Harvey, *Spaces of Global Capitalism: Towards a theory of uneven geographical development*(London: Verso 2006).

6) 이 법칙에 대한 복잡한 변론에 대해서는 보수주의 경제학자 쏘웰(T. Sowell)의 *Say's Law: An Historical Analysis*(Princeton, NJ: Princeton University Press 1972)를 참고하라.

7) 『경제학비판 요강』, 224면.

8) 같은 책, 105면.

9) 같은 곳.

10) 맑스는 이와 똑같은 동어반복적인 자본의 정의를 쎄이(J. B. Say)의 상품 유통 이론에서 인용하고 있다.

11) Rosa Luxemburg, *The Accumulation of Capital*(New York: Routledge 2003), 104~105면.

12) David Harvey, *Spaces of Capital: Towards a Critical Geography*(New York: Routledge 2001).

13) David Harvey, *Paris, Capital of Modernity*(New York: Routledge 2003), 119면.

14) Harry Cleaver, *Reading Capital Politically*(Leeds: AK/Anti-Thesis 2000).

15) Karl Marx, *Capital*, Vol. III, trans. David Fernbach(London: Penguin, 1981), 958~59면.

16) 『경제학비판 요강』, 552면.

17) Marx to Engels, 1862년 6월 18일, *Selected Correspondence*, ed. S. W. Ryazanskaya, trans. I. Lasker(Moscow: Progress 1965), 128면.

18) Neil Smith, *Uneven Development: Nature, Capital, and the Production of Space*, 3rd edn.(Athens, GA: University of Georgia Press 2008(1984)).

19) Thomas Friedman, *The World is Flat: A Brief History of the Twenty-first Century*(New York: Farrar, Straus and Giroux 2005), 201~204면.

20) John Gray, "The World Is Round", *The New York Review of Books* 52, No.13(August 11, 2005).

21) G. A. Cohen, *Karl Marx's Theory of History: A Defence*, expanded edn. (Princeton, NJ: Princeton University Press 2000[1978]).

22) Paul Hawken, *Blessed Unrest: How the Largest Movement in the World Came into Being and Why No One Saw It Coming* (New York: Viking 2007).

23) 『경제학비판 요강』, 524면.

24) Harry Braverman, *Labor and Monopoly Capital: The Degradation of Work in the Twentieth Century* (New York: Monthly Review Press, 1974).

25) 『경제학비판 요강』, 753~54면.

26) 『옵서버』(*Observer*), 1992년 6월 21일.

27) David Harvey, *A Brief History of Neoliberalism* (New York: Oxford University Press 2005).

28) Michael Perelman, *The Invention of Capitalism: Classical Political Economy and the Secret History of Primitive Accumulation* (Durham, NC: Duke University Press 2000).

29) G. W. Hegel, *Hegel's Philosophy of Right*, trans. T. M. Knox (Oxford: Clarendon Press 1957), 149~52면.

30) 같은 책, 277면.

31) Rosa Luxemburg, *The Accumulation of Capital*, trans. Agnes Schwarzschild (London: Routledge 2003), 432면.

32) David Harvey, *The New Imperialism* (Oxford: Oxford University Press 2003).

33) Andrew Glyn and Bob Sutcliffe, *British Capitalism, Workers and the*

Profits Squeeze(Harmondsworth: Penguin 1972).

34) David Harvey, *The Limits to Capital*, 176~89면.

35) 『경제학비판 요강』, 416면.

36) Paul A. Baran and Paul M. Sweezy, *Monopoly Capital*(New York: Monthly Review Press 1966).

37) Karl Marx, *Economic and Philosophic Manuscripts of 1844*, trans. Martin Milligan, in *The Marx-Engels Reader*, ed. Robert C. Tucker(New York: W.W.Norton & Company 1978), 103면.

38) 같은 책, 224면.

39) 『경제학비판 요강』, 408면.

40) 같은 책, 750면.

41) Henri Lefèbvre, *The Explosion: Marxism and the French Revolution*, trans. Albert Ehrenfeld(New York: Monthly Review Presss 1969), 7~8면.

618

데이비드 하비의 맑스『자본』강의

초판 1쇄 발행 / 2011년 4월 29일
초판 10쇄 발행 / 2023년 11월 8일

지은이 / 데이비드 하비
옮긴이 / 강신준
펴낸이 / 염종선
책임편집 / 박대우
펴낸곳 / (주)창비
등록 / 1986년 8월 5일 제85호
주소 / 10881 경기도 파주시 회동길 184
전화 / 031-955-3333
팩시밀리 / 영업 031-955-3399 편집 031-955-3400
홈페이지 / www.changbi.com
전자우편 / human@changbi.com

한국어판 ⓒ (주)창비 2011
ISBN 978-89-364-8569-6 03300

＊ 이 번역서는 동아대학교 학술연구번역지원 공모과제(번역총서 제121호)로 선정되어
   동아대학교로부터 지원 받았음을 밝혀둔다.
＊ 이 책 내용의 전부 또는 일부를 재사용하려면 반드시 저작권자와 창비 양측의 동의를 받아야 합니다.
＊ 책값은 뒤표지에 표시되어 있습니다.